Exportkartell und Wettbewerb

Hermann Eichler Erich Hoppmann Erich Schäfer

Exportkartell und Wettbewerb

Wettbewerbswirtschaftliche und wettbewerbsrechtliche Stellungnahmen zu § 6 GWB

mit einem Untersuchungsbericht des Instituts für Exportforschung über Exportkartelle in Deutschland seit 1880

Herausgegeben von
Erich Schäfer

Westdeutscher Verlag Köln und Opladen

ISBN 978-3-663-00517-9 ISBN 978-3-663-02430-9 (eBook)
DOI 10.1007/978-3-663-02430-9
Verlags-Nr. 021 043

Gesamtherstellung: A. Reiff & Cie., Offenburg/Baden

Vorwort

Das Bundeskartellamt hat mich Ende 1958 gebeten, ein Gutachterteam zu bilden, das die Frage des Exportkartells, insbesondere die Problematik des § 6 Abs. 2 des Gesetzes gegen Wettbewerbsbeschränkungen unter wirtschaftswissenschaftlichen wie juristischen Gesichtspunkten untersucht. Es erschien mir dabei aus mancherlei Erwägungen zweckmäßig, daß die an dieser Arbeit beteiligten Herren möglichst am gleichen Ort wirken und sich so leichter über ihre Teilaufgabe und über den Fortgang ihrer Arbeit verständigen können. Meine Kollegen, Dr. *Hermann Eichler*, Ordinarius für Privatrecht und Wirtschaftsrecht, und Dr. *Erich Hoppmann*, damals pl. ao. Professor für Volkswirtschaftslehre und Wirtschaftsstatistik in Nürnberg, jetzt o. Professor für Volkswirtschaftslehre an der Universität Marburg, sind auf meine Bitte um Mitwirkung in dankenswerter Weise eingegangen. Das für das Bundeskartellamt erstattete Gutachten setzt sich somit aus drei Teilgutachten zusammen, die hier in der dem Bundeskartellamt vorgelegten Fassung veröffentlicht werden.

Im Frühjahr 1959 wurde außerdem das von mir geleitete Institut für Exportforschung an der Universität Erlangen-Nürnberg (ehemals an der Hochschule für Wirtschafts- und Sozialwissenschaften Nürnberg) vom Bundeskartellamt gebeten, eine Zusammenstellung der seit 1880 bestehenden Exportkartelle, und wenn möglich eine typologische Ordnung dieser Institutionen durchzuführen. Die Ergebnisse dieser im März 1960 abgeschlossenen Untersuchung standen den Gutachtern neben anderem Material zur Verfügung. Insbesondere hat aber das Bundeskartellamt gestattet, an Ort und Stelle die dortigen Akten einzusehen, so daß den Gutachtern die neuesten Erfahrungen zur Verfügung standen.

Das Bundeskartellamt hat später (Ende Dezember 1962) einer Veröffentlichung der ihm vorliegenden Gutachten zugestimmt. Die Unabhängigkeit und Eigenverantwortlichkeit der Mitarbeiter blieb in jedem Fall gewahrt. Dies gilt auch für das Verhältnis der Gutachter untereinander. Daraus ergibt sich, daß sich gewisse Überschneidungen wie auch Auffassungsunterschiede nicht vermeiden ließen. Das gilt vor allem für die Folgerungen, die in den Teilgutachten hinsichtlich der wettbewerbspolitischen Bedeutung des § 6 Abs. 2 gezogen werden.

Die Frage der Reihenfolge der vier Beiträge war nicht leicht zu entscheiden. Man hätte sehr wohl zunächst von den geltenden Rechtsgrundlagen ausgehen können. Auch sprach einiges dafür, zuerst — als historischen Hintergrund — den Bericht des Instituts für Exportforschung zu bringen. Jedenfalls ist es unter Umständen nützlich, zuerst den Institutsbericht zu lesen. Andererseits erschien es zweckmäßig, zunächst die konkrete Einlagerung des Exportkartells innerhalb der exportwirtschaftlichen Organisation der Industrie aufzuzeigen, dann die prinzipiellen volkswirtschaftlichen Aspekte zu behandeln und schließlich den rechtsdogmatischen Gesichtspunkten nachzugehen.

Über die unmittelbare Problematik des § 6 Abs. 2 hinaus dürfte durch die hier vorgelegten Beiträge ein relativ geschlossenes Bild vom Exportkartell und seiner Bedeutung im Rahmen der industriellen Ausfuhrpolitik geboten werden, das fürs nächste als Grundlage der weiteren wissenschaftlichen Arbeit auf diesem Felde dienen kann. In diesem Sinn sei diese Gemeinschaftsarbeit der Öffentlichkeit übergeben.

Ich benutze die Gelegenheit, um dem Assistenten an meinem Lehrstuhl, Herrn Dr. *Hans Knoblich,* für seine verständnisvolle Mitwirkung bei der Durchsicht der Akten des Bundeskartellamtes wie auch für die Arbeit an dem genannten Institutsbericht zu danken. Vor allem aber danke ich meinen verehrten Kollegen *Eichler* und *Hoppmann* für die erfreulich verständnisvolle Zusammenarbeit.

Dezember 1963 *Erich Schäfer*

Inhaltsverzeichnis

Das Exportkartell in betriebswirtschaftlich-absatzwirtschaftlicher Betrachtung

Dr. Dr. h. c. Erich Schäfer
o. Professor der Betriebswirtschaftslehre an der
Friedrich-Alexander-Universität Erlangen-Nürnberg

Übersicht

Einleitung

Für die Klärung der in § 6 und insbesondere in § 6 Abs. 2 GWB behandelten Tatbestände erweist sich eine Darstellung erforderlich, die den Exporteur wie das Kartell nicht losgelöst von den Zusammenhängen, in welchen sie stehen, erscheinen läßt. Diese Tendenz scheint sowohl beim Gesetzgeber wie bei den Interpreten des GWB zu bestehen. Im Falle des Exportkartells dürfte der Mangel an Einblick in die konkreten absatzwirtschaftlichen Verhältnisse besonders groß sein, und die Möglichkeit, daß man sich auf veraltete Vorstellungen vom Exportgeschäft stützt, liegt hier besonders nahe.

Es empfiehlt sich daher, zunächst einen Überblick über die neuere Entwicklung des Exportabsatzes (Teil I) und über die heute vorhandenen Spielarten der Exportorganisation zu schaffen, also insbesondere über die am Exportgeschehen beteiligten Organe und über die Absatzwege im Export (Teil II).

Auf diesem Hintergrund läßt sich das Auftreten von Exportkartellen der Hersteller, lassen sich deren Funktionen und ihr Verhältnis zu etwaigen Exportmittlern („Exporteure" im Sinne des Gesetzes) deutlicher erkennen. Dabei wird versucht, für die Exportkartelle eine Reihe von Typen bzw. typenbildenden Merkmalen aufzustellen (Teil III). Im letzten Teil (IV) soll zu Einzelfragen des Gesetzes, insbesondere zu den mit § 6 Abs. 2 GWB zusammenhängenden Problemen aus betriebswirtschaftlich-absatzwirtschaftlicher Sicht Stellung genommen werden, sofern die dort anstehenden Fragen nicht durch die Gutachten Eichler und Hoppmann geklärt werden.

TEIL I

Zur Entwicklung des Exporthandels und der Exportorganisation

1. Der internationale Warenverkehr war in den Anfängen und bis ins 19. Jahrhundert hinein *doppelseitig* organisiert, d. h. der Kaufmann, der Welthandel betrieb, exportierte und importierte gleichzeitig. Die Schwierigkeiten des Warentransportes, den er in der Regel noch selbst ausführte — sei es zu Lande oder zur See —, zwangen ihn dazu, von dem besuchten Land im Gegengeschäft geeignete Güter für den Rücktransport einzuhandeln, ganz abgesehen von den Schwierigkeiten eines monetären Zahlungsausgleiches. Das gilt für den alten Orienthandel ebenso wie für das spätere Afrikageschäft. Dort waren die für die Eingeborenen bestimmten gewerblichen Erzeugnisse vielfach ohnehin nur absetzbar, wenn man jenen ihre agrarischen Produkte dafür abnahm. So erklärt sich auch die Bildung von Handelsniederlassungen und von Faktoreien. Mit diesen Umständen hing es zusammen, daß der Außenhandelsbetrieb primär *länderspezialisiert* war. Es war ein System von geographisch spezialisiertem Warenaustausch, das Jahrhunderte hindurch vorherrschte.

Die damaligen gewerblichen Erzeuger wären in der Regel nicht in der Lage gewesen, ihre Produkte selbst zu exportieren. Sie überließen dies dem selbständigen Außenhändler der großen Hafenplätze oder auch den oberdeutschen Handelshäusern, die dabei die kommerzielle Führung und Initiative ebenso in der Hand hatten wie die im Inlandsmarkt tätigen Handelshäuser. Die Preisbildung für die exportierten Erzeugnisse war alleinige Sache des Außenhändlers, wie es auch allein sein Geheimnis blieb, an wen er die Ware verkaufte (siehe dazu neben der wirtschaftshistorischen Literatur u. a. *W. Koch:* Grundlagen und Technik des Vertriebs, Band II, Berlin 1959, Seite 362 ff).

2. Wohl im wesentlichen im Laufe des 19. Jahrhunderts hat sich die Verkettung von Export und Import wie auch die im Überseehandel ursprünglich übliche Verknüpfung mit der Reederei allmählich aufgelöst. Es trat eine Spezialisierung auf reinen Exporthandel einerseits und reinen Importhandel andererseits ein. Beim Exporthandel, der aus *dieser* Wurzel erwachsen ist, hat sich aber die Länderspezialisierung erhalten. So gab und gibt es zum Teil heute noch Afrikahäuser, Ostasienfirmen, Südamerikahäuser usw. Weiterhin hat sich zunächst auch der Tatbestand des unbegrenzten, jeden-

falls nicht streng umrissenen Warensortiments in diesen Exporthandelshäusern erhalten. Man besorgte möglichst alle Waren, die der überseeische Geschäftsfreund zu erhalten wünschte, von der Sturmlaterne bis zur Lokomotive, von der Nähnadel bis zur Drehbank.

Dieser hanseatische oder länderorientierte Exporthandel, der vielfach in seinen Absatzgebieten eigene Niederlassungen, mehr oder weniger starke Stützpunkte unterhielt, war bis in die Zeit zwischen den beiden Weltkriegen in höherem Maße als *Einkaufs*organ seiner überseeischen Kundschaft tätig, denn als Verkaufsorgan der deutschen Industrie. Vielfach handelte er nur als (Einkaufs-)Kommissionär der überseeischen Auftraggeber. Lag ein Beschaffungswunsch des ausländischen Kunden vor — vielfach aufgrund eines Musterstückes —, suchte das Handelshaus nach geeigneten Lieferanten, und zwar vielfach von Mal zu Mal andere Hersteller, nicht selten auch solche außerhalb Deutschlands. Die einzige Möglichkeit, dieser Art von Exportbeziehungen etwas nachzuhelfen, die dem deutschen Hersteller hierbei blieb, war die Bestellung eines sogenannten „Exportvertreters", der in Hamburg oder Bremen für mehrere von ihm vertretene Industriefirmen ein Exportmusterlager unterhielt und dem Exporthändler je nach Bedarf bei der Suche nach dem gewünschten Produkt und durch seinen warenkundlichen Rat helfen konnte. Diese Einrichtung ist in gewissen Bereichen bis heute erhalten geblieben.

Die Initiative ging zweifellos vom Auslandskunden und in Verbindung mit ihm vom Exporthändler aus. Dieses Exportsystem hat sich in den letzten Jahrzehnten stark gewandelt (siehe Abschnitt 6), spielte jedoch lange Zeit hindurch eine entscheidende Rolle im deutschen wie auch im englischen Export.

3. Eine andere Wurzel des Exporthandels geht auf das frühkapitalistische Verlagssystem zurück. „Sobald ein Gewerbe wesentlich oder sehr stark auf den Export eingestellt war, wurde der Verleger unentbehrlich" (*M. Weber*, Wirtschaftsgeschichte, 1. Aufl., München und Leipzig 1923, Seite 142). Wie *M. Weber* weiter ausführt, besaß der Kaufmann nicht nur das nötige Kapital, sondern auch die alleinige Kenntnis der Absatzchancen und behandelte diese als Betriebsgeheimnis. Dieser sogenannte *Industrieausfuhrhändler (J. Hirsch)* ist im Gegensatz zum länderorientierten, vorwiegend nach überseeischen Gebieten exportierenden hanseatischen Exporthandel nicht absatzgeographisch spezialisiert, vielmehr stellt er sich im Sinne der erwähnten Wurzel im Verlagswesen auf eine bestimmte *Erzeugnis*gruppe ein; und zwar in aller Regel auf die Erzeugnisse eines bestimmten gewerblichen Produktionszentrums. Er hat daher seinen Sitz in derartigen Produktionsgebieten. Während das hanseatische Exporthaus in seiner ursprünglichen Form als Einkaufsarm des überseeischen Abnehmers wirkt, dient der Industrieausfuhrhändler eindeutig als Verkaufs-

organ dieser Herstellergruppe. Daher findet man hier auch eine gewisse Lieferantentreue. Es handelt sich in der Regel um eine örtliche Konzentration meist kleinerer und mittlerer Gewerbetreibender. Der einzelne Produzent ist dabei entweder auf eine Teilleistung (z. B. bestimmte Teile einer Puppe oder eines Musikinstrumentes) oder auf bestimmte Ausführungen von Erzeugnissen (nur bestimmte Typen von Broschen oder Anhängern in der Gablonzer Glasschmuckwarenindustrie) spezialisiert. Er ist mehr Handwerker, Techniker, als Kaufmann. Die kommerzielle Führung liegt daher auch hier in höchstem Maße in den Händen des Exporthändlers. Im Vergleich zum hanseatischen Exporthandel ist der Industrieausfuhrhandel auch insofern von höherer absatzwirtschaftlicher Bedeutung für den Hersteller, als er weitgehend die Lagerhaltung übernimmt, wogegen diese Funktion beim länderorientierten Exporthandel in der Regel vollkommen entfällt.

Die bedeutendste Gruppe des Industrieausfuhrhandels ist die der Remscheider Werkzeugexporthändler, die für den Export von Erzeugnissen der bergischen Werkzeug- und Kleineisenindustrie auch heute noch eine große Rolle spielen. 1817 gab es in Remscheid 53 derartige Exporthandelsfirmen. Um 1914 galt Remscheid nach Hamburg und Berlin als die drittgrößte Exportstadt Deutschlands mit mehr als 400 Ausfuhrhändlern. Geschichtliche, praktisch zum Teil noch heute bedeutsame Beispiele sind ferner die Exporthändler für Gablonzer Glasschmuck, die nach ihrer Umsiedlung (Hauptsitz Neu-Kaufbeuren) wieder eine sehr erfolgreiche Tätigkeit entfaltet haben, und der Exporthandel für Markneukirchener Musikinstrumente, für welchen sich die politischen Voraussetzungen vollkommen verändert haben.

Die Nürnberger Spielwarenexporthändler waren bis in die letzten Jahrzehnte ebenfalls eine sehr bedeutende Gruppe, die aber im Rückgang begriffen ist. Ähnliche Firmen gab es im Raume um Sonneberg (insbesondere für den Puppenexport). Ein weiteres Beispiel liefert der Schwarzwälder Uhrenexporthandel, für welchen es im Schweizer Produktionsgebiet um Biel Parallelen gibt. Von erheblicher Bedeutung für das Lohngewerbe und die Seidenstickerindustrie in St. Gallen ist der dortige Stickereiexporteur. Ferner ist auf entsprechende Exporthandelstypen für Lederwaren im Offenbacher Gebiet und für Schmuckwaren im Pforzheimer Raum hinzuweisen (siehe ehedem auch die Exporteure von Christbaumschmuck und anderen Erzeugnissen der thüringischen Glasbläser) [1].

[1] Siehe dazu Berichte des Instituts für Exportforschung, Reihe A/Nr. 3: „Der produktionsorientierte Ausfuhrhändler (Industrieausfuhrhändler)“, Nürnberg 1957/58, unveröffentlichtes Manuskript.

Zusammenfassend kann gesagt werden, daß der Typ des produktionsorientierten Ausfuhrhändlers dort zu finden ist, wo

1. eine räumliche Konzentration des betreuten Produktionszweiges auf engem, vielfach ländlichem und abgelegenem Raume vorliegt,
2. Mittel- und Kleinbetriebe bis hin zum Hausgewerbe und zur Heimarbeit vorherrschen,
3. eine starke Spezialisierung unter diesen Betrieben vorliegt, die zu hoher gegenseitiger Ergänzungsbedürftigkeit technischer oder sortimentlicher Art führt.

Der Exporthändler stellt für diese Betriebe eine Art gemeinsamer Exportabteilung dar, ohne daß diese durch Kapitalverhältnisse oder langfristige Verträge gebunden wären. Als kommerzieller Organisator greift dieser Exporthändler, ähnlich dem älteren Verleger, weitgehend in die Produktionsaufgabe hinein, durch Anregung für neue Erzeugnisausführungen, Entwurflieferungen, terminliche Überwachung der Fertigung, Erzeugniskontrolle.

Soweit sich jedoch die Produktionsverhältnisse dieser Art verändern — und die Tendenzen dazu sind in mehrfacher Hinsicht gegeben (siehe z. B. Zunahme der großbetrieblichen Produktion im Spielwarenzweig) — verliert der Industrieausfuhrhändler an Betätigungsmöglichkeiten.

Im ganzen kann mit einiger Sicherheit behauptet werden, daß der selbständige Exporthandel beider Spielarten sich seit geraumer Zeit in die Defensive gedrängt sieht, sofern er sich in seinen Funktionen und in seinen organisatorischen Verbindungen nicht von sich aus den neuen Verhältnissen anzupassen versteht (siehe dazu III, 2).

Wenn man hört, daß sich der Exporthandel Deutschlands von 1840—1900 verzehnfacht haben soll und daß sich die Zahl der in diesem Bereich tätigen Firmen in dem genannten Zeitraum von einigen Hundert auf 2000 erhöht hat (siehe *Koch*, a. a. O., Seite 116), so wird einem klar, daß die hohe Zeit des selbständigen Exporthandels der bisherigen Art längst vorbei ist. Es haben sich neue Formen des Exportabsatzes entwickelt. Die wichtigsten Gründe dafür seien im Folgenden genannt.

4. Vorher aber ist noch anzufügen, daß es neben den beiden Typen von Exporthandel seit Jahrzehnten einen ausgesprochen *warenspezialisierten* Exporthandel gibt, so etwa für Papier, für Chemikalien, für Werkzeugmaschinen. Sein Handelssortiment ist weit enger als dasjenige des produktionsorientierten Ausfuhrhändlers oder gar des länderorientierten Exporthändlers. Insoweit kann man ihn geradezu als Spezialexporteur bezeichnen. Vielfach wird bei ihm nicht immer eine scharfe Trennung zwischen Exportabsatz und Binnenabsatz bestehen. Am Falle des Papierexporthändlers läßt sich ferner erkennen, daß sich diese Firmen nicht selten die zu expor-

tierende Ware aus dem Ausland beschaffen. Stand der länderorientierte Exporthändler in seiner ursprünglichen Gestalt dem überseeischen Kunden nahe und der Industrieausfuhrhändler dem deutschen Produzenten, so darf die Stellung dieses Spezialexporthändlers wohl als rein händlerische (arbitrierende) Position zwischen Lieferanten und Abnehmern gesehen werden.

5. Auch im Inlandsgeschäft galt noch bis ins 19. Jahrhundert hinein eigentlich nur der Händler als „Kaufmann" und als „Unternehmer". Er war auch hier der Dirigent der Produktion und vielfach auch ihr Finanzier. Er allein konnte die Absatzmöglichkeiten für gewerbliche oder landwirtschaftliche Erzeugnisse überschauen und hatte die erforderlichen interlokalen Geschäftsbeziehungen.

Die industrielle Entwicklung zur massenhaften Fertigung, zur Spezialisierung und zur technischen Vervollkommnung und die damit verknüpfte Tendenz zum großen Betrieb führte jedoch schon im Laufe des 19. Jahrhunderts, mehr noch im 20. Jahrhundert, zu einem immer stärkeren kommerziellen *Vordringen der Industrie.* Der Großhandel wird dadurch schrittweise, teilweise auch ruckartig aus seiner kommerziellen Führerrolle verdrängt. Dabei haben freilich weitere Faktoren mitgewirkt. Die ursprünglich „klassischen" Funktionen des Großhandels: die Überbrückung räumlicher und zeitlicher Spannungen, der Ausgleich in den angebotenen und nachgefragten Gütermengen (sammelnde bzw. aufteilende Tätigkeit des Handels), haben mit der neueren Verdichtung und Beschleunigung des Verkehrs- und Nachrichtenwesens, aber auch infolge neuer Konservierungs- und Verpackungsmethoden erheblich an Gewicht verloren.

Das kommerzielle Vorherrschen der Industrie äußert sich in mehrfacher Hinsicht, wobei die Verhältnisse je nach Zweig erhebliche Unterschiede aufweisen. Es gibt konservative und nach wie vor handelsfreundliche, ja handelsabhängige Zweige, neben „dynamischen" und geradezu aggressiven Zweigen.

Es seien hier folgende Veränderungen in den marktpolitischen Maßnahmen der Industrie genannt:

1. Eine weitgehende Reglementierung des Handels durch die Festlegung von sogenannten „allgemeinen Geschäftsbedingungen".
2. Die Errichtung einer eigenen Verkaufsapparatur der Industrieunternehmen, insbesondere die Bildung von eigenen Außenorganisationen (eigene Vertretungen, Niederlassungen, Auslieferungslager, Kundendienst-Stellen usw.).
3. Produktgestaltung, Preisstellung und Werbung gehen immer mehr vom Hersteller aus, der damit bis zum eigentlichen Verwender seiner Erzeugnisse vorzudringen strebt. Eines der wichtigsten Mittel auf diesem Wege ist die Ausbildung zur Markenware, ja zum Markenartikel.

4. Noch intensiver ist die Form der Errichtung eigener Einzelhandels-Verkaufsstellen (siehe Schuhe, Benzin).
5. Daneben seien genannt: Direktverkauf der Industrie im Wege der Versandgeschäftstechnik oder durch Verkaufsautomaten.
6. Forcierung des unmittelbaren industriellen Absatzes durch Einrichtung von Teilzahlungssystemen der Industrie.
7. Aus der Fülle der Formen des aktiven Vorgehens der Industrie sei ferner die Einflußnahme auf den Handelsbetrieb durch Beteiligungen oder langfristige vertragliche Bindungen erwähnt (sogenannter Werkshandel, insbesondere in der Schwerindustrie).
8. Schließlich kann auch die Bildung von Unternehmenszusammenschlüssen horizontaler oder vertikaler Art als eine Maßnahme gesehen werden, die der Industrie die kommerzielle Führungsrolle auf ihren Absatzmärkten sichern sollen.

Man kann diese langfristigen Entwicklungstendenzen, die da und dort auch zu Rückentwicklungen (neueres Vordringen gewisser Handelsformen) geführt haben, nicht allein oder auch nur in erster Linie als bloßen Machtkampf zwischen Industrie und Handel deuten. Der Hintergrund dieser Vorgänge läßt sich in aller Kürze etwa wie folgt kennzeichnen: Wer zu stark spezialisierter und mechanisierter Produktion mit ihren hohen fixen Kosten und ihrem Zwang zur Großserie (Gesichtspunkt der Beschäftigungs- und der Auflagendegression, aber auch der Betriebsgrößendegression) übergeht, der muß auch die Sorge für großen und nachhaltigen Absatz dieser mit vielen Entwicklungskosten und Investitionen belasteten Erzeugnisse übernehmen. Er kann sich nicht auf die Zufälligkeiten und die Willkür in den Entscheidungen des Handels und der Verwender verlassen, sondern versucht, aktiv auf deren Entscheidungen Einfluß auszuüben und die Nachfrage auf *seine* Produkte zu lenken, ja vielleicht sogar erst ein Nachfragebett für sie zu schaffen. Dies ist der Kern des neuen absatzwirtschaflichen Denkens der Industrie, das man neuerdings und schlagwortartig auch als Marketing-Denken bezeichnet hat.

Was hier über die Absatzgestaltung der Industrie im allgemeinen und insbesondere im Binnenmarkt ausgeführt wurde, gilt grundsätzlich auch für den Absatz über die Landesgrenzen. Nur daß hier die Entwicklung zur Marktgestaltung und Marktpflege unter kommerzieller Führung der Industrie erst viel später einsetzte. Dieses Nachhinken in der Durchdringung des Exportabsatzes mit modernen absatzwirtschaftlichen Prinzipien im Sinne planmäßiger Marktbearbeitung und Marktpflege ist bezeichnenderweise nicht etwa nur für mitteleuropäische Verhältnisse festzustellen. Wir finden es auch in den USA, dem klassischen Land des Marketing. Auch dort wird in Fachkreisen kritisiert, daß der Export noch vielfach nach veralteten Methoden durchgeführt wird. Die Parallelen in USA sind im grundsätzlichen so aufschlußreich, daß es sich lohnt, eine amerikanische Stimme darüber zu hören. In dem Sammelwerk „The Growth of the American Economy" von *R. G. Albion*, *J. S. Bain* u. a. (New York 1946) wird über die Tendenz der Industrie, „to assume control over international marketing functions", gesprochen und der hier angedeutete Strukturwandel in der Organisation des Exports industrieller Erzeugnisse in ähnlicher Weise dargestellt und begründet: „As long as the export trade of American industry was casual, intermittent, and geographically widely dispersed, it was best served by utilizing the established export firms ... But in many cases such a purely passive policy did not appeal to manufacturing concerns, accustomed in the domestic market to aggressive policies of demand creation for their specialities. The export firms were frequently unsuited, if not hostile, to special sales efforts on behalf of branded products and trade names. Hence, when the volume of sales in particular foreign markets showed prospects of great increase, industrial corporations proceeded to set up their own marketing organization abroad, complete from facilities for the physical storage and handling of the product to the building up of „good will". Particularly in the case of products requiring service after sales in making repairs and adjustments did the advantage of such a course appear very real."

Als bedeutende frühe Beispiele für dieses Vorgehen im Export werden genannt: Nähmaschinen, „petroleum products", Registrierkassen, Stahlerzeugnisse, landwirtschaftliche und andere Spezialmaschinen, Schuhe, Seife und Fleischkonserven. Nach einer Schätzung im Jahre 1929 waren 938 amerikanische Zweigniederlassungen („branch-houses") für den Verkauf im Ausland tätig. Die Investitionen dafür wurden auf 362 Mill. Dollar beziffert, wobei die Erdölindustrie nicht mitgerechnet ist, die für ihre Auslandsorganisation rund 500 Mill. Dollar investiert hatte.

In unmittelbarem Zusammenhang mit diesen Angaben führt unsere Quelle noch aus: „In order to facilitate more systematic control over foreign market possibilities, Congress passed the Webb-Pomerene Export Trade Act in April 1918. This act permitted producers to combine their resources and activities in the quest for foreign markets though similar combinations in the domestic market remained subject to the restraints of anti-trust legislation."

Nach einer anschließenden Statistik über direkte amerikanische Investitionen im Ausland zwischen 1897—1935 (die sich auf *C. Lewis*, America's Stake in International Investment, Washington 1938, stützt) haben die Investitionen für Verkaufsorganisationen im Ausland von 1897 mit 6,5 Mill. Dollar auf 362 Mill. Dollar im Jahre 1929 zugenommen. 1935 war dann ein kleiner Rückgang auf 325 Mill. Dollar zu verzeichnen. In diesen Angaben ist die Petroleumindustrie nicht enthalten.

Entsprechendes Zahlenmaterial über die Absatzeinrichtungen deutscher Firmen dürfte kaum vorliegen. Zweifellos aber haben die führenden Unternehmungen der Elektroindustrie, der Chemischen und der Maschinen-Industrie, aber auch bedeutende Werke der Porzellanindustrie und anderer Konsumgüterzweige schon vor dem ersten Weltkrieg in den wichtigsten ausländischen Absatzgebieten eigene Niederlassungen oder Stützpunkte begründet. Zwar sind diese Anstrengungen in den beiden Weltkriegen jedesmal weitgehend zunichte gemacht worden, es besteht aber kein Zweifel, daß die Organisation des Exports industrieller Erzeugnisse in der gleichen Richtung weiter entwickelt wird.

Diese grundsätzliche Wendung zu aktiver Marktbearbeitung im industriellen Export hat einmal dazu geführt, daß der Anteil des indirekten Exports, also im wesentlichen des Exports mit Zwischenschaltung selbständiger Export-Handelshäuser, seit langem einer strukturellen Schrumpfung unterliegt, und sie bedeutet zweitens, daß auch dort, wo die Industrie mit dem Exporthandel zusammenarbeitet, sich eine andere Ausrichtung in der Haltung der Beteiligten durchsetzen mußte oder sich anbahnt. (Über die Organisationsform des heutigen Exports siehe im übrigen Teil II.)

6. In ihrem Vordringen in Richtung auf Direktexport und systematische Marktbearbeitung ist die exportierende Industrie nach dem ersten Weltkrieg, insbesondere aber nach dem zweiten Weltkrieg sehr wesentlich bestärkt, wenn nicht sogar angetrieben worden, durch Vorgänge, die *außerhalb* ihrer Entscheidungsreichweite liegen. Da ist einmal die Tatsache, daß sich viele der bisherigen Exportabsatzgebiete inzwischen wirtschaftlich und politisch weiterentwickelt haben und aus ihrer früheren, vorwiegend passiven Haltung zu aktiverem Vorgehen bei ihren Einkaufshandlungen übergegangen sind. In den Ländern des Nahen und Fernen Ostens, aber auch Afrikas, die sich von der früheren Bevormundung durch Kolonialmächte zu befreien suchen und in welchen vielfach staatswirtschaftliche Tendenzen bestehen, drängen die für die Beschaffung von Investitionsgütern aller Art zuständigen Stellen nach unmittelbaren Verbindungen mit den europäischen Herstellerfirmen. Auch wo es nicht um große Objekte geht, lehnt man es schon aus rein politischen Gründen ab, sich der alten kolonialen Handelsmittler zu bedienen. Man identifiziert hier (so z. B. in Indonesien; s. m. Referat „Wandlungen in der absatzwirtschaftlichen Organisation des Fertigwarenexports“ in: Deutschland und die Weltwirtschaft, Schriften des Vereins für Sozialpolitik, Neue Folge Band 10, Berlin 1954, Seite 220) das alte Importsystem mit dem Kolonialsystem und möchte jetzt unbedingt „selbst“ einkaufen.

Selbstverständlich werden die direkten Beziehungen auch durch die Verbesserung des Nachrichtenverkehrs, die Intensivierung des Flugverkehrs, die Fortschritte in der Abbildungstechnik (für Prospekte, Kataloge, Inserate,

Filme) wesentlich erleichtert. Auch das neuere nationale und internationale Messewesen fördert die Direktbeziehungen zwischen dem Hersteller und dem Kunden im Ausland. Aber abgesehen von diesen Veränderungen auf der Seite der Nachfrage sieht sich der deutsche Hersteller allein dadurch zu aktiverer Marktpolitik im Export gezwungen, daß sich seine amerikanischen Industriekonkurrenten, wie auch die Produzenten anderer Industrieländer, moderner Marketing-Grundsätze bedienen. Er muß also nicht nur technisch, sondern auch im kommerziell-merkantilen Bereich Schritt halten, wenn er im Wettkampf auf dem Weltmarkt bestehen will. Dies bedeutet aber, den Absatzprozeß weitgehend, wenn möglich bis zum eigentlichen Verwender des Erzeugnisses zu planen und zu lenken. Sofern dabei in dem Ablauf zwischen Herstellung und Verwendung des Produktes weiterhin Zwischenetappen erforderlich sind, wird man daher auch deren Blickrichtung auf dieses bedarfs- und konkurrenzbewußte Ziel zu lenken suchen - sei es, daß man selbst solche Stützpunkte errichtet oder aber, daß man an sich selbständige Zwischenstufen in entsprechendem Sinne zu erziehen und zu beeinflussen sucht.

Je nach Art der Ware gehören dazu marktnahe Einrichtungen für Kundenberatung und Kundendienst (Reparaturen, Ersatzteile) oder für die Händlerbetreuung im fremden Markt. Im amerikanischen Markt wird insbesondere bei Konsumgütern sofortige Verfügbarkeit erwartet, während im herkömmlichen Export durch Vermittlung des Exporthändlers die einfache Auftragsweitergabe an den Hersteller üblich war. Es verging daher erhebliche Zeit, bis die Ware in die Hände des ausländischen Bestellers kam. So wird es mehr und mehr und nicht nur im nordamerikanischen Markt erforderlich, ständige Auslieferungslager an zentralen Punkten des fremden Landes zu unterhalten.

7. Schließlich müssen die grundlegenden Wandlungen in den vorherrschenden *Geschäftsbeziehungen* und *Geschäftsformen* bei einer zeitgemäßen Beurteilung von Fragen der Exportorganisation und Exportpolitik der Unternehmungen beachtet werden. Während ursprünglich und bis in unser Jahrhundert hinein einzelne (isolierte) Geschäftsabschlüsse zu machen gesucht werden, also ein mehr extensives Verhalten gegenüber den Marktmöglichkeiten vorherrschend war, kommt es aus der Einstellung des exportierenden Industrieunternehmens heraus mehr und mehr zu möglichst dauerhaften Lieferbeziehungen, auch wenn dabei im äußerlich formalen Sinne nach wie vor einzelne, unverbundene Kaufverträge abgeschlossen werden. Während also vorher sowohl die Abnehmer wie der Gegenstand des Geschäftsabschlusses wechselten, erhalten die Exportabschlüsse jetzt mehr Kontinuität hinsichtlich der Kundschaft wie des Gegenstandes der Lieferung. Es ist das eine auch im Inlandsverkehr auftretende, im allgemeinen aber viel zu wenig beachtete Erscheinung in den merkantilen Beziehungen der Marktpartner

einer industrialisierten Gesellschaft. Auch das sogenannte Entwicklungsgeschäft auf der Grundlage langfristiger Kreditierungen dürfte zu einer höheren Kundschaftskonstanz und zu lang anhaltenden Geschäftsbeziehungen führen.

Inzwischen kann man von einem neuen und dritten Typ von Geschäftsbeziehungen im internationalen Güterverkehr sprechen, und zwar dort, wo es zu industriellen Verzahnungen zwischen inländischen und ausländischen Unternehmungen kommt. Im sogenannten Veredelungsverkehr (z. B. zwischen Schweizer Baumwollwebereien und deutschen Stoffdruckereien) sind uns derartige produktionswirtschaftliche Ergänzungen schon lange bekannt. Offensichtlich aber verdichten sich die internationalen Leistungsverzahnungen in besonderem Maße, sei es im Verhältnis von Zulieferbetrieb zu Voll- oder Montagebetrieben oder im Verhältnis von Kernbetrieb (mit der geistig-organisatorischen Vorbereitung der Fertigung und Herstellung der komplizierten Teile) zu ausführenden (fertigmachenden) Betrieben im Ausland, oder sogar nur noch im Verhältnis von reinem Entwicklungs-, Entwurf- und Vorbereitungsbetrieb zum Ausführungsbetrieb. Es ist hier nicht erforderlich, dies näher darzustellen, wohl aber sind die Auswirkungen auf die Gestaltung der Geschäftsbeziehungen im Export zu bedenken. Mit den herkömmlichen Vorstellungen von „Kauf“ oder gar von „Tausch“ kann man dieser im höchsten Maße verdichteten, kontinuisierten und genormten Art von Lieferbeziehungen nicht mehr gerecht werden. Es ändern sich zudem auch die äußeren Vertragsformen: an die Stelle des einzelnen (isolierten) Kaufabschlusses tritt der langfristige Liefervertrag oder es kommt zu noch weitergreifenden Dauerabkommen.

Es scheint mir außer Zweifel — das sei hier nebenbei angemerkt —, daß auch die Vorstellungen und Voraussetzungen, mit denen die heutige Markttheorie arbeitet, diesem Wandel in den Geschäftsbeziehungen noch keineswegs Rechnung tragen.

8. Versucht man den Wandel im Exportabsatz stichwortartig zu kennzeichnen, so kann man dies in folgender Weise tun:

a) Von der Orientierung und Spezialisierung nach *Ländern* zur Ausrichtung nach *Waren*arten oder Warengruppen;

b) vom indirekten *Händler*export zum (direkten) *Industrie*export;

c) vom (isolierten) *Einzel*verkauf zur *kontinuierlichen* Marktpflege und Marktbearbeitung;

d) zunehmende *bedarfs- und konkurrenzbewußte Ausrichtung* und *Beeinflussung* des *gesamten Exportvorganges* zwischen *Hersteller* und ausländischem *Verwender*. Der Exporthändler ist damit nur ein Glied in dieser Kette. Er wird entweder ausgeschaltet, oder aber er wandelt seine Haltung und seine Funktionen in Richtung auf enge und dauerhafte Zusammenarbeit mit der exportierenden Industrie;

e) vom (doppelseitigen) *Tauschhandel* zum (einzelnen) *Verkaufsgeschäft* — zum langfristigen *Lieferungsvertrag* (oder auch zum Entwicklungsgeschäft) — zum *(industriellen) Verzahnungsverhältnis;*

f) man kann auch von einer Tendenz zur *Kontinuisierung* der *Geschäftsbeziehungen* sprechen, im Verhältnis von exportierendem zu importierendem Partner wie in bezug auf den Lieferungsgegenstand. Diese Tendenz überträgt sich zumal bei industriellen Erzeugnissen auch auf die *Preisbildung*, und zwar auf die Preisstellung des Anbieters wie die Preiserwartungen der Abnehmer. Beunruhigungen des Exportmarktes oder überraschende oder häufige Preisänderungen werden weder von den ausländischen Abnehmern (meist Händlern) noch von der dort arbeitenden Konkurrenz anderer Herstellerländer begrüßt und schlagen im Export nicht selten auf den Urheber zurück. Jedenfalls tritt mit den geschilderten Tendenzen das Moment täglich wechselnder Preiskonkurrenz zugunsten anderer Wettbewerbsfaktoren (wie z. B. gleichbleibende Qualität, terminliche Zuverlässigkeit, Entgegenkommen bei Reklamationen) stark zurück.

TEIL II

Absatzorgane und Absatzwege im Export industrieller Erzeugnisse

Die folgende Darstellung geht im wesentlichen davon aus, daß für den deutschen Außenhandel der Export gewerblicher Erzeugnisse im Vordergrund steht, wogegen der Agrarexport, der in vieler Hinsicht unter anderen Vorzeichen steht, von einzelnen Waren wie z. B. Hopfen abgesehen, nur geringe Bedeutung hat.

1. Eine den heutigen Verhältnissen gerecht werdende Analyse der Gesamtorganisation des Exports kann nicht mehr, wie in der bisherigen Literatur, vom Standpunkt *eines* der daran Beteiligten, so insbesondere des Händlers, ausgehen. Sie sieht sich vielmehr von vornherein zu einer *durchgängigen Betrachtungsweise* gezwungen. Einer Sicht, die den gesamten Marktvorgang zwischen dem Hersteller von Exportgütern und dem ausländischen Verwender dieser Waren als eine Ganzheit auffaßt. Die folgende Darstellung sucht diesem Gesichtspunkt möglichst weitgehend Rechnung zu tragen. Dabei soll aber vermieden werden, zu sehr in die Details der vielfältigen und zum Teil noch wenig untersuchten exportorganisatorischen Gestaltungen zu gehen. Wir beschränken uns auf einen knappen Überblick, der lediglich als Voraussetzung für die weiteren Überlegungen dienen soll.

2. Im Zusammenhang mit dieser Vorbemerkung erscheint eine kurze begriffliche Erörterung am Platze. Die ältere punktuelle Betrachtungsweise

äußert sich deutlich im Begriff des Exports bzw. des Exporteurs. Nach *J. Hellauer* (Welthandelslehre, 1911, zuletzt Wiesbaden 1950, Seite 112) ist „Exporteur im weiteren Sinn . . ., wer im Verfolg von Handelsgeschäften, durch die für ihn Rechtsbeziehungen zum Ausland im Verhältnis des Eigen- oder Kommissionshandels entstehen, Ware in das Ausland liefert oder liefern läßt. In diesem Sinne ist Exporteur auch der Produzent, der seine Erzeugnisse ins Ausland verkauft, oder der Händler, der nur gelegentlich Exportgeschäfte macht, ohne diesem Geschäftszweig eine besondere Pflege angedeihen zu lassen."

Der Exportvorgang wird hier nur in seiner letzten Phase und mehr juristisch-transporttechnisch als wirtschaftlich, insbesondere absatzwirtschaftlich gesehen. Mit Recht wendet sich *W. Koch* (Grundlagen und Technik des Vertriebs, Band II, Berlin 1959, Seite 359) gegen diese auch noch bei *W. Schück* (Handbuch der Exportpraxis, Stuttgart 1931, Seite 1) vertretene Vorstellung, wonach exportieren heißt: eine Ware durch Übertragung des Eigentums zum dauernden Verbleib im Ausland über die Grenze bringen. *W. Koch* schreibt hierzu: „Durch eine derartige Einengung würde die Tätigkeit der Exportabteilung eines Industriebetriebes, wenn sie sich der Dienste eines Exporteurs (= Export*händler,* E. S.) bediente, keine Exporttätigkeit sein; das hieße aber den Dingen sprachlich Gewalt antun". *W. Koch* definiert daher: „Unter Exportieren verstehe ich den Vertrieb von Gütern und Leistungen zur Versorgung ausländischer Märkte."

Vom ökonomischen Standpunkt ist es zweifellos wenig entscheidend, wer im juristischen Sinne Vertragspartner des ausländischen Abnehmers ist oder gar nur, wer den Versand über die Grenze vornimmt. Es kommt allein auf den Willen an, Waren im ausländischen Markt abzusetzen. In diesem Sinne treibt etwa ein Groß- oder Einzelhändler, der zufällig einmal an einen ausländischen Abnehmer verkauft, noch keinen Export, obwohl die obigen rechtlichen und transportlichen Voraussetzungen bei diesem Gelegenheitsgeschäft durchaus gegeben sein können. Andererseits kann einem Hersteller die Exportfunktion in diesem modernen Sinne nicht abgesprochen werden, wenn er sich in seiner Produktgestaltung, in seinem Fabrikationsprogramm, in der mehrsprachigen Gestaltung der Verpackung, der begleitenden Drucksachen (Gebrauchsanweisung) oder von Prospekten auf ausländische Märkte einstellt, auch insoweit als diese Erzeugnisse nicht durch ihn selbst, sondern durch einen Exportmittler ans Ausland verkauft werden. Exportieren in diesem heutigen Sinne ist nicht nur eine Frage des Verkaufsabschlusses, es beginnt bereits in der Produktion und hört oft erst beim Service des Herstellers für Reparaturen, Ersatzteile, technische Beratung, auf. Auch im letzten Fall kann das Erzeugnis über einen Exporthändler verkauft worden sein, der aber zumeist nicht in der Lage wäre, jene an den Exportverkauf sich anschließenden Exportfunktionen zu übernehmen.

3. Wir geben zunächst einen Überblick über die im Exportabsatz vorkommenden *Organe*. Diese von der herkömmlichen Systematik abweichende Ordnung, die zudem auch die auf der Abnehmerseite tätig werdenden (Einkaufs-)Organe berücksichtigt, lehnt sich an meine Systematik der Organe der Absatzwirtschaft an, die ich in meinem Buch „Die Aufgabe der Absatzwirtschaft" (1. Auflage Leipzig 1943, 2. Auflage Köln/Opladen 1950) näher begründet habe. Sie geht davon aus, daß auf der einen Seite der *Hersteller* Einrichtungen für den Vertrieb seiner Erzeugnisse schafft (I), daß aber vielfach auch die *Verwender* dieser Erzeugnisse (Haushaltungen bei Konsumgütern, Betriebe bei Produktivgütern) besondere Organe zur Beschaffung von Gütern ausbilden (III).

Zwischen diesen beiden Eckgruppen gibt es sodann eine dritte Gruppe von Organen, die zwischen Produzenten und Verwendern vermitteln (Absatzmittler bzw. *Exportmittler* -II-), und zwar insbesondere immer dann, wenn die Arme der beiden Eckpartner nicht ausreichen, um den zwischen ihnen liegenden absatzwirtschaftlichen Leistungsraum allein zu überbrücken. Da dieser absatzwirtschaftliche Abstand im Export besonders groß ist, jedenfalls in der Regel größer als im Binnenmarkt, treten diese Mittlerorgane hier verhältnismäßig häufig auf. Für den Exportabsatz ergeben sich demgemäß folgende drei Gruppen von Organen:

I. *Verkaufsorgane* der inländischen *Hersteller,* und zwar
  a) mit Sitz im *Inland*
  b) mit Sitz im *Ausland* (sei es im ausländischen Verwendungsgebiet oder in einem dritten Land)

II. (Selbständige) *Exportmittler*
  a) *inländische* Exportmittler
  b) *ausländische* Exportmittler
    erstens im Verwendungsgebiet
    zweitens in einem dritten Land

III. *Einkaufsorgane* der ausländischen *Verwender*
  a) im Verwendungsgebiet
  b) im Produktionsgebiet (Herkunftsgebiet)
  c) in einem dritten Land

Neben diesen Organen einzelner Unternehmungen gibt es auch im Export tätige *überbetriebliche Organe,* wie Exportgenossenschaften, Exportringe, Exportgemeinschaften, Exportkartelle, doch gehen wir darauf erst in Teil III des Gutachtens ein.

4. *Zu I* (Exportorgane der Hersteller)

Die im Exportabsatz führenden Organe der inländischen Hersteller kann man nach dem Grad der organisatorischen Durchbildung, nach der Intensität ihres Tätigwerdens ordnen und so die große Fülle von Gestaltungen in dieser Gruppe leichter überschaubar machen.

a) Der geringste Grad ist etwa dann gegeben, wenn der Hersteller die Exportverkäufe im Rahmen der *allgemeinen Verkaufsabteilung* durchführt, was bei unbedeutender Exportquote oder bei nur gelegentlichem Export der Fall sein wird.

b) Als nächste Stufe kann die Bildung einer besonderen *Exportabteilung* mit einem oder mehreren Exportfachleuten angesehen werden.

c) Eine weitere Stufe wird erreicht, wenn hierzu *vorgeschobene Verkaufsorgane* mit Sitz am Ausfuhrhafen oder am Zentralplatz für Exportgeschäfte, wie z. B. früher Berlin, gebildet werden, und zwar entweder durch Bestellung eines Exportvertreters (wie vielfach noch heute in Hamburg) oder durch Errichtung eines eigenen Büros zur Pflege der Exportbeziehungen, ein Fall, der nicht allzu häufig sein dürfte.
Die weiteren Grade gehören zur Untergruppe I/b (Verkaufsorgane im Ausland), die sich somit als höhere organisatorische Stufen erklären lassen.

d) Hier ist einmal zu denken an die Errichtung von *organisatorischen Stützpunkten* (Vertretung oder Niederlassung) *in dritten Ländern*, von welchen bestimmte Absatzgebiete der Welt besonders günstig bearbeitet werden können, wie London, Paris, New York. Doch ist diese Lösung offenbar verhältnismäßig selten anzutreffen.

e) Dagegen ist die Bildung von *Organen im fremden Verwendungsgebiet* selbst, und zwar in der Regel im Einfuhrhafen oder aber in der Hauptstadt des Landes, dort häufig anzutreffen, wo die Hersteller die Kraft haben, genügend weit vorzustoßen.

f) Ein noch höherer Grad von exportorganisatorischer Gestaltung liegt dann vor, wenn *mehrere* eigene Stützpunkte in einzelnen Absatzterritorien des fremden Landes unterhalten werden (regionalisierte Auslandsorganisation).

g) Schließlich kann hier auch noch der Grenzfall der *Montage* oder des *Fertigmachens* im weitesten Sinne (also z. B. auch Misch- und Abfüllstation für Kosmetika) im Verwendungsland in Verbindung mit einer Verkaufsorganisation im fremden Land einbezogen werden.

5. Insgesamt ist innerhalb der Gruppe I zwischen *Innen*organen — Exportorganen oder -abteilungen am Sitze des Herstellers—und *Außen*organen mit Sitz an einem außerhalb liegenden Standort, sei es im Inland oder im Ausland zu unterscheiden. Je weiter vorgeschoben der Sitz des Außenorgans ist, um so ausgeprägter erscheint die dem Exportabsatz dienende Organisation. Eine zweite Gruppierung und damit ein zweites Merkmal für die Beurteilung des organisatorischen Ausbaus ergibt sich nach dem Gesichtspunkt des rechtlichen und tatsächlichen Einflusses auf die dem Hersteller dienenden Exportorgane. Hiernach kann, wenigstens im groben zwischen

eigenen und *fremden* Organen unterschieden werden. Da die Innenorgane eo ipso als eigene Organe zu betrachten sind, ist diese Unterscheidung faktisch nur für die Außenorgane (Nr. c—g) von Bedeutung. Die Grenze zwischen den fremden Außenorganen des exportierenden Herstellers und den selbständigen Exportmittlern der Gruppe II ist allerdings sehr flüssig, zumal hier eine Fülle von vertraglichen Regelungen denkbar ist und auch tatsächlich vorkommt. Von vornherein ist klar, daß die Durchbildung der Exportorganisation des Herstellers dann am intensivsten ist, wenn er über eigene Außenorgane verfügt, die seinem *vollen* Einfluß unterliegen. Hiernach ergibt sich etwa folgende Abstufung:

a) *Eigene Außenstützpunkte*
(Verkaufsbüro, Verkaufslager, Reparaturdienst, Ersatzteilelager), sei es als Zweigbetrieb, als Tochtergesellschaft oder als Mehrheitsbeteiligung an einer rechtlich selbständigen Firma.

b) Eigene Vertreter *(Einfirmenvertreter)*, die ausschließlich für das Unternehmen tätig sind und nach dessen Weisung sowie in dessen Namen arbeiten (praktisch ein Angestelltenverhältnis).

c) *Mehrfirmenvertreter* (Handelsvertreter im Sinne des HGB), die somit nur *u. a.* für den exportierenden Hersteller tätig werden und seinem Einfluß im allgemeinen weit weniger unterliegen. Wenn in der Praxis vom „Auslandsvertreter" gesprochen wird, so meint man in aller Regel diesen Fall, sofern dieser Vertreter Sitz und Tätigkeit im ausländischen Absatzgebiet hat. Aber auch der sogenannte „Exportvertreter" (siehe Nr. c) ist im allgemeinen Mehrfirmenvertreter.

d) In mancher Hinsicht ähnlich ist der Fall der Übertragung des *Alleinverkaufsrechtes* an eine ausländische Handelsfirma, die im übrigen nach eigenem Gutdünken mit anderen Erzeugnissen handelt, sich jedoch für den Vertrieb der Erzeugnisse des deutschen Herstellers in ihrem Lande zu mehr oder weniger weitgehenden geschäftlichen Verhaltensweisen verpflichtet (z. B. hinsichtlich Preisstellung, Lagerhaltung, Werbung, Ersatzlieferung). Der Hersteller hat also auch in diesem Fall noch einen gewissen Einfluß auf die Absatzgestaltung im fremden Gebiet, und insoweit kann auch dieser Fall noch zu seiner Außenorganisation gezählt werden.

Zur eigenen Außenorganisation des Herstellers sind eindeutig die Gestaltungen nach a und b zu rechnen, während c und d zwar auch Bestandteil seiner Außenorganisation sein können, jedoch im allgemeinen als „fremde Organe" mit relativ höherer Eigenständigkeit und mit größerem Bewegungsspielraum gelten müssen.

Damit ist aber erst das bloße Gerippe der organisatorischen Gestaltungen gekennzeichnet, da die Varianten der hier unterschiedenen organisatorischen Stufen nicht berücksichtigt sind (z. B. Dauer, Grad und Gegenstand der Bindungen, Regelung der Vergütungen).

Um zu verdeutlichen, wie vielgestaltig die organisatorischen Lösungen sein können, sei angeführt, daß ein bedeutendes deutsches Industrieunternehmen mit erstklassigen Markenerzeugnissen neuerdings seinen *gesamten* Export nach allen Ländern einer in der Schweiz ansässigen Vertriebsfirma übertragen hat, obwohl es nach Größe, Kapitalkraft und kommerzieller Erfahrung sehr wohl in der Lage ist, den Export nach den wichtigsten Ländern direkt (selbst) zu betreiben. Für die Beurteilung und Einordnung dieses Falles müßte erst noch geklärt werden, welchen Einfluß das deutsche Unternehmen an jener ausländischen Vertriebsfirma durch Kapitalbeteiligung oder durch vertragliche Abmachungen hat und ob die ausländische Mittlerfirma auch noch die Erzeugnisse anderer Hersteller vertreibt, was im vorliegenden Fall zu vermuten ist. Je nachdem kann man jenes Organ dann als eine lediglich ins Ausland verlagerte Exportabteilung des deutschen Unternehmens ansehen oder aber als ein Gebilde, das eine Art Multiplum des Falles d: *Alleinverkaufsrecht* darstellt und insoweit mehr in die Nähe des Exports über selbständige Exportmittler der Gruppe II rückt.

Im ersten Fall wäre ein höherer Grad absatzwirtschaftlicher Exportorganisation gegeben, im zweiten Fall nähert man sich der Form des sogenannten indirekten Exports.

6. Die hier dargestellten Organe des Exportabsatzes der Hersteller darf man sich nicht isoliert vorstellen. Vielmehr besteht die Exportorganisation des einzelnen Industrieunternehmens aus einer Kombination mehrerer solcher Organe, wobei die gesamten für die Anbahnung und Durchführung der Exportaufgaben erforderlichen Funktionen (siehe dazu Abschnitt 13) in geeigneter Weise auf die einzelnen daran mitwirkenden Organe verteilt werden. Das braucht hier nicht im einzelnen dargestellt zu werden, es sei lediglich zum besseren Verständnis angedeutet, daß der Innenorganisation (nach Abschnitt 5) vielfach die allgemeinen Funktionen der Planung und Vorbereitung des Exportabsatzes (wie Marktforschung, Werbung) zufallen, während die individuelle Absatzanbahnung (Angebote, Bemusterung) und der Abschluß von Verkäufen häufig den Außenorganen übertragen sind. Die Ausführung des Verkaufsauftrages (Bereitstellung der Ware, Verpakkung, Versand, Fakturierung, Zahlungsregulierung) ist dagegen wieder zumeist Sache der Innenorganisation. Aber damit ist nur ein ungefähres Schema der Verteilung der Funktionen angegeben, das mancherlei Abwandlungen unterliegen kann.

Es ist ferner zu beachten, daß diese Kombination von Organen und deren Anteil an den einzelnen Exportfunktionen im gleichen Unternehmen nicht durchweg zu bestehen braucht. Für den Export nach Nachbarländern können andere organisatorische Lösungen bestehen als für den übrigen Export, und ebenso gibt es organisatorische Differenzierungen nach Erzeugnis- oder nach Abnehmergruppen. Schließlich werden unter Umständen manche dieser

Funktionen entweder an überbetriebliche Exportorgane delegiert, so daß zwischen totaler und partieller Erfüllung der Exportfunktionen im Rahmen der Exportorganisation des Herstellers unterschieden werden muß. Dieser Gesichtspunkt tritt dann noch deutlicher hervor, wenn sich der Hersteller ganz oder teilweise der Mitwirkung von Exportmittlern (nach II) bedient. Darüber wird in den weiteren Abschnitten zu sprechen sein.

7. In der Gruppe der selbständigen Exportmittler steht der *Exporthandel* in den schon im geschichtlichen Überblick aufgezeigten drei Spielarten im Vordergrund.

a) Länderorientierter (hanseatischer) Ausfuhrhandel

b) Produktionszweig-orientierter Ausfuhrhandel („Industrieausfuhrhandel“)

c) Spezialexporteur (auf einzelne Warenarten spezialisiert).
Als weitere inländische Exportmittler kommen in Betracht:

d) Binnengroßhandlungen mit teilweisem Export

e) Einzelhandelsgeschäfte (Verkäufe an Ausländer im Lande oder im Versandwege).
Weitgehend unbeachtet, jedoch von erheblicher und wahrscheinlich wachsender Bedeutung sind sodann noch:

f) Andere Produktions(Industrie-)betriebe als Exportmittler (sog. Anschlußexport).

Die bisher genannten Exportmittler üben samt und sonders die Aufgabe aus, im Inland erzeugte Ware (evtl. aber auch aus anderen Ländern erst importierte Erzeugnisse) an Kontrahenten im Ausland zu verkaufen, also die Ware im kommerziellen Sinne über die Grenze zu bringen. In der Regel werden (abgesehen von Fall e) diese Waren unmittelbar vom Hersteller gekauft. Es ist aber immerhin auch die seltenere Möglichkeit zu bedenken, daß noch ein weiteres Handelsglied zwischen Hersteller und den genannten Exportmittlern eingeschoben ist.

Als weitere Etappen des Exportabsatzes *im fremden Land* kommen folgende Mittler in Betracht:

g) Universal-Importeure („general importer“)

h) Spezial-Importeure

i) (Binnen-)Großhandel
ferner evtl. auch:

k) (Binnen-)Einzelhandel (besonders die Großbetriebsformen)

l) Produktionsbetriebe im Ausland als Mittler für aus Deutschland exportierte Erzeugnisse.

Zu a): Das Schwergewicht des hanseatischen, zum Teil auch heute noch vorwiegend länderorientierten Ausfuhrhandels liegt im Überseegeschäft. Bei Erörterung der Absatzwege im Export werden wir näher darauf eingehen.

Zu b): Der sogenannte Industrieausfuhrhandel ist auf verhältnismäßig wenige Industriezweige beschränkt (siehe die in Abschnitt I/3 angegebenen Merkmale), dort ist er aber noch von großer Bedeutung.

Zuverlässige statistische Unterlagen über die Umsätze des Exporthandels stehen nicht zur Verfügung. Nach einer Schätzung auf Grund der Umsatzsteuer-Befreiung von Ausfuhrlieferungen im Jahre 1935 war der Anteil des hanseatischen Exporthandels an der gesamten Ausfuhr Deutschlands damals 9,5%, derjenige des Industrieausfuhrhandels 2,5%. Diese Anteile dürften heute eher geringer als höher sein. Doch ist es möglich, daß in manchen Zweigen die vermittelnde Tätigkeit des Industrieausfuhrhandels noch die gleiche Bedeutung hat.

Zu c): Der Spezialexporteur, der sich auf eine Warenart oder eine Warengruppe spezialisiert, wie Hopfen, Chemikalien, Papier, nähert sich in der Art seiner Geschäftstätigkeit in mancher Hinsicht dem Typ des Binnengroßhandels. Für die Frage der sogenannten Inlandswirkung des Exportkartells könnte dieser Fall praktisch von besonderer Bedeutung sein.

Für die Charakterisierung des Exporthandels erscheint es besonders wichtig, daß insbesondere der älteste Typ des hanseatischen Übersee-Exporteurs nur ausnahmsweise ein Warenlager unterhält. Er macht vielmehr erst nach Vorliegen von Aufträgen seiner überseeischen Kunden entsprechende Abschlüsse bei der Industrie. Er trägt also weder ein Lagerrisiko noch ein Vordispositionsrisiko, sondern treibt einfache Auftragsweitergabe.

Hingegen steht der Industrieausfuhrhändler in dieser Hinsicht etwa zwischen dem hanseatischen Exporthändler und dem lagerhaltenden Binnengroßhandel. Die Verhältnisse in den einzelnen Zweigen liegen verschieden. So hat eine eingehende Untersuchung des Instituts für Exportforschung (Der produktionsorientierte Ausfuhrhändler / Industrieausfuhrhändler, Berichte des Instituts für Exportforschung Nürnberg, 1957/58, im Auftrage des Bundeswirtschaftsministeriums) gezeigt, daß z. B. der Remscheider Werkzeugexporthändler eine Lagerhaltung von erstaunlichem Umfang betreibt. Insgesamt konnte in jenem Untersuchungsbericht hinsichtlich aller damals untersuchten Zweige des Industrieausfuhrhandels konstatiert werden, daß nur Waren, die laufend gefragt werden, auf Lager gehalten werden, wobei durch den Einkauf größerer Posten Mengenrabatte erwirkt werden. Neben dieser Lagerhaltung im ökonomischen Sinne (Übernahme des Warenrisikos) gibt es in beiden Exportzweigen noch eine solche im technischen Sinne: Die auf Grund eines Kundenauftrages bei einer Reihe von Industriefirmen bestellten Einzelposten werden so lange aufbewahrt, bis die Kommission komplett ist und dann zusammen verschifft werden kann.

Die Lagerhaltung des Spezialexporteurs dürfte im einzelnen sehr unterschiedlich sein.

Zu d): Innerhalb des Binnengroßhandels sind es nur manche Zweige, die neben dem Binnenabsatz einen nennenswerten Export betreiben. Immerhin gab es, wie sich wiederum auf Grund der Umsatzsteuerergebnisse ersehen läßt, vor dem Kriege einige Spezialzweige des Großhandels, besonders für technischen Bedarf, deren Exportquote bis zu 10% ausmachte.

Zu e): Über die Exporttätigkeit des Einzelhandels ist so gut wie nichts bekannt. Neuerdings scheinen die großen Versandhausunternehmungen Verkäufe besonders nach Nachbarländern in erheblichem Umfange zu machen. Im vorliegenden Zusammenhang ist jedoch der Export über den Einzelhandel kaum von besonderer Bedeutung.

Zu f): Der sogenannte Anschlußexport, also der Export durch Vermittlung anderer Industriebetriebe, dürfte noch an keiner Stelle näher untersucht worden sein, obwohl es hier in manchen Zweigen um bedeutende Umsätze zu gehen scheint. Im Rahmen der genannten Untersuchung des Instituts für Exportforschung zeigte sich diese Art von Export besonders deutlich beim Remscheider Werkzeugexporteur. Hier wird die Ausfuhr durch andere Herstellerfirmen als eine offenbar wachsende Konkurrenz des Remscheider Werkzeughandels empfunden. Es gibt dort eine Reihe solcher Firmen, die ihr eigenes Fertigungsprogramm durch Zukauf anderer Werkzeuge ergänzen und das erweiterte Sortiment exportieren.

Der Anteil der eigenen Produktion am Gesamtumsatz bewegt sich bei diesen Firmen zwischen 5 und 80 Prozent. Besonders auffallend ist das Beispiel eines Unternehmens mit über 1000 Beschäftigten, das sich bis zum zweiten Weltkrieg auf die Herstellung von Autoschlüsseln beschränkt hatte. Für den Aufbau einer eigenen Exportorganisation sah man sich inzwischen veranlaßt, das Programm aus der Fertigung anderer, meist kleinerer Hersteller zu ergänzen.

Der Anschlußexport kann aber auch auf der Zusammenfassung ausgesprochen komplementärer Güter beruhen, so etwa, wenn eine Automobilfabrik zusammen mit ihren Wagen auch Werkzeuge exportiert, die sie keinesfalls selbst herstellt.

Die *ausländischen Mittler* im Exportabsatz (g—l) sind vom Blickpunkt des deutschen Exportierenden naturgemäß weit weniger deutlich umrissen. Exportlehre und Exportforschung haben sie bisher kaum in ihre Betrachtung einbezogen. Im Sinne einer durchgängigen, ganzheitlichen Erfassung des Exportabsatzes dürfen sie jedoch nicht unberücksichtigt bleiben. Es wird sich später zeigen, daß die Art des im fremden Land mitwirkenden Mittlers in erheblichem Maße davon abhängt, welcher inländische Absatzmittler beim Export beteiligt ist oder ob überhaupt ein inländischer Exportmittler mitwirkt.

Zu g): Der „general importer", meist mit Sitz am führenden Einfuhrhafen des Landes, ist eine alte Form von Importhandel, die vor allem noch in Südamerika und in anderen Gebieten mit wenig entwickelter Handelsorganisation anzutreffen ist.

Zu h): In europäischen Ländern dagegen, wie auch in USA, finden wir überwiegend warenspezialisierte Importfirmen an den großen Einfuhrplätzen, in einigen Fällen auch nach Herkunftsländern spezialisierte Firmen, z. B. Importeure von Ostasienwaren. Eindeutig ist die Spezialisierung nach Waren beim internationalen Handel in Rohstoffen und Halbstoffen.

Zu i): Daneben gibt es zwar auch Spezialfirmen für den Import von Fertigwaren (z. B. für Porzellan- und Glaswaren in New York). Aber hier sind die Übergänge zum Binnengroßhandel des fremden Landes kaum merkbar. Jedenfalls geht der Weg der Ware von hier aus oder vom reinen Binnengroßhandel, der importierte Ware nur neben anderen führt, weiter zum Einzelhandel.

Zu k): Dagegen wird der Einzelhandel als unmittelbarer ausländischer Partner des deutschen Exporteurs im allgemeinen nur dort eine Rolle spielen, wo man es mit Großabnehmern, wie Warenhauskonzernen, großen Versandhäusern und Filialunternehmungen, zu tun hat.

Zu l): So, wie deutsche Industriefirmen die Erzegunisse anderer Hersteller mitexportieren, ist es durchaus denkbar, daß Produktionsfirmen des Auslands ergänzend Produkte importieren und dann im Rahmen ihrer für das eigene Land bereits voll ausgebauten Absatzorganisation mit vertreiben. Der Fall mag früher keine große Rolle gespielt haben, doch scheinen seit einigen Jahren, teils im Zusammenhang mit der Bildung der EWG, teils auch in anderen Gebieten, derartige organisatorische Lösungen in zunehmendem Maße bewußt angestrebt zu werden. Hier sei erwähnt, daß seit einiger Zeit französische Waschmaschinen bestimmter Herkunft in Deutschland durch die Homann-Voss-Vertriebsgemeinschaft (Wuppertal) verkauft werden.

8. Einkaufsorgane der ausländischen Verwender (III)

Diese Gruppe von Organen ist naturgemäß am geringsten ausgebildet, da bei marktwirtschaftlicher Verfassung und von Notzeiten abgesehen, die merkantile Initiative zumeist vom Anbieter, also insbesondere vom Produzenten ausgeht. Das schließt jedoch nicht aus, daß in manchen Exportmärkten die Abnehmer durch die Ausbildung entsprechender Organe auf ihrer Beschaffungsseite weit in den Markt vorstoßen und so ihrerseits ein gut Teil des merkantilen Leistungsraumes zwischen Hersteller und Verwender übernehmen. Sei es, daß sie eigene Stützpunkte am zentralen Einfuhrmarkt ihres Landes errichten (Fall IIIa) oder daß sie eigene Einkaufsstellen im ausländischen Produktionsgebiet unterhalten (Fall IIIb). So haben z. B. amerikanische Warenhäuser und Filialsysteme des Einzelhandels früher in deutschen, tschechischen, französischen und englischen Produktionszentren (z. B. für Spielwaren in Sonneberg und Nürnberg, Spitzen in Plauen, für Glas- und Schmuckwaren in Gablonz) Einkaufsstellen unterhalten. Auch nach dem letzten Krieg sind Einkaufsstützpunkte dieser Art wieder entstanden. Der Einkauf von Konsumfertigwaren in Europa wird dabei z. T. von *einem* Platz aus, etwa Paris, zentral betrieben. Dies entspricht — von Deutschland her gesehen — dem Fall IIIc.

Auch im Rohstoffverkehr, insbesondere im Handel mit organischen Rohstoffen, wie Wolle, Pelze, Tabak, gibt es seit langem die bis ins fremde Produktionsgebiet vorgeschobenen Einkaufsorgane der Verarbeiter. Doch ist dieser Vorgang im deutschen Export weniger bedeutsam als etwa im Import.

Wiederum haben wir hier graduelle Abstufungen dieser Organe. Nicht immer kommt es zur Errichtung eigener Einkaufshäuser oder -büros im fremden Bezugsland. Bei geringerer Dichte der Einkäufe bedienen sich amerikanische Konzerne nur eines Einkaufskommissionärs mit ständigem Sitz im deutschen Produktionszentrum.

9. Mit dem Überblick über die im Exportgeschäft vorkommenden absatzwirtschaftlichen Organe gewinnt man noch keineswegs eine volle Vorstellung von der exportwirtschaftlichen Organisation. Man kennt damit nur die Liste der Akteure, aber nicht ihr Zusammenspiel, ihre vielfältigen organisatorischen Kombinationen. Diese lassen sich am besten unter dem Gesichtspunkt der Absatzwege begreifen und darstellen. Aber auch wenn wir nur die häufigsten Verknüpfungen exportwirtschaftlicher Organe zwischen Produktion und Verwendung der Ware herausgreifen wollten, ergäbe sich eine Vielzahl von *Exportwegen.* Daher knüpfen wir hier (zunächst) an die traditionelle Unterscheidung in *direkten* und indirekten Export an, obwohl diese grobe Gruppierung nicht immer aufschlußreich noch eindeutig zu sein braucht und obwohl der interessenpolitisch lange Zeit sehr bedeutsame Gegensatz zwischen dem Direktabsatz der Industrie und dem Export über den Exporthandel durch das Entstehen neuer Organisationsformen, die *zwischen* reinem Direktexport und reinem indirekten Export liegen, viel an Gewicht verliert.

Die Unterscheidung wird übrigens nicht nur im absatzorganisatorischen Sinne verwendet, wonach *direkter* Export immer dann vorliegt, *wenn ein Hersteller unmittelbar an einen Partner im Ausland verkauft,* während als *indirekter* Export der *Absatz durch Vermittlung eines inländischen selbständigen Exportmittlers* gilt. Gelegentlich wird auch im geographischen Sinne unterschieden, wonach von direkter Ausfuhr gesprochen wird, wenn die Ware in dem einführenden Land verbleibt, von indirekter Ausfuhr dagegen, wenn ein drittes Land dazwischen tritt (Durchfuhr oder Re-Export). Außerdem unterscheidet man da und dort auch nach der Verarbeitungsreife der Erzeugnisse: Wird Rundstahl an das Ausland verkauft, so gilt dies als „direkter“ Export im Vergleich zu dem Fall, daß der Rundstahl zunächst im Inland von einem Verarbeiter zur Herstellung von Exportgütern verwendet wird, was dann in dieser Sicht als „indirekter“ Export des Rundstahls gilt. Ein anderes Beispiel wäre dies: Elektromotoren werden einmal unmittelbar exportiert, im anderen Fall aber erst in ein Fahrzeug eingebaut, das dann zum Export gelangt. Hier soll nur von der absatzorganisatorischen Variante die Rede sein.

Die obige Definition läßt schon erkennen, daß *Direktexport* nicht unbedingt bedeutet: Verkaufsabschluß mit dem eigentlichen (letzten) Verwender, sei es Produktionsbetrieb oder Haushalt. Dies wäre nur ein Unterfall von Direktexport im Sinne der traditionellen Unterscheidung. Es bleibt bei dem üblichen Begriff von Direktexport somit völlig offen, *wer* der Partner im Ausland ist. Fest steht nur, daß ein Hersteller — also nicht etwa ein Händler oder ein anderer nur exportvermittelnder Fabrikant — mit einem Abnehmer mit Sitz im *Ausland* abschließt. Die Frage, wieweit der direkt exportierende Hersteller dabei im ausländischen Markte vorstößt, bis zu welchem Glied der weiteren Absatzkette im Ausland er vordringt, wird somit durch die Zuordnung zum direkten Exportweg nicht beantwortet.

Dies ist auch bei dem herkömmlichen Begriff des *indirekten* Exports nicht anders. Weder wird begrifflich festgelegt, wer hier der ausländische Partner des inländischen Exportmittlers ist oder sein soll, noch wissen wir faktisch Nennenswertes darüber; ganz abgesehen davon, daß die Verhältnisse in dieser Hinsicht von Zweig zu Zweig sehr verschieden sein können und müssen.

Den *direkten* Export kann man in folgender Weise schematisch darstellen:

Abb. 1

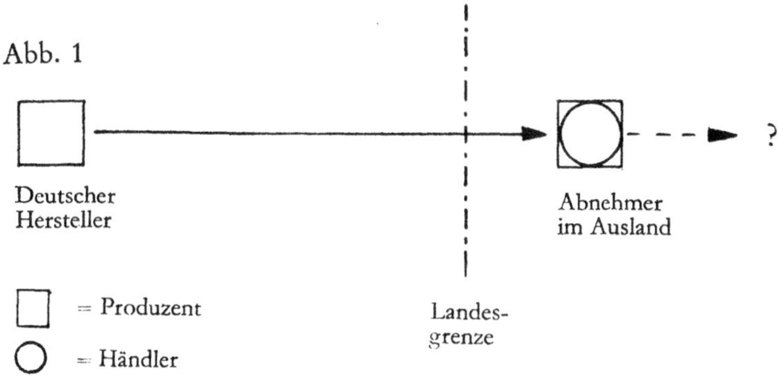

Das entsprechende Bild des *indirekten* Exports kann somit in folgender Weise schematisch angedeutet werden:

Abb. 2

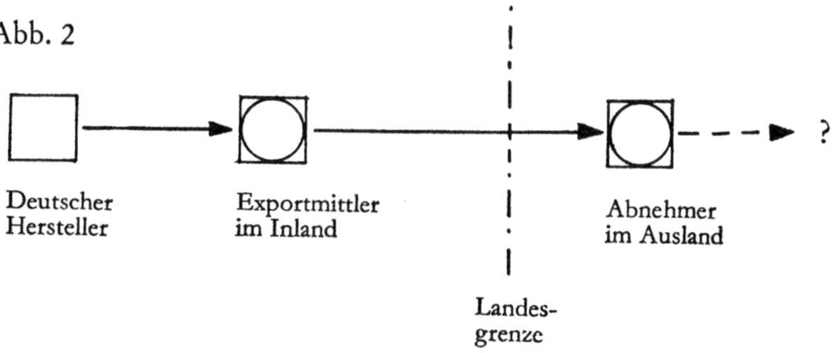

Im vorliegenden Zusammenhang ist diese Aufteilung in direkten und indirekten Export insofern von besonderer Bedeutung, als sie offensichtlich im wesentlichen den Vorstellungen des § 6 GWB zugrunde liegt. Es kann hier – unter Hinweis auf die in meinem Buch „Die Aufgabe der Absatzwirtschaft", 2. Auflage, Köln und Opladen 1950, Seite 88 ff. – wiedergegebenen Typen von Absatzwegen im Export – darauf verzichtet werden, die einzelnen Spielarten des direkten und des indirekten Exportes darzustellen. Für den direkten Export der Hersteller sind sie zudem durch die Aufzählung der Verkaufsorgane der Hersteller schon im groben angedeutet, und die einzelnen Arten des indirekten Exports unterscheiden sich im wesentlichen dadurch, daß jeweils einer der im Abschnitt II/7 aufgezählten inländischen Absatzmittler eingeschaltet ist. Unter Umständen können es deren, wie schon angedeutet wurde, auch mehrere sein. Also z. B.: Hersteller ——➤ Spezialgroßhandel ——➤ Exporthandel ——➤ ausländischer Abnehmer.

10. Über den *Anteil* des *direkten* und *indirekten Exportes* gibt es keine exakten Unterlagen. Soweit Prozentangaben gemacht werden, beruhen sie auf mittelbaren Unterlagen und können nur als mehr oder weniger genaue Schätzungen angesehen werden. Sicher ist, daß der Anteil der Ausfuhr über den Exporthandel aus den unter I/6 dargelegten Gründen im Laufe der letzten 5 oder 6 Jahrzehnte strukturell zurückgegangen ist, in Deutschland mehr als etwa in England.

Während für England noch nach dem zweiten Weltkrieg ein Anteil des Exporthandels (merchants) von etwas über 50 % der englischen Gesamtausfuhr genannt wird, beziffert J. Hirsch den Anteil der beruflichen Außenhändler am deutschen Fabrikate-Export schon für die Zeit nach dem ersten Weltkrieg auf weniger als 50 % (Der moderne Handel, 1925, Seite 148).

Eine eingehende Untersuchung unter Auswertung der Ergebnisse der Umsatzsteuerbefreiungen für Ausfuhrlieferungen im Jahre *1935* gelangt zu folgender Aufgliederung: [2]

Direkter Export		
a) der Industrie	60,4 %	
b) des Handwerks	2,9 %	
c) der Landwirtschaft	0,2 %	63,5 %
Indirekter Export über		
a) den länderorientierten (hanseatischen) Exporthandel	9,5 %	
b) den warenorientierten Fachexporthandel (Industrieausfuhrhandel)	2,5 %	
c) den exportierenden Großhandel mit Fertigfabrikaten (Spezial-Exporthandel)	6,3 %	
d) den sonstigen Binnen-Großhandel	12,7 %	
e) den Einzelhandel und das übrige Gewerbe	1,5 %	
f) andere Produktionsbetriebe	4,0 %	36,5 %
		100,0 %

Nach einigen Unterlagen aus dem Jahre 1950 kommt Schreiner zu der Annahme, daß das Verhältnis von direkter zu indirekter Ausfuhr sich inzwischen weiter auf 70:30 verschoben hat.

Ergänzend sei angefügt, daß nach einer Aussage des Industriellen *Ilgner* (Kieler Vorträge, Heft 53, Jena 1938) schon zwischen den beiden Kriegen etwa ein Drittel der Ausfuhr von 20 großen deutschen Unternehmungen direkt bewältigt wurde. Angesichts der weiteren Konzentration in der Industrie und der in Teil I aufgezeigten Entwicklungstendenzen ist damit zu rechnen, daß der Anteil des indirekten Exports heute mehr bei einem Viertel als bei einem Drittel der Gesamtausfuhr liegt. Es ist aber anzunehmen, daß die Ausfuhr über andere Industriebetriebe (Anschlußexport) zugenommen hat, so daß insofern der Rückgang der indirekten Ausfuhr insgesamt etwas abgebremst wird, wogegen die Ausfuhr über den eigentlichen Exporthandel wahrscheinlich erheblich zurückgeht. Die Schätzungen Schreiners werden in einer im Jahre 1959 an der Universität Hamburg vorgelegten Dissertation von *P. Krohn* als zu hoch bezeichnet. Er weist darauf hin, daß der Export über werksabhängige Vertriebsgesellschaften faktisch als direkter Export angesehen werden müsse und nicht der indi-

[2] *G. Schreiner* in einer von mir veranlaßten Untersuchung, die als Dissertation an der Nürnberger Hochschule angenommen wurde.

rekten Ausfuhr über Ausfuhrhändler zugerechnet werden könne. Krohn kommt für 1935 zu einem Anteil der indirekten Ausfuhr von nur 27,1 % und berechnet weiterhin für 1950 und 1954 Anteile von 26,1 % bzw. 24,9 %.

Über die Umsätze der Hamburger und der Bremer Ausfuhrhändler werden seit 1952 durch die Hamburger Landeszentralbank und ab 1957 durch das Handelsstatistische Amt in Hamburg und durch die Handelskammer Bremen in Bremen aufgrund der Ausfuhrerklärungen (bzw. Ausfuhrmeldungen) Ermittlungen durchgeführt (s. Berichte der Landeszentralbank der Freien und Hansestadt Hamburg 1952 bis 1955 und der Hamburger Behörde für Wirtschaft und Verkehr, Handelsstatistisches Amt 1957 bis 1960, sowie Handelskammer Bremen, Berichte über die Jahre 1952 bis 1960).

Im Durchschnitt der Jahre 1957 bis 1960 hat der Anteil der Ausfuhr der Hamburger Händler an der deutschen Gesamtausfuhr 7,6 %, derjenige der Händler in Bremen 0,7 % betragen, zusammen also 8,3 %. Diese Feststellungen dürften einen weiteren strukturellen Rückgang der sog. indirekten Ausfuhr andeuten.

Der Satz von 25 oder 30 % hat jedoch nur summarische Bedeutung. Er besagt wenig über die Beurteilung des indirekten Exports im konkreten Fall. Es gibt Zweige und Waren mit nahezu 100 % Direktexport und andererseits ist der Anteil des indirekten Exports, im besonderen die Ausfuhr über den Exporthandel, auf manchen Gebieten auch heute noch sehr beträchtlich. Erhebliche Unterschiede bestehen dabei hinsichtlich der Absatzgebiete. Zum Beispiel gibt *E. Rosenbaum* (Funktionen des Export- und Importhandels, in: Strukturwandlungen der deutschen Volkswirtschaft, hrsg. von B. Harms, Bd. 2, Berlin 1928) für das Jahr 1926 an, daß nach Japan für 84,6 Mill. RM Waren direkt, jedoch für 95,5 Mill. RM indirekt exportiert worden sind; im Export nach Argentinien gingen damals 145 Mill. RM direkt und 108 Mill. RM indirekt.

Für die Schweiz schätzt *Sohrmann-Lugon* (Vertriebsformen im Ausfuhrhandel von Erzeugnissen der Industrie und des Gewerbes unter besonderer Berücksichtigung der schweizerischen Verhältnisse, Heft 5 der „Basler Betriebswirtschaftlichen Studien“, hsg. v. Th. Brogle, Basel 1947) den Anteil des direkten Exports auf wahrscheinlich mehr als drei Viertel der gesamten schweizerischen Industrieausfuhr.

11. Der Versuch liegt nahe, den beiden Gruppen von Exportwegen bestimmte Warenarten zuzuordnen. In diesem Sinne hat *R. Henzler* in einem Aufsatz „Die Tendenz zum Direktexport“ (veröffentlicht in: Liiketalondellinen Aikakanskirja (Journal of Business), Helsinki, 1959/I) zwischen originärem oder strukturkonstantem Direktexport und strukturkonstantem indirektem Export unterschieden.

Zwischen diesen beiden Gruppen sieht er eine dritte Gruppe des „strukturvariablen“ Exports, bei welchem sich nach seiner Meinung Verlagerungen zwischen direktem und indirektem Export ergeben können. Dagegen sei bei der Lieferung von technischen Anlagen, wie Eisenbahnbauten, Kraftwerken oder Schwermaschinen die Alternative direkter oder indirekter Export niemals aufgetreten (strukturkonstanter Direktexport). Auf der anderen Seite stehe ein Bereich, in welchem der indirekte Export von jeher dominiert hat: Schneidwaren, Werkzeuge, Schlösser, Beschläge, Schmuckwaren, Spielwaren, Glas- und Porzellanwaren — meist Produkte von kleineren und mittleren Erzeugungsbetrieben (strukturkonstanter indirekter Export).

Henzler hält diese zunächst nach den exportierten Objekten orientierte Aufgliederung im einzelnen allerdings nicht durch, insbesondere zieht er das Moment der Größe der exportierenden Erzeugerbetriebe als ergänzenden Bestimmungsgrund heran.

Aber auch das reicht für eine Beurteilung der den Exportweg bestimmenden Faktoren noch nicht aus.

Noch weniger erscheint es möglich, einfach zwischen Erzeugnissen des Direktexports und Erzeugnissen des indirekten Exportes zu unterscheiden (vgl. Gutachten E. Hoppmann, Seite 146).

Anstelle ausführlicher Darlegungen im Sinne einer Theorie der Exportwege stellen wir hier lediglich einen Katalog der wichtigsten *Bestimmungsfaktoren* auf. Wir bilden dabei drei Gruppen von Faktoren:

I. Eigenarten der Ware
II. Bedarfsverhältnisse
III. Position und Situation des Anbieters (Herstellers) der Ware

Damit ist bereits gesagt, daß schon aus rein ökonomischen (endogenen) Gründen mindestens dreierlei Arten von Faktoren den Exportweg bestimmen. Dazu können im Einzelfall und je nach den Zeitläuften weitere exogene Einflüsse, wie Währungsverhältnisse, politische Faktoren, gesetzliche Bestimmungen, treten, die sich naturgemäß einer allgemeinen Systematisierung entziehen und daher im folgenden nicht besonders berücksichtigt werden können.

Wenn in der folgenden, keineswegs erschöpfenden Aufstellung dem einzelnen Merkmal eine Tendenz zum direkten oder zum indirekten Export zugeschrieben wird, so ist dies notwendigerweise eine isolierende Feststellung, die nur unter der Voraussetzung sonst gleicher Bedingungen Geltung haben kann. In Wirklichkeit wird immer ein ganzes Bündel von Merkmalen vorliegen, die erst in ihrer Kombination den Ausschlag für den einen oder anderen Exportweg geben.

Tendenz zum

indirekten Export:	direkten Export:
I. *Waren*-Merkmale	
a) gängige, handelsübliche Ware, z. B. Schwefelsäure, Nägel	Spezial-Artikel, z. B. Speziallacke
b) Massen-Ware	Individuelle Leistungen (Lieferungen nach „Maß“)
c) bekannte, geläufige Artikel	erklärungsbedürftige Waren
d) geringe oder durchschnittliche Qualität	hohe Qualität
e) kleine (Wert-)Objekte	große Objekte; z. B. Maschinen, elektrische Haushaltsapparate, wie Kühlschränke, Waschmaschinen
f) keine Bemusterung oder Vorführung erforderlich	bemusterungsbedürftig
g) anonyme (Stapel-)Ware	Markenware, insbesondere Markenartikel
II. *Bedarfs*verhältnisse	
a) Konsumtiv-Bedarf	Produktiv-Bedarf
b) gelegentlicher Bedarf	regelmäßiger Bedarf
c) geringe Bedarfsdichte (im räumlichen Sinne)	hohe Bedarfsdichte
d) geringe zivilisatorische Entwicklung („fernes“ Land)	entwickelte Zivilisation
e) geringe Handelsorganisation des Abnehmerlandes	ausgebaute (aktive) Handelsorganisation
III. Merkmale der *Position* des *anbietenden* Herstellers	
a) kleiner Produktionsbetrieb	Großbetrieb
b) vielerlei Erzeugnisse	wenige Erzeugnisse
c) geringer Anteil des Exports am Gesamtabsatz	hoher Exportanteil
d) zerstreute Exportgebiete	konzentriertes Exportfeld (z. B. nur nordische Staaten)
e) vielerlei Verwendungen für das Erzeugnis (Bleche, Schrauben)	einheitlicher, geschlossener Bedarf; z. B. nur als Heilmittel verwendbar

Zu diesen objektiven Faktoren treten die *subjektiven,* aus einer bestimmten Unternehmungsposition und unternehmungspolitischen Haltung erwachsenden Einflüsse, die freilich nicht ohne objektiven Hintergrund sind, wie Kapitalkraft, Alter, Ruf der Unternehmung, Erfahrung und Schulung der den Export gestaltenden Arbeitskräfte. Für den vorliegenden Zweck kann im wesentlichen zwischen *aktiver* und *passiver* Haltung im Export unterschieden werden. Eine passive Haltung hinsichtlich des Exportabsatzes ist dabei auch dort denkbar, wo im Inlandsgeschäft durchaus aktives Marktverhalten besteht. Bei passiver Haltung wird man mehr zum bequemeren indirekten Export neigen oder direkte Ausfuhr nur dann betreiben, wenn der ausländische Abnehmer mit einer ausgebauten Beschaffungsorganisation selbst auf einen zukommt. Aus diesem Hinweis ist zu erkennen, daß nicht jede Form von Direktexport ein Zeichen hoher absatzwirtschaftlicher Aktivität im Export ist.

Eine andere Alternative des Verhaltens zum Exportabsatz kann durch den Gegensatz von *extensiv — intensiv* gekennzeichnet werden. Der nur auf besondere Gelegenheitsgeschäfte im Export bedachte Hersteller wird mehr zum indirekten Export neigen, wogegen dem modernen absatzwirtschaftlichen Denken eine auf lange Frist und auf Dauerbeziehungen angelegte Marktvorbereitung und Marktpflege entspricht. Damit aber wachsen die Voraussetzungen für den direkten Exportabsatz. Und sofern der Exporthandel beteiligt wird, muß er sich gemeinsam mit dem Export treibenden Hersteller auf dieses Ziel der intensiven und nachhaltigen Marktpflege einstellen. Er wird im Rahmen intensiver Marktbearbeitung zu einem verlängerten Absatzarm des Herstellers.

12. Die Wirklichkeit der Exportwirtschaft zeigt keine strenge Trennung zwischen direktem und indirektem Exportweg. Nur in extremen Lagen gibt es „reine" Fälle. Beim einzelnen Unternehmen finden wir zumeist eine Mischung aus verschiedenen Exportwegen. Selbst bei sehr großen Unternehmungen mit der allgemeinen Tendenz, den Export selbst durchzuführen, findet man Lücken in diesem System. Soweit nicht Zufälle und Reste früherer Verhältnisse (alte Vertreter usw.) mitspielen, ist hierbei vor allem das Moment der Zersplitterung des Exportabsatzes des einzelnen Unternehmens maßgebend. Man könnte auch sagen: die Exportdichte des Unternehmens in den einzelnen Absatzländern. Ferne und wenig besiedelte oder erschlossene Gebiete können in aller Regel nicht direkt bearbeitet werden, weil die daraus zu erzielenden Aufträge einfach zu gering sind und zu sporadisch und unregelmäßig anfallen. So führen z. B. die Firmen Grundig und Metz den Export ihrer Radioapparate zu etwa 85% bzw. 80% direkt durch. Dagegen arbeiten sie in der Ausfuhr nach Mittel- und Südamerikanischen Ländern, nach dem Fernen Osten und nach den Ostblockstaaten mit dem hanseatischen Exporthandel zusammen. (Siehe Nürnberger Diplom-

arbeit *Th. Kiss.* Der Exportmarkt für deutsche Rundfunk- und Fernsehgeräte, Nürnberg 1959, Seite 103).

Umgekehrt führen viele Industriefirmen, die sich in hohem Maße des Exporthandels bedienen, den Export nach Nachbarländern insbesondere dann selbst durch, wenn deren Verhältnisse nach Sprache, Recht und Handelsbrauch denjenigen des Mutterlandes weitgehend entsprechen.

Welche Bedeutung der Exporthandel angesichts der erwähnten Zersplitterung des Exportabsatzes der Industriebetriebe in manchen Zweigen immer noch haben kann, geht daraus hervor, daß nach Feststellung des Instituts für Exportforschung im Remscheider Werkzeug-Exporthandel ein typischer Auftrag mit einem Rechnungsbetrag von etwa 4 000 DM aus Lieferungen von 30 bis 40 Herstellern zusammengestellt wird. Eine Lieferung nach Zypern (1954) in Höhe von £ 556.– bestand aus 50 verschiedenen Artikelpositionen, die von 32 verschiedenen Lieferanten stammten. Dem genannten Institut lagen weitere Unterlagen ähnlicher Art vor. Die Zusammenfassungs- und Sortimentsfunktion des Exporthandels ist hier somit sehr bedeutend.

13. Will man die Wirksamkeit der einzelnen Exportorgane und die Art und Weise ihres Zusammenwirkens auf den verschiedenen Absatzwegen voll verstehen, so muß man die (Teil-)*Funktionen des Exportabsatzes* untersuchen und prüfen, wie die Ausübung dieser einzelnen Funktionen auf die beteiligten Organe verteilt ist. Damit wird eine wichtige Voraussetzung für die Analyse der gemeinschaftlichen Organisationen im Export geschaffen, die im anschließenden Teil dieses Gutachtens behandelt werden.

Es ist hier davon auszugehen, daß zur Herbeiführung und zur Durchführung von Exportgeschäften eine bestimmte Reihe von Funktionen *auf jeden Fall* zu erfüllen ist. Eine zweite Frage ist dann, *wer* die Funktionen jeweils übernimmt. Dies ist eine Zweckmäßigkeitsfrage, ein organisatorisches Problem. Die Kriterien dafür sind einerseits der Gesichtspunkt der Kostenverursachung: wie kann eine bestimmte Exportaufgabe mit den geringsten Kosten durchgeführt werden? Zum andern aber auch der Wirksamkeit (Effizienz): auf welche Weise kann das Ziel, einen möglichst günstigen Exportabsatz zu erreichen, am besten bewirkt werden? Diese beiden Maximen stehen notwendigerweise in einem Spannungsverhältnis. Ein billiger Exportweg ist dann unwirtschaftlich, ja sinnlos, wenn er nicht zu Exporterfolgen, insbesondere zu dauernden Exporterfolgen führt, d. h. Exportumsätze zu ausreichenden Preisen auslöst.

Im Sinne der Reihenfolge des Geschehens wird man die wichtigsten Teilfunktionen des Exportabsatzes etwa wie folgt ordnen (im einzelnen Fall kann sich selbstverständlich auch eine andere Reihenfolge ergeben):

1. Absatz*vorbereitung*
   a) Marktforschung
   b) Absatzplanung

2. Absatz*anbahnung*
   a) Werbung (generelles Angebot)
   b) individuelles Angebot
   aa) Bemusterung, Entwürfe, Demonstrationen und evtl. Beratung
   bb) Preisstellung

3. *Vorratshaltung* für den Exportverkauf
   a) beim Werk
   b) beim Exportmittler (Konsignationsware)
   c) in eigenen Niederlassungen im Inland oder im Ausland

4. *Verkaufsabschluß*
   a) Vertragsverhandlungen und Einigung über Mengen, Termine, Preis und Konditionen
   b) Auftragsüberprüfung, u. a. Prüfung der Kreditwürdigkeit

5. *Verkaufsdurchführung*
   a) Auftragsbearbeitung (Klärung von Einzelheiten, Entscheidung über Art der Ausführung, z. B. aus Lagervorrat, aus Vordisposition usw).
   b) Auftragsabwicklung (z. B. Teillieferungen, Zusammenstellungen)
   c) Verpackung
   d) Versand
   e) Übergabe
   f) Behandlung von Reklamationen

6. *Finanzielle* Durchführung des Absatzes
   a) Absatzfinanzierung
   b) Rechnungsstellung (Fakturierung)
   c) Inkasso

7. Funktionen *nach* Verkaufsausführung
   a) Beratung über Verwendung der gelieferten Ware } Kundendienst, Service
   b) Reparaturen- und Ersatzteildienst } Kundendienst, Service
   c) Kundenpflege (Erinnerungswerbung oder -besuche, Public Relations-Werbung)

Je nach den Eigenarten der Ware, aber auch der Abnehmer, kann die eine oder andere der genannten Teilfunktionen entfallen oder bedeutungslos sein.

Sowohl für die absatzorganisatorische wie die absatzpolitische Betrachtung des Exportgeschehens hat eine Gruppierung nach

Funktionen, die der *Erlangung* von Aufträgen dienen (Kontakt- und Akquisitionsfunktionen) und nach

Funktionen, die der *Ausführung* von Aufträgen dienen,

große Bedeutung.

Die zweite Gruppe von Funktionen hat überwiegend Verwaltungscharakter. Technisch-organisatorische Rationalisierungen sind in diesem Bereich leichter denkbar als in der ersten Gruppe, die die eigentliche unternehmerisch-kommerzielle Aufgabe des Exportabsatzes darstellt. Nach der vorstehenden Systematik liegt der entscheidende Schnitt zwischen der Funktion 4 Verkaufsabschluß (insbesondere 4a) und den folgenden Funktionen. Denn erst mit dem Abschluß erscheint der Exportabsatz im wesentlichen gesichert. Alles weitere rollt verhältnismäßig geordnet und routineartig ab.

Blickt man von hier aus noch einmal auf die Rolle des Exporthandels innerhalb der gesamten Exportaufgabe zurück, so wird man finden, daß sie, natürlich mit Ausnahmen, gering oder schwach oder sogar gleich null ist in bezug auf die Funktionen 1 a und b, 2 a, besonders aber hinsichtlich der dritten Gruppe, denn eine Lagerhaltung auf eigenes Risiko findet man beim Exporthandel in der Regel überhaupt nicht. Bedenkt man, daß auch die Warenkenntnis des Exporthandels, vor allem des universalen hanseatischen Händlers, wesentlich geringer sein muß als diejenige der Kaufleute und Ingenieure des exportierenden Industriezweiges, so wird man seine Funktionsleistung auch auf den Gebieten 5 f, 7 a, b und c nur als gering oder sogar als unzureichend ansehen müssen. Ohne Zweifel nehmen aber diese Funktionen im heutigen Export an Bedeutung immer mehr zu. Andererseits ist der Exporthandel in der Regel besonders leistungsfähig und nützlich hinsichtlich der Funktionen 5 c und d, zum Teil auch 6 a—c.

TEIL III

Gemeinschaftliche Formen des Exports, insbesondere Exportkartelle

1. Die bisherige Analyse der Exportorganisation ist im wesentlichen davon ausgegangen, daß der exportierende Hersteller oder auch der exportierende Händler allein arbeitet, ohne irgendwelche dauernde Verknüpfungen mit seinesgleichen. So tritt der vertikale Aufbau der Exportorganisation besonders ins Blickfeld. Das einzelne Glied der Kette zwischen Hersteller und ausländischem Verwender arbeitet lediglich mit der jeweiligen Vorstufe (also mit *seinem* Lieferanten) und der jeweiligen Nachstufe (mit *seinem* Abnehmer) zusammen, wobei diese Zusammenarbeit in der Regel von Fall zu Fall vor sich geht, daneben aber auch dauerhaftere Formen des Zusammenwirkens vorkommen.

Nun gibt es aber auch Querverbindungen unter den Exportorganen, also horizontal gebaute Organisationsgebilde, die ein Zusammenwirken unter gleichartigen Unternehmungen bezwecken, d. h. unter Unternehmungen, die im Ablauf des Exportgeschehens eine gleichartige Stellung einnehmen. Die beteiligten Unternehmungen bilden dabei eine Art Überorgan aus; wir können von überbetrieblichen oder gemeinschaftlichen Exportorganen sprechen.

Fragt man nach dem Zweck oder Sinn derartiger horizontaler Verbände, so wird man schon allein angesichts der vielen Spielarten zu recht unterschiedlichen Antworten kommen. Von nachbarschaftlicher Hilfe unter Betrieben, deren Kräfte für die Bewältigung der Exportaufgabe nicht ausreichen (unzureichende Marktkenntnis, Fehlen von Fachleuten für den Export, unzureichendes Kapital), über das Bedürfnis nach erhöhter Markttransparenz, nach Rationalisierung im Vertrieb, bis zu dem Bestreben, den Markt in einem für das Angebot günstigen Sinne zu beeinflussen, gibt es da eine breite Skala von Zwecksetzungen. Dabei muß freilich zwischen dem proklamierten Ziel und der tatsächlichen Auswirkung unterschieden werden. Doch kann darüber allenfalls je nach Spielart des Zusammenschlusses etwas ausgemacht werden, und selbst dann nicht mit voller Sicherheit.

2. Wenn im folgenden ein *Überblick* über die wichtigsten Formen der Zusammenschlüsse oder dauerhaften Verknüpfungen von Unternehmungen im Exportbereich gegeben wird, so geschieht dies nicht in der Absicht einer Darstellung all dieser Formen, sondern im wesentlichen um Vergleichs-

möglichkeiten für das Exportkartell zu bieten und um durch dieses Gegenüber die Eigenarten der Exportkartelle deutlicher hervortreten zu lassen. Man kann dabei nach dem Gesichtspunkt der Anzahl der Beteiligten, indirekt also der Breite des erfaßten Angebotsausschnitts folgende drei Gruppen bilden:

a) dauernde Abmachungen zwischen *zwei* Unternehmungen
b) Zusammenfassung einer *Reihe* von Unternehmungen
c) Zusammenfassung möglichst *aller* Unternehmungen eines Zweiges.

Zu a): Dauernde *Verknüpfungen* zwischen *zwei* Unternehmungen *für* Exportzwecke können genau wie im Inlandsbereich auf längerfristigen Verträgen oder auf Kapitalbeteiligungen beruhen.
In Anknüpfung an Teil II kann man hier zunächst an eine Verknüpfung in der Vertikalen denken, derart, daß etwa zwischen einem Hersteller von Exportware und einem Händler (im Inland oder im Ausland) ein über das geschäftsübliche Maß hinausgehendes Zusammenwirken für längere Zeit vereinbart wird. Jeder der Beteiligten schränkt hierbei einen Teil seiner Bewegungsfreiheit zugunsten des anderen bzw. im Interesse des gemeinschaftlichen Wirkens ein. Er geht besondere Bindungen (z. B. hinsichtlich Gebiets- oder Kundenschutz, Austausch von Erfahrungen, Werbung, Preisstellung, Lagerhaltung) in Ab- oder Hinstimmung auf den anderen ein. Der Exportabsatz erhält so eine durchgängigere, einheitlichere Ausrichtung, was im Sinne heutiger Marketing-Politik liegen kann.

Insbesondere wird hierdurch die genaue Kenntnis des fremden Landes, über die der länderorientierte Exporthändler verfügt, mit der Waren- und Sachkunde des Herstellers und seiner Fachleute enger und planmäßiger verknüpft.

Beispiel: Eines der führenden Berliner Exporthäuser mit Spezialisierung auf einige südamerikanische Länder hat vor dem letzten Krieg für die Lingner-Werke den Alleinverkauf von Odol-Zahnpflegemitteln nach Paraguay durchgeführt, wobei in bezug auf Werbung, Aufklärung, Ärztepropaganda eng mit den Lingner-Werken zusammengearbeitet wurde. Diese Abmachung bezog sich nur auf Zahnpflegemittel und nicht auf die übrigen Erzeugnisse der Lingner-Werke.

Abmachungen dieser Art kommen seit einigen Jahrzehnten in mancherlei Spielarten vor, die hier nicht im einzelnen erörtert zu werden brauchen.[3] Sie deuten darauf hin, daß der alte Gegensatz zwischen direktem und indirektem Export gemildert wird, ja in gewisser Weise sich geradezu auflöst.

[3] Siehe darüber die materialreiche Untersuchung meines Schülers *G. Perlberg*, Formen der Zusammenarbeit zwischen Industrie und Ausfuhrhandel, Dissertation Handelshochschule Leipzig 1940

Dauerverbindungen zwischen einem Hersteller und einem *anderen* Hersteller, der ein anderes Fertigungsprogramm durchführt, sind ebenfalls viel häufiger als im allgemeinen bekannt. Unter dem Stichwort Mit- oder Anschlußexport war davon bereits an früherer Stelle die Rede. Gleichgewichtige Verknüpfungen in der Horizontalen dürften in aller Regel nur unter exportierenden Herstellern vorkommen. Sie richten sich etwa auf die gemeinsame Bestellung eines Auslandsvertreters (Gemeinschaftsvertreter oder gebundener Mehrfirmenvertreter) oder auf gemeinsame Errichtung von Auslieferungslagern im Ausland, gemeinschaftliche Beschickung von Messen im Ausland usw. Vielfach wird es sich hierbei um Hersteller mit unterschiedlichen, sich ergänzenden Fertigungsprogrammen handeln.

Zu b): Die Zusammenfassung einer *Reihe* von Industrieunternehmungen für Exportzwecke kann von den Herstellern selbst inauguriert werden, sie kann aber auch von einem Exporthändler ausgehen.
In diesem zweiten Fall, der hier zuerst erörtert werden soll, pflegt man in der Praxis häufig von *Exportringen* zu sprechen, jedenfalls wollen wir den Ausdruck in diesem Sinne verwenden. Wie schon bei *G. Arndt* (Gemeinschaftsarbeit im Außenhandel, Leipzig 1938) ausgeführt wird, faßt hierbei eine Exporthandelsfirma einen kleinen Kreis von Fabrikanten gleicher oder verschiedener Erzeugnisse zusammen, indem sie den Vertrieb ihrer Waren nach einem bestimmten Absatzgebiet vornimmt. Zu diesem Zweck stellen ihr die Industriefirmen Katalogmaterial und Muster zur Verfügung, erteilen Auskünfte, arbeiten Angebote für die an sie weitergeleiteten Anfragen aus und führen schließlich die Aufträge durch. Die Exporthandelsfirma entsendet mit dem Werbematerial und Mustern Reisende in die verschiedenen Absatzmärkte, tritt mit dortigen Importhandelsfirmen in Verbindung oder begründet eigene Niederlassungen im Ausland.

An dieser Darstellung wird deutlich, wie einmal eine gewisse Gleichrichtung der Interessen von Hersteller und Händler stattfindet, wie aber zugleich durch die gemeinschaftliche Besorgung der Kontakt- und Akquisitionsfunktion eine Art absatzwirtschaftlicher Rationalisierung erreicht wird, während die Durchführungsfunktion, aber auch ein Teil der Angebotsarbeit, dem einzelnen Hersteller überlassen bleibt. In einem Fall, den ich selbst studieren konnte, hat sich ein Exporthaus im Offenbacher Bezirk 10 oder 12 Lederwarenfabriken ausgesucht, die sich in ihren Erzeugnissen gegenseitig ergänzen und diese Erzeugnisse nach den von dem Exporthaus bearbeiteten südamerikanischen Märkten verkauft. Wie das englische Beispiel der Hambros-Organisation zeigt, kann durch größere Zusammenfassungen auch ein stärkerer Vorstoß in den inneren Markt des fremden Landes bewirkt werden. Die Hambros-Bank, die eine Reihe englischer Industriefirmen auch absatzwirtschaftlich betreut und zusammenfaßt, stellt im USA-Markt Verbindungen zu geeigneten regional verteilten Großhandelsfirmen her, die als gemeinschaftliches Verkaufsorgan der englischen Industrie arbeiten.

Daneben kennt man unter der Bezeichnung *Exporteurringe* Abmachungen zwischen zwei bis vier hanseatischen Ausfuhrhändlern und einem Hersteller über den Alleinverkauf oder die Alleinvertretung für ein bestimmtes Land. Die beteiligten Ausfuhrhändler teilen sich untereinander in die Bearbeitung des Landes nach regionaler Aufteilung (s. dazu *K. H. Blendermann,* Wandlungen in der Struktur und der absatzwirtschaftlichen Organisation des hanseatischen Ausfuhrhandels, Diplomarbeit, Universität Erlangen-Nürnberg 1961, S. 113). Nach Blendermann sind diese Exporthändlerringe aus dem Bestreben der Produzenten heraus entstanden, nicht nur Hauptstädte, sondern auch andere Gebiete des Landes, dessen Teilmärkte sehr verschieden sein können, zu bearbeiten. „Sie schließen deshalb nicht mit einem Ausfuhrhändler, sondern in der Regel mit zwei bis vier Exporthäusern Alleinverkaufsverträge. Die Herstellerbetriebe könnten natürlich allen interessierten Exporthändlern freigeben, die Überseemärkte zu bearbeiten. Sie würden dabei jedoch nicht den Absatzeffekt und die Umsatzzahlen wie bei einer Vertretung durch wenige Ausfuhrhändler erreichen. Viele Händler werden immer heftig miteinander konkurrieren, so daß die Preise gedrückt werden und der Markt innerhalb kurzer Zeit für die betreffenden Erzeugnisse ‚verdorben‘ sein kann.

Die zwei bis vier Händler innerhalb des Exporthändlerringes teilen sich den Markt auf und verpflichten sich, die in der Regel vom Fabrikanten vorgeschriebenen Preise einzuhalten. Auf diese Weise wird garantiert, daß der Markt erfaßt und nicht durch unterschiedliche Preise beunruhigt wird. In den Märkten dürfen die Exporthändler keine Konkurrenzwaren anbieten.

Die Bedeutung dieser Exporthändlerringe hat nach dem 2. Weltkrieg stark zugenommen. Der Ausfuhrhandel und die Industrie haben gute Erfahrungen mit dieser Zusammenarbeit gemacht, so daß sie in Zukunft noch zunehmen dürfte.“

Der Unterschied zwischen dem Exportring in dem hier gemeinten Sinn und der *Exportgemeinschaft* muß äußerlich gesehen insbesondere dann geringfügig erscheinen, wenn der Zusammenschluß zwar der Initiative der Hersteller entspringt, aus Zweckmäßigkeitserwägungen aber ein Exporthändler als gemeinschaftliche Exportstelle eingesetzt wird, dem entsprechende Auflagen gemacht werden. Dies ist jedoch nur eine der organisatorischen Lösungen bei Exportgemeinschaften. Wie die Untersuchung des Instituts für Exportforschung [4], in welcher die Verhältnisse von 55 Exportge-

[4] *Exportgemeinschaften.* Ergebnisse einer Untersuchung über gemeinschaftliche Exportorganisationen in Westdeutschland, Berichte des Instituts für Exportforschung, hsg. von *Erich Schäfer,* Köln und Opladen 1960.

meinschaften erfaßt werden konnten, ergeben hat, kommen folgende Organisationsformen vor:

1. Geschäftsführung der Exportgemeinschaft durch ein federführendes Mitglied (10 Fälle)
2. Gemeinschaftliche Exportorganisation der Exportgemeinschaft, und zwar
   a) Gemeinschaftliches Exportbüro der Hersteller (34 Fälle)
   b) Exportdurchführung durch den Exporthändler (5 Fälle)

Für die restlichen 6 Exportgemeinschaften konnten Angaben in dieser Hinsicht nicht erlangt werden.

Durch die erwähnte Untersuchung des Instituts für Exportforschung sind die Verhältnisse der Exportgemeinschaften soweit geklärt, daß hier nur die wichtigsten Gesichtspunkte hervorgehoben zu werden brauchen. Allgemein kann man die Exportgemeinschaft als ein gemeinsames Vorgehen mehrerer Unternehmungen hinsichtlich einer oder mehrerer Funktionen des Exportabsatzes definieren. Die typische Exportgemeinschaft ist dadurch gekennzeichnet, daß sich Hersteller mit unterschiedlichem Fertigungsprogramm zusammentun, deren Erzeugnissortimente sich in geeigneter Weise ergänzen, und zwar meist nach dem Gesichtspunkt der Ausrichtung auf eine bestimmte Bedarfsart (z. B. Druckereibedarf, Zeichenbedarf).

Ein zweites Merkmal der Exportgemeinschaft ist die kleine Zahl von Mitgliedern. Von 43 Exportgemeinschaften, für welche Angaben in dieser Hinsicht vorliegen, hatten 31 nur bis zu 15 Mitglieder. Die größte Häufung liegt bei 6—10 Mitgliedern (13 Exportgemeinschaften).

Je nach Umfang und Schwergewicht der *Teilfunktionen* des Exports, die der Exportgemeinschaft von ihren Mitgliedern übertragen werden, kann man — wiederum auf Grund der erwähnten Untersuchung — unterscheiden zwischen

a) *Verkaufs*gemeinschaften
b) *Vermittlungs*gemeinschaften
c) *Kundendienst*-Gemeinschaften
d) *Förderungs*gemeinschaften

Von diesen sind c und d im vorliegenden Zusammenhang ohne besondere Bedeutung, da diese Typen von Exportgemeinschaften nur die Funktion der Marktforschung und der Werbung (Fall d) bzw. des Reparatur- und Ersatzteildienstes (Fall c) gemeinschaftlich durchführen.

Die Verkaufsgemeinschaft kann dem Umfang der ihr übertragenen Funktionen nach am ehesten als totale Exportgemeinschaft bezeichnet werden.

Es leuchtet ohne weiteres ein, daß diese gemeinschaftlichen Gebilde in erster Linie aus Gründen der Verkaufsrationalisierung und der qualitativ verstärkten Angebotskraft (breiteres Sortiment) entstanden sind. Eine gemeinsame Preisregelung schließt sich schon wegen der heterogenen Zusammensetzung des Warenangebots aus. In welchem Maße die Bildung von Exportgemeinschaften geeignet ist, aktive Exportpolitik zu betreiben, kann nicht allgemein ausgemacht werden. Die Voraussetzungen für das Entstehen leistungsfähiger Exportgemeinschaften sind offensichtlich nicht allzu häufig gegeben. Wie aber *A. Bancken* (Die Bedeutung der Vertriebsform für die deutsche Exportförderung, Würzburg 1941, Seite 89) ausführt, haben amerikanische und japanische Exporteure „von jeher Vertriebsformen vorgezogen, die ihnen aktive Exportgestaltung sicherten, wie eigene Niederlassungen, besoldete Vertreter und Reisende. Dabei bedienten sie sich in großem Umfang der Exportgemeinschaften."

Die Exportgemeinschaft kann sich, wie auch das Exportkartell, auf sämtliche Exportländer beziehen, jedoch auch nur einzelne Länder herausgreifen.

Auch beim einzelnen Glied einer Exportgemeinschaft besteht die Möglichkeit zu graduellen Abstufungen in der Beteiligung an der Gemeinschaft. Sehen wir von der Möglichkeit ab, daß sich ein Hersteller für jede der unterschiedlichen Gruppen seiner Erzeugnisse an entsprechenden Exportgemeinschaften beteiligen kann, so erscheinen folgende Abstufungen und Grade der Mitwirkung eines Unternehmens an der Exportgemeinschaft möglich:

1. Totalexport durch die Exportgemeinschaft, also für *alle* Erzeugnisse des Unternehmens und nach *allen* Ländern
2. Totalexport gemäß 1, jedoch Vereinbarung über Ausnahmegebiete (Länder-Reservate)
3. Beschränkung auf bestimmte Länder oder Ländergruppen, z. B. nur Überseegeschäft, jedoch ohne USA
4. Einschränkung auf einen *Teil* der Erzeugnisse des Unternehmens, aber ohne geographische Einschränkung
5. Wie 4, aber dazu noch geographische Beschränkung
6. Keinerlei Ausschließlichkeit, d. h. das einzelne Mitglied hat freie Hand, ob es jeweils mit Hilfe der Exportgemeinschaft exportieren will oder nicht.

Im letzten Fall (s. z. B. die Siemens-Hospitalia für den Export von Krankenhauseinrichtungen) nähert sich die Exportgemeinschaft einem Exportkonsortium, das jedoch nicht *ein*mal, sondern bei jedem neuen Bedarfsfall akut wird, und so ein Exportkonsortium auf Vorrat darstellt.

In der Praxis treten aber auch Exportgemeinschaften mit *homogenem* oder annähernd homogenem Angebot auf. Man kann nicht ohne weiteres behaupten, daß etwa lediglich der Ausdruck Exportkartell vermieden werden soll. Denn wenn auch eine Verwandtschaft zum Kartell hier eher gegeben ist als bei der „gemischten“ Exportgemeinschaft, so kommt es für ein Urteil über den marktverbandlichen Charakter dieser Art von Zusammenschluß doch vor allem auf die Anzahl der Beteiligten im Verhältnis zur Gesamtzahl der in Betracht kommenden Hersteller gleicher Art an, also auf den Marktanteil. Außerdem aber auf die Ausrichtung, die Zwecksetzung. Es muß also geprüft werden, welche Teilfunktionen des Exports der Exportgemeinschaft übertragen werden. Hieraus wird sich zumeist ablesen lassen, ob durch den Zusammenschluß eine Rationalisierung der Absatzarbeit oder eine erhöhte Absatzreichweite (Übersicht und Einfluß auf weitere Etappen des Absatzweges, oder Errichtung eigener Stützpunkte anstelle fremder Mittlerorgane) erreicht werden soll. Das Ziel der Marktbeherrschung hätte — mehr noch beim Export als im Inland — ohnehin nur bei hoher Marktquote einen Sinn. Bei einem Hervortreten der Funktion der Preisstellung gegenüber anderen Funktionen würde sich allerdings ein Hinweis auf Kartellcharakter ergeben.

In manchen Ländern und in manchen Bereichen spielt die *Export-Genossenschaft* eine Rolle. Rein ökonomisch gesehen gilt für sie das gleiche wie für Exportgemeinschaften mit homogenen Erzeugnissen. Auch hier dürfte zumeist nur ein Teil der in Betracht kommenden Anbieter erfaßt sein, zumal häufig eine regionale Begrenzung auf Produzenten eines Ortes oder Landesteils vorliegt. Und auch hier ist der Zweck in der Regel der, durch Zusammenfassung der Kräfte die besonders schwierige Exportaufgabe in möglichst wirksamer und zugleich kostensparender Weise zu lösen. Andererseits wäre es irrig, lediglich von der Genossenschaftsform auf eine völlige Abwesenheit von Marktbeherrschung zu schließen.

Zu c): Zielt der Zusammenschluß darauf ab, möglichst *alle* Betriebe eines Zweiges oder alle Hersteller eines bestimmten Produktes zu erfassen, so kann man je nach den Aufgaben und Zielen des Zusammenschlusses von *Wirtschaftsverbänden* (zur Vertretung allgemeiner wirtschaftspolitischer Interessen des Zweiges oder der Gruppe) oder von *Marktverbänden* sprechen, die eine speziellere Ausrichtung auf den Markt des erfaßten Zweiges haben, sei es der Beschaffungsmarkt oder — was der häufigere und hier allein interessierende Fall ist — der Absatzmarkt der zusammengeschlossenen Betriebe.[5] Es soll aber hier unerörtert bleiben, inwieweit auch Genossenschaften, insbesondere Bezugs- und Absatzgenossenschaften marktverbandlichen Charakter haben.

Wie bei allen Zusammenschlußarten, werden auch bei *Wirtschaftsverbän-*

[5] Im Artikel „Marktverbände“ im Handwörterbuch der Betriebswirtschaft, 3. Auflage, werden auch die Genossenschaften den Marktverbänden zugerechnet (siehe Spalte 3927).

den gewisse Aufgaben, die sonst dem einzelnen Unternehmen zufallen, ganz oder teilweise delegiert. Doch es geht dabei in der Regel um eine allgemeine zweigwirtschaftliche Interessenwahrung; die unmittelbaren Beziehungen des einzelnen Unternehmens zum Markt und zu den Marktpartnern werden davon nicht oder kaum berührt. Zwischen den absatzwirtschaftlichen Verhältnissen eines Unternehmens, das einem Verband angehört, und einem solchen gleicher Art *ohne* Mitgliedschaft beim Verband besteht daher kein oder kein gewichtiger Unterschied. Man kann hier kaum von einer Übertragung betriebswirtschaftlicher Funktionen auf den Verband sprechen. Allenfalls besorgt der Verband ein Stück der Informationsaufgaben des einzelnen Unternehmens, indem er den Mitgliedern zu einer besseren Marktübersicht verhilft.

Beim *Marktverband* dagegen werden merkantile Teilaufgaben der beteiligten Unternehmungen zu gemeinschaftlicher Lösung an den Verband delegiert, wobei jedoch die rechtliche und wirtschaftliche Selbständigkeit der angeschlossenen Unternehmungen grundsätzlich nicht aufgehoben wird. Da das Maß dieser Funktionsübertragung sehr unterschiedlich sein kann und da in einem Fall unbedeutende oder nebensächliche, im anderen Fall zentrale Funktionen übertragen werden können, ist es unmöglich, von Marktverbänden oder Kartellen schlechthin zu sprechen. Vielmehr besteht eine weite Skala von Gestaltungen. Der Einfluß des Zusammenschlusses auf das beteiligte Unternehmen wie auf den Markt ist am einen Ende dieser Skala inferiorer Art, während er am anderen Ende schicksalsbestimmend für das Mitglied wie vielleicht auch für den Markt sein kann. Ohne geeignete Differenzierung dieser organisatorischen Gebilde kann daher ihre Wirksamkeit nicht zutreffend beurteilt werden. Während die wirtschaftspolitische Würdigung der Kartelle im allgemeinen und der Exportkartelle im besonderen weitgehend summarisch geschieht, erfordert die konkrete Entscheidung darüber, ob wesentliche Wettbewerbsbeschränkungen vorliegen oder welche sonstigen Wirkungen beim einzelnen Zusammenschluß gegeben sind, die Berücksichtigung einer Reihe von Merkmalen des Marktverbandes. Insbesondere muß dabei mehr als bisher auch die betriebliche Seite der zusammengeschlossenen Unternehmungen beachtet werden.

Im folgenden soll daher zunächst einmal versucht werden, die wichtigsten Merkmale aufzuzeigen, die für eine wirklichkeitsgemäße Charakterisierung des einzelnen Kartells heranzuziehen sind. Dabei soll zugleich auf die besonderen Eigenarten der Exportkartelle eingegangen werden.

3. Das zunächst bestechendste Merkmal der *Anzahl* der beteiligten Unternehmungen, des Ausmaßes der Erfassung der in Betracht kommenden Anbieter gleicher Art, also des *Grades* der Kartellierung ist zwar prinzipiell ein wichtiges Indiz, braucht aber über die Wirkung, die tatsächliche Marktkraft des Zusammenschlusses keineswegs sichere Auskunft zu geben.

Ist die Anzahl absolut sehr hoch, so wird die Geschlossenheit des Vorgehens sogar eher geringer als größer, wogegen bei Erfassung nur weniger aber starker Unternehmungen die Wirksamkeit des Kartells eine wesentlich höhere sein kann. Beim Exportkartell ist die Marktwirksamkeit selbst bei hoher oder vollständiger Kartellierung der in Betracht kommenden Anbieter des eigenen Landes zumeist von vornherein insofern in Frage gestellt, als das kartellierte Erzeugnis auch in anderen Ländern produziert wird und auf den Exportmärkten konkurriert. Es muß also geprüft werden, auf welche ausländische Konkurrenz die Mitglieder eines nationalen Exportkartells stoßen. Zumeist wird sich ergeben, daß der Marktanteil des Exportkartells an dem im Absatzland auftretenden Angebot gleicher Art auch dann für eine Marktbeherrschung viel zu gering ist, wenn die Herstellerbetriebe des eigenen Landes restlos erfaßt sind. Unter solchen Umständen muß man sich fragen, ob es überhaupt das Ziel des Exportkartells sein kann, eine Wettbewerbsbeschränkung bzw. eine Beherrschung im fremden Markt zu bewirken oder welche sonstigen Motive eine Rolle spielen (siehe dazu Abschnitt 10).

4. Zum quantitativen Merkmal der Zahl der erfaßten Kartellmitglieder müssen auf jeden Fall gewichtige Merkmale qualitativer Art treten. Im Zusammenhang mit der Frage der Anzahl liegt zunächst die Frage nach der *Art* der Zusammengeschlossenen, nach den *Trägern* des Kartells nahe. Theoretisch kann jede an irgendeiner Stelle des Wirtschaftsablaufes auftretende Marktfront, ob Anbieter- oder Nachfrageseite, Gegenstand einer Kartellierung oder eines Kartellierungsversuches sein. Im Rahmen dieses Gutachtens kommen praktisch nur Produzentenkartelle und Händlerkartelle in Betracht. Verwenderkartelle, die ohnehin sehr selten sind, würden im Exportfall im Ausland und somit außerhalb der deutschen Gesetzgebung liegen. Aber auch Händlerkartelle sind selten, das gilt auch für Kartelle von Exporthändlern. Eine Kartellierung des Exporthandels ist angesichts der wenig umschriebenen Handelssortimente schon rein technisch nicht recht denkbar. Am ehesten sind Kartellbindungen bei Spezialexporteuren vorstellbar, die sich auf eine Warenart oder eine enge Warengruppe beschränken.

Unter den 154 Fällen, die das Institut für Exportforschung in seiner Untersuchung „Die Exportkartelle in Deutschland seit 1880“ erfaßt hat (s. S. 249), befinden sich nur drei echte Händlerkartelle: die Hopfenexportvereinigung, der Verband der Exporteure von Bijouteriewaren und der Verband deutscher Eisenexporteure, also durchwegs Spezial-Exporthändler. Die übrigen sechs Zusammenschlüsse von Exporthändlern stellen offensichtlich nur allgemeine Wirtschaftsverbände ohne Kartellcharakter dar.

5. Stellt man sich zunächst auf die *betriebs-subjektiven Verhältnisse* der beteiligten *Produzenten* ein, so trifft man auf sehr verschiedenartige Voraussetzungen für eine Kartellierung, die in der Kapitalkraft, in der Eigenart

der Produktion und in der Struktur des Absatzes (Absatzreichweite, Absatzwege, Art der Abnehmer) begründet sind. In der Theorie des Kartells scheinen diese Faktoren nur wenig Beachtung zu finden. Auch im Rahmen unserer Aufgabenstellung ist es nicht möglich, dem im einzelnen nachzugehen. Zudem fehlt es noch an einer genügend differenzierenden Typologie des Industriebetriebes und an der Fähigkeit, wesentliche typologische Unterschiede und ihre Auswirkungen zu erkennen. Allein der Gegensatz von mechanisch-technologischen und chemisch-technologischen Industriezweigen weist uns auf große Unterschiede in der Anpassungsfähigkeit der Betriebe an wechselnde Marktanforderungen hin, und zwar wird dabei die quantitative wie qualitative (inhaltliche) Elastizität der Produktion betroffen. Nimmt man hinzu, daß bei den Betrieben mit chemischer Technologie eine wesentlich höhere Anlagenintensität gegeben ist, der Druck der fixen Kosten also größer ist, und daß die Fertigung vielfach in einer gewissen Zwangsläufigkeit ablaufen muß, so wird verständlich, daß das Streben nach Absatzsicherung, der Druck der Produktion auf den Absatz bei Zweigen dieser Art ungleich stärker hervortritt. So ist es kein Wunder, daß z. B. bei der Zementfabrikation von jeher besonders starke Bestrebungen nach einer strammen Kartellierung wirksam waren. Der von den Produktionsverhältnissen ausgehende Druck auf den Absatz wird dort noch deutlicher, wo — wie bei den zerlegenden Industriezweigen — gleichzeitig mehrere Erzeugnisse zwangsläufig anfallen, deren Mengenproportionen nicht gesteuert werden können.

Hier wie in vielen dieser Fälle liegt zugleich der Tatbestand vor, daß im wesentlichen nur *ein* Produkt und immer wieder nur dieses eine Produkt hergestellt wird. Da es sich somit um ein „konservatives“, immer wieder in gleicher und daher „handelsüblicher“ Gestalt auftretendes Erzeugnis handelt, das leicht vergleichbar ist, steht der Preiswettbewerb ganz im Vordergrund, während die Möglichkeiten des qualitativen Wettbewerbs sehr begrenzt sein müssen.

Stellen wir diesem Industrietypus Betriebe der metall- oder holzverarbeitenden Industrie gegenüber, die verhältnismäßig arbeits- und materialintensiv sind, gleichzeitig mehrere Erzeugnisse herstellen und deren Produkte in ihrer Endgestaltung eine individuelle Ausprägung erhalten, Ausprägungen, die sich zudem von Jahr zu Jahr abwandeln können (z. B. Krawattenstoffe, Fotoapparate, Haus- und Küchengeräte, Automobile)! Der Wettbewerb verlagert sich hier in besonderem Maße vom reinen Preisvergleich, der sich kaum noch durchführen läßt, auf die Qualitätskonkurrenz. Und die Frage, ob *eines* dieser Produkte sicheren Absatz findet, ob es etwa mit Erfolg kartelliert wird oder nicht, ist für die Existenz derartiger Betriebe von ungleich geringerer Bedeutung als für die zuerst charakterisierte Gruppe von Industriebetrieben.

Zwischen diesen hier nur angedeuteten beiden Typen von Industriebetrieben liegt eine ganze Skala von Ausprägungen nach der einen oder anderen Seite. Für eine gerechte Würdigung von Kartellen oder kartellähnlichen Zusammenschlüssen wird man auf die Dauer um eine Berücksichtigung dieser auf der Produktionsseite liegenden differenzierenden Möglichkeiten nicht herumkommen.

Hierbei wird verhältnismäßig leicht zu prüfen sein, inwieweit das zu kartellierende Produkt das einzige Erzeugnis der Betriebe ist, oder aber neben anderen läuft und vielleicht sogar nur eine Nebenrolle im Rahmen des sonstigen Erzeugnisprogrammes spielt.

6. Damit ist schon gesagt, daß das Kartell nicht eigentlich einen Zusammenschluß von Unternehmungen als solchen darstellt (wie z. B. der Konzern, oder Trust), sondern eine Marktvereinbarung, die sich in der Regel nur auf ein *Produkt,* allenfalls auf eine eng umschriebene Gruppe von Produkten gleicher Art erstreckt. Daher kann *ein* Unternehmen gleichzeitig *mehreren* Kartellen angehören, wenn es mehrere Erzeugnisse produziert. Sobald der *Gegenstand* des Zusammenschlusses aus mehreren Erzeugnissen mit erheblichen Unterschieden besteht, kann vermutet werden, daß das Bestreben, den Preiswettbewerb einzuschränken, zurücktritt zugunsten anderer Ziele des Zusammenschlusses, oder ohne Bedeutung ist.

Aber auch die Klärung der Frage, welche *Eigenarten* das im Zusammenschluß erfaßte *Erzeugnis* hat, gibt Aufschluß über den Typus und die Wirksamkeit der Vereinbarung.

Die Kartelltheorie hat von einer Differenzierung nach dem kartellierten Gegenstand bisher nicht viel Gebrauch gemacht, und es kann auch nicht die Aufgabe dieses Gutachtens sein, diesen Mangel zu beheben, zumal einer der Gründe für das Fehlen der typologischen Betrachtung des Kartells daraus zu erklären ist, daß die Wirtschaftswissenschaft die Lehre von ihrem wichtigsten Sachobjekt, der Ware, unverständlicherweise noch kaum ernsthaft in Angriff genommen hat. Die Wirtschaftstheorie spricht im allgemeinen von der Ware schlechthin. Unter teilweisem Hinweis auf meine eigenen Darlegungen zur Warentypologie im Handbuch der Wirtschaftswissenschaften (hsg. von *Karl Hax* und *Th. Wessels,* Köln/Opladen 1959/60, Band I, Beitrag: Absatzwirtschaft, insbesondere Seite 315 ff.) sollen hier einige Merkmale zur Differenzierung der Kartelle nach Warenarten gegeben werden.

a) Nach der Stellung im Wirtschaftsablauf: *Naturnahe — konsumnahe* Produkte. Naturnahe Produkte, wie Urprodukte der Landwirtschaft, des Bergbaus, und Naturprodukte in den ersten Aufbereitungsstadien (Vorprodukte, Halbzeug) haben sich im allgemeinen als leichter kartellierbar erwiesen als kosumreife (z. B. Bekleidung) oder dem Konsum nahestehende Produkte (z. B. Webwaren).

b) Innerhalb der Rohstoffe ist der Unterschied in der Marktbildung von *anorganischen* und *organischen* Rohstoffen schon seit langem beachtet worden. Im allgemeinen sind anorganische Produkte leichter kartellierbar als organische, weil letztere eine geringere Qualitätskonstanz aufweisen.

c) Auch wenn man mehr den Gesichtspunkt der *technologischen Reife* — im Gegensatz zur ökonomischen Reife (a) — in den Vordergrund rückt, ergibt sich, daß das weniger fortgeschrittene und somit weniger spezialisierte Produkt kartellfähiger ist: vgl. z. B. Papier ➤ Buntpapier ➤ Etiketten.

d) Nach der ökonomischen Verwendung wird zwischen *Produktiv*gütern und *Konsumtiv*gütern unterschieden. Neben der Unterscheidung in fungible oder homogene und nicht vertretbare oder heterogene Güter ist dies wohl die in der Wirtschaftswissenschaft geläufigste Gegenüberstellung. Aber gerade sie ist wenig geeignet für eine Bestimmung der Affinität oder Eignung zum Kartell. Unter dem konkreten Gesichtspunkt des deutschen Exports ist sie freilich sehr bedeutsam. Von den 154 Exportkartellen, die das Institut für Exportforschung in seiner Untersuchung ermitteln konnte, erstreckten sich etwa drei Viertel auf Produktivgüter (eine völlig zweifelsfreie Zuteilung ist nicht bei allen Warenarten möglich). Dieses Überwiegen mag zum Teil darauf zurückzuführen sein, daß im deutschen Export der Anteil der Konsumgüter stark zurückgegangen ist und — je nach Abgrenzung im einzelnen — weniger als ein Fünftel der Gesamtausfuhr ausmacht (vgl. dazu: Der westdeutsche Konsumgüterexport nach dem zweiten Weltkrieg, Berichte des Instituts für Exportforschung, Köln und Opladen 1958).

Überblickt man die an der Kartellierung in Deutschland beteiligten Zweige, so ergibt sich, daß die meisten dem Bereich der Urproduktion und der anschließenden Aufbereitungsstadien sowie der Investitionsgüterindustrie angehören. Diese Zweige liefern aber eo ipso Produktivgüter. Man wird also zutreffender eine spezifische Beziehung zwischen diesen frühen Gütern und dem Kartell herstellen können als etwa eine solche bei Produktionsmitteln, wie diffizile Werkzeuge oder Instrumente, die sich für eine Kartellierung nur wenig eignen. Andererseits können manche Konsumgüter, wie Zucker, Mehl, Seife, sehr wohl zur Kartellierung führen.

e) Sowohl innerhalb der Produktivgüter wie der Konsumgüter kann — nach der *Häufigkeit* oder *Dauer* der Verwendung — zwischen *Gebrauchs*gütern und *Verbrauchs*gütern unterschieden werden:

	Produktivsphäre	Konsumtivsphäre
Gebrauchsgüter	z. B. Hobelbank, Schraubenschlüssel	Waschmaschinen, Reisekoffer
Verbrauchsgüter	Zement, Dieselöl	Waschmittel, Nahrungs- und Genußmittel

Mit dieser Einteilung ist, aus der Natur der Sache heraus, eine unterschiedliche Periodizität des Bedarfs verbunden. Während der Bedarf in Verbrauchsgütern ein fortlaufender, oft *täglicher* ist, werden die Gebrauchsgüter in der Regel nur in größeren zeitlichen Abständen gekauft *(periodischer* oder *aperiodischer* [einmaliger] Bedarf).

Überschaut man die bekanntgewordenen Fälle von Kartellierung, so wird man der Gruppe der Verbrauchsgüter des produktiven wie des konsumtiven Bereichs eine höhere Affinität zur Kartellbildung zubilligen müssen als den Gebrauchsgütern. Eingehende Untersuchungen über diese Zusammenhänge sind allerdings bisher offensichtlich nicht gemacht worden.
Hier ist nun ein weiteres typologisches Warenmerkmal zu bedenken:

f) Das Wertvolumen der Waren: *Großobjekte* ←→ *kleine* Artikel. Bei Großobjekten kommt es viel eher zu individuellen Verhandlungen über den Preis, zum „Handeln", während bei Gegenständen, die nicht zu außergewöhnlichen Ausgaben führen, das Preismoment weniger empfunden wird; jedenfalls werden keine sonderlichen Anstrengungen im Sinne mehrfachen, längeren Vergleichens von Angeboten oder in Form umständlicher Verhandlungen über den Preis gemacht. Innerhalb des Konsumbereichs zeigt sich dieser Gegensatz in der in USA entstandenen Typologie von "shopping goods" und "convenience goods", doch sind dabei weitere Merkmale im Spiel. Die Folgerung aus dieser Unterscheidung muß die sein, daß — unter sonst gleichen Umständen — der Markt in Großobjekten schwerer kartellierbar ist.

g) Nach der Gestalt der Ware kann zwischen *gestaltlosen* und *gestalteten* Erzeugnissen unterschieden werden. Gelegentlich werden die gestaltlosen Güter auch als Massengüter, so insbesondere im transporttechnischen Sinn (Schüttgut, Füllgut) bezeichnet. Man kann ohne große Bedenken behaupten, daß die gestaltlosen (amorphen) Güter leichter kartellierbar sind als die gestalteten. Dies gilt allerdings unter der Einschränkung, daß sie

h) in sich möglichst *homogen* und nicht etwa heterogen (wie z. B. Eisen- oder Buntmetallerze) zusammengesetzt sind.

i) Ergänzend ist hier zu berücksichtigen, ob die *Gestalt* der Ware *gleichbleibt* oder *wechselt.* Während z. B. im Spielwarenexport jährlich mit Neuheiten und mit Abwandlungen der geläufigen Erzeugnisse zu rechnen ist, hat es der Remscheider Export von Werkzeugen und Kleineisenwaren mit konservativen Produkten zu tun, deren Gestalt sich viele Jahre und Jahrzehnte hindurch kaum verändert. In diesem Fall ist die Möglichkeit einer Kartellierung erheblich größer.

k) Diese Überlegungen können in Richtung auf immer weitere Differenzierung (Individualisierung) des Produktes fortgesetzt werden. Je individueller das Erzeugnis des einzelnen Herstellers gestaltet wird (siehe z. B. modische Bekleidung), je weniger also von *Standardware* gesprochen werden kann, um so geringer ist die Aussicht, ja die technische Möglichkeit (Vergleichbarkeit!), auf Durchführung einer Preisabsprache.

Die Differenzierung oder Individualisierung kann auch durch technische Fortschritte und Neuerungen bewirkt werden, die bei Gütern hoher Gestaltung (Apparate usw.) oder subtiler Anwendung (z. B. Speziallacke) eine individuelle Erklärung oder Verständigung erforderlich machen:

l) *Erklärungsbedürftige* Waren im Gegensatz zu *nicht erklärungsbedürftigen* Erzeugnissen.

Es leuchtet ein, daß der Warenvergleich und der Preisvergleich und damit eine Preisvereinbarung hierdurch wesentlich erschwert, wenn nicht unmöglich gemacht wird.

Wir schließen damit die Liste der Warenmerkmale, obwohl sich weitere anführen ließen, wie:

lebensnotwendige ←→ *Luxusgüter*
bemusterungsbedürftig ←→ *ohne Bemusterung verkäuflich*
leicht verderblich ←→ *widerstandsfähig*
sperrig ←→ *gedrungen*
regenerierbar (z. B. Kupfer, Gummi) ←→ *nicht regenerierbar*

Auch dies sind Merkmale, die mindestens teilweise für eine Deutung der Affinität zur Kartellbildung herangezogen werden können. Durch *Kursivschrift* haben wir auch hier die Tendenz angedeutet.

Für die Analyse des jeweils kartellierten Gegenstandes kann der Katalog dieser Merkmale immer wieder herangezogen werden. Der Übersichtlichkeit halber stellen wir die besprochenen Merkmale zusammen:

Kartell-	
-hindernd	*-erleichternd*
a) konsumnah	naturnah
b) organisch	anorganisch
c) fertige Waren	Werkstoffe
d) Konsumgut	Produktivgut
e) Gebrauchsgut (periodischer, aperiodischer Bedarf)	Verbrauchsgut (*laufender* Bedarf)
f) große Objekte	kleine Objekte
g) gestaltet	gestaltlos
h) heterogen	homogen
i) wechselnde Gestalt	gleichbleibend
k) individuelle Produkte	Standardprodukte
l) erklärungsbedürftig	keine Erklärung erfordernd

Am eindeutigsten ist die Zuordnung bei den Merkmalen b, c, e, g, h, i, k und l. In je höherem Maße und je eindeutiger die Charakterisierung einer Kartellware nach der einen oder anderen Seite gegeben ist, um so schlüssiger läßt sich daraus erkennen, ob nach Art des kartellierten Gegenstandes gewissermaßen a priori ein starkes oder ein schwaches Kartell, also eine erhebliche oder unbedeutende Wettbewerbsbeschränkung erwartet werden kann oder möglich ist.

Durch Hinzunahme der Merkmale über die betrieblichen Produktionsverhältnisse dieses Zweiges (siehe Abschnitt 5), wie auch der noch zu behandelnden Verhältnisse auf der Seite des Absatzmarktes, rundet sich das Bild; bei mehrfachem Vorliegen starker Merkmale erhält die Beurteilung eine deutliche Stütze. Wie ein guter Arzt die Beschwerden eines Patienten zunächst schon nach seinem Typus einordnet und differenziert, kann der Kartellbeurteiler ein gegebenes Kartell hiernach von vornherein gerechter, d. h. differenzierend und nicht schematisch betrachten, wie immer auch die Vereinbarungen des Kartells im einzelnen lauten mögen.

Im Falle des *Beispiels Zement* findet man in diesem Sinne etwa folgende Merkmale:

großbetriebliche Produktion	naturnah
Einprodukt-Betriebe	anorganisch
hohe Anlagenintensität	Produktivgut
hohe fixe Kosten	Verbrauchsgut
hohe Zwangsläufigkeit des Fertigungsprozesses	keine Großobjekte
	gestaltlos
	homogen
	gleichbleibend
	Standardprodukt (handelsübliche Qualitäten)
	nicht erklärungsbedürftig

An der hohen natürlichen Kartellaffinität dieses Zweiges, die ja bekannt ist, kann hier an keiner Stelle ein Zweifel bestehen. Nehmen wir als Gegenbeispiel die Spielwarenindustrie:

neben einzelnen Großbetrieben viele kleinere Betriebe	Konsumnähe
breites Fabrikationssortiment	anorganisch
hohe Arbeitsintensität	Konsumgut
hohe fertigungstechnische Umstellungsfähigkeit, da geringe Zwangsläufigkeit der Fertigung	Gebrauchsgut von meist kurzer Lebensdauer
	kleine bis mittlere Objekte
	gestaltet
	heterogen
	wechselnde Gestalt
	firmenindividuelle Produkte
	teilweise erklärungsbedürftig

Hier deuten die meisten Merkmale auf eine geringe Kartellierungsmöglichkeit. In der Tat hat es in diesem Zweig trotz verschiedener Versuche wohl nie ein Kartell, insbesondere kein Preiskartell, gegeben. Es sind allenfalls Konditionenkartelle denkbar.

Damit verlassen wir das bisher wenig verwertete Kriterium des Kartellgegenstands. Vielleicht ist es bei aller Kürze der Behandlung gelungen, die Bedeutung dieses Gesichtspunktes zu zeigen. Im Grunde scheint die herrschende *Kartellehre*, mehr oder weniger unbewußt, wohl fast immer von dem Fall des homogenen, für alle Verwender gleich interessanten und gängigen Rohstoffes oder Halbzeuges auszugehen. Schon früher haben dagegen *Eugen Schmalenbach* und *Wilhelm Vershofen* nach Differenzierung in der Betrachtung des Kartellproblems gestrebt. Schmalenbach insbesondere in seiner bekannten Wiener Rede (Die Betriebswirtschaftslehre an der Schwelle der neuen Wirtschaftsverfassung, Zeitschrift für handelswissenschaftliche Forschung, 22. Jahrgang, 1928): „... so bemerken Sie überall, daß die monopolartigen Gestaltungen, insbesondere die Kartelle, zuerst da entstanden sind, wo große fixe Kosten vorhanden waren; im Verkehrswesen, im Bergbau, bei den Hüttenwerken, bei den Industrien der großen Ofenanlagen; viel weniger und viel später in der Textilindustrie, in der Fertigindustrie für Eisen und Holz usw." *Vershofen* hat in seinem Buche „Die Marktverbände", 1. Teil (Nürnberg 1928) fast um die gleiche Zeit auf den großen Unterschied zwischen Kartellen für Produktionsmittel und jenen für Konsumgüter aufmerksam gemacht. Der Unterschied erschien ihm so bedeutsam, daß er für die viel schwächeren Konsumgüterzusammenschlüsse den Ausdruck „Kartelloid" vorgeschlagen hat. Unsere Ausführungen dürften gezeigt haben, daß zu diesen Unterscheidungen weitere wesentliche Merkmale hinzugenommen werden müssen.

Was hier über die Bedeutung der kartellierten Ware ausgesagt worden ist, gilt ohne weiteres auch in der Anwendung auf das Exportkartell. Dabei ist zusätzlich zu bedenken, daß der deutsche Export in der Produktivgüter- wie in der Konsumgütersphäre in hohem und zunehmendem Maße auf *individuellen* Leistungen technisch-wissenschaftlicher oder geschmacklicher Art beruht. Daher ist ein Auftreten straffer Kartelle mit monopolistischer Markthaltung hier noch seltener zu erwarten als im Binnenmarkt.

Über die unterschiedliche Lage der Waren und Warengruppen im Außenhandel hat der Verfasser selbst vor einiger Zeit im Zusammenhang mit der DM-Aufwertung Ausführungen gemacht, die hier ergänzend von Interesse sein könnten: „Der Gedanke einer generellen wirtschaftspolitischen Manipulation des Exports scheint uns am ehesten für Güter angemessen und sinnvoll, die — wie etwa Eisen, Kohle, Zement, chemische Grundstoffe, Zellstoff, Getreide, Öl — als Roh- oder Halbstoffe für vielseitige Verwendung Gegenstand des internationalen Welthandels sind. Hier gibt es eine ständige

Verlagerung unter den beteiligten Produktions- und Verwendungsländern, je nach der Marktlage. Ähnlich wie im Devisen- und Effektenmarkt tritt hier eine Art Arbitrage auf. Die herkömmlichen Vorstellungen der Theorie vom „Handel“ und vom „Güteraustausch“ treffen auf diese Märkte noch am ehesten zu.

„Das Schwergewicht unseres Exports beruht aber auf *industriellen* Erzeugnissen, wie Maschinen, Geräte, Apparate, Werkzeuge für Produktionszwecke und Gebrauchsgüter für den Konsum. Hier haben wir es nicht mit homogenen (fungiblen) Waren zu tun, sondern mit differenzierten, in ihrer technischen und geschmacklichen Gestalt ständig wechselnden Erzeugnissen. Präferenzen (Vorliebe bzw. Abneigung) für die Produkte bestimmter Nationen und Firmen sind ein gewichtiger Faktor der Marktbildung. So entwickeln sich hier dauerhafte Geschäftsbeziehungen, es werden Marken gebildet und durch Werbung Jahre und Jahrzehnte hindurch in den Exportmärkten ‚verankert‘.“ (Informationen der Gesellschaft für Exportforschung Nürnberg e. V., Heft 2, November 1960, Seite 2.)

Schließlich seien hier Ausführungen aus dem Bericht der Federal Trade Commission, Report on Cooperation in American Export Trade. Part. I. Summary and Report, Seite 374 ff (Washington 1916) angeführt, da hier schon sehr früh deutliche Differenzierungen nach Warengruppen vorgenommen werden: „Under normal conditions about two-thirds of its (United States) exports have been foodstuffs and materials for use in manufacturing — such commodities as grain, flour, meats, cotton, copper, oil, coal, etc. — and one third of its exports have been manufactured articles ready for use, such as machinery of all kinds, electrical goods, automobiles, boots and shoes, wearing, apparel, cloths, medicines, drugs, paints, varnishes, etc.“

„The marketing of these two broad classes of products in foreign trade present very different problems. Many foodstuffs and materials for manufacture, such as grain, copper, etc., will sell themselves at some price, usually at a price broadly established in competitive world markets. Developing export business in these commodities is comparatively simple. There is often no need of creating a demand. With this class of goods the problem is partly one of obtaining a more efficient system of selling, and partly one of protecting our producers against combinations of foreign buyers. At present, one of the most practicable means for obtaining these results is cooperation among American producers.“

„In the case of finished manufactured articles, the problem is generally more difficult. In these factory products, both staple and special, the manufacturer must often create the demand for his particular goods. While it is not to be forgotten that cheapness and quality of product are necessary, organization for selling is also essential.“

„To the producer of specialities, however, cooperation in export trade does not offer such great advantages as to the producer of staples. Absence of standardization is in the way of its effective working and the field of foreign markets is far more open and free to specialities than to staples. In some lines American concerns making specialities have established their products in a world-wide way and are ahead of competitors from other countries. While, therefore, producers of specialities have to create their own market, many of them feel that they can do this to better advantage individually. Some of those who have not yet established themselves in all their markets, or who are but beginning their campaigns, favor cooperation, but what they wish is cooperation with manufacturers of allied lines rather than with competitors."

„To the producer of staples, the foreign manufacturer or combination making the same line offers the most determined competition. To establish the American goods requires strong, practical selling campaigns. Not only must the customer be persuaded to prefer the American manufacture, but the sales must often be supplemented by the establishment of local warehouses that will insure a prompt supply, and the customer must be given ample assurance that he can continue to get the same goods year after year. Moreover, this demand must be created in distant countries. In face of determined and skillful opposition from competing foreign manufacturers united in powerful combinations, this is a most difficult undertaking."

„It is among American manufacturers of staples, therefore, particularly the smaller concerns, that cooperation for export business is especially needed. It will permit them to create organizations which can compete on more nearly equal terms with the organizations of their foreign rivals. They can afford, then to advertise, to study foreign demands and customs, to make demonstrations, to open branches, warehouses, and stores abroad, to collect credit information and to extend credit, to employ skilled salesmen familiar with foreign markets, and to maintain a direct representation of their own which will be firmly established and effective in the markets to be covered. The expense of such promotion will not be excessive when shared by a number of participants."

Diese Ausführungen sind zugleich eine gewisse Bestätigung unserer Überlegungen über den neueren Export industrieller Erzeugnisse, weshalb wir sie ohne Kürzung wiedergeben. Auch sie zeigen, daß das gewichtigste Motiv im Export hochentwickelter Länder weit weniger preispolitischer als allgemein absatzorganisatorischer und absatzpolitischer Natur ist. Damit stoßen wir auf die Frage, welche absatzwirtschaftlichen Funktionen die Exportkartelle übernehmen. (Siehe Abschnitt 8.)

7. Zunächst aber müssen noch die *Einflüsse der spezifischen Absatzgebiete* auf die Kartellbildung und insbesondere auf ihre Bedeutung für das Exportkartell skizziert werden. Da ist vor allem die Frage der *geographischen*

Abgrenzung des Absatzgebietes. In der Regel erstrecken sich die Kartellierungsbestrebungen eines Zweiges zunächst einmal und vielfach auch späterhin nur auf den Inlandsmarkt. Der Gegenfall, daß Kartelle nur für den Exportmarkt gebildet werden, ist dagegen von Haus aus selten. Nach früheren Erfahrungen und Beobachtungen in anderen Ländern sind Exportkartelle in der Regel in Verbindung mit Inlandskartellen errichtet worden, und zwar meist erst nachdem das Inlandskartell schon längere Zeit bestanden hat. Insoweit ist das reine Exportkartell nach den Vorstellungen des Gesetzes gegen Wettbewerbsbeschränkungen ein künstliches Gebilde, ein Produkt der Gesetzgebung also. Soweit Exportkartelle im Sinne dieses Gesetzes gebildet werden, erhebt sich somit die Frage der etwaigen gewollten oder ungewollten Auswirkungen auf den Wettbewerb im Inlandsmarkt. Nur die Auswirkung auf den *Wettbewerb* im Inland kann hier gemeint sein. Denn selbstverständlich muß *jeder* Exportvorgang Auswirkungen auf den Inlandsmarkt haben, ohne deshalb jedesmal den Grad oder gar das Funktionieren des Wettbewerbs im Binnenmarkt zu tangieren.

Die Wechselwirkung von Inlands- und Exportabsatz innerhalb eines Zweiges ist von sehr unterschiedlicher Bedeutung, je nach der Höhe der Exportquote. Macht der Export z. B. nur 3 % des Gesamtabsatzes oder noch weniger aus, so entfallen viele Erwägungen allein wegen des inferioren Charakters der Frage.

Allgemein könnte man wohl mit einigem Recht annehmen, daß sich die Festlegung von Preisen für den Export allein aus der Psychologie des Vergleichens auch auf die Preisstellung im Inland auswirken wird. Dabei ist jedoch zu bedenken, daß Inlandspreis und Exportpreis selten eindeutig vergleichbar sind. Auch muß man sich davon frei halten, Inlandsabsatz und Exportabsatz einander global gegenüberzustellen. Denn der Export des einzelnen Unternehmens zerfällt in aller Regel in eine ganze Reihe von Absatzgebieten, für die jeweils andere Preise in Betracht kommen. Außerdem besteht für das einzelne Mitglied des Exportkartells keine Gewähr, daß seine Konkurrenten die gleichen Konsequenzen für die Preisstellung im Inland ziehen wie er. Es fehlt die Vereinbarung für den Binnenmarkt und damit ist das Funktionieren einer sozusagen mittelbaren (sekundären) oder formlosen Wettbewerbsbeschränkung im Inland in Frage gestellt. Es müßte dann schon zu Verständigungen darüber kommen, daß man sich im Inland an den für das Exportkartell vorgesehenen Preisen in übereinstimmender Weise orientieren will. Die umgekehrte Frage, wie sich das Inlandskartell eines Zweiges auf das Exportkartell auswirkt, ist angesichts der heutigen Gesetzgebung im allgemeinen ohne praktische Bedeutung und soll daher nicht weiter verfolgt werden.

Recht erhebliche Unterschiede im Effekt des Exportkartells müssen sich daraus ergeben, daß das Kartell nur den Export nach *einem* Land, nach mehreren Ländern oder nach *allen* in Betracht kommenden Ländern regelt. In diesem rein geographisch zu verstehenden Sinne könnte man zwischen partiellem und totalem Exportkartell unterscheiden. Ein totales Exportkartell wäre aber wohl auch dann gegeben, wenn zwar nur wenige Länder einbezogen sind, diese aber den *alleinigen* Exportmarkt des Zweiges darstellen (siehe z. B. Afrika-Spaten oder Buschmesser). Der Grad der Einflußnahme des Exportkartells auf den ausländischen Markt wird im allgemeinen höher sein, wenn eine starke geographische Beschränkung der Absatzmöglichkeiten vorliegt. Es ist hierbei daran zu denken, daß es industrielle Erzeugnisse gibt, die *nur* exportiert werden. Trifft das mit der eben erörterten geographischen Konzentration des Exports zusammen (wie bei Tropenbedarf), so dürfte ein vergleichsweise hohes Maß von Exportregulierung möglich sein. Inwieweit sich diese bis zur Marktbeherrschung verdichtet, kann jedoch erst nach Klärung der Konkurrenzverhältnisse im ausländischen Markt (Eigenproduktion des Landes, Angebot anderer Exportländer) entschieden werden.

Die weitere räumliche und geographische Analyse führt uns zu der Unterscheidung zwischen *konzentriertem* und *zersplittertem Exportabsatz.* Kartellierende Maßnahmen dürften von vornherein für denjenigen Teil des Exports, der räumlich sehr weit gestreut und daher dünn besetzt ist, ohne große praktische Bedeutung und Wirkung sein.

Die für die Exportorganisation lange Zeit grundlegende Unterscheidung zwischen *Europa*geschäft und *Übersee*-Export verliert sehr an Bedeutung. Immerhin kann das Merkmal, ob ein Exportkartell für europäische oder überseeische Gebiete, insbesondere wenig entwickelte Länder, gebildet wird, für die Beurteilung seiner Struktur und seiner Tätigkeit aufschlußreich sein; u. a. allein deshalb, weil im überseeischen Export die Einschaltung des Exporthandels weit eher notwendig wird.

Für die hier zu klärenden Fragen scheint uns aber die Unterscheidung in große *internationale* Märkte und *nationale*, regional begrenzte Märkte wichtiger zu sein. Sie hängt aufs engste mit der Art der kartellierten Ware zusammen (vgl. Abschnitt 6). Denn eigentliche Weltmärkte haben sich nur für allgemein benötigte Rohstoffe herausgebildet, die in eindeutig vergleichbaren Qualitäten gehandelt werden. Das ursprünglich für den Handelsmann ganz allgemein kennzeichnende arbitrierende Kaufen und Verkaufen solcher Ware mit dem Ziele, aus zeitlichen oder räumlichen Preisdifferenzen Gewinne zu machen, spielt hier noch eine große Rolle, während sich eine derartige händlerische Haltung im Bereich der industriellen Fertigwaren aus der Sache heraus immer mehr verbietet. Denn diese Erzeugnisse haben, wie früher ausgeführt wurde, die Tendenz zur Individualisierung technischer oder geschmacklicher Art. Es können sich somit nur enge Teilmärkte bilden, die untereinander nur schwach kommunizieren. Die Regionalisierung ihrer Märkte geht unter Umständen so weit, daß nicht wenige Exportindustrien ihre Produkte für die einzelnen Nationen oder Ländergruppen in abgewandelten Formen und Ausführungen herstellen müssen. So kann die für den schwedischen Markt typische Kaffeetasse kaum anderwärts verkauft werden.

Unter solchen Bedingungen kann der zwischen Industrie und ausländischem Abnehmer etwa eingeschaltete Exporthandel tatsächlich nur als ein dienendes Glied des Absatzarmes des Herstellers von Nutzen werden, wie das an früherer Stelle zu zeigen versucht wurde. Auch wird deutlich, daß von einem Inlandsmarkt in solcher Ware nicht gesprochen werden kann, selbst wenn ihr Weg zunächst über einen im Inland ansässigen Exporthändler führt.

Die Verhältnisse bei den internationalen Handelsgütern der gekennzeichneten Art sind dagegen völlig anders zu beurteilen. Der Händler, der solche Güter von einem Hersteller kauft (z. B. Kohle, Schwerchemikalien), hat weit eher die Möglichkeit, diese Ware je nach Lage und Meinung sowohl im Inland wie nach dem Ausland zu verkaufen und in letzterem Fall auch wieder selbst zu entscheiden, in welches Land er exportieren will. Daher kann hier wohl eher mit einem gewissen Recht gesagt werden, zwischen dem deutschen Hersteller und dem deutschen Exporthändler bilde sich ein eigener Markt.

Angesichts der oft erheblichen Unterschiede in den Marktverhältnissen der einzelnen Exportländer eines Kartells erhebt sich die Frage, ob ein Kartell, das den Absatz nach mehreren Ländern oder Ländergruppen regelt, überhaupt als *ein* Exportkartell anzusehen ist, oder ob es etwa als ein aus mehreren Exportkartellen zusammengesetztes Gebilde erscheint. Diese Frage wird insbesondere dann zu stellen sein, wenn die Kartellvereinbarungen nach Absatzländern variiert werden.

Die Differenzierung der Exportkartelle nach Absatzgebieten kann über das rein Räumliche hinaus auf *Abnehmerarten* erstreckt werden. Das hätte insbesondere dann Bedeutung, wenn die kartellierte Ware mehreren, von einander stark abgehobenen Verwendungen dienen kann; so z. B. Edelmetalle oder Diamanten für Schmuckzwecke einerseits und für reinen Industriebedarf (produktive Verwendung) andererseits. Die Bedingungen in beiden Bereichen, insbesondere die Preisbildung, aber auch die Absatzkanäle können so große Unterschiede aufweisen, daß man von zweierlei deutlich abgegrenzten Märkten sprechen muß. Auch hier erscheint das Exportkartell, das beiden Märkten Rechnung zu tragen sucht, als Doppelgebilde, jedenfalls als eine Organisation komplizierter Art, das daher auch einer differenzierten Beurteilung bedarf.

Damit zusammenhängend, aber auch unabhängig hiervon, können innerhalb eines Kartells unterschiedliche Teilmärkte dadurch entstehen, daß die

Abschlüsse der Mitglieder auf verschiedenen Arten von *Geschäftsbeziehungen* und *Geschäftsformen* beruhen. Hier ist vor allem an den Gegensatz von *langfristigen Liefer-* oder Rahmenverträgen und *einmaligen Geschäften* (Abschlüsse von Mal zu Mal) zu denken. Schließlich könnte man noch den Bedarfskonfigurationen bei der Abnehmerschaft nachgehen, aber das würde im einzelnen zu weit führen. Es sei z. B. auf die unterschiedliche Marktposition hingewiesen, die daraus erwächst, daß die Ware für eine Verwendergruppe einen *Haupt-* oder *Kernbedarf*, für die andere jedoch nur einen *Neben-* oder *Randbedarf* darstellt. Baumwollgarn ist in diesem Sinn für den Baumwollweber Haupt- oder Kernbedarf, für die Reifenfabrik (Cordmaterial) dagegen Nebenbedarf, wogegen hier der Kautschuk den Hauptbedarf darstellt. Die Nachfrageelastizität ist bei Hauptbedarf unter sonst gleichen Bedingungen wesentlich höher als bei Nebenbedarf. Demgemäß bedarf es auch einer unterschiedlichen Absatzpolitik der Anbieter, von den sonstigen organisatorischen Folgerungen, die sich aus der unterschiedlichen Dichte und Häufigkeit der Nachfrage bei Haupt- und Nebenbedarf (Größe der Aufträge) ergeben, ganz abgesehen.

8. Die vom Kartell übernommenen *Unternehmungsfunktionen* werden in der Literatur wie auch in der Praxis wohl am häufigsten als typenbildendes Merkmal verwendet. In diesem Sinne wird von Konditionen-, Preis-, Gebiets-, Quoten- und Vertriebskartellen (Syndikaten) gesprochen. Es soll im einzelnen nicht untersucht werden, inwieweit diese Zuteilung einwandfrei ist, ob z. B. auch beim Gebietskartell eine Übernahme unternehmerischer Funktionen vorliegt. Für eine Übertragung auf das Exportkartell dürfte der Typ des Gebietskartells ohne praktische Bedeutung sein. Die neuere betriebswirtschaftliche Funktionslehre ermöglicht es, diese wohl etwas erstarrte Bildung von Kartelltypen zu beleben und zu verfeinern.

In dem Artikel „Marktverbände“ in der 3. Auflage des Handwörterbuches der Betriebswirtschaft, 14. Lieferung (erschienen 1961) von *E. Grochla* wird z. B. ausgeführt: „Eine Skala ähnlicher Aufgaben ergibt sich auf der Absatzseite der zusammengeschlossenen Unternehmungen. Sie beginnt mit der Markterkundung und endet mit der Mischung und gemeinsamen Verteilung der in den einzelnen Unternehmungen erzielten Gewinne. Dazwischen liegen Aufgaben wie die gemeinsame Vereinbarung von Liefer- und Zahlungsbedingungen, die Beeinflussung der Preisbildung in den einzelnen Unternehmungen, die Aufteilung der Absatzgebiete nach regionalen oder anderen Gesichtspunkten, die gemeinsame Werbung, der gemeinsame Verkauf und dergleichen.“

R. Kleeberg (Das Exportkartell als Absatzorgan, Köln und Opladen 1959) hat unter Verwertung meiner Aufgliederung der absatzwirtschaftlichen Teilfunktionen (siehe Handbuch der Wirtschaftswissenschaften, Band I, Beitrag: „Absatzwirtschaft“; Köln und Opladen 1959) zwischen Exportvermittlungs-, Exportverkaufs- und Exportvertriebs- oder Absatzkartell unterschieden.

Im Untersuchungsbericht des *Instituts für Exportforschung* „Die Exportkartelle in Deutschland seit 1880" (s. S. 290 vorliegenden Buches) wird unter dem gleichen Gesichtspunkt zunächst eine Zweiteilung in Exportanbahnungskartell und Exportverkaufskartell als zweckmäßig angesehen, wobei aber im einzelnen stärker differenziert wird, je nach Art und Umfang der Funktionenübernahme. *Kleeberg* spricht in diesem Zusammenhang von „totalen Exportkartellen", wenn sie alle in Betracht kommenden Absatzfunktionen ausüben, im Gegensatz zum „partiellen Exportkartell".

Während ich diese beiden Zuteilungsversuche, die sich im Prinzip nur wenig unterscheiden, im ganzen als richtig und zweckmäßig ansehe, habe ich in bezug auf den wichtigsten Fall, das *Preiskartell*, gewisse Bedenken. Man kann das einfache Preiskartell nicht ohne weiteres als eine Organisation ansehen, die der Exportanbahnung dient. Vielfach hat dieses mit der Herbeiführung von Exportabschlüssen nicht das geringste zu tun. Vielmehr bleibt diese Arbeit hierbei ganz und gar dem einzelnen Hersteller überlassen. Ähnlich ist es mit dem *Konditionenkartell.* — Es ergibt sich bei genauer Analyse der Kartelle mit Hilfe des Katalogs der absatzwirtschaftlichen Teilfunktionen, daß die traditionellen Kartelltypen damit nicht ohne weiteres erfaßt werden können oder vielmehr, daß jene Typen nicht primär unter Funktionalgesichtspunkten entstanden sind. Weit eher dürfte sich dahinter eine Einteilung nach Graden der Kartellierung verbergen.

Richtig ist natürlich, daß der Kartellpreis wie auch die kartellierten Konditionen bei der Angebotsstellung des einzelnen Herstellers eine wesentliche Rolle spielen. Faßt man den Vorgang so auf, daß dem einzelnen Hersteller die „Arbeit" der Preisfindung und Preisbehauptung durch das Preiskartell abgenommen wird, so kann man darin auch eine Funktionsübernahme sehen. Absatzanbahnung im Sinne von Akquisition, also Gewinnung von Käufern, braucht damit aber keineswegs verbunden zu sein.

Bei der Darstellung der Funktionen des Exportabsatzes (siehe Teil II, Abschnitt 13) hat sich bereits gezeigt, daß die Preisstellung im allgemeinen nur einen sehr kleinen Ausschnitt aus dem Katalog der im heutigen Absatzwesen erforderlichen Teilfunktionen darstellt. Nur dort, wo der Preis voll vergleichbar ist und das gewichtigste Mittel des Wettbewerbs bildet, wie bei international bedeutsamen und vergleichbaren Gütern, kommt ihm die Rolle als wichtigster Regler des Handelsverkehrs zu. Die übrigen Teilfunktionen treten hier stark zurück. Von Absatzvorbereitung durch Werbung und dergleichen kann in solchen Märkten kaum eine Rede sein. Auch durch diese Feststellung wird deutlich, daß das reine Preiskartell, das bei den genannten Gütern am häufigsten vorkommt und am besten funktioniert, nicht ohne weiteres als Akquisitionsorganisation angesehen werden kann.

Anders ist die Lage bei den sogenannten Kartellen höherer Ordnung, den *Syndikaten.* Sie übernehmen insbesondere die mit dem Kaufabschluß zusammenhängenden Aufgaben und sind — je nach den Verhältnissen des Zweiges — auch an den Durchführungsfunktionen (siehe Funktionenkatalog in Teil II, Abschnitt 13) beteiligt. Aber auch sie haben nur einen engen Anwendungsbereich, der sich im wesentlichen auf die oben gekennzeichneten Güter beschränkt.

Ein Blick auf die synoptische Tafel des genannten Institutsberichtes über die Exportkartelle in Deutschland gibt dafür eine gewisse Bestätigung. Nach den dortigen Feststellungen hinsichtlich der Funktionenübernahme (Position 10 der Tafel S. 276) haben folgende Fälle den Charakter von Syndikaten oder Verkaufskartellen:

Nr. 1: *Torf*ausfuhr-Vereinigung
Nr. 2: *Salz*ausfuhr-GmbH
Nr. 3: Auslandsverkaufsvereinigung für *Stabeisen*
Nr. 20: Exportvereinigung rheinischer *Steinzeugwerke*
Nr. 22: Deutsche *Spiegelglas*-Ausfuhrgesellschaft
Nr. 23: Deutsche *Fensterglas*-Ausfuhrgesellschaft
Nr. 24: *Zellwoll*-Exportgemeinschaft
Nr. 25: Exportkartell von *Netzen*

Mit Ausnahme von Nr. 20 und 25 beziehen sich diese Kartelle im wesentlichen auf Roh- und Halbstoffe.

Genauer kann man den Anwendungsbereich des Exportsyndikats etwa durch folgende Kombination von Merkmalen umschreiben:

meist anorganisch (nach b)[6]
Werkstoffe (nach c)
Produktivgüter (nach d)
Massenverbrauchsgüter (nach e)
ungeformt (nach g)
hoch-homogen (nach h)
gleichbleibend (nach i)
handelsübliche Qualitäten und Ausführungen (nach k)

Für den vorliegenden Zusammenhang ist weniger belangreich, welche der Teilfunktionen der Verkaufsdurchführung dabei von Fall zu Fall übernommen werden. Entscheidend ist, daß das Verkaufskartell nach außen als alleiniger Vertragspartner in Erscheinung tritt. Neben einheitlicher Preispolitik sind hier somit auch Auftragsannahme und Verkauf zentralisiert.

9. Zweifellos besteht ein Zusammenhang zwischen dem Maße der Funk-

[6] Die Buchstaben in der Klammer beziehen sich auf die Zusammenstellung von Merkmalen in Abschnitt 6.

tionsübernahme durch das Kartell und seiner äußeren *Organisation.* Diese muß um so ausgeprägter und umfangreicher sein, je mehr Teilfunktionen des Exports zu erfüllen sind. Freilich ist dieser Einfluß nicht der einzige. Daneben und vielleicht sogar davor spielt die Zahl der Mitglieder des Kartells eine Rolle. Denn bei großer Mitgliederzahl bedarf es schon allein aus diesem Grunde einer größeren Organisation.

Die lockerste Organisation des Exportkartells ist wohl die, daß eine der Mitgliedsfirmen die Federführung in Kartellsachen übernimmt, während die höchste und intensivste Organisationsform beim Exportsyndikat gegeben ist. Unter den 26 Exportkartellen, die das Institut für Exportforschung in seiner Untersuchung im einzelnen analysieren konnte (siehe Tafel Seite 276 des genannten Berichts und Seite 282), kommt der Fall der Federführung kein einziges Mal vor. Man wird diese Lösung am ehesten bei Kartellen mit kleiner Mitgliederzahl und mit nur wenigen Funktionen antreffen (z. B. Konditionenkartell, reine Preiskonvention).

Der organisatorischen Intensität nach ist als nächste Stufe die Geschäftsführung des Exportkartells im Rahmen des einschlägigen Fachverbandes — früher auch des entsprechenden Inlandskartells — anzusehen. Diese Form war in 9 bzw. 10 der 26 Fälle gegeben. Dagegen haben insgesamt 14 Exportkartelle eigene Organe (Geschäftsführer, Büro) zur Durchführung der Aufgaben des Exportkartells gebildet.

Innerhalb dieser Gruppe müssen diejenigen Kartelle, insbesondere nach ihrer Organisation wie ihrer Stärke, besonders hervortreten, die auch die eigentliche Verkaufsfunktion für ihre Mitglieder durchführen. Unter den insgesamt 26 Exportkartellen sind dies die folgenden:

Exportvereinigung rheinischer *Steinzeugwerke* (Nr. 20)
Deutsche *Spiegelglas*-Ausfuhrgesellschaft (Nr. 22)
Deutsche *Fensterglas*-Ausfuhrgesellschaft (Nr. 23)
Zellwoll-Exportgemeinschaft (Nr. 24)

Damit wird zugleich die an früherer Stelle geäußerte Auffassung bestätigt, daß Kartelle am ehesten und besten dort zu funktionieren vermögen, wo es sich um Roh- und Halbstoffe in vergleichbaren handelsüblichen Qualitäten handelt.

Man kann in diesem Zusammenhang die Frage aufwerfen, inwiefern Art und Ausmaß der Einflußnahme auf die Exportwege als Merkmal des Kartellierungsgrades anzusehen sind. Eine gemeinsame Regelung der Konditionen und der Preise gegenüber Exportmittlern (Exporthandel) wurde in der Untersuchung des Instituts für Exportforschung bei folgenden Exportkartellen festgestellt:

Nr. 4 Blankstahl-Exportkartell
Nr. 9 Exportkartell Sechseckgeflecht
Nr. 10 Exportkartell der Hauerindustrie

Nr. 11 Ausfuhrgemeinschaft Armaturen- und Maschinenteile
Nr. 15 Exportvereinigung deutscher Röntgenröhren-Hersteller
Nr. 16 Exportkartell für elektrische Fahrradbeleuchtungen nach Holland
Nr. 17 Exportkonvention von Hand- und Winkelstücken
Nr. 18 Exportkonvention der Farbikanten von Nervnadeln
Nr. 19 Exportkonvention der Hersteller von zahnärztlichen Operationsstühlen

Hierzu ist ergänzend anzumerken, daß die Regelung bei Nr. 10 eine Bindung *aller* Exportwege vorsieht, während bei Nr. 11 nur eine Händlerbindung vorliegt. Bei den Konventionen Nr. 17, 18 und 19 ist vorgesehen, daß eine Anerkennung des inländischen Abnehmers als Exporteur (bzw. Grossist) durch das Kartell erforderlich ist. Zu erwähnen ist außerdem noch, daß bei der oben nicht genannten Salzausfuhr-GmbH eine Quotierung der Händlerausfuhr vorgenommen wird.

Es dürfte sich hier vor allem um Zweige handeln, für die der indirekte Export eine gewisse und vielleicht sogar gewichtige Rolle spielt. Im übrigen kann aus der Zusammensetzung dieses Teils der untersuchten Exportkartelle keine bestimmte Tendenz herausgelesen werden. Zu bedenken ist noch, daß bei Syndikatsbildung den Exporthändlern nur *ein* Partner gegenübersteht: die Verkaufsstelle des Exportkartells. Insofern entfällt hier eine etwaige Abstimmung der Mitglieder über das Verhalten zum Exporthandel.

10. Bei der begrifflichen Erfassung und Beurteilung von Kartellen hat von jeher das Merkmal des Willens zur Marktbeherrschung und Marktbeeinflussung eine erhebliche Rolle gespielt. Im Gegensatz zu den bisher besprochenen objektiven Merkmalen der Kartellbildung geht es hier um die subjektive Seite, um die *Motive* der Schöpfer und Träger von Kartellen. Ohne Zweifel kann dieses Merkmal viel schwerer erfaßt werden als äußere Tatbestände. Entweder findet man über die Gründe der Kartellbildung überhaupt keine Äußerung der Beteiligten oder es können aus taktischen oder sonstigen Gründen *andere* Motive als die in Wirklichkeit gemeinten in den Vordergrund geschoben werden. Jedenfalls muß zwischen gewollter und faktischer Wirkung eines Kartells unterschieden werden.

Aber diese Divergenzen zwischen Schein und Sein, Wollen und Erreichen erscheinen doch nicht so erheblich, wenn man bedenkt, daß für das Wollen immer nur das *Mögliche* maßgeblich sein kann. In diesem Sinne besteht vor allem ein recht enger Zusammenhang zwischen dem Grad der möglichen Marktbeherrschung durch eine Kartellbildung und dem angestrebten Ziel. Die Liste der Ziele von Kartellbildungen reicht von der monopolistischen Marktbeherrschung bis zur Selbsthilfe im Sinne genossenschaftlichen Zusammenwirkens. Entsprechend dazu verschiebt sich auch das Gewicht der Funktionen der Kartelle (siehe Abschnitt 8).

„Vollständige", in einer Hand befindliche Monopole liegen, wie *M. Lohmann* (Das Rechnungswesen der Kartell- und Gruppenwirtschaft, Berlin 1937, Seite 76) ausführt, beim Kartell überhaupt nicht vor. Es handle sich hier vielmehr um „unvollständige" Monopole mit innerer Konkurrenz der mehreren Monopolinhaber. Dabei mache „jeder Monopolinhaber seine eigene Gewinnrechnung auf", beurteilt also „die Monopolpreissituation immer nur von seinem eigenen teilmonopolistischen Blickwinkel."

Beim nationalen Exportkartell kann — wie wir früher dargelegt haben — von einer absoluten Marktbeherrschung von vornherein keine Rede sein, es sei denn, das exportierende Land sei das *einzige* Produktionsland. Soweit das Exportkartell nach der Natur des kartellierten Gegenstandes (siehe Abschnitt 6) und nach den sonstigen Verhältnissen (siehe ergänzend Abschnitte 5 und 7) überhaupt eine strenge kartellistische Preisregelung anstreben kann, wird daher das Ziel weniger in einer Marktbeherrschung als vielmehr in der *Marktbehauptung* zu sehen sein.

Hier ist einmal an die Ausübung eines *Gegengewichts* gegen starke ausländische Abnehmer und deren Unterbietungsversuche zu denken (vgl. z. B. das frühere Ausholen deutscher, meist mittelständischer Spielwaren- und Puppenhersteller und anderer ähnlicher Produktionszweige durch amerikanische Einkaufshäuser, Einzelhandelskonzerne). Zum anderen ist die bekannte Tatsache zu erwähnen, daß sich deutsche Erzeugnisse im ausländischen Markt untereinander eine oft selbstmörderische Konkurrenz durch *übermäßige Preisunterbietungen* machen. Das geschieht entweder durch die direkten Angebote der Hersteller selbst oder durch die im Ausland anbietenden deutschen Exporthändler. Soweit man sehen kann, dürfte hier die praktisch wichtigste Wurzel für die Bildung von Exportpreiskartellen mit oder ohne Bindung der Exportwege liegen. Hierin ist zugleich eine wichtige Maßnahme gegen schwere volkswirtschaftliche Schädigungen des deutschen Exports zu sehen. Denn der Schaden besteht nicht allein darin, daß da und dort geringere Erlöse hereingeholt werden, sondern vor allem in der Marktstörung, ja Marktderoutierung. Immer wieder wird berichtet, wie deutscher Exportabsatz nicht zuletzt dadurch verlorengeht, daß einzelne Anbieter im fremden Land den Preis in ungewöhnlichem Maße unterbieten, wodurch Unsicherheit und Unruhe bei den Abnehmern, insbesondere bei den Wiederverkäufern entsteht. Sie kaufen dann, wie berichtet wird, lieber englische oder andere Erzeugnisse, nur um der Beunruhigung des Marktes und dem Risiko von Preisdifferenzen zu entgehen.

In der Begründung des Entwurfes zum GWB wird hierzu ausgeführt: „... daß für den Exporteur der ausländische Markt meist weniger übersichtlich ist als für den dort einheimischen Konkurrenten. Diese Situation wird häufig ausgenützt, um den deutschen Exporteur zu Angeboten zu veranlassen, die weit unter den marktgerechten Preisen liegen. Das führt", so heißt es weiter, „zu einem ungesunden Wettbewerb, der Verluste nicht nur bei den einzelnen Firmen, sondern auch für die deutsche Devisenbilanz verursacht." (Bundestagsdrucks. Nr. 1158, S. 32.) Als weiteres Motiv zu Exportzusammenschlüssen wird die *Risikominderung* genannt, die erreicht werden soll, weil der Export höhere Risiken in sich birgt als der Inlandsabsatz (vgl. *A. Bancken,* Die Bedeutung der Vertriebsform für die deutsche Exportförderung, Würzburg 1941, S. 83).

Damit tritt zugleich ein Moment hervor, das überall dort, wo von Marktbeherrschung oder von einer eigentlichen Marktbeeinflussung nicht die Rede sein kann, erscheint: das Motiv der gegenseitigen Hilfe, der Selbsthilfe im Sinne des *gemeinschaftlichen Zusammenwirkens.* Sei es, daß man sich gemeinsam bessere Marktkenntnisse, durch Austausch von Beobachtungen und Erfahrungen mehr Markttransparenz und größere Entscheidungssicherheit verschaffen will, sei es, daß bei gemeinsamer Durchführung von Funktionen des Exports, wie Werbung, Kundendienst, Auslieferung, aber auch Verkaufsabschluß oder Zahlungsabwicklung, eine höhere Wirtschaftlichkeit im Exportabsatz (Senkung der anteiligen Kosten und höhere Wirksamkeit der Maßnahmen) erreicht wird. Nicht selten wird es dadurch dem einzelnen Mitglied überhaupt erst möglich zu exportieren.

Wir können hier zusammenfassend von dem Motiv der *Rationalisierung* im Exportabsatz sprechen. Unterscheidet man nach dem Merkmal des Motives oder Hauptgrundes der Kartellbildung in:

a) *Marktbeherrschungs*-Kartelle
b) *Marktbeeinflussungs*-Kartelle (Ausübung einer Countervailing Power oder Verhinderung grober Preisunterbietungen) und
c) *Absatzrationalisierungs*-Kartelle,

so kann man den Fall a bei Exportkartellen wohl durchwegs ausscheiden, solange keine internationalen Vereinbarungen mit ausländischen Konkurrenten getroffen werden.

Allgemein kann man sagen: je weniger die Voraussetzungen für eine bewußte Marktbeeinflussung durch ein Exportkartell gegeben sind, um so mehr tritt als Motiv des Zusammenschlusses die Rationalisierung des Exportabsatzes im Wege genossenschaftlichen Zusammenwirkens in den Vordergrund.

TEIL IV

Zur Frage der Auswirkungen von Exportkartellen auf den Inlandsmarkt

1. Auf die *allgemeinen Auswirkungen* von Exportkartellen auf den Inlandsmarkt braucht hier nicht eingegangen zu werden. Hierzu ist insbesondere auf das Gutachten *Hoppmann* zu verweisen; ferner auf die Ausführungen im III. Teil, Abschnitt 7. Da im Wirtschaftsleben keine Maßnahme ohne Auswirkungen über den unmittelbar gemeinten Bereich hinaus sein kann, wird niemand mittelbare oder sekundäre Wirkungen der Regelungen eines Exportkartells auf die Binnenwirtschaft bestreiten wollen. Das gilt selbst für den Fall, daß Waren kartelliert werden, die ausschließlich im Ausland absetzbar sind. Aber nur solche Sekundärwirkungen des Exportkartells, die zugleich eine Wettbewerbsbeschränkung im Inland darstellen, können im Rahmen des GWB von Interesse sein. Und auch hier wiederum nur solche Wirkungen, die nicht lediglich denkbar, sondern tatsächlich nachweisbar sind, und zwar in einem praktisch relevanten Maße.

2. Nach § 6 Abs. 1 GWB muß das Exportkartell der Sicherung und Förderung der Ausfuhr dienen. Bei der Prüfung und Würdigung der einschlägigen Tatbestände kommt es entscheidend auf die *Beurteilungsebene* an, auf die man sich stellt. Konkreter formuliert lautet die Frage: Sicherung und Förderung der Ausfuhr *wessen?* Geht es um die Sicherung und Förderung der Ausfuhr des einzelnen *Unternehmens* oder des einzelnen *Zweiges*, um das *nationale* Ausfuhrinteresse der Volkswirtschaft oder um die *weltwirtschaftliche* Solidarität?

Der einzelwirtschaftliche Aspekt darf hier von vornherein als untergeordnet angesehen werden, wogegen der zweigwirtschaftliche sehr wohl in Betracht kommen kann. Freilich wird im Zweifel das volkswirtschaftliche Interesse im Vordergrund stehen. Mehr und mehr geht die gesamtwirtschaftliche Betrachtung über die nationale Wirtschaft hinaus. In Theorie wie Politik wird oft schon von der Voraussetzung einer einheitlichen internationalen Wirtschaft ausgegangen, in welcher der Grundsatz des ungehinderten Wettbewerbs möglichst weitgehend gewährleistet sein sollte. Es ist klar, daß die Regelungen eines Exportkartells je nach dem Betrachtungswinkel sehr unterschiedlich beurteilt werden können. Hier liegt eine vom Gesetzgeber offen gelassene Frage, die der Klärung durch Ergänzung oder Auslegung der gesetzlichen Bestimmungen bedarf.

Offensichtlich wäre es vorerst recht irreal, wollte man sich auf den rein weltwirtschaftlichen Standpunkt stellen. Auch die westdeutsche Wirtschaft wird sich eine derartige „Vorleistung“ kaum erlauben, da Benachteiligungen gegenüber anderen Ländern die Folge wären. Unter solchen Aspekten wird z. B. im Kommentar zum GWB von *Müller-Gries* (Frankfurt, 1958, Seite 63) ausgeführt: „Solche Überlegungen gelten auch für die USA, deren Kartellpraxis überhaupt keineswegs von Nützlichkeitsgesichtspunkten frei ist. Ein bekanntes Beispiel bildet hier die in der europäischen Presse immer wieder behandelte Behinderung der Schweizer Uhreneinfuhren.“

Die hier angedeutete Problematik erhöht sich noch dadurch, daß das nationale Ausfuhrinteresse keineswegs immer gleicher Art ist, sondern je nach Wirtschafts- und Währungslage vom Extrem der „Ausfuhr um jeden Preis“ zum anderen Pol der „Exportdämpfung“ oder „Exportdrosselung“ hinüberwechseln kann. Diese gegensätzlichen ausfuhrpolitischen Haltungen treten z. B. gegenwärtig im Falle Englands einerseits und Deutschlands andererseits hervor.

Es muß in diesem Zusammenhang bedacht werden, daß im Export, im Gegensatz zum Binnenabsatz, sich der Wettbewerb vom Einzelnen auf die nationale Ebene verlagert. Man steht mit anderen Exportnationen in Konkurrenz. Eine starke gegenseitige Unterbietung der deutschen Anbieter im Ausland geht zu Lasten der nationalen Volkswirtschaft und kommt andererseits den ausländischen Verwendern entweder gar nicht oder nur selten zugute. Nach vielfachen Erfahrungen werden die durch Unterbietung im Export entstehenden Unterpreise vom Absatzmittler (Handel) im Ausland nicht an den Verbraucher weitergegeben; sie bleiben im wesentlichen in den Spannen des dortigen Handels hängen.[7]

An dieser Stelle scheint der Hinweis angebracht, daß der deutsche exportierende Industriebetrieb im Auslandsmarkt auf folgende *Arten von Konkurrenten* stößt:

a) *andere deutsche Hersteller*, die ebenfalls dorthin verkaufen wollen,
b) *deutsche Exporthändler* (oder sonstige deutsche Exportmittler), die dorthin verkaufen wollen,
c) *Hersteller* der Ware in dem betreffenden *Land selbst* (inländisches Produktionsangebot),
d) *Hersteller* in *anderen* Ländern, die dorthin verkaufen wollen,
e) *Exporthändler* in jenen *anderen* Herstellerländern, die als Exportmittler in das Land verkaufen wollen.

[7] Entsprechende Erfahrungen liegen nach neueren Ermittlungen des Instituts für Exportforschung auch im umgekehrten Fall vor: italienische Schuhe, die dem deutschen Schuhhandel oft wesentlich billiger angeboten werden als entsprechende deutsche Schuhe, werden an den deutschen Verbraucher in der Regel keineswegs entsprechend billiger verkauft.

Die Auswirkungen von starken Unterbietungen sind im modernen Exportgeschäft keineswegs nur einmaliger und vorübergehender Art, denn die vollkommene *Beweglichkeit* (Anpassungsfähigkeit) der *kommerziellen Apparatur,* die in der reinen Außenhandelstheorie stillschweigend vorausgesetzt wird, besteht allenfalls im internationalen Rohstoffhandel. Rentable Exportbeziehungen zu einem Land entstehen heute in aller Regel erst nach Jahren der Vorarbeit. Sie sind das Ergebnis erheblicher Investitionen auf lange Sicht. Durch unüberlegte Unterbietungen wird diese jahrelange Arbeit und der damit verbundene Kapitaleinsatz nicht selten in Frage gestellt. Und zwar wird immer wieder berichtet, daß der ausländische Handel (z. B. für Werkzeuge) auf übermäßige Beunruhigung des Marktes durch unvorhersehbare Unterbietungen deutscher Anbieter mit Zurückweisungen reagiert, die sich dann keineswegs auf den einzelnen Anbieter, sondern auf die deutsche Ware schlechthin erstrecken, wobei man darauf hinweist, daß ein derartiges Geschäftsgebaren englischen Anbietern nicht unterlaufe.

3. Zur Frage der Auswirkungen einer *Dumping-Preispolitik* auf den Inlandsmarkt, die in erster Linie der volkswirtschaftlichen Beurteilung unterliegt, seien hier nur drei kurze Anmerkungen gemacht:

Erstens: Die Politik, nach dem Ausland billiger zu verkaufen als nach dem Inland, ist keineswegs auf Kartelle beschränkt. Es ist dies vielmehr ein seit langem vielfach angewandtes Vorgehen der einzelnen (nicht-organisierten) Unternehmungen.

Zweitens: Nicht jedes Dumping muß auf Kosten der Binnenwirtschaft gehen. Insbesondere dann nicht, wenn es nicht auf der ganzen Linie, sondern elektiv gegenüber einem Teil der Auslandsmärkte angewandt wird. Man will dadurch entweder einen geordneten Absatz möglichst erhalten oder aber eine weitere Exportmöglichkeit erschließen. Beide Male geht es somit um wegfallende oder zusätzliche Exportumsätze, also um Grenz(Marginal)umsätze. Wenn durch eine solche Grenzpreispolitik im Export die vorhandene Produktionskapazität des Zweiges besser ausgenützt wird, so fallen bekanntlich durch die Mehrproduktion nur Grenzkosten an, die je Stück unter den Durchschnittskosten liegen. Der zusätzliche Export unter Inlandspreis kann somit durchaus einen Gewinn für die eigene Volkswirtschaft einbringen.

Drittens: Ganz allgemein muß hier bedacht werden, daß der niedrige Exportpreis keineswegs ein Unter-Kosten-Preis zu sein braucht. Er kann vielmehr sehr wohl noch eine Gewinnspanne enthalten. Nur ist diese im Vergleich zum Inlandspreis geringer.

4. Zur etwaigen mittelbaren Auswirkung von Export-*Konditions-Kartellen* auf dem Inlandsmarkt sei lediglich bemerkt, daß die Geschäftsbedingungen im Export sich in der Regel von denjenigen für den Inlandsabsatz aus der Natur der Sache heraus wesentlich unterscheiden müssen und daher

nicht als „Leitbild“ etwa stillschweigend auf das Inlandsgeschäft übertragen werden können.

5. Schließlich entfällt — wie schon früher vermerkt — überall dort, wo das kartellierte *Erzeugnis ausschließlich für Exportzwecke* hergestellt wird, von vornherein eine Beeinflussung des Inlandsmarktes durch unbewußtes Übertragen der für den Export vorgesehenen Preis- und Konditions-Vorstellungen auf das Inlandsgeschäft.

6. Nach einem Beratungsvermerk der 1. Beschlußabteilung des Bundeskartellamtes vom 22. 1. 1959 über den Umfang der im Kartellregister einzutragenden und im Bundesanzeiger bekanntzumachenden Tatsachen bei Exportkartellen nach § 6 Abs. 2 GWB ist die genannte Beschlußabteilung zu folgendem Ergebnis gelangt: „Kartelle nach § 6 Abs. 1 GWB sind weder ins Kartellregister einzutragen noch im Bundesanzeiger bekanntzumachen. Maßgebend für diese Regelung war der Gedanke, daß die am Kartell beteiligten deutschen Wirtschaftskreise bei Bekanntwerden der Existenz des Kartells ausländischen Gegenmaßnahmen (Importkartell, Abbruch oder Beschränkung der geschäftlichen Beziehungen usw.) ausgesetzt sein könnten (amtliche Begründung: ‚keine ungerechtfertigte Erschwerung der deutschen Exportwirtschaft‘).“

Die hiernach unwillkürlich aufkommende Frage, ob dieser Gesichtspunkt für alle Exportkartelle Geltung hat, wird sogleich anschließend wie folgt behandelt: „Es liegen keine Anhaltspunkte vor, daß dieser für Exportkartelle nach § 6 Abs. 1 GWB entwickelte Schutzgedanke etwa nur für diese Kartellart gelten solle. Er greift vielmehr grundsätzlich für alle Exportkartelle, also auch für die nach § 6 Abs. 2 GWB, Platz.“

Hier wird aber eine gewichtige Einschränkung gemacht, durch welche die grundsätzlich begründete Auffassung praktisch wieder aufgehoben wird: „Bei Kartellen nach § 6 Abs. 2 GWB kollidiert aber das genannte Interesse der Exportwirtschaft mit dem schutzwürdigen Interesse derjenigen inländischen Wirtschaftskreise, die dadurch betroffen werden, daß die Exportregelung auch den Verkehr mit Waren oder gewerblichen Leistungen im Inland umfaßt. Die betroffenen inländischen Wirtschaftskreise haben ein Bedürfnis an Information darüber, inwieweit sie von der Kartellregelung berührt werden. Sie haben also nach dem für inländische Kartelle geltenden Publizitätsprinzip Anspruch darauf, sich durch Einsicht ins Kartellregister oder in den Bundesanzeiger darüber informieren zu können, inwieweit das Exportkartell auch ihre Interessen berührt.

„Bei Abwägung der Interessen der Kartellmitglieder an Diskretion gegenüber dem Ausland und der betroffenen inländischen Wirtschaftskreise an Information, hält die Beschlußabteilung das Informationsinteresse der inländischen Wirtschaftskreise für vorrangig.

„Daraus folgt: Soweit das Informationsbedürfnis dem schutzwürdigen

Interesse der Kartellmitglieder vorgeht, muß Eintragung ins Register und Bekanntmachung im Bundesanzeiger erfolgen. Soweit das Informationsbedürfnis der inländischen Wirtschaftskreise aber befriedigt ist, müssen im übrigen die Interessen der Exportkartellmitglieder an einem Schutz gegenüber etwaigen ausländischen Gegenmaßnahmen berücksichtigt werden.

„Es steht daher bei verständiger Auslegung des Gesetzes mit den gesetzlichen Vorschriften im Einklang, wenn nur diejenigen Bestandteile eines unter § 6 Abs. 2 GWB fallenden Kartellvertrages ins Register eingetragen und im Bundesanzeiger veröffentlicht werden, die die Inlandswirkung im Sinne des § 6 Abs 2 GWB betreffen. Alle übrigen Vertragsbestandteile bedürfen weder einer Eintragung noch einer Veröffentlichung."

Es wird also ohne Einschränkung unterstellt, daß bei Kartellen nach § 6 Abs. 2 GWB unter allen Umständen durch die Exportregelung auch der Verkehr mit Waren und gewerblichen Leistungen im *Inland* erfaßt wird.

An späterer Stelle des genannten Beschlusses wird noch ausgeführt: „Nach den obigen Ausführungen ist das Interesse der Kartellmitglieder an Diskretion gegenüber dem Ausland *nur* soweit schutzbedürftig, als nicht das Informationsbedürfnis der inländischen Wirtschaftskreise vorgeht."

Gegen diese Formulierung ist einzuwenden, daß nach den Ausführungen in Absatz 1 das Interesse der Exportkartell-Mitglieder gegenüber dem Ausland *auf jeden Fall schutzbedürftig ist.* Eine andere Frage ist es, ob diesem allgemein anerkannten Schutzbedürfnis stets Rechnung getragen werden kann oder soll. Die zitierten Ausführungen machen besonders deutlich, von welch entscheidender Bedeutung die Frage ist, ob die Regelungen des Exportkartells, die den Exporthandel in der einen oder anderen Art binden, eine Wettbewerbsbeschränkung *im Inlandsmarkt,* eine sogenannte Inlandsbindung, darstellen.

7. Von allen Detailfragen abgesehen, konzentriert sich die Problematik der Bestimmungen des § 6 Abs. 2 des GWB auf die Frage:

1. Ob die einschlägigen Regelungen des Exportkartells eine Bindung des Warenverkehrs *im Inland,* eine Inlandsbindung, darstellen,
2. ob diese Regelungen zur Erreichung des an sich anerkannten Kartellzwecks *notwendig* sind.

Um diese zentrale Frage, die offenbar bisher die meisten Zweifel hervorgerufen hat [8], von Neben- und Sonderfragen möglichst freizuhalten, be-

[8] Siehe dazu Protokoll Nr. 66 des Ausschusses für Wirtschaftspolitik, 21. Ausschuß, 11. 7. 1955. Dort wird zur Frage der Exportkartelle mit Inlandsbindung ausgeführt: „Um sich ein Bild über die Notwendigkeit einer so weitgehenden Ausnahmeregelung zu machen, wird zunächst um eine Erläuterung anhand konkreter Beispiele gebeten, die jedoch weder von Mitgliedern des Ausschusses noch von Vertretern der Regierung vorgetragen werden können. Die Behandlung dieses Problems wird bis zur Vorlage von Beispielen aus der Praxis vertagt."

schränken wir uns auf den Fall der *Preisfestlegung* und schieben andere Arten der Bindung des inländischen Exporthandels auf die Seite. Es dürfte als unbestritten gelten, daß *individuelle* Bindungen der inländischen Exportmittler durch den Hersteller von Exportgütern nicht unter den § 6 2 GWB fallen, seien es nun Preis- oder Spannenbindungen, Bindungen über Absatzgebiete oder über Abnehmerkreise. Auch Regelungen der Hersteller zur Bindung von *Absatzmittlern im Ausland* können außer Betracht bleiben, weil hiervon der Warenverkehr im Inland in keiner Weise berührt wird, und zwar gilt das sowohl für individuelle wie für kollektive Regelungen in diesem Bereich. Unternehmungen oder Unternehmungszusammenschlüsse, die stark genug sind, direkt zu exportieren, d. h. ohne Vermittlung des inländischen Exporthandels, können derartige Bindungen des ausländischen Handels ungehindert durchführen. Kartellregelungen dieser Art fallen — wie im Gutachten *Eichler* festgestellt wird — unter § 6 Abs. 1 GWB, sind also nicht erlaubnisbedürftig. Ferner gilt als geklärt, daß Exportregelungen, die den Handelsverkehr mit *inländischen Kommissionären* betreffen, ebenfalls nicht unter § 6 Abs. 2 GWB fallen.

8. Als wichtigste und zugleich häufigste Begründung für die Berechtigung von Exportkartellen wird die Vermeidung von groben Preisunterbietungen im Auslandsmarkt angesehen. Das kann prinzipiell auf drei Ebenen vorkommen:

I. Die deutschen Hersteller unterbieten sich draußen gegenseitig

II. Die deutschen Exporthändler unterbieten sich draußen gegenseitig, oder sie unterbieten dort die Preise der direkt exportierenden Hersteller

III. Auf den weiteren Stufen des Absatzweges im Ausland sind ebenfalls grobe Unterbietungen denkbar.

Die kartellistische Lösung auf der Stufe I ist das Exportkartell nach § 6 Abs. 1 GWB. Soweit jedoch auch über den inländischen Exporthandel exportiert wird, erscheinen Bindungen des Exporthandels durch das Kartell erforderlich. (Die Möglichkeit, daß der Exporthandel selbst eine gemeinsame Regelung über die im ausländischen Markt zu fordernden Preise trifft, scheidet praktisch im allgemeinen aus.) Hieraus ergibt sich der in § 6 Abs. 2 GWB erfaßte Tatbestand. Über die weitere Möglichkeit, daß die Hersteller gemeinsam auch die Preisbildung auf den weiteren ausländischen Handelsstufen maßgebend beeinflussen (Ebene III), ist kaum etwas bekannt. In der Regel wird der Einfluß des exportierenden Herstellerkartells einfach nicht so weit reichen.

Mit dieser Stufenfolge der Unterbietungsmöglichkeiten ist im gewissen Sinn schon die Frage der Notwendigkeit der Bindung des Exporthandels beantwortet. Man kann aber auch, wie das schon öfter geschehen ist, folgendermaßen argumentieren: Wenn den exportierenden Herstellern gemäß § 6 Abs. 1 GWB ein kollektives Preisverhalten im Auslandsmarkt prinzipiell zugestanden wird, so erscheint es sinnvoll und berechtigt, daß sie Störungen dieses gemeinsamen Marktverhaltens durch Unterangebote der Exporthändler mittels geeigneter Regelungen gegenüber dem Exporthandel entgegentreten.

Sind derartige Regelungen nun echte Inlandsbindungen oder anders formuliert: wird durch solche Regelungen der Wettbewerb im Inlandsmarkt beschränkt? Und zwar in einem so erheblichen Maße beschränkt, daß der Schaden größer ist als der im Auslandsabsatz zu erreichende Nutzen? In rein juristischem Sinne liegen selbstverständlich Regelungen vor, die sich auf das Vertragsverhältnis zu den im Inland ansässigen Exportmittlern beziehen. Die ökonomisch entscheidende Frage ist jedoch, ob durch die Auswirkung dieser Regelung die inländische Wirtschaft, der inländische Markt, beeinflußt und insbesondere beschränkt wird.

Für die rein rechtliche Betrachtung im Sinne des Kaufvertrages ist Abnehmer gleich Abnehmer, ob der Käufer Verwender der Ware oder nur Händler (Wiederverkäufer) ist. Wird an einen Händler im Inland verkauft, so liegt in dieser Hinsicht ein Inlandsgeschäft vor. Der Handel stellt jedoch nur eine Zwischenetappe zwischen Produktion und Verbrauch der Waren dar. Will man wissen, ob ökonomisch auf den Inlandsmarkt oder auf den Auslandsmarkt abgezielt wird, so muß man den weiteren Gang von dieser Zwischenstation zum eigentlichen Destinatär der Ware einbeziehen. Dieser aber hat seinen Sitz, entsprechend der ausdrücklichen Funktion des Exporthändlers, im Ausland. Hersteller und Händler wirken hier zusammen, um einen *Auslandsabschluß* zu bewirken. Beider Erwägungen und Bemühungen richten sich auf einen *Auslands*markt. Ein eigener Markt auf der Etappe des Handels, also in jener Zwischenetappe im Sinne eines „Inlandsmarktes" hätte — für sich gesehen — keinen ökonomischen Sinn. Es gibt keinen eigenen Inlandsmarkt in Exporthandelsgütern. Wenn ein Münchner oder Stuttgarter eine Reise zu Schiff nach Südamerika macht und in diesem Zusammenhang in Hamburg übernachtet, sieht er sich auf einer Auslandsreise, obwohl die erste Station noch im Inland liegt. So, wie sich dieser Reisende von vornherein entsprechend ausgerüstet hat, so wird auch die über den Exporthandel zu exportierende Ware vom Hersteller schon für die besonderen Anforderungen des Empfängerlandes ausgestattet und verpackt, in der Sprache jenes Landes beschriftet oder erläutert und im Hinblick auf die Währungs- und Preisverhältnisse dieses Landes veranschlagt.

Wir müssen hierzu auf den Wandel in der Stellung und in den Funktionen des Exporthandels hinweisen, der im Laufe der letzten 50—60 Jahre eingetreten ist (siehe Teil I, besonders Abschnitte 5 bis 8, Teil II, Abschnitte 1 und 2, Teil III, Abschnitt 2 a/b). *W. Koch* hat, wie wir an früherer Stelle

(Abschnitt II/2) schon ausgeführt haben, das Exportieren in diesem heutigen Sinn geradezu definiert als „Vertrieb von Gütern und Leistungen zur Versorgung ausländischer Märkte". An dieser Versorgung ausländischer Märkte sind bei der unter Mitwirkung des Exporthandels sich vollziehenden Warenausfuhr Hersteller und Händler *zusammen* beteiligt. Sie sind dabei Glied einer von vornherein auf den Auslandsmarkt gerichteten Leistungskette.

Der *Hersteller*, der nicht nur Gelegenheits- oder Zufallsexport treibt, plant diesen Zweig seiner Produktions- und Absatztätigkeit auf lange Sicht, er stellt seinen Fertigungsapparat und seinen Fertigungsplan auf die Eigenarten des Auslandsgeschäftes ein, sorgt für die Schöpfung dafür geeigneter Produkte, gibt ihnen die dem Auslandsbedarf entsprechende Gestalt und Aufmachung und treibt dafür systematische Werbung. Mindestens zum Teil wird er sie auch selbst an ausländische Abnehmer verkaufen (siehe Teil II, Abschnitte 9—12); zu einem anderen Teil kann dies der Exporthandel besorgen. Dabei geht es heute weniger um einmalige, zufällige Exportabschlüsse als um die Herstellung dauerhafter Geschäftsbeziehungen. Bei beiden Exportwegen arbeitet der Hersteller für den Auslandsmarkt und nicht etwa für einen imaginär erscheinenden Inlandsmarkt.

Der *Exporthändler*, der heute ausfuhrgeeignete industrielle Erzeugnisse vertreibt, denkt ebenso in Kategorien des Auslandsmarktes. Die Alternative, das vom Hersteller für Exportzwecke vorbereitete und angebotene Produkt etwa nicht für den Auslandsabsatz zu verwenden, sondern im Inland zu verkaufen und sich damit auf den Inlandsmarkt einzustellen, scheidet für ihn vollkommen aus. Sucht ein Exporthändler wirklich einmal Artikel seines Warenkreises im Inland zu verkaufen, so liegt in aller Regel ein Notgeschäft vor, etwa weil der ausländische Kontrahent zahlungsunfähig geworden ist. Von einem eigenen Inlandsmarkt für Exportgüter kann auch insofern nicht gesprochen werden, als auf dieser Zwischenetappe im allgemeinen keine eigentliche Lagerhaltung im ökonomischen Sinn stattfindet, wie an früherer Stelle dargelegt wurde.

So kann man die heutige Rolle des Exporthandels vielleicht am ehesten als agenten- oder kommissionärartig bezeichnen, wobei diese Ausdrücke nicht im streng juristischen Sinne verstanden werden dürfen. Unter diesen Gesichtspunkten könnte man auch die dem Exporthandel vielfach in Rabattform eingeräumten Spannen als eine Art Provision bzw. Kommission auffassen. Und es entspricht einer solchen Vorstellung ferner durchaus, daß auch andere Bindungen, etwa über Absatzgebiete, Einhaltung bestimmter Konditionen auferlegt werden, wodurch die auf die Auslandsmärkte gerichtete Absatzpolitik von Herstellern und Exportmittlern möglichst zielgerecht und konsequent durchgeführt werden kann. Dort, wo ein Kommissionsverhältnis auch im formalen Sinn vorliegt, steht nach authentischen Interpretationen des § 6 Abs. 2 GWB derartigen Reglementierungen zur Sicherung einer einheitlich ausgerichteten Marketing-Politik im Export nichts im Wege. Erst recht gilt dies für ausgesprochene Vertretungsverhältnisse. In beiden Fällen denkt niemand an einen zwischen Hersteller und Auslandsmarkt liegenden Inlandsmarkt für die Exportwaren. Dabei sind Unterschiede im Ablauf der Dinge beim eigentlichen Kommissions- bzw. Vertretungsverhältnis einerseits und bei Mitwirken des selbständigen Exporthandels andererseits heute vielfach nur noch schwer erkennbar. Nicht selten tritt an Stelle des Exporthandels die Einkaufsniederlassung ausländischer Großunternehmungen und Konzerne, um im inländischen Produktionsgebiet geeignete Exportware bei den Herstellern einzukaufen. Auch dieser Fall unterliegt offensichtlich nicht den Bestimmungen des § 6 Abs. 2 GWB.

Man mag es bedauern, daß der Exporthandel durch die neuere Entwicklung der internationalen Markt- und Absatzgestaltung für industrielle Erzeugnisse mehr und mehr aus einer ursprünglich nach beiden Seiten weithin freien Position eines „königlichen Kaufmanns" zu einer Hilfsrolle im Verhältnis zur industriellen Produktion abgedrängt worden ist. Es wäre aber, auch vom Standpunkt des Exporthandels selbst, kurzsichtig, dies nicht wahrhaben zu wollen. Es sei in diesem Zusammenhang eine neuere Äußerung eines Außenhandelsfachmannes zitiert. *R. Henzler* schreibt in seinem kürzlich (1961) erschienenen Beitrag „Außenhandel/Betriebswirtschaftliche Hauptfragen von Export und Import" zu dem von *E. Gutenberg* hsg. Sammelwerk „Die Wirtschaftswissenschaften" (Wiesbaden), auf Seite 37: „Während beim direkt abgewickelten Außenhandel der Produzent sowohl das Außenhandelsprodukt als auch die Durchführung des Außenhandelsgeschäftes so anpassen kann, wie es die Wettbewerbsverhältnisse erfordern, kann der selbständige Außenhändler im wesentlichen nur im Rahmen der Außenhandelsfunktionen Leistungswettbewerb betreiben. Die Möglichkeiten des Leistungswettbewerbs sind also bei der direkten Form des Außenhandels vielgestaltiger als bei indirekter Abwicklung, und die Produzenten werden von dieser Möglichkeit auch Gebrauch machen, wenn sie in eine Konkurrenzbeziehung zu den selbständigen Außenhandelsbetrieben kommen. Die Verlagerung des Außenhandels vom indirekten auf den direkten Außenhandel beruht weitgehend darauf, daß von seiten der Produzenten Funktionen übernommen werden, die vom selbständigen Außenhändler nicht ausgeübt werden können."

Ist unsere „Agenten"-Theorie stichhaltig — und für weite Bereiche des deutschen Exports, insbesondere von Fertigwaren, dürfte dies der Fall sein —, so verlieren kartellistische Regelungen zur Preisbindung und zur Festlegung von Handelsspannen für den Exporthandel insoweit ihren wettbewerbsbeschränkenden Charakter. Auf Grund seiner geringeren Sachkunde hinsichtlich der einzelnen zu exportierenden Produkte und ihrer Spezialmärkte, ist der Exporthandel vielfach gar nicht in der Lage, für die vielen von ihm vertriebenen Erzeugnisarten jeweils den im Auslandsmarkt angemessenen Preis zu finden. Wird ihm der Preis nicht vorgegeben, so wird er daher in der Regel mit einem schematischen branchenüblichen Handelszuschlag arbeiten.

Insgesamt kann somit gesagt werden, daß für die im deutschen Export besonders bedeutsamen industriellen Fertigwaren zwischen den Herstellern und ihren Exportmittlern (Exporthandel) keine selbständige ökonomische Etappe im Sinne eines eigenen Marktes mit eigenen Gesetzen liegt. Der Exporthandel ist im Rahmen des heutigen marketing-orientierten industriellen Exports — soweit er dabei überhaupt noch eingeschaltet wird — zwar juristisch, nicht aber ökonomisch selbständig, sondern ein helfendes Glied im Absatzprozeß zwischen deutschem Hersteller und ausländischem Verwender. Es ist daher zu bezweifeln, daß Kartellregelungen, die den inländischen Exporthandel in der einen oder anderen Weise binden, als Inlandsregelung angesehen werden können. Jedenfalls können sie angesichts dieser Sachlage keine wesentliche Beschränkung des Wettbewerbs innerhalb des Geltungsbereiches des GWB bewirken.

9. Anders dagegen kann die Lage beim *Spezialexporthandel* der früher gekennzeichneten Art (siehe Abschnitt I/4) sein. Wir haben schon ausgeführt (Abschnitt III/7), daß man es hier vielfach mit Roh- oder Hilfsstoffen in vergleichbaren handelsüblichen Qualitäten zu tun hat, für die ein großer internationaler Markt besteht (Kohle, Eisen, chemische Grundstoffe, Holz, Papier, Zellstoff).

Die auf diesem Felde arbeitenden Außenhandelsfirmen sind keineswegs nur in der *einen* Richtung vom deutschen Hersteller zum ausländischen Verwender tätig wie der sonstige Exporthandel. Sie entscheiden vielmehr je nach Lage, ob sie deutsche oder ausländische Ware kaufen und wohin sie jeweils verkaufen. Dabei kommen auch Verkäufe nach dem Inland vor. Sie können also eine vollhändlerische (arbitrierende) Position zwischen Lieferanten und Abnehmer einnehmen. Daher kann hier auch ein echter Markt zwischen dem deutschen Hersteller und diesen exportierenden Fachhändlern entstehen, ein Markt, an dem als Nachfrager auch der reine Binnenhandel sowie inländische Verarbeiter dieser Grundstoffe beteiligt sein können, zumal hier zwischen Exportware und Inlandsware kein Unterschied besteht, da es sich um Standardqualitäten handelt.

Zur Illustration dieser Sparte von Exporthandel und seiner Marktverhältnisse sei der Fall des Chemikalien-Fachexporteurs aufgrund des Berichtes eines Mitarbeiters des Instituts für Exportforschung aus dem Jahre 1954 geschildert: „Es gibt in Hamburg eine Reihe von Exporthändlern, die sich ausschließlich oder vorwiegend mit dem Export und Import von chemischen

Erzeugnissen befassen. Daneben pflegen sie meist auch das Transitgeschäft. Nur eine Firma beschränkt sich ausschließlich auf den Export von Chemikalien und behauptet, die einzige Firma dieser Art in Hamburg zu sein, während alle anderen gleichzeitig Exporteure und Importeure sind. Das Handelsprogramm dieser Firmen umfaßt prinzipiell alle chemischen Produkte. Einzelne Firmen pflegen bestimmte Warengruppen besonders oder schließen einzelne Warengruppen aus ihrem Sortiment aus. Durchweg beschränken sich die Firmen auf das Geschäft mit allgemein bekannten Chemikalien, da sie nicht in der Lage sind, eine anwendungstechnische Beratung durchzuführen und auch nicht über Personal mit eingehenden Kenntnissen der einzelnen Ware verfügen. Den Absatz erklärungsbedürftiger Erzeugnisse wie auch die Einführung neuer Produkte sehen sie als Aufgabe der Industrie an, mit der sich der Exporteur und Großhändler nicht befassen könne. In Anbetracht des starken Wechsels auf dem Chemiemarkt lehnen sie es auch ab, einzelne Produkte besonders zu pflegen oder sich auf bestimmte Abnehmergruppen besonders zu spezialisieren. Sie schließen ihre Geschäfte vielmehr dort ab, wo sich gerade eine Möglichkeit dazu ergibt. Ein großer Teil ihrer Abschlüsse besteht daher aus einzelnen Gelegenheitsgeschäften, die nicht aus systematischer Marktpflege erwachsen. Sie können deshalb weder als ausgesprochene Verkaufsorgane der anbietenden Industrie, noch als Einkaufsorgane der verarbeitenden Industrie angesehen werden, sondern spielen, wenigstens zu einem erheblichen Teil, die Rolle eines Ausgleichsorgans zwischen Produktion und Bedarf der verschiedenen Länder. Das kommt insbesondere in ihrer wechselnden Tätigkeit als Exporteur und Importeur zum Ausdruck und ist zum Teil in der Unelastizität der chemischen Produktion begründet, die eines internationalen Ausgleichs bedarf."

10. „Man dürfe den deutschen Exporteur rechtlich nicht anders stellen als seine Konkurrenten auf dem Auslandsmarkt. Solange die anderen Länder nicht entsprechende Gesetze hätten, sei gegen eine grundsätzliche Ausnahme von § 1 nichts einzuwenden." (Prof. *Böhm* im Ausschuß für Wirtschaftspolitik des Deutschen Bundestags, 21. Ausschuß, 2. Wahlperiode, Protokoll Nr. 151; 151. Sitzung am 22. 1. 1957, S. 14.)

Dieser Grundsatz der rechtlichen Gleichstellung der deutschen Exportindustrie mit derjenigen anderer Länder dürfte konsequenterweise auch für Kartellregelungen gegenüber dem inländischen Exporthandel gelten. Die Auffassung, daß es sich hierbei jedoch um Wettbewerbsbeschränkungen im Inland handle, kann, wie wir gezeigt haben, nicht a priori und generell vertreten werden. Der Export aller führenden Industrieländer wird heute mehr und mehr nach modernen Marketing-Gesichtspunkten durchgeführt. Dies bedeutet möglichst volle Übersicht des Herstellers über den gesamten Absatzweg bis zum eigentlichen Verwender im Ausland und eine möglichst planmäßige, einheitliche Ausrichtung aller Absatzorgane einschließlich etwaiger Absatzmittler (Exporthandel) auf die Bedarfs- und Konkurrenzverhältnisse in den ausländischen Absatzgebieten. Dazu gehören auch Sicherungsmaßnahmen zur Herbeiführung marktgerechter Angebotspreise im Ausland. Hindert man die deutsche Industrie daran, ihren Export in gleicher Weise wie andere Industrieländer zu betreiben, so schwächt man sie in ihrer Wettbewerbskraft auf den Weltmärkten. Durch überspitzte Vorstellungen von Wettbewerbsfreiheit im Inland würde somit die Wettbewerbsfähigkeit der Industrie im Ausland beeinträchtigt werden.

Von einer zu engen Auslegung des § 6 Abs. 2 GWB werden insbesondere die kleinen und mittleren Betriebe eines Exportkartells betroffen. Denn sie sind es in erster Linie, die auf Mitwirkung des Exporthandels angewiesen sind, während die großen Unternehmungen und Konzerne in überwiegendem Maße und in zunehmendem Umfang direkt exportieren. Die Deutung der Kartellregelungen gegenüber dem Exporthandel als Inlandsbindung erscheint für weite Teile des deutschen Exports nicht nur sachlich angreifbar, sie wirkt auch ungerecht, weil sie sich faktisch vor allem gegen die kleineren Unternehmungen auswirkt, die nicht in der Lage sind, direkt, also ohne Mitwirkung des Exporthandels, zu exportieren.

Im übrigen wird dadurch der Prozeß der Zurückdrängung des selbständigen Exporthandels eher noch beschleunigt, sei es, daß die betroffenen Hersteller organisatorische Lösungen suchen, die den Exporthandel entbehrlich machen, oder daß der Exporthandel auch im formellen Sinne zum Kommissionär oder Agenten wird.

Exportkartelle und Gesetz gegen Wettbewerbsbeschränkungen

Ein volkswirtschaftliches Gutachten

Dr. Erich Hoppmann
o. Prof. der Volkswirtschaftslehre
an der Philipps-Universität Marburg

Übersicht

Vorbemerkung[1]

Der § 6 GWB ermöglicht eine Freistellung vom allgemeinen Kartellverbot des § 1 GWB. Die Freistellung setzt voraus, daß überhaupt Kartellverträge oder -beschlüsse im Sinne des § 1 GWB (im folgenden als „Kartellvereinbarungen" oder kurz als „Kartelle" bezeichnet) vorliegen. Die Überprüfung dieser Voraussetzung ist jedoch nicht Gegenstand dieses Gutachtens.

Dem Wortlaut nach befaßt sich der § 6 GWB mit Kartellvereinbarungen, die folgende zusätzlichen Merkmale aufweisen:

1. sie müssen die „Regelung des Wettbewerbs auf Märkten außerhalb des Geltungsbereichs dieses Gesetzes" zum Gegenstand haben. (Sie sollen im folgenden „Exportkartelle" genannt werden.) Was „Märkte außerhalb des Geltungsbereichs dieses Gesetzes" (im folgenden „Auslandsmärkte" bezeichnet) sind, ist nicht Gegenstand dieses volkswirtschaftlichen Gutachtens.
2. sie müssen „der Sicherung und Förderung der Ausfuhr dienen". Exportkartelle, die diese zusätzliche Bedingung erfüllen, sollen im folgenden „Exportkartelle (bzw. Kartelle) im Sinne des § 6 GWB" bezeichnet werden.

Bereits in der Entstehungszeit des Gesetzes ist die Bezeichnung „Exportkartell" auch für die „Kartelle im Sinne des § 6 GWB" üblich geworden. Sie findet sich auch in der Literatur, in Kommentaren als Überschrift des § 6 GWB und in den Bekanntmachungen des Bundeskartellamtes. Dieser Sprachgebrauch darf aber nicht darüber täuschen, daß Exportkartelle und „Kartelle im Sinne des § 6 GWB" nicht identisch sind, wie auch das Gesetz selbst den Terminus Exportkartell vermeidet. Es gibt Exportkartelle, d. h. Kartelle zur Regelung des Wettbewerbs auf Auslandsmärkten, die volkswirtschaftlich nicht „der Sicherung und Förderung der Ausfuhr dienen". Sie sind nicht „Kartelle im Sinne des § 6 GWB", auch wenn sie umfangreiche Exportgeschäfte tätigen sollten. Exportkartelle des § 6 GWB sind Exportkartelle sui generis, es ist deshalb zweckmäßig, sie durch einen erläuternden Zusatz jeweils kenntlich zu machen.

[1] Ursprünglich war eine Veröffentlichung dieses für das Bundeskartellamt verfaßten Gutachtens nicht vorgesehen. Deshalb hatte der Verfasser bereits während der Erarbeitung des volkswirtschaftlichen Gutachtens einige Thesen zur wissenschaftlichen Diskussion gestellt, und zwar in folgenden Beiträgen:

Aufgabe dieses Gutachtens ist es, eine volkswirtschaftliche Typologie der „Exportkartelle" zu erarbeiten, mit deren Hilfe die Beurteilung eines jeweils konkreten einzelnen Falles im Hinblick auf § 6 GWB erleichtert werden kann. Die Kriterien für eine solche volkswirtschaftliche Typenbildung müssen sich jedoch aus dem volkswirtschaftlichen Inhalt des § 6 GWB ergeben. Der § 6 GWB enthält aber „neue Tatbestände" des Wirtschaftslebens, die einer vorgeformten Rechtsbezeichnung entbehren, so daß es sich um eine „Anwendung von Begriffen handelt, die ihren Inhalt aus einer der juristischen Auffassung vorgegebenen Disziplin empfangen." [1a] Deshalb werden zunächst im Teil I des Gutachtens die neuen Begriffe des § 6 GWB mit volkswirtschaftlichem Inhalt versehen. Im Teil II des Gutachtens werden Exportkartelle, wie sie sich unter typischen volkswirtschaftlichen Voraussetzungen bilden oder bilden können, daraufhin überprüft, wie sie im Hinblick auf § 6 GWB volkswirtschaftlich zu beurteilen sind.

Fortsetzung der Fußnote 1

Wettbewerbspolitik und Exportkartelle, Jahrbücher für Nationalökonomie und Statistik, Band 173 (1961), S. 343—382. (Im folgenden zitiert: „Wettbewerbspolitik").

Der volkswirtschaftliche Inhalt der Ausnahmeregelung für Exportkartelle im „Gesetz gegen Wettbewerbsbeschränkungen", Jahrbuch für Sozialwissenschaft, Band 11 (1960), S. 298—330. (Im folgenden zitiert: „Ausnahmeregelung").

Die Anwendung des Territorialitätsprinzips auf reine Exportkartelle im GWB als volkswirtschaftliches Problem, in: Festschrift der Rechts- und Staatswissenschaftlichen Fakultät der Universität Würzburg für Hermann Nottarp, Herausgeber: Paul Mikat, Karlsruhe 1961, S. 291—302. (Im folgenden zitiert: „Territorialitätsprinzip").

Aus diesen drei Diskussionsbeiträgen sind wesentliche Bestandteile in das volkswirtschaftliche Gutachten eingegangen.
Das Bundeskartellamt genehmigte später eine Veröffentlichung der gesamten Gutachten in der Fassung, in der sie ihm vorgelegen haben. In dem hier der Veröffentlichung übergebenen volkswirtschaftlichen Gutachten finden sich deshalb mehrfach teils wörtliche, teils sinngemäße Wiederholungen aus den vorstehend genannten drei Diskussionsbeiträgen des Verfassers. Im Interesse der Geschlossenheit und Ausgewogenheit der Gesamtveröffentlichung wurden sie aber in Kauf genommen und in Anmerkungen jeweils unter Verwendung des Hinweises „vgl." kenntlich gemacht.
Sofern sich an einigen Stellen dieses volkswirtschaftlichen Gutachtens Auffassungsunterschiede zu dem vorhergehenden betriebswirtschaftlich-absatzwirtschaftlichen oder dem folgenden rechtswissenschaftlichen Gutachten ergaben, wurde durch eine Fußnote darauf hingewiesen.

[1a] Schriftlicher Bericht des Ausschusses für Wirtschaftspolitik (21. Ausschuß) über den Entwurf eines Gesetzes gegen Wettbewerbsbeschränkungen, Deutscher Bundestag, 2. Wahlperiode, zu Drucksache 3644, Generalbericht I E (III). (zit. Bericht des BT-Ausschusses für Wirtschaftspolitik.)

TEIL I
Der volkswirtschaftliche Inhalt des § 6 GWB

Kapitel A
Der volkswirtschaftliche Sinn und Zweck der Ausnahmeregelung des § 6 GWB

Exportkartelle, d. h. Kartelle zur Regelung des Wettbewerbs auf Auslandsmärkten, werden dann von § 6 GWB erfaßt, wenn sie die weitere Eigenschaft haben, der „Sicherung und Förderung der Ausfuhr zu dienen". Als „neuer Tatbestand" eines wirtschaftspolitischen Ordnungsgesetzes muß dieses Begriffsmerkmal mit volkswirtschaftlichem Inhalt versehen werden.[2] Dazu muß zunächst auf den volkswirtschaftlichen Sinn und Zweck des § 6 GWB Bezug genommen werden.

In der Begründung zum Regierungsentwurf heißt es: Das „Gesetz soll die Freiheit des Wettbewerbs sicherstellen und wirtschaftliche Macht da beseitigen, wo sie die Wirksamkeit des Wettbewerbs und die ihm innewohnenden Tendenzen zur Leistungssteigerung beeinträchtigt und die bestmögliche Versorgung der Verbraucher in Frage stellt."[3] Unmittelbarer Zweck des GWB ist es demnach, den „Wettbewerb" zu schützen. Eine Legaldefinition des „Wettbewerbs" als des Schutzobjekts des Gesetzes ist jedoch nicht versucht worden.[4] Der Wettbewerbsbegriff des GWB muß deshalb seinen Inhalt aus Sinn und Zweck des Gesetzes empfangen. Die wirtschaftspolitische Zielsetzung des Gesetzes ist eine doppelte:

a) die „Freiheit" des Wettbewerbs sicherzustellen und „wirtschaftliche Macht" zu beseitigen,
b) „Leistungssteigerung und bestmögliche Versorgung der Verbraucher" zu gewährleisten.

Dabei ging der Gesetzgeber von den „durch die wirtschaftswissenschaftliche Forschung erhärteten wirtschaftspolitischen Erfahrungen aus, daß die Wettbewerbswirtschaft die ökonomischste (vgl. b) und zugleich demokra-

[2] Bericht des BT-Ausschusses für Wirtschaftspolitik, Generalbericht, I E (III).
[3] Begründung zu dem Entwurf eines Gesetzes gegen Wettbewerbsbeschränkungen (Anlage 1 zu Bundestagsdrucksache 1158, Deutscher Bundestag, 2. Wahlperiode), Kapitel A, I. (zit. Begründung zum Regierungsentwurf.)
[4] Bericht des BT-Ausschusses für Wirtschaftspolitik, I E (III).

tischste (vgl. a) Form der Wirtschaftsordnung ist".[5] Der Wettbewerb soll also als Mittel eingesetzt werden, die genannten wirtschaftspolitischen Ziele zu erreichen.[5a] Schutzobjekt des GWB ist demnach nicht Wettbewerb in irgendeinem universalen Sinne, sondern nur der auch zur Leistungssteigerung und bestmöglichen Versorgung der Verbraucher führende Wettbewerb.

Durch § 6 GWB werden bestimmte Exportkartelle vom allgemeinen Kartellverbot freigestellt, so daß ein „Ausnahmebereich" entsteht, für den die allgemeine Wettbewerbsregel nicht gilt. Solche Ausnahmebereiche, in denen der Wettbewerb nicht geschützt werden soll, können aus zwei verschiedenen Gründen geschaffen werden:

1. Es sollen in diesem Bereich andere Ziele angestrebt werden, die mit den wettbewerbspolitischen Zielsetzungen (wirtschaftliche Freiheit, Leistungssteigerung und bestmögliche Versorgung der Verbraucher) nicht konform sind. (Politischer Ausnahmebereich.)
2. Ein funktionsfähiger Wettbewerb ist in diesem Bereich unmöglich. Um aber auch hier die wettbewerbspolitischen Ziele (wirtschaftliche Freiheit, Leistungssteigerung und bestmögliche Versorgung der Verbraucher) zu erreichen, muß der Wettbewerb durch eine andere „Ordnung" ersetzt werden. („Echter" Ausnahmebereich.)

Die Interpretation der Absichten des Gesetzgebers scheint in diesem Fall nicht problematisch zu sein. Denn die Ausnahme deutscher Exportunternehmungen vom allgemeinen Kartellverbot wird in der „Begründung zum Regierungsentwurf" im Kapitel „Wirtschaftsbereiche mit unvollständigem Wettbewerb" — das sind Wirtschaftsgebiete, „in denen die gesetzliche Erzwingung des freien Wettbewerbs wegen des Fehlens der obenerwähnten Voraussetzungen der vollständigen Konkurrenz undurchführbar ist" — begründet. Dabei findet sich zur Ausnahme des § 6 GWB folgender einziger Satz: „Schließlich müssen Ausnahmen von dem gesetzlichen Verbot von Wettbewerbsbeschränkungen vorgenommen werden, wo es sich darum handelt, mit Unternehmen des Auslands, die diesem Gesetz nicht unterliegen, in einen erfolgreichen Wettbewerb zu treten." [6] Wenn der Gesetzgeber eine Ausnahme deutscher Exportunternehmen von der allgemeinen Wettbewerbsregel zugelassen hat, so wollte er offenbar keine Ausnahme von den wettbewerbspolitischen Zielsetzungen (wirtschaftliche Freiheit, Leistungssteigerung und bestmögliche Versorgung der Verbraucher) machen. Die

[5] Begründung zum Regierungsentwurf, A I. Die Verweisungen in Klammern sind die des Verf.

[5a] Die Frage nach der Rangordnung und der Konfliktsmöglichkeit beider Zielsetzungen wurde vom Verf. näher untersucht in: Ausnahmeregelung, aaO., S. 300—304.

[6] Begründung zum Regierungsentwurf, A VI.

„Ausnahme" soll vielmehr ein Mittel sein, diese Ziele möglichst auch dort zu verwirklichen, wo der Wettbewerb als Mittel nicht eingesetzt werden kann. Der § 6 GWB kennzeichnet also keinen „politischen", sondern einen „echten" Ausnahmebereich.

In der wirtschaftspolitischen Praxis pflegt man sehr häufig noch eine dritte dieser Art von Ausnahmebereichen zu unterscheiden. Ein funktionsfähiger Wettbewerb könne zwar in der Regel die ihm zugedachten Aufgaben erfüllen. In gewissen Bereichen jedoch sei er nicht in der Lage, einzelne der wettbewerbspolitischen Ziele zu realisieren. Hier sei deshalb eine „Ausnahme" erforderlich, und zwar auch dann, wenn hier die Herstellung eines funktionsfähigen Wettbewerbs möglich ist. (Man könnte ihn deshalb als „unechten" Ausnahmebereich bezeichnen.) Im Interesse eines anderen vordringlicheren „Schutzbereichs" dürfe der Wettbewerb in diesem Wirtschaftsgebiet dann nicht mehr geschützt werden. Diese Auffassung findet sich auch im Hinblick auf den § 6 GWB. Der Gesetzgeber hat nach der hier gegebenen Interpretation eine solche Auffassung allerdings nicht vertreten. Denn wenn er der Ansicht war, daß die Freiheit des Wettbewerbs Leistungssteigerung und bestmögliche Versorgung der Verbraucher gewährleistet, so unterschied er dabei nicht zwischen Wettbewerb auf Auslandsmärkten und auf Inlandsmärkten. Da aber die Auffassung des Gesetzgebers irrig sein könnte, bedarf es der Überprüfung, ob der Wettbewerb auf Auslandsmärkten im Widerspruch zu den wirtschaftspolitischen Zielsetzungen des GWB steht, so daß insofern der Wettbewerb auf Auslandsmärkten nicht schutzwürdig ist.[7]

1. Sicherung eines anderen Schutzbereichs? [7a]

Bei dieser Auffassung lassen sich zwei verschiedene Begründungen unterscheiden. Im Exportbereich sei der Wettbewerb nicht in der Lage, das volkswirtschaftliche Devisenaufkommen zu sichern („Devisenbeschaffungsargument")[8] oder bzw. und die für eine Volkswirtschaft günstigsten Exportpreise zu erzielen („Exportpreisargument"). Beide Begründungen laufen

[7] Zur Frage, ob und wieweit der Wettbewerb auf Auslandsmärkten durch das GWB geschützt wird, vgl. weiter unten Kapitel B, 1 und Kapitel C, 2.

[7a] Vgl. Wettbewerbspolitik, aaO., S. 348—350.

[8] *Meyer-Wegelin*, Gemeinschaftskommentar, § 6, Anm. 15: „Die Regelung des Wettbewerbs auf Auslandsmärkten führt wirtschaftlich zu einem anderen Schutzbereich, nämlich zur Sicherung des Devisenaufkommens." Ferner: Präsident *Berg* zur Wiederaufnahme der Kartellgesetz-Beratungen, WuW 1953, Seite 709: „Millionen Devisen gehen jährlich dadurch verloren, daß es den deutschen Ausführern nach den bestehenden Gesetzen nicht gestattet ist, über die Einhaltung eines angemessenen Exportpreisniveaus Vereinbarungen zu treffen."

darauf hinaus, daß der Wettbewerb auf Auslandsmärkten insofern das Ziel einer bestmöglichen Versorgung der Verbraucher nicht realisieren könne. Durch § 6 GWB würden deshalb das volkswirtschaftliche Devisenaufkommen bzw. die deutschen Exportpreise geschützt.

a) Das Devisenaufkommen

Dieses Argument impliziert die These, daß der ökonomische Zweck der Ausfuhr in der Sicherung des Devisenaufkommens einer Volkswirtschaft bestehe. Nun trifft es zwar zu, daß durch die Ausfuhr jeweils ein bestimmtes Devisenaufkommen erlöst wird, aber daraus läßt sich nicht folgern, daß die Sicherung eines bestimmten Devisenaufkommens die volkswirtschaftliche Aufgabe der Ausfuhr sei. Sicherlich bedeuten Devisen isoliert für sich betrachtet, daß die Volkswirtschaft durch die mit ihrer Hilfe importierten Güter ihre Güterversorgung verbessern kann. Aber dabei übersieht man, daß gleichzeitig die Güterversorgung durch die zur Devisenbeschaffung exportierten Güter — und zwar im gleichen Wert — verringert wird. (Durch internationale Kapitalübertragungen wird dieser Sachverhalt modifiziert, er wird aber grundsätzlich kein anderer.) Das Devisenbeschaffungsargument ist also ausgesprochen primitiv. Vor allem übersieht es, daß die Größe des Devisenaufkommens auch bei einem funktionsfähigen Wettbewerb auf Auslandsmärkten durch eine Unterbewertung der heimischen Währung gesteigert werden kann, daß also die Größe des Devisenaufkommens vor allem davon abhängt, wie die Devisenkursbildung erfolgt. Wenn die Devisenmärkte als Wettbewerbsmärkte organisiert sind, kann sich keine Devisenknappheit ergeben. Der Wettbewerb im Exportbereich verhindert also nicht die „Sicherung des Devisenaufkommens". Andererseits würde auch durch eine Beseitigung des Wettbewerbs keine Sicherung des Devisenaufkommens erreicht, solange die heimische Währung überbewertet ist. Es stellt sich somit das Devisenbeschaffungsargument als prinzipiell verfehlt heraus. Der § 6 GWB dient also weder dazu, eine verfehlte Wechselkurspolitik zu kompensieren, noch wäre er dazu geeignet.

b) Die Exportpreise (Terms of Trade)

Dieses Argument geht davon aus, daß durch Beschränkung eines auf Auslandsmärkten bestehenden Wettbewerbs, die Preise der heimischen Exporterzeugnisse verbessert werden. Das ist aber unter Wettbewerbsbedingungen nur möglich, wenn gleichzeitig eine relative Restriktion der Exportmenge vorgenommen wird. (Eine durch Restriktion der Exportmenge hervorgerufene Erhöhung der Exportpreise eines Erzeugnisses führt allerdings nur dann zu einer Steigerung seiner Exporterlöse, wenn die Preiselastizität der

Auslandsnachfrage für das betreffende Exporterzeugnis kleiner als 1 ist. Sofern diese Nachfrageelastizität kurzfristig oder langfristig gleich oder größer als 1 ist, ist das Exportpreisargument von vornherein verfehlt.) Das „Exportpreisargument“ stellt sich somit als eine moderne Variante des gegen die Freihandelspolitik gerichteten „Terms of Trade Argument“ dar. Dieses geht von dem Sachverhalt aus, daß sich unter Voraussetzung der Wettbewerbspreisbildung eine größtmögliche internationale Arbeitsteilung ergibt und damit eine größtmögliche Güterversorgung der am internationalen Austausch beteiligten Nationen. Diese größtmögliche Güterversorgung vom Standpunkt der Welt als Ganzes bedeutet aber nicht notwendigerweise auch die größtmögliche Güterversorgung für jedes einzelne Land. Unter ganz bestimmten Umständen kann es einem Land möglich sein, die terms of trade durch eine wirtschaftspolitisch erzwungene Verhinderung der größtmöglichen internationalen Arbeitsteilung so stark zu seinen Gunsten zu verbessern, daß es *für sich* die volkswirtschaftliche Güterversorgung dadurch vergrößert. Eine größtmögliche Intensität der weltwirtschaftlichen Arbeitsteilung kann also unter bestimmten Umständen im Widerspruch zur größtmöglichen Güterversorgung eines Landes stehen.[9] Wenn ein solcher Fall gegeben ist, dann muß sich die staatliche Wirtschaftspolitik entscheiden, ob sie einer größtmöglichen internationalen Arbeitsteilung oder einer größtmöglichen (nationalen) Güterversorgung den Vorrang geben will. Im ersten Fall ist der Wettbewerb im Exportbereich zur Verwirklichung der Zielsetzung notwendig. Im zweiten Fall muß die größtmögliche Intensität der internationalen Arbeitsteilung verhindert werden, indem die Politik des „Freihandels“ aufgegeben wird. Hier schließt sich nun das „Exportpreisargument“ an. Da einerseits das GWB eine „bestmögliche Versorgung der Verbraucher“ gewährleisten will, anderseits aber der Wettbewerb auf Auslandsmärkten nicht unter allen Umständen zu einer größtmöglichen Güterversorgung führe, habe die Ausnahme des § 6 GWB den Zweck, die „Exportpreise“ als einen dringlicheren Schutzbereich zu sichern.

9 Das Ausmaß der Vorteile und Nachteile, die sich durch eine Export- bzw. Importrestriktion ergeben, hängt ab von

a) den ausländischen Gegenmaßnahmen
b) der Preiselastizität der ausländischen Nachfrage nach heimischen Exportgütern
c) der Preiselastizität des ausländischen Angebots an Importgütern
d) der Nachfragestruktur im Inland und von
e) den Produktionsfunktionen im Inland, da diese die inländischen Transformationsfunktion bestimmen.

Es läßt sich zeigen, wie groß unter verschiedenen Umständen die optimalen Export- bzw. Importrestriktionen sind, die im Inland zu einer maximalen Güterversorgung führen. Dieses Problem liegt jedoch außerhalb der Fragestellung dieses Gutachtens. (Vgl. dazu vor allem *James Edward Meade*, A Geometry of International Trade, London (Allen & Unwin) 1952.)

Zu dieser Argumentation ist zunächst festzustellen, daß sie nicht „generell“ den Exportbereich als Ausnahmebereich begründet. Vielmehr befaßt sie sich nur mit einzelnen speziellen Fällen.[9a] Sofern ein solcher Fall gegeben ist[10], trifft es zu, daß durch die Schaffung eines Exportkartells die terms of trade durch Angebotsrestriktion dieses Kartells so weit verbessert werden können, daß eine Vergrößerung der nationalen Güterversorgung eintritt. Dieser Tatbestand ist aber noch nicht hinreichend, einen Ausnahmebereich zu begründen. Denn die Schaffung eines Exportkartells widerspricht auch noch der anderen wirtschaftspolitischen Zielsetzung des GWB, Leistungssteigerung durch Sicherstellung wirtschaftlicher Freiheit zu gewährleisten. Deshalb ergibt sich die Frage, ob in einem solchen Fall das Verhindern der größtmöglichen Intensität internationaler Arbeitsteilung möglich ist, ohne den Wettbewerb im Exportbereich zu beschränken. Das ist aber — wie sich leicht zeigen läßt — auch durch andere außenhandelspolitische Maßnahmen (etwa Import- oder Exportzölle) möglich. Wenn also eine Volkswirtschaft, in der die Voraussetzungen für einen solchen Fall gegeben sind, die größtmögliche Intensität der internationalen Arbeitsteilung im Interesse einer Vergrößerung der (nationalen) Güterversorgung verhindern will, dann ist sie nicht gezwungen, das durch Beseitigung des Wettbewerbs im Exportbereich zu tun. Der Wettbewerb im Exportbereich steht — selbst in diesem Falle — nicht im Widerspruch zur Zielsetzung einer größtmöglichen (nationalen) Güterversorgung. Der Gesetzgeber befand sich also nicht in einem Irrtum, wenn er davon ausging, daß auch auf Auslandsmärkten der Wettbewerb ein geeignetes Mittel sei, Leistungssteigerungen und bestmögliche Versorgung der Verbraucher zu gewährleisten. Das „Exportpreisargument“ ist demnach verfehlt.

2. *Ordnung von Wirtschaftsbereichen mit unvollständigem Wettbewerb*[10a]

Nach der Absicht des Gesetzgebers soll der § 6 GWB Kartellvereinbarungen deutscher Exportunternehmen auf solchen Auslandsmärkten ermöglichen, auf denen wegen Wettbewerbsbeschränkungen durch ausländische Unternehmungen kein funktionsfähiger Wettbewerb vorliegt. Sofern auf Aus-

[9a] Solche „speziellen“ Fälle sind wohl auch im betriebswirtschaftlich-absatzwirtschaftlichen Gutachten gemeint, wenn es heißt: „Eine starke (sic!) gegenseitige Unterbietung der deutschen Anbieter im Ausland geht zu Lasten der nationalen Volkswirtschaft...“ (Vgl. *Erich Schäfer*, supra, S. 64).

[10] Die gleichen Voraussetzungen, unter denen ein Zoll in der Lage ist, die nationale Güterversorgung durch Einschränkung der internationalen Arbeitsteilung zu erhöhen, müssen auch hier erfüllt sein.

[10a] Vgl. Ausnahmeregelung, aaO., S. 307 und 308; zu a) und b) vgl. Wettbewerbspolitik, aaO., S. 351 und 352.

landsmärkten Wettbewerb vorliegt oder durch eine internationale (universale oder regionale) Kartellpolitik realisiert ist, hat der Gesetzgeber keinen Grund, deutsche Exportunternehmen von der allgemeinen Wettbewerbsregel freizustellen.[11] Ein besonderer Schutzbereich „Devisenaufkommen" oder „Exportpreise", der vom Standpunkt der wirtschaftspolitischen Zielsetzung des Gesetzes im Widerspruch zu einem funktionsfähigen Wettbewerb auf Auslandsmärkten stünde, läßt sich volkswirtschaftlich nicht begründen. Eine solche Schaffung entsprach nicht den Absichten des Gesetzgebers. Sinn und Zweck des § 6 GWB ist es somit, deutsche Exportunternehmen in die Lage zu versetzen, auf Auslandsmärkten vorhandenen Wettbewerbsbeschränkungen entgegenzutreten. Wettbewerbsbeschränkungen auf Auslandsmärkten widersprechen der wirtschaftspolitischen Zielsetzung, Leistungssteigerung und bestmögliche Versorgung der Verbraucher zu verwirklichen. Da auf Auslandsmärkten eine aus dort vorhandenen Wettbewerbsbeschränkungen resultierende wirtschaftliche Macht durch das GWB nicht beseitigt werden kann, sollen deutsche Exportunternehmen wenigstens nicht durch das GWB daran gehindert werden, sich selbst gegen diese Macht dadurch zu verteidigen, daß sie den Wettbewerb unter sich beschränken.

Drei Gruppen gibt es, durch die deutsche Exporteure auf Auslandsmärkten in der Freiheit des Wettbewerbs beschränkt werden können: ausländische monopolistische Konkurrenten, ausländische monopsonistische Nachfrager und deutsche monopolistische Konkurrenten. Die Absicht des Gesetzgebers, deutschen Exporteuren Wettbewerbsbeschränkungen zu „Verteidigungszwecken" zu erlauben, bezieht sich auf den ersten und zweiten Fall. Dagegen hat der Gesetzgeber Wettbewerbsbeschränkungen deutscher Exportunternehmen zur Verteidigung gegenüber anderen deutschen monopolistischen Konkurrenten bei der Formulierung des § 6 GWB nicht im Auge gehabt.[12] Das läßt sich nur so interpretieren, daß der Gesetzgeber Wettbewerbsbeschränkungen auf Auslandsmärkten durch deutsche Exportunternehmen nicht zu erlauben beabsichtigte, wenn und insofern dadurch andere deutsche Exportunternehmen in der Freiheit des Wettbewerbs beschränkt werden. Wenn solche Wettbewerbsbeschränkungen deutscher Exportunter-

[11] Deshalb ist die Freistellung der „reinen" Exportkartelle im § 12 Abs. 1 Nr. 2 GWB und der Exportkartelle mit Ausdehnung auf das Inland im § 6 Abs. 3 Nr. 1 GWB ausdrücklich begrenzt auf Fälle, in denen eine internationale Kartellpolitik noch nicht realisiert ist. („Reine" Exportkartelle sind solche des § 6 I, Exportkartelle mit Inlandsausdehnung solche des § 6 II GWB. Zum Problem der Inlandsausdehnung siehe S. 112 f.)

[12] Vgl. Begründung zum Regierungsentwurf, zu § 5 Nr. 1. Es werden hier zwei Gründe angeführt. Im ersten Absatz werden ausländische monopolistische Anbieter genannt. Der zweite Absatz ist nicht sehr deutlich, es kann eine ausländische monopsonistische Ausbeutung gemeint sein oder eine Unvollkommenheit des Auslandsmarktes aus absatzwirtschaftlichen Gründen.

nehmungen nicht erlaubt sind, dann sind „Defensivmaßnahmen“ anderer deutscher Exportunternehmen gegenüber diesen nicht erforderlich.

Die auf Auslandsmärkten wirksamen Wettbewerbsbeschränkungen können verschiedenartig sein. Sie lassen sich nach ihrer Verursachung in zwei typische Formen unterscheiden:

a) ausländische monopolistische Marktpartner

Bei ausländischen monopolistischen Marktpartnern kann es sich zunächst um *konkurrierende Anbieter* handeln. Das Auftreten von ausländischen Kartellen, Konzernen oder Staatshandelsmonopolgesellschaften als Konkurrenten führt noch nicht eo ipso dazu, daß die isoliert auftretenden heimischen Anbieter unterlegen sind und der Wettbewerb „ruinös“ wird. Das kann erst eintreten, wenn jene „marktbeherrschend“ sind. Aber auch dann ist noch keine Notwendigkeit dafür gegeben, daß der Wettbewerb für heimische Exportunternehmen auf Auslandsmärkten volkswirtschaftlich funktionsunfähig wird. Denn handelt es sich um eine Vielzahl heimischer Exportunternehmen mit relativ geringem Marktanteil, so werden sie als „Mitläufer“ der ausländischen Preisführer möglicherweise an den Auslandsmärkten „geduldet“. In diesem Fall ist das Vorhandensein großer Konkurrenten an den Auslandsmärkten für die heimischen Exportunternehmen noch kein Nachteil. Im klassischen Fall der „Preisführerschaft“ erlösen die „Mitläufer“ einen höheren Preis und setzen eine größere Menge ab als bei Wettbewerb. Erst dann, wenn die deutschen Mitläufer nicht mehr „geduldet“ werden, kann es dazu kommen, daß die marktbeherrschenden ausländischen Konkurrenten zu diskriminierendem Verhalten übergehen, um den Absatz heimischer Exportunternehmen zu behindern. Erst dann ist der Wettbewerb im Exportbereich nicht mehr „funktionsfähig“.

Ferner können ausländische monopolistische Marktpartner in Form von *monopsonistischen Nachfragern* auftreten. Auch hier ist festzuhalten, daß das bloße Vorhandensein von staatlichen Einfuhrmonopolen, Nachfragekartellen oder Konzernen noch nicht dazu führt, daß die heimischen Exportunternehmen monopsonistisch „ausgebeutet“ werden. Das ist erst dann der Fall, wenn erstere auf dem betreffenden Markt eine „marktbeherrschende“ Stellung haben (also etwa eine monopsonistische Preisdifferenzierung durchführen).

b) Absatzwirtschaftliche Faktoren

Hier handelt es sich um Faktoren absatzwirtschaftlicher Art, die die Funktionsfähigkeit des Wettbewerbs auf Auslandsmärkten zum Nachteil mittlerer und kleiner Exportgüterproduzenten einschränken können. Fertigfabrikate und Halbfabrikate höheren Veredelungsgrades sind im allgemeinen „heterogene" Güter, d. h., die für einen bestimmten Verwendungszweck geeigneten Güter können in einzelnen Eigenschaften oder in bestimmten Einzelheiten differieren. Solche heterogenen Güter verschiedener Provenienz haben an den Weltmärkten unterschiedliche Preise. Auf den Auslandsmärkten pflegen sie billiger zu sein als auf dem heimischen Markt, weil hier in der Regel wegen der besseren Geeignetheit, größeren Beliebtheit und Bekanntheit Präferenzen für die heimischen Erzeugnisse vorhanden sind.[13] Der Wettbewerbsnachteil auf Auslandsmärkten ist aber um so größer, je weniger das Erzeugnis einer bestimmten Exportunternehmung im Ausland bekannt ist, so daß kleine und mittlere Exportunternehmungen häufig gegenüber größeren benachteiligt sind.

Ein weiterer Fall kann vorliegen, wenn die optimale Größe der Export-Absatzorganisation relativ groß ist. Man muß dann zwischen zwei Arten von Erzeugnissen unterscheiden; Erzeugnisse, die über Exporthändler abgesetzt werden können (Erzeugnisse des „indirekten" Exports), und Erzeugnisse, die von Exportgüterproduzenten nur unmittelbar abgesetzt werden können (Erzeugnisse des „direkten" Exports).[14] Bei Erzeugnissen des „indirekten" Exports ergibt sich kein besonderes Problem, da sich unter Wettbewerbsbedingungen im Bereich der Export-Absatzorganisation, also im Bereich des Export-Handels, die optimale Betriebsgröße realisieren könnte. Bei Erzeugnissen des direkten Exports wären aber die kleinen und mittleren Exportgüterproduzenten gegenüber größeren Produzenten absatzwirtschaftlich unterlegen, selbst wenn sie im Vergleich zu ihnen eine gleiche oder sogar größere Leistungsfähigkeit haben. Unter diesen Umständen handelt es sich um Wirtschaftsgebiete des unvollständigen Wettbewerbs.

[13] Solche Exportgüter werden in der Außenhandelstheorie als B-Güter bezeichnet, um sie von den sog. A-Gütern zu unterscheiden. A-Güter sind internationale Stapelgüter homogenen Charakters (industrielle Grund- und Rohstoffe, Nahrungsmittel). Bei A-Gütern sind solche absatzwirtschaftlich verursachten Hemmungen des Wettbewerbs auf Auslandsmärkten nicht gegeben. (Vgl. *Harrod, R. F.* Die internationalen Wirtschaftsbeziehungen, Bern o. J., Sammlung Dalp Band 40, Seite 65 ff.)

[14] Vgl. *Schäfer, Erich,* Wandlungen in der absatzwirtschaftlichen Organisation des Fertigwarenexports, in: Schriften des Vereins für Socialpolitik, Neue Folge Band 10, Berlin 1954, Seite 201 ff., insb. Seite 212 ff.

In beiden Fällen, der ausländischen monopolistischen Marktpartner und der absatzwirtschaftlichen Faktoren, führt die Unvollkommenheit des Wettbewerbs auf Auslandsmärkten zu einer Beeinträchtigung der heimischen Exportmöglichkeiten. Deshalb wird ein an sich mögliches Ausmaß der internationalen Arbeitsteilung verhindert, so daß das wirtschaftspolitische Ziel einer bestmöglichen Versorgung der Verbraucher nicht realisiert werden kann. Die Freistellung der heimischen Exportunternehmen durch § 6 GWB hat demnach den Zweck, diesen die Möglichkeit zu geben, sich gegen die durch ausländische monopolistische Marktpartner und absatzwirtschaftliche Faktoren verursachten Wettbewerbsbeschränkungen zu verteidigen. Auf diesem Wege soll die Intensität der internationalen Arbeitsteilung gefördert werden.[15]

Nun ist allerdings noch zu beachten, daß die Funktionsfähigkeit des Wettbewerbs auf Auslandsmärkten und damit eine größtmögliche Intensität der weltwirtschaftlichen Arbeitsteilung häufig auch durch *außenhandelspolitische Diskriminierungen ausländischer Staaten* beeinträchtigt wird. So stehen heimische Exportunternehmen oft vor dem Tatbestand, daß ausländische Staaten Importbedingungen autonom festlegen. (Einfuhrquoten, Einfuhrpreise, Einfuhrzölle neben sonstigen Maßnahmen administrativer Beschränkungen — z. B. veterinärpolizeilicher Art.) Hier ist zunächst festzuhalten, daß nicht *jede* wirtschaftspolitische Einfuhrregulierung (etwa durch Importzölle, Qualitätsvorschriften usw.) durch ein bestimmtes Importland den Wettbewerb auf Auslandsmärkten funktionsunfähig macht. Wenn jedoch die Einfuhrregulierungen für bestimmte Länder oder bestimmte Anbieter diskriminatorisch sind und wenn das einfuhrregulierende Land einen beherrschenden Anteil an der gesamten Weltmarktnachfrage auf diesem Markt auf sich vereinigt, dann stehen solche Einfuhrregulierungen im Widerspruch zu einem funktionsfähigen Wettbewerb auf Auslandsmärkten. Insbesonders ist das der Fall, wenn das einfuhrregulierende Land gleichzeitig Exportland für das gleiche Erzeugnis ist. (In analoger Weise wird die Funktionsfähigkeit des Wettbewerbs auf Auslandsmärkten dadurch eingeschränkt, daß ausländische Staaten ihren Exportunternehmen Exportsubventionen usw. gewähren.) Es wird dann gelegentlich darauf hingewiesen, daß auch in diesen Fällen Exportkartelle geeignet seien, solchen

[15] Vgl. auch das Gutachten des wirtschaftswissenschaftlichen Beirats beim BWM vom 2. 10. 1954: „Solange international nicht eine zureichende Wettbewerbsordnung verwirklicht wird,... dürfte es wohl unvermeidlich sein, Kartellvereinbarungen für Ausfuhrzwecke zu genehmigen. Es muß aber sichergestellt sein, daß durch solche... Exportkartelle das Ziel einer intensiven weltwirtschaftlichen Arbeitsteilung nicht nur nicht geschädigt, sondern gefördert wird..." (Der wirtschaftswissenschaftliche Beirat beim Bundeswirtschaftsministerium, 3. Band, Gutachten vom Dezember 1952 bis November 1954, Göttingen 1955, Seite 91.)

staatlichen außenhandelspolitischen Diskriminierungen zu begegnen.[16] In diesen Fällen sind Exportkartelle Instrumente der staatlichen Außenhandelspolitik. Ob eine solche Außenhandelspolitik volkswirtschaftlich sinnvoll ist, kann hier dahingestellt bleiben. Auf Grund der Gesetzesmaterialien ergibt sich, daß der Gesetzgeber Exportkartelle in Exportbereichen mit unvollständigem Wettbewerb zur Förderung der heimischen Ausfuhr erlauben wollte, es finden sich aber keine Anzeichen dafür, daß er die Absicht hatte, Exportkartellen solche außenhandelspolitischen Funktionen zu übertragen.

3. Die volkswirtschaftlichen Grenzen für die Ausnahmeregelung [16a]

Sinn und Zweck des GWB ist es, die Freiheit des Wettbewerbs als Mittel zur Leistungssteigerung und bestmöglichen Verbraucherversorgung zu schützen. Da es Wirtschaftsgebiete gibt, in denen die Voraussetzungen zur Realisierung eines funktionsfähigen Wettbewerbs nicht gegeben sind, hat das GWB „Ausnahmen“ von der allgemeinen Wettbewerbsregel vorgesehen. Der Sinn solcher Ausnahmen ist es, in den betreffenden Wirtschaftsgebieten Beschränkungen des Wettbewerbs zu ermöglichen, weil sonst die wirtschaftspolitischen Ziele des Gesetzes nicht erreicht würden. Durch die Ausnahmeregelungen müssen also Wettbewerbsbeschränkungen erlaubt werden, soweit sie zur Realisierung der wirtschaftspolitischen Zielsetzungen in den betreffenden Wirtschaftsgebieten notwendig sind. Das besagt aber nicht, daß die innerhalb des betreffenden Wirtschaftsgebietes zugelassenen Wettbewerbsbeschränkungen außerhalb dieses Gebietes solche Folgen haben dürfen, die im Widerspruch zur wirtschaftspolitischen Zielsetzung des Gesetzes stehen. Es ergeben sich deshalb Grenzen für die Ausnahme eines bestimmten Wirtschaftsgebietes von der allgemeinen Wettbewerbsregel in zwei Richtungen:[17]

1. Der Ausnahmebereich darf nicht größer sein, als es nach dem Zweck der Ausnahme notwendig ist. Es würde dann der Wettbewerb auch auf solchen Gebieten beseitigt, wo er nach Sinn und Zweck des Gesetzes sichergestellt werden soll. Die Wettbewerbsbeschränkungen erstrecken sich dann auf Bereiche, in denen sie zur Leistungssteigerung und bestmöglichen Versorgung der Verbraucher „nicht notwendig“ sind. Exportkartelle dürfen also dem volkswirtschaftlichen Sinn von Ausnahmen entsprechend nur solche Wettbewerbsbeschränkungen umfassen, die zur

[16] So z. B. für den Fall von Importkontingenten: *Küng, Emil,* Zahlungsbilanzpolitik, Zürich und Tübingen 1959, Seite 658 ff.

[16a] Vgl. Ausnahmeregelung, aaO., S. 313.

[17] Vgl. dazu *Edwards, Corwin D.,* Maintaining Competition. Requisites of a Governmental Policy. New York-Toronto-London (McGraw-Hill) 1949, Seite 5 ff.

„Verteidigung" gegenüber ausländischen monopolistischen Marktpartnern und zu „absatzwirtschaftlichen Rationalisierungen" auf Auslandsmärkten „notwendig" sind.

2. Es ist möglich, daß die durch Wettbewerbsbeschränkungen im ausgenommenen Bereich gewonnene Marktmacht gleichzeitig negative Auswirkungen auf Leistungssteigerung und Verbraucherversorgung innerhalb des ausgenommenen Bereichs zur Folge hat. Ferner besteht die Möglichkeit, daß die durch Wettbewerbsbeschränkungen im ausgenommenen Bereich gewonnene Marktmacht ein wettbewerbsbeschränkendes Verhalten außerhalb des Ausnahmebereichs induziert. Auch dadurch wird die Verwirklichung der wirtschaftspolitischen Zielsetzungen des Gesetzes beeinträchtigt. Denn außerhalb des Ausnahmebereichs sollen die wirtschaftspolitischen Zielsetzungen durch den „Wettbewerb" verwirklicht werden. Drittens entstehen im Wege der ökonomischen Interdependenz „Fernwirkungen", die ebenfalls vom Standpunkt der wirtschaftspolitischen Zielsetzungen nachteilig sein können. Sofern nun diese Nachteile größer sind als die durch Wettbewerbsbeschränkungen in dem ausgenommenen Bereich entstehenden Vorteile, erfüllt die Ausnahme nicht mehr ihren Sinn, sie ist der wirtschaftspolitischen Zielsetzung „nicht angemessen".

Wenn es also der Zweck des § 6 GWB ist, für Kartelle deutscher Exportunternehmen zur „Verteidigung" oder zur „absatzwirtschaftlichen Rationalisierung" auf Auslandsmärkten einen Ausnahmebereich vom Kartellverbot zu schaffen, so erfüllt diese Ausnahme ihren Sinn und Zweck nicht, wenn Wettbewerbsbeschränkungen durch die Ausnahmeregelung ermöglicht werden, die „nicht notwendig" oder „nicht angemessen" sind.

4. Ergebnis

Sinn und Zweck des § 6 GWB ist es, zu „absatzwirtschaftlichen Rationalisierungen" oder zur „Verteidigung" auf Auslandsmärkten „notwendige" und den wirtschaftspolitischen Zielsetzungen des Gesetzes „angemessene" Kartellvereinbarungen deutscher Exportunternehmen dort zu ermöglichen, wo auf Auslandsmärkten ein durch ausländische monopolistische Marktpartner oder absatzwirtschaftliche Faktoren verursachter unvollständiger Wettbewerb die heimischen Exportmöglichkeiten beschränkt.

Dagegen hat der § 6 GWB nicht den Zweck, Exportkartelle

a) als Instrument der Währungspolitik (Devisenbeschaffung) einzusetzen;
b) zur Erhöhung der Exportpreise durch Schädigung der internationalen Arbeitsteilung zu erlauben, oder
c) als Mittel staatlicher Außenhandelspolitik gegenüber außenhandelspolitischen Diskriminierungen ausländischer Staaten zu verwenden.

Kapitel B

Die volkswirtschaftlichen Merkmale der in § 6 GWB erfaßten Exportkartelle

Unter Berücksichtigung des volkswirtschaftlichen Sinns und Zwecks des § 6 GWB kann dessen Exportkartell-Begriff mit volkswirtschaftlichem Inhalt versehen werden. Der Wortlaut spricht von Exportkartellen, „die der Sicherung und Förderung der Ausfuhr dienen". Hier anknüpfend müssen zwei Merkmale unterschieden werden: einmal muß es sich um „Sicherung und Förderung der Ausfuhr" handeln, zum anderen muß eine „Dienlichkeit" gegeben sein.

1. Sicherung und Förderung der Ausfuhr

„Ausfuhr" bezieht sich zunächst einmal auf die Ausfuhr der im Kartell zusammengeschlossenen Unternehmen. Diese Ausfuhr muß durch die Kartellbildung im Sinne einer Sicherung und Förderung beeinflußt werden. Hier ist es ohne nähere Konkretisierung jedoch nicht eindeutig, welche Eigenschaften der Ausfuhr gemeint sind, die gesichert und gefördert werden sollen. Eindeutig ist es zweifellos nur, daß es sich um ökonomische Größen handelt. Jedoch kommen drei Größen in Betracht: Ausfuhrmengen, Ausfuhrpreise und Ausfuhrerlöse (Mengen mal Preise). Daß ein Exportkartell in der Regel nicht zustande kommt, sofern es nicht zu einer Verbesserung der Ausfuhrerlöse für die Kartellmitglieder insgesamt kommt, kann wohl unterstellt werden. Da „Förderung" jedoch nicht privatwirtschaftlich, sondern volkswirtschaftlich aufzufassen ist, muß die Frage gestellt werden, wie diese Verbesserung der (totalen) Ausfuhrerlöse durch das Exportkartell zustande gekommen ist. Rein rechnerisch sind 5 Möglichkeiten denkbar:

1. Exportpreise bleiben konstant und die Exportmengen werden gesteigert.
2. Exportpreise werden erhöht und die Exportmengen bleiben unverändert.
3. Exportpreise und Exportmengen werden erhöht.
4. Bei Restriktion der Exportmenge werden die Exportpreise überproportional erhöht.
5. Bei Senkung der Exportpreise werden die Exportmengen überproportional gesteigert.

Zunächst ist zu beachten, daß die Veränderungen der Ausfuhrerlöse, -mengen und -preise nicht durch Bezugnahme auf die (historisch) vorher erzielten Ausfuhrerlöse (-preise und -mengen) ermittelt werden. Denn nach Wirksamwerden des Kartells werden Exportpreise und -mengen auch noch durch andere Faktoren (Nachfrageänderungen, neue Anbieter am Weltmarkt usw.) beeinflußt. Die (historisch) eintretenden Veränderungen der Ausfuhrpreise und -mengen sind nicht immer allein auf die Kartellbildung zurückzuführen. Sie sind vielmehr mit denjenigen Ausfuhrpreisen und -mengen zu vergleichen, die sich ohne ein Kartell ergeben *würden*. Das sind hypothetische Größen, die geschätzt und nicht empirisch-statistisch erfaßt werden können. Die statistisch erfaßten Größen können nur einen ersten „Anhaltspunkt" bieten, sie sind nicht unter allen Umständen ein „Beweis". Selbst wenn man aber die Veränderungen in den obigen 5 Fällen in diesem Sinne als „relative" Veränderungen versteht, sind vorerst nur die Fälle 1, 2 und 3 eindeutig. Im Falle 4 und 5 werden Exportmengen und -preise gegenläufig durch das Exportkartell beeinflußt. Da sich aus dem Wortlaut nicht ergibt, ob hier die Ausfuhr der Kartellmitglieder „gefördert" ist, benötigt man weitere Kriterien. Es muß deshalb auf den volkswirtschaftlichen Sinn und Zweck des § 6 GWB zurückgegriffen werden. Wie oben festgestellt, soll der § 6 GWB deutschen Exportunternehmungen eine Kartellbildung zur Verteidigung gegen ausländische monopolistische Marktpartner und zu absatzwirtschaftlichen Rationalisierungen ermöglichen.[17a]

a) Defensive Exportkartelle (Abwehr-Exportkartelle)

Im Falle ausländischer monopolistischer Konkurrenten geht es darum, daß die heimischen Exportunternehmen eine zumindest oligopolistische „Marktmacht" erzielen. Im Falle ausländischer monopsonistischer Nachfrager müssen sie Gegenmacht im Sinne der „countervailing power" gewinnen. Ob Exportkartelle ein volkswirtschaftlich sinnvolles Instrument einer solchen „Verteidigung" sind, muß dahingestellt bleiben; der Gesetzgeber hat sich dafür entschieden, in diesen Fällen Exportkartelle vom Verbot freizustellen. Das Mittel einer solchen „Verteidigung" besteht darin, die heimische Angebotsmenge zusammenzufassen und damit nach einheitlichem Willen am Markt aufzutreten. Das Exportkartell muß demnach ein Preis-Mengen-Kartell sein. Da es die Aufgabe der Verteidigung gegenüber wirtschaftlicher Macht auf Exportmärkten hat, wird es als „defensives" Exportkartell bezeichnet.[17b]

Nicht jedes Preis-Mengen-Kartell ist eo ipso defensiv. Wenn ein Preis-Mengen-Kartell eine monopolistische Stellung erstrebt bzw. erreicht, dann ist es „aggressiv".[18] Das ist der Fall, wenn es eine Beseitigung bzw. Ein-

[17a] Zum vorstehenden Absatz vgl. Ausnahmeregelung, aaO., S. 317.
[17b] Zum vorstehenden Absatz vgl. Wettbewerbspolitik, aaO., S. 359.

schränkung eines auf Auslandsmärkten bestehenden Wettbewerbs zum Ziel hat. In diesem Fall wird eine relative Erhöhung der Preise durch eine Restriktion der Exportmenge erzielt. (Es muß nicht notwendigerweise eine absolute Preiserhöhung und eine absolute Mengenrestriktion eingetreten sein; eine „relative" Preiserhöhung liegt schon vor, wenn ein eventuelles Absinken der Exportpreise dadurch verhindert wird, daß die Exportmenge nicht ausgedehnt wird, bzw. gedrosselt wird.) Ob der Außenhandel seine volkswirtschaftliche Aufgabe erfüllt, erkennt man nicht daran, daß die Exportunternehmen einen möglichst großen Gewinn erzielen, sondern daß das mengenmäßige Volumen des Exports und Imports möglichst groß ist. Ein solches „aggressives" Exportkartell (Fall 4) schädigt also die internationale Arbeitsteilung und steht deshalb im Widerspruch zu den wirtschaftspolitischen Zielsetzungen des GWB.

Offenbar läßt sich aber eine scharfe Trennungslinie zwischen diesen beiden Typen nicht ziehen. Jedes Exportkartell wird defensive Elemente aufweisen. Die meisten Exportkartelle sind wahrscheinlich nur in einem solchen Ausmaß aggressiv, wie es die Möglichkeiten zulassen. Außerdem ändern sich die Verhältnisse an den Auslandsmärkten, so daß sich Exportkartelle oft in Umständen finden, die eine aggressive Verhaltensweise ausschließen. Anderseits kann ein „defensives" Exportkartell eine solche Marktmacht gewinnen (etwa durch internationale Kartellierung), daß es aggressiv wird. Nichtsdestoweniger ist in der Regel das Vorherrschen entweder der „aggressiven" oder der „defensiven" Elemente so stark, daß keine außergewöhnlichen Schwierigkeiten auftreten, um ein konkretes Kartell dem einen oder dem anderen Typ zuzuordnen. Ein Preis-Mengen-Kartell ist als defensives Kartell erfolgreich, wenn es ihm gelingt, einen höheren Preis für eine unverminderte Exportmenge durchzusetzen, bzw. eine größere Menge ohne Preisnachlaß zu exportieren. „Defensive" Exportkartelle führen also zum Fall 1, 2 oder 3. Sobald es durch Restriktion der Angebotsmenge höhere Exportpreise zu realisieren versucht (Fall 4), ist es „aggressiv" [19].

18 Zur Unterscheidung „aggressiver" und „defensiver" Exportkartelle vgl.:
Stockings, George W., & Watkins, Myron W., Cartels in Action, New York (The Twentieth Century Fund) 1946, Seite 7 f.
Consensus Report on the Webb-Pomerene Law, (Verfasser: *Mason, Edward S; Burns, A. R.; Watkins, Myron W.; Machlup, Fritz*). The American Economic Review, Vol. XXXVII/1947, Seite 855.
Kruse, Alfred, Außenwirtschaft, Berlin 1958, Seite 466.
Hoppmann, Erich, Wettbewerbspolitik und Exportkartelle, Jahrbücher für Nationalökonomie und Statistik, Band 173/1961, S. 359 f.

19 Vgl. *Machlup, Fritz*, The Political Economy of Monopoly, Baltimore (John Hopkins) 1952, Seite 25 ff.
Ferner: *Mason, Edward S.*, Controlling World Trade, Cartels and Commodity Agree-

b) Absatzwirtschaftliche Exportkartelle

B-Güter und absatzwirtschaftliche Vorteile großer Exportunternehmen können — in bestimmten engbegrenzten Fällen — die Funktionsfähigkeit des Wettbewerbs auf Auslandsmärkten beeinträchtigen. Beide Sachverhalte sind absatzwirtschaftlicher Art, die — in den dargelegten Fällen — heimische Exportunternehmen benachteiligen. Solche Nachteile lassen sich aber durch absatzwirtschaftliche Rationalisierungen in Form von „Exportgemeinschaften" beseitigen.

Im Falle der B-Güter geht es darum, eine Verbesserung des Ansehens heimischer Exporterzeugnisse auf den Auslandsmärkten zu erzielen. Eine Exportgemeinschaft dient hier der Vereinheitlichung der Vertriebspolitik mehrerer Exportunternehmungen durch Standardisierung der Erzeugnisse, Qualitätsanpassung an ausländische Bedürfnisse unter Schaffung einer gemeinsamen Marke, Verringerung der Sorten, gemeinsame Güteklassen, Vereinheitlichung der Verpackung und Aufmachung, gemeinsame Garantieübernahme, Gemeinschaftswerbung usw. Die Erzeugnisse der Exportgemeinschaft werden so dem Absatz auf Auslandsmärkten angepaßt.

Im Falle der absatzwirtschaftlichen Vorteile von großen Exportunternehmungen geht es darum, durch Zusammenfassen der Absatzorganisation mehrerer (kleiner oder mittlerer) Exportgüter-Produzenten Kostenersparnisse zu erzielen. Sie sind teils auf die gemeinsame technisch-organisatorische Ausübung von Handelsfunktionen, teils auf die gemeinsame Übernahme von Risiken zurückzuführen. Eine solche Integration der Absatzorganisationen durch eine Exportgemeinschaft führt aber nicht notwendigerweise zu Wettbewerbsbeschränkungen. Denn in der Regel ist die absatzwirtschaftliche Integration in der Form vorteilhaft, daß sich Produzenten verschiedenartiger (sich ergänzender) Erzeugnisse zusammenschließen. Es ist allerdings

Fortsetzung der Fußnote Nr. 19

ments, New York and London (McGraw-Hill) 1946, Seite 93 f. („The advantages of foreign trade are not to be understood in terms of maximum profit per unit but rather in terms of the total volume of exports and imports... Specifically, this would mean: ...That American export firms and associations may *not* legally participate in international business agreements restricting exports to third countries or dividing world markets.")
Ferner: *Rasch, Harold,* Kommentar, § 6 und 7, Anmerkung 2: „Exportkartelle können, z. B. durch zu hohe Preise, die Ausfuhr auch gefährden." Die weiteren Überlegungen von *Rasch:* „Doch kann es darauf wohl nicht ankommen, da eine Prüfung der konkreten Geschäftspolitik des Kartells durch die Behörde insoweit im Rahmen des § 6 I weder vorgesehen noch möglich ist", treffen für § 6 I zwar zu, sind aber irreführend. Denn sehr wohl „kommt es darauf an", nämlich für die Mißbrauchsaufsicht gemäß § 6 I, § 12 GWB und für die Erlaubniserteilung gemäß § 6 II GWB. (Vgl. dazu weiter unten Kapitel C, 2—3 dieses Gutachtens.)

auch möglich, daß die Exportgemeinschaft Exportgüterproduzenten des gleichen Marktes umfaßt. Hier wird die Exportgemeinschaft zu einem Kartell, weil sie den Wettbewerb beschränkt. Es soll hier als „absatzwirtschaftliches Exportkartell“ (joint selling agency) bezeichnet werden. Absatzwirtschaftliche Rationalisierungen durch eine gemeinsame Export-Absatzorganisation ergeben sich in der Regel nur für kleinere und mittlere Exportunternehmen und nur, wenn die Anzahl der Beteiligten relativ klein ist.[20]

Nicht jede gemeinsame Export-Absatzorganisation dient der absatzwirtschaftlichen Rationalisierung und ist somit ein „absatzwirtschaftliches“ Exportkartell. Einmal ist es möglich, daß die gemeinsame Export-Absatzorganisation lediglich Mittel eines „aggressiven“ Exportkartells ist. Zum anderen ist es möglich, daß die gemeinsame Vertriebsorganisation nicht eine absatzwirtschaftliche, sondern eine produktionswirtschaftliche Rationalisierung erstrebt. Dann handelt es sich nicht um ein Kartell, das der „Sicherung und Förderung der Ausfuhr dient“, sondern um ein höherstufiges Rationalisierungskartell. Da ein höherstufiges Rationalisierungskartell keine Regelung des Wettbewerbs auf Auslandsmärkten zur Sicherung und Förderung der Ausfuhr zum Gegenstand hat, ist es ein *Inlands*kartell. Nicht jede gemeinschaftliche Export-Absatzorganisation oder jedes Export-Syndikat ist demnach ein „absatzwirtschaftliches“ Kartell.

„Absatzwirtschaftliche Exportkartelle“ führen im Falle der *gemeinsamen Vertriebspolitik* zur Erweiterung der Nachfrage nach heimischen Exporterzeugnissen und im Falle der *absatzwirtschaftlichen Integration* zu einer Leistungssteigerung der Absatzorganisation. Beides bedeutet aber, daß die Exportmenge ohne Preissenkung vergrößert werden kann oder aber daß höhere Exportpreise ohne Rückgang der vom Ausland nachgefragten Menge möglich ist. „Absatzwirtschaftliche Exportkartelle“ führen also zum Fall 1, 2 oder 3. Sofern eine gemeinsame Export-Absatzorganisation das Mittel einer „aggressiven“ Exportkartellierung ist, ergibt sich — wie dargelegt — der Fall 4.

Es bleibt noch die Frage nach dem Fall 5, in dem ein Exportkartell durch eine Senkung der Exportpreise eine überproportionale Steigerung der Exportmengen erzielt. Dieser Fall setzt voraus, daß die Preiselastizität der Auslandsnachfrage nach dem kartellierten Erzeugnis (nach Berücksichtigung der Preiselastizität des ausländischen Angebotes) größer als 1 ist. Hier führt jedoch bereits der Wettbewerb unter heimischen Exportproduzenten „automatisch“ dazu, daß jede produzierte Menge abgesetzt werden kann und daß sich die niedrigstmöglichen Exportpreise realisieren. Damit ergibt sich auch für den betreffenden Wirtschaftszweig ein größtmöglicher Exporterlös.

[20] Vgl. Exportgemeinschaften, Berichte des Instituts für Exportforschung, hrsg. v. E. Schäfer, Köln und Opladen 1960, Seite 57.

Die Bildung eines Exportkartells ist hier deshalb sinnlos, so daß der Fall 5 bei Beurteilung von Exportkartellen nicht berücksichtigt zu werden braucht.

Kartellvereinbarungen zur Steigerung der Exportmenge durch Senkung des Exportpreises sind volkswirtschaftlich hier allerdings denkbar, wenn ein Preis-Mengen-Kartell *im Inland* vorliegt. Das Inlandspreiskartell führt zur Überkapazität. Diese kann dadurch beschäftigt werden, daß ein zusätzlicher Export getätigt wird. Der Mehrexport setzt dann voraus, daß die Exportpreise niedriger sind als die durch das Inlandskartell festgesetzten Inlandspreise. Da die Exportanteile der Mitglieder des Inlandskartells unterschiedlich sind, wird eine solche Exportpolitik von Inlandskartellen dadurch ermöglicht, daß „Exportprämien" oder „Ausgleichszahlungen" aus „Umlagen" auf den Inlandsabsatz zugunsten der Exportmengen vereinbart werden. Da hier aber keine Wettbewerbsbeschränkung auf Auslandsmärkten vorliegt, handelt es sich nicht um *Export*kartelle im Sinne des § 6 GWB, sondern um „Exportpolitik von Inlands-Preiskartellen".[21] Ob der Fall 5 volkswirtschaftlich eine Ausfuhrförderung darstellt, kann deshalb — vorerst — dahingestellt bleiben. Dieser Fall ergibt sich nur bei *Inlands*kartellen, die vom § 6 nicht erfaßt werden.

Ferner ist zu berücksichtigen, daß eine „kurzfristige" Erhöhung der Exporterlöse (Fall 1, 2 oder 3), die „langfristig" zu einem möglicherweise stärkeren Rückgang der Ausfuhr führt, der wirtschaftspolitischen Zielsetzung des Gesetzes widerspricht; es muß auch eine „Sicherung" der Ausfuhr erreicht werden. Kartelle sind für Unternehmungen häufig nach einem bekannten Wort „Kinder der Not", sie verdanken ihre Entstehung deshalb oft sehr kurzfristigen Erwägungen. Es entspricht der durch die wirtschaftswissenschaftliche Forschung bestätigten wirtschaftspolitischen Erfahrung, daß diese „Not" durch eine Kartellbildung nur scheinbar und kurzfristig beseitigt wurde, langfristig jedoch zu einer Verschärfung der „Not" führte. Wenn durch ein Exportkartell der Zwang zur Kostensenkung und Rationalisierung beseitigt oder vermindert wird, wenn die Einführung technischer Fortschritte verlangsamt wird, weil veraltete Anlagen, Maschinen usw. wegen der eingetretenen Wettbewerbsbeschränkungen nicht mehr laufend ersetzt werden müssen, so wird der betreffende Exportwirtschaftszweig „langfristig" weniger leistungsfähig sein als seine ausländische Konkurrenz. Obwohl die Ausfuhr der Kartellmitglieder „kurzfristig" gefördert wird, steht ein solches Kartell „langfristig" im Widerspruch zur Ausfuhrförderung der Kartellmitglieder. Volkswirtschaftlich ist hier keine „Sicherung und Förderung" der Ausfuhr gegeben.

[21] Diese Form der Exportpolitik von Inlandskartellen ist schon seit langem gründlich untersucht. Vgl. etwa schon: ***Morgenroth, Willi,*** Die Exportpolitik der Kartelle, Leipzig 1907.

2. *Die volkswirtschaftliche „Dienlichkeit“* [21a]

Ob ein Exportkartell volkswirtschaftlich der Sicherung und Förderung der Ausfuhr „dient“, ergibt sich zunächst nicht aus den Erklärungen, Absichten, Motiven und Auffassungen der Kartellmitglieder. Das Kartell muß vielmehr zur Sicherung und Förderung der Ausfuhr objektiv geeignet sein. „Dienen“ beinhaltet volkswirtschaftlich jedoch mehr. Es muß ferner auch der „volkswirtschaftliche Zweck“ des Kartells sein, die Ausfuhr zu sichern und zu fördern. Ein Exportkartell steht volkswirtschaftlich im Dienste der Ausfuhrsicherung und -förderung, soweit es nicht anderen Zwecken gewidmet ist. Sofern es anderen Zwecken objektiv „dient“, überschreitet es die volkswirtschaftlichen Grenzen des Ausnahmebereichs.

a) Die Notwendigkeit der Wettbewerbsbeschränkungen

Ein defensives oder absatzwirtschaftliches Exportkartell beschränkt zunächst einen zwischen deutschen Exportunternehmen auf Auslandsmärkten bestehenden Wettbewerb. Es beeinflußt notwendigerweise auch die Ausfuhr derjenigen deutschen Exportunternehmen, die nicht Mitglieder des Exportkartells sind. So können durch das Exportkartell auch ausfuhrhemmende Wirkungen bei den Nicht-Mitgliedern eintreten. Da ein defensives oder absatzwirtschaftliches Exportkartell von der allgemeinen Wettbewerbsregel ausgenommen ist, hat das Gesetz zwar solche Wirkungen auf Nicht-Mitglieder zugelassen, jedoch nur sofern sie unvermeidlich sind. Es gibt aber Kartellvereinbarungen, die zu einer Hemmung der Nicht-Mitglieder-Ausfuhr führen und zur „Verteidigung“ oder „absatzwirtschaftlichen Rationalisierung“ auf Auslandsmärkten „nicht notwendig“ sind. Das Exportkartell steht dann volkswirtschaftlich insofern nicht mehr im „Dienste“ der Sicherung und Förderung der Ausfuhr. Das gleiche gilt, wenn das Exportkartell „nicht notwendige“ Wettbewerbsbeschränkungen im Inland beinhaltet.

Durch die Verwendung des Begriffes „dienen“ wird also dem Sinn und Zweck der Ausnahmeregelung Rechnung getragen, daß Exportkartelle nur erlaubt sind, sofern sie nicht *mehr Wettbewerbsbeschränkungen auf Auslandsmärkten einerseits und auf Inlandsmärkten andererseits enthalten, als zur „absatzwirtschaftlichen Rationalisierung“ und zur „Verteidigung“ auf Auslandsmärkten „notwendig“ ist.* Ein Exportkartell „dient“ der Sicherung und Förderung der Ausfuhr nicht, wenn und sofern es Wettbewerbsbeschränkungen enthält, die für diese Zwecke nicht notwendig sind.

[21a] Vgl. Ausnahmeregelung, aaO., S. 318—321.

b) Die Angemessenheit der nachteiligen Nebenwirkungen

Es ist noch nicht hinreichend bestimmt, wann ein Exportkartell der Sicherung und Förderung der Ausfuhr „dient". Die zur „Verteidigung" und zur „absatzwirtschaftlichen Rationalisierung" notwendigen Wettbewerbsbeschränkungen haben auch Nebenwirkungen. Deren Vorhandensein hindert zwar nicht, daß ein Exportkartell der Sicherung und Förderung der Ausfuhr „dient". Sobald aber bei einem Exportkartell die „neben" der Verteidigung oder absatzwirtschaftlichen Rationalisierung vorhandenen Wirkungen überwiegend sind, ergibt sich die Frage, ob diese „Nebenwirkungen" mit dem „Hauptzweck" im Widerspruch stehen. Der volkswirtschaftliche Zweck der Ausfuhrsicherung und -förderung durch ein Exportkartell besteht aber darin, durch Intensivierung der weltwirtschaftlichen Arbeitsteilung die wirtschaftspolitischen Ziele, Leistungssteigerung und größtmögliche Versorgung der Verbraucher, zu erreichen. Demnach läßt sich sagen, daß ein Exportkartell volkswirtschaftlich nicht mehr der Sicherung und Förderung der Ausfuhr „dient", wenn die Nebenwirkungen diese volkswirtschaftlichen Zwecke illusorisch machen. Volkswirtschaftlich „dient" ein solches Exportkartell dann den „Nebenwirkungen" und nicht mehr der Leistungssteigerung und der bestmöglichen Versorgung der Verbraucher.

aa) Auslandswirkungen

Die „Verteidigung" auf Auslandsmärkten oder die „absatzwirtschaftlichen Rationalisierungen" bewirken eine Förderung und Sicherung der Ausfuhr der Kartellmitglieder. Volkswirtschaftlich ist der Zweck eines solchen Exportkartells aber erst erfüllt, wenn die Ausfuhr einer Volkswirtschaft in ihrer Gesamtheit gesichert und gefördert wird. Das ist nur dann der Fall, wenn das Exportkartell nicht gleichzeitig Hemmungen oder Beschränkungen bei der Ausfuhr der nicht vom Kartell erfaßten Erzeugnisse bewirkt. Die Ausfuhr der nicht vom Kartell erfaßten Erzeugnisse wird aber prinzipiell beeinflußt. Sofern durch das Exportkartell die Exporterlöse für das kartellierte Erzeugnis insgesamt verändert werden, ergeben sich notwendigerweise auf der Seite der ausländischen Nachfrager Nachfrageänderungen. Daß solche im Wege der Interdependenz der Preise im Ausland eintretenden Nachfrageänderungen auch zu einem ausländischen Nachfragerückgang nach anderen heimischen Exporterzeugnissen führen können, ist evident. Auch aus einem zweiten Grunde können sich ausfuhrhemmende Auswirkungen eines Exportkartells bei den nicht vom Kartell erfaßten Erzeugnissen ergeben. Es können durch das Kartell in anderen Ausfuhrbereichen, die durch das Exportkartell nicht erfaßt werden, Wettbewerbsbeschränkungen induziert werden. Auch können ferner Gegenmaßnahmen ausländischer Marktpartner oder Regierungen (Retorsionen, repercussions) bewirkt werden. Solche induzierten Wettbewerbsbeschränkungen und Retorsionen können bei den nicht vom Kartell erfaßten Erzeugnissen Ausfuhrhemmungen bewirken. Ein defensives oder absatzwirtschaftliches Exportkartell bewirkt also keine Sicherung und Förderung der *volkswirtschaftlichen* Ausfuhr, wenn die bei dem kartellierten Erzeugnis bewirkte Sicherung und Förderung der Ausfuhr durch gleichzeitig bewirkte Hemmungen und Einschränkungen der Ausfuhr anderer Erzeugnisse kompensiert oder mehr als kompensiert wird. Das Exportkartell ist dann wegen *Restriktion der volkswirtschaftlichen Ausfuhr* der wirtschaftspolitischen Zielsetzung des Gesetzes *„nicht angemessen"*, sofern „dient es nicht" der Sicherung und Förderung der Ausfuhr.

bb) Inlandswirkungen

Abgesehen von der Ausfuhr der nicht vom Kartell erfaßten Erzeugnisse erstrecken sich die Auswirkungen eines Exportkartells auch auf das Inland. Auch hier muß überprüft werden, ob solche Auswirkungen mit dem volkswirtschaftlichen Zweck des Exportkartells im Widerspruch stehen. Zwei Fälle müssen unterschieden werden, Auswirkungen auf die „Erzeugung" des kartellierten Wirtschaftszweiges und Auswirkungen auf die „Marktverhältnisse" im Inland.

Ein jedes Preis-Mengen-Kartell beeinflußt notwendigerweise die *Erzeugung des kartellierten Wirtschaftszweiges.* Hier handelt es sich um *unmittelbare Auswirkungen* des Kartells im Inland. Da die wirtschaftliche Freiheit der Kartellmitglieder eingeschränkt ist, kommt es in der Regel — wie bereits erwähnt — zu negativen Auswirkungen auf die Leistung. Solche nachteiligen Auswirkungen auf den kartellierten Wirtschaftszweig pflegen meist „langfristig" aufzutreten. Sie sind, da sie mit der Kartellbildung notwendigerweise verknüpft sind, vom Gesetzgeber zweifellos gewollt. Falls solche für Leistungssteigerung und Verbraucherversorgung negativen Inlandswirkungen größer sind als die durch „absatzwirtschaftliche Rationalisierung" oder „Verteidigung" auf Auslandsmärkten erzielbaren Vorteile, dann ist das Exportkartell wegen seiner *überwiegenden nachteiligen Inlandswirkungen auf die Erzeugung des kartellierten Wirtschaftszweiges „nicht angemessen"*, es „dient nicht" der Sicherung und Förderung der Ausfuhr.

Ferner muß jedes Exportkartell auch die *Marktverhältnisse im Inland* beeinflussen. Hier lassen sich unmittelbare Auswirkungen und „Fernwirkungen" unterscheiden. *Unmittelbar* wird das Exportkartell die Marktverhältnisse im Inland beeinflussen, wenn es außer Wettbewerbsbeschränkungen im Ausland auch Wettbewerbsbeschränkungen im Inland einschließt.

Auch dann, wenn solche inländischen Wettbewerbsbeschränkungen „notwendig" sind, haben sie im Inland nachteilige Auswirkungen auf Leistungssteigerung und Verbraucherversorgung. Abgesehen von einer solchen „Inlandsausdehnung" des Exportkartells kann der Verkehr mit Waren und gewerblichen Leistungen auf Inlandsmärkten durch Verursachung von wettbewerbsbeschränkendem Verhalten auf Inlandsmärkten unmittelbar beeinflußt werden. Kann nämlich erwartet werden, daß eine Gruppe von Exportgüter-Produzenten gewisse Formen gemeinsamen Handelns zur Wettbewerbsbeschränkung auf Auslandsmärkten praktiziert, ohne gleichzeitig gleiche oder ähnliche Handlungen auf den Inlandsmärkten zu realisieren? Ein sehr sachverständiges Komitee der American Economic Association hielt die Erwartung — vorsichtig ausgedrückt — zu unrealistisch, daß die zu Wettbewerbsbeschränkungen auf Auslandsmärkten praktizierten Handlungen und das gegenseitig erlangte Wissen der Kartellmitglieder, die ja im Inland Konkurrenten sind, ohne jede wettbewerbsbeschränkende Wirkung im Inland sind.[22] Wenn ein Exportkartell ein solches wettbewerbsbebeschränkendes Verhalten (z. B. bewußtes Parallelverhalten) der Kartellmitglieder im Inland „induziert", liegt eine direkte Auswirkung auf die inländischen Marktverhältnisse vor.

Durch *Fernwirkungen* wird jedes Exportkartell den Verkehr mit Waren oder gewerblichen Leistungen im Inland im Wege der Interdependenz der Preise beeinflussen. Da durch ein Exportkartell Ausfuhrerlöse und -mengen verändert werden, wird im Inland die Nachfrage der Kartellmitglieder nach Kostengütern und ferner, sofern sie nicht ihre gesamte Produktion exportieren, auch das Angebot der Kartellmitglieder verändert. Preis- und Mengenänderungen im Inland sind die Folge. Jede Änderung der Exporterlöse oder -mengen durch ein Exportkartell muß deshalb wegen der Interdependenz der Preise auch den Verkehr mit produzierten Erzeugnissen auf Inlandsmärkten beeinflussen. Diese Beeinflussung kann „verschwindend gering" oder „praktisch bedeutsam" sein, sie stellt jedenfalls eine unausweichliche Inlandswirkung dar. Wenn und sofern der Gesetzgeber Exportkartelle zugelassen hat, muß er damit auch solche unausweichlichen Inlandswirkungen zugelassen haben. Das Vorhandensein solcher Inlandswirkungen steht nicht im Widerspruch zum volkswirtschaftlichen Zweck des erlaubten Exportkartells. Es ist aber unter bestimmten Umständen möglich, daß diese Inlandswirkungen vom Standpunkt der wirtschaftspolitischen Zielsetzung des Gesetzes nachteilig sind.

Wenn die nachteiligen (unmittelbaren und Fern-) Wirkungen auf die inländischen Marktverhältnisse im Hinblick auf Freiheit des Wettbewerbs und auf Leistungssteigerung und Verbraucherversorgung größer sind als die

[22] Consensus Report on the Webb-Pomerene Law, a.a.O. (Anm. 18), Seite 853.

durch „absatzwirtschaftliche Rationalisierungen" oder „Verteidigung" auf Auslandsmärkten erzielbaren Vorteile, dann ist das betreffende Exportkartell wegen seiner *überwiegenden nachteiligen Auswirkungen auf die inländischen Marktverhältnisse „nicht angemessen"*. Da es dann außerhalb der Grenzen des vom Gesetzgeber geschaffenen Ausnahmebereichs liegt, „dient es nicht" der Sicherung und Förderung der Ausfuhr.

3. *Ergebnis*

Kartelle im Sinne des § 6 GWB sind „Kartelle zur Regelung des Wettbewerbs auf Auslandsmärkten" (Exportkartelle), die „der Sicherung und Förderung der Ausfuhr dienen". *Volkswirtschaftlich* beinhaltet dieser Begriff nach Sinn und Zweck des § 6 GWB unter Berücksichtigung der wirtschaftspolitischen Zielsetzung des Gesetzes:

„Defensive" und „absatzwirtschaftliche" Exportkartelle, soweit sie zur „absatzwirtschaftlichen Rationalisierung" oder zur „Verteidigung" auf Auslandsmärkten „notwendig" sind, und soweit sie keine „überwiegenden" nachteiligen Auswirkungen auf die volkswirtschaftliche Ausfuhr und keine „überwiegenden" nachteiligen (direkten und Fern-) Wirkungen auf die Erzeugung und die Marktverhältnisse im Inland haben.[22a]

Unter diesen Begriff fallen nicht:

a) (echte) Exportgemeinschaften, da sie den Wettbewerb nicht „beschränken"
b) „exportfördernde" Vereinbarungen von Inlands-Preiskartellen (Vereinbarungen von Exportprämien, Ausgleichszahlungen, Umlagen usw.), da sie den Wettbewerb nicht „auf Auslandsmärkten" beschränken. (Fall 5)
c) „aggressive" Exportkartelle, da sie volkswirtschaftlich keine „Ausfuhrförderung" bewirken. (Fall 4)
d) höherstufige Rationalisierungskartelle mit Export-Syndikaten, da sie volkswirtschaftlich nicht der Sicherung und Förderung der Ausfuhr „dienen".

22a Der im rechtswissenschaftlichen Gutachten vertretenen Auffassung (vgl. *Hermann Eichler*, S. 200), es gehe bei der Bildung von Exportkartellen „im Grunde genommen stets sowohl um die Schaffung bzw. Erhaltung eines bereits vorhandenen Ausfuhranteils als auch um seine Ausdehnung, mithin um Sicherung und Förderung gemäß § 6 I GWB" kann also hier auf Grund der vorausgegangenen volkswirtschaftlichen Analyse nicht beigetreten werden. Abgesehen davon, daß die Frage nicht entschieden wird, ob die Ausfuhr des einzelnen Unternehmens, der kartellierten Gruppe oder des ganzen Wirtschaftszweiges gemeint ist, ist in diesem Zusammenhang volkswirtschaftlich weniger die *relative* Größe der Ausfuhr („Anteil") als deren *absolute* Größe zu beachten. Wie sich gezeigt hat, ist es nicht möglich, die Dienlichkeit zur Ausfuhrförderung und -sicherung auf Grund eines so formalen Kriteriums zu beurteilen.

Kapitel C

Die volkswirtschaftlichen Voraussetzungen für Erlaubniserteilung und Mißbrauchsaufsicht bei Exportkartellen des § 6 GWB

Der vom Gesetz für Exportkartelle geschaffene Ausnahmebereich vom allgemeinen Kartellverbot ist — wie die vorangegangenen Überlegungen ergaben — durch den Wortlaut in Verbindung mit dem volkswirtschaftlichen Sinn und Zweck des § 6 GWB volkswirtschaftlich genau abgrenzbar. Um beurteilen zu können, ob ein Exportkartell unter die Ausnahme fällt, muß es daraufhin überprüft werden, ob es die Grenzen des Ausnahmebereichs nicht überschreitet. Eine solche Überprüfung muß jeweils an dem einzelnen Kartellvertrag bzw. -beschluß anknüpfen. Da das tatsächliche Verhalten der Kartellmitglieder aber in aller Regel durch die Kartellvereinbarungen nicht eindeutig determiniert ist, muß auch die „Art seiner Durchführung" berücksichtigt werden, die nicht nur (und auch nicht einmal in erster Linie) von der „Einstellung" und „Haltung" der Beteiligten, sondern vor allem auch von den Marktbedingungen — im weitesten Sinne — abhängt. Es läßt sich deshalb nicht ohne Bezugnahme auf die jeweiligen Marktbedingungen sagen, ob gewisse typische Kartellvereinbarungen generell innerhalb oder außerhalb der Grenzen des Ausnahmebereichs liegen. Es wird bei Exportkartellen zur Durchführung der Mißbrauchsaufsicht in der Regel eine volkswirtschaftliche Untersuchung des Einzelfalles unerläßlich sein.

Um die Einhaltung der volkswirtschaftlichen Grenzen des Ausnahmebereichs gegen Überschreitungen zu sichern, hatte der Regierungsentwurf ursprünglich die Ausnahme abhängig gemacht von einer Erlaubnis der Kartellbehörde. Die Erlaubnis wurde in das Ermessen der Kartellbehörde gestellt, der Antragsteller hatte nachzuweisen, daß die Kartellvereinbarung zur Sicherung und Förderung der Ausfuhr geeignet ist.[23] Im Verlauf der Beratungen des Gesetzes wurde beides geändert. Erstens werden nun Exportkartelle, die der Sicherung und Förderung der Ausfuhr dienen, nicht mehr nach dem Ermessen der Bundeskartellbehörde vom Kartell-

[23] Der Regierungsentwurf lautete in dem betreffenden Punkt: „Die Kartellbehörde kann auf Antrag die Erlaubnis zu einem Vertrag oder Beschluß der in § 1 bezeichneten Art erteilen, wenn der Antragsteller nachweist, daß die Regelung geeignet ist, den Außenhandel zu sichern oder zu fördern."

verbot freigestellt, sondern „kraft Gesetzes“.[24] Zweitens ist die Nachweispflicht, ob ein Exportkartell vorliegt, das der Sicherung und Förderung der Ausfuhr dient, neu geregelt, und zwar für „reine“ und „gemischte“ Exportkartelle im Sinne des § 6 GWB unterschiedlich. Bei „reinen“ Exportkartellen im Sinne des § 6 Abs. 1 GWB wurde die Beweislast, ob sie den Tatbestand des Gesetzes erfüllen, der Kartellbehörde zugeschrieben. Dadurch wird die Notwendigkeit, über den jeweiligen Einzelfall volkswirtschaftliche Untersuchungen anzustellen, noch unterstrichen. Bei „gemischten“ Exportkartellen im Sinne des § 6 Abs. 2 GWB obliegt dieser Nachweis weiterhin den antragstellenden Kartellmitgliedern.

Exportkartelle im Sinne des § 6 GWB, die sich auf die „Regelung des Wettbewerbs auf Auslandsmärkten beschränken“ (also Exportkartelle im Sinne des § 6 Abs. 1 GWB), sind mit der Anmeldung wirksam (§ 9 Abs. 2 GWB). Die Kartellbehörde hat jedoch die Mißbrauchsaufsicht gemäß § 12 GWB durchzuführen. Der Begriff des Mißbrauchs wird im Gesetz nicht definiert, er muß deshalb seinen Inhalt aus dem volkswirtschaftlichen Sinn und Zweck des Gesetzes erhalten. Auch eine Verwertung der Rechtssprechung des Reichsgerichts über den Monopolmißbrauch ist nicht möglich. Sie knüpfte an den § 826 BGB an, der den Vorsatz voraussetzt; der Mißbrauchsbegriff des GWB ist aber rein objektiv zu fassen.[25] Ein Mißbrauch von Exportkartellen liegt deshalb immer dann vor, wenn der volkswirtschaftliche Sinn und Zweck der Ausnahmeregelung über Exportkartelle nicht erfüllt wird. Da sich aus dem Wortlaut in Verbindung mit dem volkswirtschaftlichen Sinn und Zweck des Gesetzes dessen volkswirtschaftlicher Inhalt ergibt, so erhält der Begriff des Mißbrauchs von „Exportkartellen im Sinne des § 6 GWB“ seinen volkswirtschaftlichen Inhalt aus dem volkswirtschaftlichen Inhalt des § 6 GWB.

24 Vgl. Änderungsvorschläge des Bundesrates vom 21. Mai 1954. Begründung zur Änderung des § 5 (§ 6 GWB). „Exportkartelle können ... kraft Gesetzes erlaubt werden.“ (Anlage 2 zu Bundestagsdrucksache 1158, 2. Wahlperiode.)

25 Vgl. dazu *Wessels, Theodor*, Bemerkungen zum Begriff des Monopolmißbrauchs, Zeitschrift für die gesamte Staatswissenschaft, Band 115/1959, Seite 529 f.; *Rasch, Harold*, Kommentar, Anm. 10 zu § 22; *Dörinkel, Wolfram*, Gemeinschaftskommentar, § 22, Anm. 2; *derselbe*, Der Begriff des Mißbrauchs im Sinne der Kartellaufsichtsbestimmungen des GWB, WuW 1959, S. 81 f.; *Müller-Henneberg, Hans*, Zum Mißbrauchsbegriff des Gesetzes gegen Wettbewerbsbeschränkungen, Der Betriebs-Berater, Jg. 14/1959, Seite 139 f.

1. Der volkswirtschaftliche Inhalt des Territorialitätsprinzips bei Exportkartellen [25a]

Ein Exportkartell kann einen Mißbrauchstatbestand nur dann erfüllen, wenn und soweit es der Mißbrauchsaufsicht unterliegt. Die Mißbrauchsaufsicht ist durch den sachlichen Geltungsbereich des GWB begrenzt. Dieser ist im § 98 Abs. 2 GWB in der Weise geregelt, daß das Gesetz Anwendung findet „auf alle Wettbewerbsbeschränkungen, die sich im Geltungsbereich dieses Gesetzes auswirken, auch wenn sie außerhalb des Geltungsbereichs dieses Gesetzes veranlaßt werden." (Territorialitätsprinzip.) Zunächst muß deshalb der volkswirtschaftliche Inhalt des Territorialitätsprinzips im Hinblick auf die Mißbrauchsaufsicht bei Exportkartellen konkretisiert werden. Da Exportkartelle mit Ausdehnung auf das Inland ohne jeden Zweifel dem GWB unterliegen, ergibt sich ein Problem nur im Hinblick auf „Exportkartelle im Sinne des § 6 Abs. 1 GWB".

Nach dem Wortlaut des § 98 Abs. 2 GWB sind drei Tatbestände zu unterscheiden:
a) die „Veranlassung" der Wettbewerbsbeschränkung,
b) die „Wettbewerbsbeschränkung",
c) die „Auswirkungen" der Wettbewerbsbeschränkung.

Da sowohl die „Veranlassung" im Inland und im Ausland erfolgen kann als auch die „Wettbewerbsbeschränkung" auf Auslands- und auf Inlandsmärkten vorgenommen werden kann, und drittens auch die „Auswirkungen" im Inland und im Ausland eintreten können, ergeben sich im Hinblick auf das Problem der Territorialität insgesamt $2^3 = 8$ „reine" Möglichkeiten. Da Exportkartelle „Wettbewerbsbeschränkungen auf Auslandsmärkten" (A) zum Gegenstand haben, reduzieren sich die für unser Problem relevanten Möglichkeiten auf $2^2 = 4$ „reine" Fälle. Sie sollen wie folgt bezeichnet werden:

Typ	Wettbewerbs-beschränkung	Veranlassung	Auswirkung
A I	Ausland	Ausland	Ausland
A II	Ausland	Ausland	Inland
A III	Ausland	Inland	Ausland
A IV	Ausland	Inland	Inland

Da Exportkartelle eine Regelung des Wettbewerbs auf Auslandsmärkten zum Gegenstand haben, an der deutsche Exportunternehmungen zumindest beteiligt sind, so liegt bei Exportkartellen immer eine „Veranlassung" oder

[25a] Vgl. Territorialitätsprinzip, aaO., S. 294 und 295; ferner S. 298—302.

„Mitveranlassung" im Inland vor. Exportkartelle sind vom Typ AIII und A IV.

Zunächst kann kein Zweifel daran bestehen, daß auf Grund des Territorialitätsprinzips das GWB auf Exportkartelle des Typs A IV angewandt werden muß. Zweifel können darüber entstehen, ob durch argumentum e contrario aus § 98 Abs. 2 GWB gefolgert werden kann, daß das GWB auf den Fall A III (d. h. eine Wettbewerbsbeschränkung auf Auslandsmärkten, die zwar im Inland veranlaßt ist, aber Auswirkungen nur im Ausland hat) nicht angewendet werden kann. *Würdinger* scheint die Anwendbarkeit des GWB in diesem Falle zu verneinen.[26] Die Auffassung *Würdingers* fußt aber einmal auf der bestrittenen These, daß das GWB den Wettbewerb „wegen seines ökonomischen Nutzeffektes" schütze [27], zum andern unterscheidet er nicht deutlich zwischen den drei Tatbeständen „Wettbewerbsbeschränkung", „Veranlassung" und „Auswirkungen". Sie kann deshalb nicht als hinreichend gesichert angesehen werden. Diese Frage soll hier nicht beantwortet werden [27a]. Dagegen soll volkswirtschaftlich überprüft werden, wann und unter welchen Voraussetzungen der Typ A III überhaupt auftreten kann. Es muß zu diesem Zweck der Begriff der „Inlandswirkung" mit volkswirtschaftlichem Inhalt versehen werden.

Eine Wettbewerbsbeschränkung auf irgendeinem Markt muß sich — wegen der als „Interdependenz der Preise" bezeichneten totalen Interdependenz aller ökonomischen Größen — prinzipiell auf allen anderen Märkten auswirken. Diese totale ökonomische Interdependenz umfaßt auch die Auslandsmärkte, wenn eine Volkswirtschaft in internationalem Güter- und Leistungsaustausch mit dem betreffenden Land steht. Demgemäß muß sich auch prinzipiell *jede* Wettbewerbsbeschränkung eines deutschen Exportkartells im Inland auswirken, wobei allerdings die quantitative Bedeutung dieser Auswirkung sehr unterschiedlich sein kann, im Grenzfall sind die Auswirkungen quantitativ „verschwindend gering" und damit nicht mehr erfaßbar. Wenn *jede* Wirkung einer Wettbewerbsbeschränkung, die in irgendeinem mit der BRD und Westberlin in internationalem Güter- und Leistungsaustausch stehenden Land vorgenommen wird, unter den Geltungs-

[26] *Würdinger, Hans,* Exportkartell und EWG, WuW 1960, Seite 316.

[27] Vgl. *Koenigs,* Das Gesetz gegen Wettbewerbsbeschränkungen und das Recht des unlauteren Wettbewerbs unter besonderer Berücksichtigung der Wettbewerbsregeln, GRUR 1958 / Seite 589 ff; *Biedenkopf, Kurt H.,* in: *Biedenkopf — Callmann — Deringer,* Aktuelle Grundsatzfragen des Kartellrechts, Heidelberg 1957, Seite 32. Vgl. ferner etwa: *Böhm, Franz,* Verstößt ein gesetzliches Kartellverbot gegen das Grundgesetz? WuW 1956 / Seite 176 ff.

[27a] Der Gutachter ist allerdings der Ansicht, daß § 98 Abs. 2 *nicht* den Gegenschluß zuläßt, daß Exportkartelle des Typs A III außerhalb des Geltungsbereichs des GWB liegen. Zur Begründung vgl. Territorialitätsprinzip, aaO., Seite 295—297.

bereich des GWB fallen würde, so würde sich das GWB überhaupt auf *alle* Wettbewerbsbeschränkungen in diesen Ländern erstrecken. Bei einer solchen Interpretation der „Auswirkungen“ würde sich das Territorialitätsprinzip selbst aufheben. Der § 98 Abs. 2 GWB setzt volkswirtschaftlich deshalb eine Unterscheidung zweier Arten von Auswirkungen voraus, die wir hier als „Nahwirkungen“ und „Fernwirkungen“ bezeichnen wollen. (Im Schrifttum finden sich auch die Termini „unmittelbare Wirkungen“ und „mittelbare [oder ‚Reflex-‘] Wirkungen“.) Dieser Unterscheidung folgend kann das Territorialitätsprinzip in der Weise genauer formuliert werden, daß das GWB auf alle Wettbewerbsbeschränkungen Anwendung findet, bei denen deren „Nahwirkungen“ im Inland auftreten, auf Wettbewerbsbeschränkungen hingegen, die das Inland lediglich durch ihre „Fernwirkungen“ beeinflussen, findet das GWB keine Anwendung. Was volkswirtschaftlich unter „Nahwirkungen“ zu verstehen ist, ergibt sich aus dem volkswirtschaftlichen Sinn und Zweck des Gesetzes unter Berücksichtigung seiner wirtschaftspolitischen Zielsetzung.

Das GWB unterscheidet — in Übereinstimmung mit der theoretischen Nationalökonomie — verschiedene Arten von Wettbewerbsbeschränkungen. Da sie sich volkswirtschaftlich auch verschiedenartig auswirken, kann der volkswirtschaftliche Inhalt des Begriffs der „Nahwirkungen“ nicht in allen Fällen der gleiche sein. Im Falle von Wettbewerbsbeschränkungen in Form der Kartellvereinbarungen (§ 1 — § 14 GWB) stellt das Gesetz gemäß § 1 GWB darauf ab, daß (kartellarische) Wettbewerbsbeschränkungen „geeignet sind“, die „Erzeugung“ oder die „Marktverhältnisse“ zu „beeinflussen“. Für den Begriff der „Auswirkungen im Sinne des § 98 Abs. 2 GWB“ hat diese Definition folgende Konsequenzen:
Erstens ergibt sich zunächst negativ in Übereinstimmung mit der nationalökonomischen Theorie, daß die „Auswirkung“ der Kartellvereinbarung *nicht* in der Beschränkung des Wettbewerbs besteht. Zwischen Kartellvereinbarung und Wettbewerbsbeschränkung besteht kein Ursache-Wirkungsverhältnis, sondern lediglich ein logisches Überordnungsverhältnis. Wettbewerbsbeschränkung ist genus proximum zu Kartellvereinbarung, erstere manifestiert sich in Form der letzteren. Kartellvereinbarung *ist* eine Form der Wettbewerbsbeschränkung — neben anderen. Der im Schrifttum gelegentlich auftretenden Auffassung, daß die Wettbewerbsbeschränkung eine „Auswirkung“ der Kartellvereinbarung sei, können wir also nicht folgen. (Diese Auffassung wäre überhaupt nur zu begründen, wenn man die volkswirtschaftlich unhaltbare und deshalb im Schrifttum bestrittene These vertritt, daß der Wettbewerb als Institution der Marktwirtschaft „wegen seines ökonomischen Nutzeffektes“ geschützt werde.)

Zweitens ergibt sich, daß es im Falle der kartellarischen Wettbewerbsbeschränkungen nicht auf die Absichten, Motive, Zielsetzungen usw. der

Kartellmitglieder ankommt. Das Kartell muß vielmehr objektiv geeignet sein, die genannten Wirkungen hervorzubringen. (Da auch der Mißbrauchsbegriff — wie bereits erwähnt — rein objektiv zu fassen ist, kann die Mißbrauchsaufsicht unmittelbar an diesem Begriff der Auswirkungen im Sinne objektiver Eignung anknüpfen.) Der Auffassung *Würdingers*[28], daß bei Kartellvereinbarungen unter „unmittelbaren Auswirkungen" (bzw. „Nahwirkungen") im Sinne von § 98 Abs. 2 GWB nur solche zu verstehen seien, die „sich im Inland nach Absicht (!) der Handelnden auswirken sollen (!)", können wir uns aus den dargelegten Gründen nicht anschließen.

Drittens ergibt sich, daß der § 1 GWB zwei typische Arten von Auswirkungen unterscheidet, Auswirkungen auf die „Erzeugung" und Auswirkungen auf die „Marktverhältnise". Sofern also ein Kartell Auswirkungen auf die „Erzeugung" oder auf die „Marktverhältnisse" hat, liegen „Nahwirkungen" (d. h. „Auswirkungen im Sinne des § 98 Abs. 2 GWB") vor. Falls sie im Inland auftreten, begründen sie die Anwendbarkeit des GWB auf Grund des Territorialitätsprinzips. Im Hinblick auf das Territorium, in dem sich die (kartellarischen) Wettbewerbsbeschränkungen (§ 1 GWB) auswirken, lassen sich deshalb jeweils 4 Fälle unterscheiden. Exportkartelle, d. h. Kartelle, die den Wettbewerb auf Auslandsmärkten beschränken, wobei die Wettbewerbsbeschränkung im Inland „veranlaßt" ist, können also folgende „Auswirkungen" haben:

Fall	Auswirkungen auf	
	die Marktverhältnisse im:	die Erzeugung im:
a	Ausland	Ausland
b	Ausland	Inland
c	Inland	Ausland
d	Inland	Inland

Die Fälle b, c und d sind solche des Typs A IV, hier müssen auf Grund des Territorialitätsprinzips gemäß § 98 Abs. 2 GWB die Bestimmungen des GWB auf das betreffende Kartell angewendet werden. Im Fall a liegt ein Exportkartell des Typs A III vor.

28 *Würdinger, Hans*, Exportkartell und EWG, WuW 1960, Seite 315: „Der Sinn des § 98 Abs. 2, kann daher nur sein, ausländische vertragliche Wettbewerbsbeschränkungen dem deutschen Gesetz zu unterstellen, wenn sie auf das Inland sozusagen *gezielt* sind, also sich im Inland nach Absicht (sic!) der Handelnden auswirken sollen (sic!), wenn also das Inland in den Bereich jenes Marktes mit einbezogen ist, der durch die Wettbewerbsbeschränkung beeinflußt werden soll (sic!) ..."

Volkswirtschaftlich ist der Fall a nur unter ganz bestimmten Voraussetzungen möglich. Auswirkungen auf die „Erzeugung" des von der Kartellvereinbarung erfaßten Erzeugnisses ergeben sich notwendigerweise durch jedes Kartell, das den Preiswettbewerb ausschaltet. Denn jede „Preisregulierung" erfordert — direkt oder indirekt — eine Mengenregulierung. Ein Exportkartell muß also notwendigerweise Inlandswirkungen auf die Erzeugung haben, sofern Exportgüter*produzenten* mit ihren inländischen Produktionsstätten daran beteiligt sind und das Kartell Preise und/oder Mengen reguliert. Es kann also lediglich bei Exportkartellen zwischen Export*händlern* der Fall eintreten, daß keine Inlandswirkungen auf die „Erzeugung" ausgeübt werden. Aber es können sich dann noch Auswirkungen auf die „Marktverhältnisse" bei dem kartellierten Erzeugnis ergeben. Bei einem Exportkartell zwischen Exportgüter*produzenten* ist eine Beeinflussung der Inlands-Marktverhältnisse volkswirtschaftlich unvermeidlich, sofern das kartellierte Erzeugnis oder ein mit diesem von den gleichen Produzenten komplementär oder substitutiv hergestelltes Erzeugnis gleichzeitig im Inland abgesetzt wird. Bei einem Exportkartell unter Export*händlern* heimischer Erzeugnisse werden notwendigerweise die Nachfrage nach den kartellierten Erzeugnissen im Inland und damit dessen „Marktverhältnisse" im Inland durch die Exportkartellierung beeinflußt.

Der Typ A III (Fall a) (kartellarische Wettbewerbsbeschränkungen auf Auslandsmärkten, die im Inland „veranlaßt" sind, und „Auswirkungen" *nur* im Ausland haben) kann volkswirtschaftlich also nur auftreten, wenn

1. ein Kartell zwischen Exportgüterproduzenten vorliegt, und
2. die Kartellvereinbarungen keine Preis- und/oder Mengenregulierungen zum Gegenstand haben, und
3. weder das kartellierte Erzeugnis noch komplementär oder substitutiv mit diesem hergestellte Erzeugnisse zugleich auf dem Inlandsmarkt verkauft werden.

Beispielsweise wäre ein Exportkartell von Exportgüterproduzenten, die ausschließlich Exportgüter herstellen, ein solcher Typ, wenn es ohne Beeinträchtigung des Preiswettbewerbs lediglich etwa die Konditionen gemeinsam festlegen würde.

Viertens ergibt sich aus § 6 Abs. 1, daß Exportkartelle nicht nur außenmarktregelnd sein müssen, sondern sie müssen auch der „Sicherung und Förderung der Ausfuhr dienen". Wenn das Exportkartell aber objektiv zur Sicherung und Förderung der Ausfuhr geeignet ist und diesem Zweck gewidmet ist, so muß es sich notwendigerweise auf die heimische Ausfuhr „auswirken". Auswirkungen auf die heimische Ausfuhr sind volkswirtschaftlich aber „Inlandswirkungen". Ein Exportkartell des Typs A III würde also ferner voraussetzen, daß überhaupt keine volkswirtschaftlichen Auswirkungen auf die heimische Ausfuhr ausgeübt werden. Hier bleibt jedoch festzustellen, daß Exportkartelle ja nur deshalb und insofern zustande kommen, als die Ausfuhr (wert- und mengenmäßig) beeinflußt werden kann. (Da also die Anwendung des § 6 Abs. 1 *voraussetzt,* daß reine Exportkartelle sich auch im Inland „auswirken", so ist es absurd zu behaupten, § 6 Abs. 1 befasse sich mit solchen Exportkartellen, die *nur* Auslandswirkungen haben.) Es wird also auch der seltene Ausnahmefall a „Inlandswirkungen" haben, da die heimische Ausfuhr beeinflußt wird.

Es ergibt sich auf Grund der angestellten Überlegungen, daß reine Exportkartelle volkswirtschaftlich gesehen notwendigerweise Inlandswirkungen im Sinne von § 98 Abs. 2 ausüben. Reine Exportkartelle sind vom Typ A IV, solche des Typs A III gibt es nicht. Der Auffassung *Würdingers*[29], daß die Einbeziehung der reinen Exportkartelle unter die Mißbrauchsaufsicht der Kartellbehörde eine Ausnahme vom Territorialitätsprinzip sei, können wir also nicht folgen.

2. *Die volkswirtschaftlichen Mißbrauchstatbestände bei (reinen) „Exportkartellen im Sinne des § 6 Abs. 1 GWB"*

Wenn die Freistellung vom Kartellverbot des § 1 GWB gemäß § 6 Abs. 1 GWB bei der Kartellbehörde angemeldet wird, hat diese zunächst zu prüfen, ob ein „Exportkartell" vorliegt, d. h. ob überhaupt ein Kartell gemäß § 1 GWB gegeben ist, und ferner, ob dieses die Beschränkung des Wettbewerbs „auf Auslandsmärkten" zum Gegenstand hat. Da dieses Gutachten nicht die Aufgabe hat, sich mit diesen beiden Fragen zu beschäftigen, sei im folgenden angenommen, daß diese beiden Voraussetzungen erfüllt sind.

a) Fehlende Dienlichkeit zur Sicherung und Förderung der Ausfuhr

Der § 6 Abs. 1 GWB gibt keine *generelle* Ausnahme für Exportkartelle vom allgemeinen Kartellverbot, weil er sich nur auf solche Exportkartelle erstreckt, „die der Sicherung und Förderung der Ausfuhr dienen". Die Kartellbehörde hat deshalb im Rahmen ihrer Mißbrauchsaufsichtspflicht zu prüfen, ob das angemeldete und somit kraft Gesetzes wirksame Exportkartell (§ 9 Abs. 2 GWB) auch der „Sicherung und Förderung der Ausfuhr dient". Ist das nicht der Fall, so hat sie die in § 12 Abs. 2 GWB bezeichneten Maßnahmen zu treffen, d. h., sie muß das Exportkartell unter Umständen sogar für unwirksam erklären.

[29] *Würdinger, Hans,* a.a.O., Seite 316/317. Da das rechtswissenschaftliche Gutachten (vgl. *Eichler, Hermann,* unten S. 205) dieser Auffassung *Würdingers* beitritt, kann ihm hier nicht gefolgt werden.

Der Auffassung *Würdingers*, „daß § 6 (Abs. 1) GWB *alle* Arten von Kartellverträgen im Sinne des § 1 GWB umfaßt, deren Wettbewerbsregelung sich auf Auslandsmärkte bezieht und sich zugleich auf sie beschränkt, jedoch gleichgültig, welchen Inhalt sie im einzelnen haben" [30], können wir nicht folgen. Würdinger begründet seine Auffassung damit, daß es der Sinn des § 6 Abs. 1 GWB sei, deutsche Exportunternehmen vom allgemeinen Kartellverbot *„generell"* freizustellen. Wäre diese Auffassung zutreffend, so wäre im Gesetz die Kennzeichnung der im § 6 GWB erfaßten Exportkartelle als solche, „die der Sicherung und Förderung der Ausfuhr dienen" völlig sinnlos. Würdinger stützt seine Auffassung auf die Beratungen des Gesetzes. In den Beratungen wurde jedoch lediglich die an das „Ermessen der Kartellbehörde" geknüpfte Ausnahme ersetzt durch eine Ausnahme „kraft Gesetzes".[30a] Die Begrenzung dieser Ausnahme speziell auf „Exportkartelle, die der Sicherung und Förderung der Ausfuhr dienen", wurde in den Beratungen nie beseitigt. Eine Ausnahme von „speziellen Exportkartellen kraft Gesetzes" ist aber nicht identisch mit einer Ausnahme „generell für Exportkartelle". In den Beratungen wurde aus einer „speziellen Ausnahme für spezielle Exportkartelle" eine „generelle Ausnahme für spezielle Exportkartelle", es wurde aber keine generelle Ausnahme „generell für Exportkartelle" geschaffen. Da die Auffassung Würdingers auf dieser Verwechselung beruht, können wir uns ihr nicht anschließen. Auch in dem Hinweis, daß „die Begründung zutreffend von einer ‚Art von Meistbegünstigungsklausel' spricht" [31], kann keine Stützung der Auffassung *Würdingers* gesehen werden, lautet doch der entsprechende Abschnitt der Begründung zum Regierungsentwurf (zu § 5 Nr. 2): „Auch für den Außenhandel hat das Gesetz keine generelle Ausnahme (sic!) zugelassen. Es bedarf also auch hier einer Erlaubnis im Einzelfall. Sie setzt voraus, daß die Kartellabsprache geeignet ist, den Außenhandel zu sichern und zu fördern ... Damit ist für die Exportwirtschaft eine Art ‚Meistbegünstigungsklausel' geschaffen." Das Erfordernis der „Erlaubnis" wurde in den Beratungen beseitigt, die Begrenzung der „Meistbegünstigung" auf Exportkartelle, „die der Sicherung und Förderung der Ausfuhr dienen", dagegen nicht.

Der volkswirtschaftliche Inhalt dieses Mißbrauchstatbestandes „Fehlende Dienlichkeit zur Sicherung und Förderung der Ausfuhr" ergibt sich aus den vorangegangenen Überlegungen. Sofern demnach das Exportkartell Wettbewerbsbeschränkungen umfaßt, die keine „absatzwirtschaftlichen Rationalisierungen" oder keine „Verteidigung" auf Auslandsmärkten zum Gegen-

[30] *Würdinger, Hans,* a.a.O., Seite 317. (Hinter „§ 6" wurde vom Verf. [Abs. 1] eingefügt, da nur dieser von *Würdinger* gemeint sein kann. Es handelt sich offenbar um einen lapsus calami.)

[30a] Vgl. oben S. 102—103 und die dort gegebenen Anmerkungen 23 und 24.

[31] *Würdinger, Hans,* a.a.O., Seite 316.

stand haben, und die zu diesen Zwecken „nicht notwendig" sind, liegt „Mißbrauch" vor.[31a] Ein solcher liegt ferner vor, wenn und soweit die „nachteiligen" Auswirkungen auf die volkswirtschaftliche Ausfuhr und die „nachteiligen" (unmittelbaren und mittelbaren) Auswirkungen im Inland insgesamt „überwiegend" sind. (Da es sich hier nicht mehr um die Frage der territorialen Anwendbarkeit des GWB handelt, müssen also bei Beurteilung, ob „Mißbrauch" vorliegt, außer den „Nahwirkungen" im Sinne des § 98 Abs. 2 GWB, zusätzlich die „Fernwirkungen" berücksichtigt werden.)

Beispielsweise ist ein „aggressives" Exportkartell, da es eine Angebotsrestriktion voraussetzt, notwendigerweise ein Exportkartell des Typs A IV. Auf Grund des Territorialitätsprinzips fällt es — wie oben dargelegt — unter § 1 GWB. Wenn es gemäß § 6 Abs. 1, § 9 Abs. 2 GWB zum Zwecke der Freistellung vom allgemeinen Kartellverbot bei der Kartellbehörde angemeldet wird, muß diese überprüfen, ob es zur „absatzwirtschaftlichen Rationalisierung" oder zur „Verteidigung" auf Auslandsmärkten geeignet ist. Hier wird eine volkswirtschaftliche Analyse der betreffenden Auslandsmärkte unvermeidlich. Sofern auf Auslandsmärkten ein funktionsfähiger Wettbewerb besteht und das Exportkartell als „aggressives" Exportkartell diesen auf Auslandsmärkten bestehenden Wettbewerb beschränkt, liegt Mißbrauch im Sinne von § 6 Abs. 1, § 12 GWB vor. Die Auffassung Würdingers[32], „daß die Kartellbehörde bei der Ausübung ihrer Kontrolle nach § 12 Abs. 1 Nr. 1 GWB keine Einwendungen aus dem Gesichtspunkt des *Schutzes* des ausländischen Marktes ableiten darf", steht dem nicht entgegen. Die Überprüfung der Wettbewerbsverhältnisse auf den Auslandsmärkten erfolgt *nicht* aus dem Gesichtspunkt des „Schutzes des ausländischen Marktes", sondern aus dem Gesichtspunkt des „Schutzes der heimischen Ausfuhr", d. h. dem der internationalen Arbeitsteilung. Die Überprüfung der Wettbewerbsverhältnisse auf den Auslandsmärkten durch die Kartellbehörde liefert dieser die Kriterien dafür, ob die *Ausfuhr* durch ein Exportkartell gesichert und gefördert wird. Wenn auch nach Würdinger[32a] die Einbeziehung von Gesichtspunkten zum „*Schutz* des ausländischen Marktes" in die Überlegungen der Kartellbehörde ein anfechtbarer Ermes-

31a *Privat*wirtschaftlich wird der Exportkartellvertrag „per se" zwecks Sicherung und Förderung der Ausfuhr geschlossen. Darauf kommt es hier aber gar nicht an. Die Ausfuhrförderung und -sicherung muß im *volks*wirtschaftlichen Sinne gegeben sein. (Vgl. auch Seite 130 f.) Wir können deshalb *Würdinger,* a.a.O., Seite 318, und damit dem rechtswissenschaftlichen Gutachten, das sich in diesem Punkt (vgl. *Hermann Eichler,* unten S. 202) an *Hans Würdinger* anlehnt, nicht zustimmen, da er Ausfuhrdienlichkeit nur im ***privatwirtschaftlichen*** Sinne versteht. Ein Exportkartell dient volkswirtschaftlich *nicht* „per se" der Ausfuhrförderung bzw. -sicherung.

32 *Würdinger, Hans,* a.a.O., Seite 318.

32a *Würdinger, Hans,* aaO., Seite 318.

sensfehler wegen Berücksichtigung sachfremder Gesichtspunkte sein mag, so können wir der daraus gezogenen Folgerung, die Kartellbehörde habe demgemäß nur zu prüfen, ob das Exportkartell „die deutsche Inlandswirtschaft *nicht schädigt*", nicht in dem dort gemeinten Sinne folgen. Denn die Kartellbehörde hat auch zu prüfen, ob das Kartell der Sicherung und Förderung der Ausfuhr dient. Diese Überprüfung ist volkswirtschaftlich jedoch ohne eine Berücksichtigung der Wettbewerbsverhältnisse auf Auslandsmärkten unmöglich. Die Beseitigung eines auf Auslandsmärkten bestehenden Wettbewerbs durch ein „aggressives" deutsches Exportkartell bedeutet aber eine Restriktion der deutschen Ausfuhr. Die Kartellbehörde würde ihre Mißbrauchsaufsichtspflicht vernachlässigen, wenn sie die ausländischen Marktverhältnisse bei ihren Überlegungen nicht berücksichtigen würde.

b) Inlandsausdehnung

Zuletzt muß überprüft werden, ob sich das Exportkartell, das der Sicherung und Förderung der Ausfuhr dient, auf Ausländsmärkte „beschränkt", d. h., ob es ein „reines" Exportkartell ist. Exportkartelle sind Kartelle zur „Regelung des Wettbewerbs auf Auslandsmärkten", wobei „unter dem Begriff der Regelung ... die Gesamtheit aller rechtlichen und tatsächlichen Verhältnisse zu verstehen (ist), aus denen sich im Einzelfall Art und Ausmaß der Wettbewerbsbeschränkungen ergeben".[33] Der § 6 GWB unterscheidet Exportkartelle, bei denen sich die Regelung des Wettbewerbs auf Auslandsmärkte „beschränkt" (Absatz 1) von solchen, bei denen „diese Regelung" auch den Verkehr mit Waren und gewerblichen Leistungen im Inland „umfaßt" (Absatz 2). Exportkartelle im Sinne des § 6 GWB müssen entweder unter Absatz 1 fallen oder unter Absatz 2, eine dritte Möglichkeit ist nicht vorgesehen. Infolgedessen steht eine „Regelung mit Beschränkung auf Auslandsmärkte" in kontradiktorischem Gegensatz zu einer „Regelung, die auch Inlandsmärkte umfaßt". Sofern ein nach § 6 Abs. 1 GWB angemeldetes Exportkartell „auch die Inlandsmärkte umfaßt", ist der Tatbestand des Mißbrauchs erfüllt, es soll im folgenden als „Exportkartell mit Inlandsausdehnung" oder als „Exportkartell im Sinne von § 6 Abs. 2 GWB" bezeichnet werden. Der „Mißbrauch" besteht in diesem Falle darin, daß keine „Erlaubnis" nach § 6 Abs. 2 GWB beantragt wurde.

Die „Inlands*ausdehnung*" eines Exportkartells ist nicht zu verwechseln mit seiner „Inlands*wirkung*" im Sinne des § 98 Abs. 2 GWB. Die Wettbewerbsbeschränkung hat, wenn sie in Form einer Kartellvereinbarung auftritt, zwei Aspekte. Einmal handelt es sich um eine vertragliche Bindung im Sinne einer juristischen obligatio, zugleich ist sie ferner ökonomisch eine

[33] Begründung zum Regierungsentwurf, Kapitel C, zu § 2.

Beschränkung der „Freiheit des Wettbewerbs". Wir können deshalb Würdinger nicht folgen, wenn er die wirtschaftliche „Seite" der Wettbewerbsbeschränkung als eine (wirtschaftliche) „Auswirkung" der rechtlichen Bindung bezeichnet.[34] Dadurch entstehen Mißverständnisse, weil dann drei Arten von „Auswirkungen" unterschieden werden müssen:

1. Die „Auswirkung in Form der Wettbewerbsbeschränkung".
2. Die „Auswirkungen der Wettbewerbsbeschränkungen gemäß § 98 Abs. 2 GWB" (oben als „Nahwirkungen" bezeichnet).
3. Die volkswirtschaftlichen „Fernwirkungen".

Es soll deshalb im folgenden unter „Wettbewerbsbeschränkung" die „wirtschaftliche Seite", nämlich die Beschränkung der „Freiheit des Wettbewerbs" verstanden werden, so daß der Terminus „Auswirkungen" nur auf die „Nahwirkungen" und „Fernwirkungen" angewendet wird. Die in Form eines Kartells auftretende rechtliche und zugleich ökonomische Beschränkung des Wettbewerbs (hier „Regelung" genannt) ist etwas anderes als deren „Auswirkungen" unmittelbar auf die Erzeugung und die Marktverhältnisse und mittelbar durch die Interdependenz der ökonomischen Größen auch in andere Wirtschaftsbereiche hinein.

„Inlands*wirkungen*" liegen — wie oben dargelegt — bei allen Exportkartellen des Typ A I vor, der der Regelfall ist. Das bloße Vorhandensein von „Inlands*wirkungen*" begründet keinen Mißbrauchstatbestand. (Sind die „Inlandswirkungen" jedoch nachteilig und sind diese Nachteile „überwiegend", so ergibt sich der vorher beschriebene Mißbrauchstatbestand fehlender Dienlichkeit zur Sicherung und Förderung der Ausfuhr.) „Inlands*ausdehnung*" dagegen liegt vor, wenn die Kartellvereinbarung selbst die Inlandsmärkte umfaßt. Sobald also auf dem Inlandsmarkt die Tatbestandsmerkmale des § 1 GWB erfüllt sind, liegt „Mißbrauch" im Sinne von § 6 Abs. 1, § 12 GWB vor.

Begrifflich ist die Unterscheidung zwischen den (nicht mißbräuchlichen) „Inlandswirkungen" und den (mißbräuchlichen) „Inlandsausdehnungen" relativ einfach, praktisch ist es jedoch sehr viel schwieriger, eine solche „Inlandsausdehnung" zu erkennen. Denn es muß ferner berücksichtigt werden, daß auch die „Inlandsausdehnung" selbst wieder Auswirkungen auf die Erzeugung und Marktverhältnisse im Inland hat. Wenn die Kartellvereinbarung nicht — oder nur zum Teil — bekannt ist (und damit muß die Kartellbehörde bei Ausübung ihrer Mißbrauchsaufsichtspflicht rechnen), läßt sich das Kartell nur an seinen volkswirtschaftlichen Auswirkungen erken-

[34] *Würdinger, Hans,* a.a.O., Seite 316. Die Auffassung Würdingers fußt letzten Endes auf der These, daß in § 1—14 GWB der Wettbewerb als Institution der Marktwirtschaft nur „wegen seines ökonomischen Nutzeffektes" zu schützen sei. Auch deshalb, weil wir diese — bestrittene — These für verfehlt halten, können wir uns der Auffassung Würdingers nicht anschließen.

nen. Da die „Inlands*wirkungen*" eines Exportkartells aber sowohl auf die „Wettbewerbsbeschränkung auf Auslandsmärkten" zurückzuführen sein können als auch auf deren „Inlands*ausdehnung*", bedarf es im Einzelfall jeweils einer sorgfältigen volkswirtschaftlichen Analyse. Wenn beispielsweise die „Marktverhältnisse" im Inland bei einem auch im Inland abgesetzten Exporterzeugnis durch ein Exportkartell verändert werden, so kann diese Beeinflussung entweder lediglich ein induziertes wettbewerbsbeschränkendes Verhalten der Kartellmitglieder im Inland (z. B. bewußtes Parallelverhalten, Anpassung im Inland an einen Preisführer) zur Ursache haben oder aber eine Kartellvereinbarung. Im ersten Fall liegt eine „Inlands*wirkung*" eines reinen Exportkartells vor; hier ist Mißbrauch nur bei fehlender Dienlichkeit zur Sicherung und Förderung der Ausfuhr gegeben.[34a] Im zweiten Fall liegt dagegen eine *„Inlandsausdehnung"* vor, die unmittelbar den Mißbrauchstatbestand erfüllt. Die praktische Erkennbarkeit einer solchen „Inlandsausdehnung" wird weiterhin dadurch erschwert, daß die „Inlandsausdehnung" häufig in Form eines „gentlemen agreement" vorgenommen wird[35], die ja nach der Begründung zum Regierungsentwurf (Nr. 6 zu § 1) als Kartellvereinbarung im Sinne von § 1 GWB anzusehen ist.

Volkswirtschaftlich lassen sich drei Fälle der „Inlandsausdehnung" unterscheiden:

1. Bei Erzeugnissen des „indirekten" Exports, die also über eine Export-Handelsorganisation abgesetzt werden, gibt es zwischen Exportgüterproduzenten und Exporthändlern einen Inlandsmarkt. Kartellvereinbarungen zwischen Exportgüterproduzenten betreffen diesen Inlandsmarkt, da die Wettbewerbsbeschränkung sich notwendigerweise auch immer auf die Exporthändler auswirkt. Es handelt sich hier um eine Inlandsausdehnung „zur Regelung des Exporthandels".
2. Bei Exporterzeugnissen, die zugleich im Inland und im Ausland abgesetzt werden, kann sich die Kartellvereinbarung auch auf den Inlandsabsatz der Kartellmitglieder erstrecken. („Gemischte Inland-Export-

[34a] Sofern sich durch Beschränkungen des Wettbewerbs Wirkungen ergeben, können solche Wirkungen also im Rahmen der Mißbrauchsaufsicht sehr wohl von Interesse sein, auch wenn sie „nicht zugleich Wettbewerbsbeschränkungen" sind. Hier unterscheidet sich die Auffassung des Verf. von der des betriebswirtschaftlich-absatzwirtschaftlichen Gutachtens, in dem es heißt: „Aber nur solche Sekundärwirkungen des Exportkartells, die zugleich eine Wettbewerbsbeschränkung im Inland darstellen, können im Rahmen des GWB von Interesse sein." *(Schäfer, Erich,* supra, S. 63).

[35] Berühmtes Beispiel sind die sog. Gary-dinners der amerikanischen Stahlindustrie gewesen. Vgl. ferner den Bericht von *Leslie T. Fournier* über die Geschäftspraxis der amerikanischen Copper Exporters, Inc., die eine zugelassene Export Association war. (The Purposes and Results of the Webb-Pomerene Law, The American Economic Review, Vol. XXII/1932, Seite 18—33.)

Kartelle.") Sie soll im folgenden als Inlandsausdehnung „zur Regelung des Inlandsabsatzes" bezeichnet werden.

3. Bei Exporterzeugnissen, die zugleich im Ausland hergestellt werden, kann die Kartellvereinbarung — wenn am Kartell deutsche Exportproduzenten mit ausländischen Produktionsstätten oder ausländische Produzenten beteiligt sind — eine Importbeschränkung umfassen. Damit wird auf dem Markt des kartellierten Erzeugnisses der Inlandswettbewerb der Kartellmitglieder beschränkt. Dieser Fall soll Inlandsausdehnung „zur Regelung des Imports" genannt werden.

3. *Die volkswirtschaftlichen Voraussetzungen zur Erlaubniserteilung bei „Exportkartellen (mit Inlandsausdehnung) im Sinne des § 6 Abs. 2 GWB"*[35a]

In § 6 Abs. 2 GWB kommt zunächst zum Ausdruck, daß eine Erlaubnis der Kartellbehörde erforderlich ist, „wenn eine in Absatz 1 bezeichnete Regelung auch den Verkehr mit Waren oder gewerblichen Leistungen im Inland umfaßt". Die Möglichkeit zu einer Erlaubniserteilung setzt also voraus, daß es sich

1. um „die in Absatz 1 bezeichnete Regelung" handelt, d. h. daß ein „Exportkartell, das der Sicherung und Förderung der Ausfuhr dient", vorliegt, und
2. daß diese Regelung auch das Inland „umfaßt", daß es sich also genaugenommen um ein „Exportkartell mit Inlandsausdehnung, das der Sicherung und Förderung der Ausfuhr dient", handelt.

Der erforderliche Antrag bezieht sich auf diese Regelung als Ganzes, ebenso eine eventuell zu erteilende Erlaubnis. Die einer Erlaubniserteilung vorangehende Beurteilung durch die Kartellbehörde muß sich demnach nicht nur auf die in der Gesamtregelung enthaltene Inlandsausdehnung beziehen, sondern auf die Auslands- *und* Inlandsregelung.

Bei der Erlaubniserteilung wird das Ermessen der Kartellbehörde zunächst im § 6 GWB begrenzt: die Erlaubnis *muß* erteilt werden, wenn die Inlandsausdehnung notwendig ist, „um die erstrebte Regelung des Wettbewerbs auf Auslandsmärkten sicherzustellen" (Absatz 2), sie *darf nicht* erteilt werden im Falle des Absatzes 3. Liegen die Voraussetzungen, bei denen die Kartellbehörde zur Erlaubniserteilung verpflichtet ist (Absatz 2), nicht vor, aber auch nicht jene Gründe des Absatzes 3, welche der Erlaubniserteilung entgegenstehen, so hat die Behörde in Ermessen zu entscheiden, ob sie die Erlaubnis erteilen will oder nicht.[36] Nach der Erlaubniserteilung sind der Kartellbehörde durch § 11 Abs. 5 GWB weitere Verpflichtungen aufer-

[35a] Vgl. Ausnahmeregelung, aaO., S. 326.

legt. Insbesondere ist für dieses Gutachten Nr. 2 des § 11 Abs. 5 GWB zu berücksichtigen. Danach ist die „Erlaubnis zu widerrufen oder durch Anordgung von Beschränkungen oder Bedingungen zu ändern, oder mit Auflagen zu versehen, soweit das Kartell oder die beteiligten Unternehmen die durch die Erlaubnis erlangte Freistellung vom § 1 GWB mißbrauchen". Diese Mißbrauchsaufsichtspflicht gilt sowohl für Exportkartelle, denen die Kartellbehörde die Erlaubnis nach Absatz 2 erteilen *muß*, als auch für die genannten Fälle, in denen sie die Erlaubnis in ihrem Ermessen erteilen *kann*. (Rein *formal* könnte die Kartellbehörde in den letzten Fällen also auch einem mißbräuchlichen Exportkartell mit Inlandsausdehnung in ihrem Ermessen die Erlaubnis erteilen. Sie wäre aber nach Erlaubniserteilung verpflichtet, diese Erlaubnis unter Umständen zu widerrufen. *Praktisch* wird die Kartellbehörde deshalb bereits vor der Erlaubniserteilung überprüfen, ob ein „Mißbrauchstatbestand" im Sinne des § 11 Abs. 5 Nr. 2 GWB vorliegt. Insofern ist in diesen Fällen das Ermessen der Kartellbehörde zwar nicht formal, aber doch faktisch begrenzt.)

Die Erlaubnis nach Absatz 2 *muß* erteilt werden, sofern die Inlandsausdehnung notwendig ist, „um die erstrebte Regelung des Wettbewerbs auf Auslandsmärkten sicherzustellen". Die „erstrebte Regelung" ist aber ein „Exportkartell, das der Sicherung und Förderung der Ausfuhr dient". Demgemäß hat die Kartellbehörde vor der Erlaubniserteilung nach Absatz 2 nicht nur die „Notwendigkeit" der im Inland beabsichtigten Wettbewerbsbeschränkung zu überprüfen. Sie muß darüber hinaus prüfen, ob das beabsichtigte Exportkartell — einschließlich der beabsichtigten Inlandsausdehnung — „der Sicherung und Förderung der Ausfuhr dient". Die Erlaubnis *muß also nicht* erteilt werden, wenn das betreffende Exportkartell

a) keine „absatzwirtschaftlichen Rationalisierungen" oder keine „Verteidigung" auf Auslandsmärkten zum Gegenstand hat, oder wenn es
b) mehr Wettbewerbsbeschränkungen
   aa) auf Auslandsmärkten oder
   bb) zur Regelung des „Exporthandels", des „Inlandsabsatzes" oder des „Imports" auf Inlandsmärkten

enthält, als zu den genannten Zwecken des Exportkartells „notwendig" ist.

Ob die Kartellbehörde unter solchen Umständen einem Exportkartell die Erlaubnis erteilen *kann*, hängt — praktisch wenigstens — davon ab, ob und inwieweit es einen Mißbrauchstatbestand im Sinne des § 11 Abs. 5 Nr. 2 GWB erfüllt.

[36] so *Würdinger, Hans,* a.a.O., Seite 318.

4. Die volkswirtschaftlichen Mißbrauchstatbestände bei „Exportkartellen (mit Inlandsausdehnung) im Sinne des § 6 Abs. 2 GWB"[36a]

Die volkswirtschaftlichen Mißbrauchstatbestände bei einem Exportkartell, dem nach § 6 Abs. 2 GWB die Erlaubnis erteilt wurde, ergeben sich nach dem Wortlaut aus dem volkswirtschaftlichen Sinn und Zweck der durch § 6 GWB getroffenen Ausnahmeregelung für Exportkartelle. Da nur solche Exportkartelle vom allgemeinen Kartellverbot freigestellt werden sollen, „die der Sicherung und Förderung der Ausfuhr dienen", gibt es hier zunächst die gleichen Mißbrauchstatbestände wie bei § 6 Abs. 1, § 12 GWB, es fallen lediglich die Mißbrauchstatbestände in Form einer „Ausdehnung auf Inlandsmärkte" fort. Demgemäß liegt Mißbrauch vor, wenn das Kartell keine „absatzwirtschaftliche Rationalisierung" oder keine „Verteidigung" auf Auslandsmärkten zum Gegenstand hat. Ferner liegt Mißbrauch vor, wenn die erwähnten „nachteiligen Auswirkungen" dieses Exportkartells insgesamt überwiegend sind. Außerdem liegt Mißbrauch vor, wenn das Kartell mehr Wettbewerbsbeschränkungen (auf Auslands- *und* Inlandsmärkten) enthält, als zu diesen Zwecken „notwendig" sind.

Hier ergeben sich Konsequenzen im Hinblick auf die — oben nicht beantwortete — Frage, wie weit der Ermessensspielraum ist, innerhalb dessen die Kartellbehörde die Erlaubnis gemäß § 6 Abs. 2 GWB erteilen kann. Die Kartellbehörde muß eine Erlaubnis nach § 6 Abs. 2 GWB erteilen, sofern die „Inlandsausdehnung" in dem genannten Sinne „notwendig" ist. Sofern die Inlandsausdehnung „nicht notwendig" ist, und ferner noch nicht jene Gründe des Absatzes 3, die einer Erlaubnis entgegenstehen, gegeben sind, kann die Kartellbehörde rein formal in ihrem Ermessen eine Erlaubnis erteilen. Sie müßte aber nach Erlaubniserteilung im Rahmen ihrer Mißbrauchsaufsichtspflicht (§ 11 Abs. 5 Nr. 2 GWB) tätig werden, weil die Inlandsausdehnung „nicht notwendig" ist. Es wäre aber unsinnig, wenn die Kartellbehörde zunächst in ihrem Ermessen einer „nicht notwendigen" Inlandsausdehnung die Erlaubnis erteilen würde, die sie anschließend im Rahmen ihrer Mißbrauchsaufsichtspflicht insofern widerrufen muß. *Praktisch* liegt es also nicht im Ermessen der Kartellbehörde, in den Fällen einer „nicht notwendigen" Inlandsausdehnung eine Erlaubnis zu erteilen.

Der Absatz 3 gibt Gründe an, die einer Erlaubniserteilung im Wege stehen. Nach Nr. 1 darf die Erlaubnis nicht erteilt werden, wenn das Exportkartell „zu einer wesentlichen Beschränkung des Wettbewerbs im Inland führen kann und das Interesse an der Erhaltung des Wettbewerbs überwiegt". (Nr. 2 des § 6 Abs. 3 GWB ist nicht Gegenstand dieses Gutachtens.) Bei den Kennzeichnungen „wesentliche Beschränkungen des Wett-

[36a] Vgl. Ausnahmeregelung, aaO., S. 327.

bewerbs" und „überwiegendes Interesse an der Erhaltung des Wettbewerbs" handelt es sich nicht um spezifische Tatbestände des § 6 GWB. Sie bedürfen deshalb keiner besonderen Interpretation im Rahmen dieses Gutachtens. Jedoch muß das Verhältnis der Tatbestände des Absatzes 3, bei dessen Vorhandensein eine Erlaubnis nicht erteilt werden darf, zu den Mißbrauchstatbeständen des § 6 Abs. 2, § 11 Abs. 5 Nr. 2 GWB erörtert werden. Der Absatz 3 Nr. 1 wäre sinnlos, wenn erst eine „wesentliche Beschränkung des Wettbewerbs im Inland *und* ein überwiegendes Interesse an der Erhaltung des Wettbewerbs" einen Mißbrauchstatbestand im Sinne des § 6 Abs. 2, § 11 Abs. 5 Nr. 2 GWB erfüllten. Er gibt gewissermaßen die äußerste Grenze für die Erlaubnis. Mißbrauch liegt unter anderem vor, wenn die „nachteiligen Auswirkungen überwiegend sind". Hier muß die Kartellbehörde auf Grund ihrer Mißbrauchsaufsichtspflicht einschreiten. Die „nachteiligen Auswirkungen" können aber schon dann „überwiegend" sein, wenn der Tatbestand „wesentliche Beschränkung des Wettbewerbs im Inland *und* überwiegendes Interesse an der Erhaltung des Wettbewerbs" noch nicht erfüllt ist. Auch wenn also „eine wesentliche Wettbewerbsbeschränkung im Inland *und* ein überwiegendes Interesse an der Erhaltung des Wettbewerbs" nicht vorliegen, können trotzdem „überwiegende nachteilige Auswirkungen" gegeben sein, die ein Einschreiten der Kartellbehörde im Rahmen ihrer Mißbrauchsaufsichtspflicht erforderlich machen.

5. Ergebnis

(Reine) „Exportkartelle im Sinne des § 6 Abs. 1 GWB" erfüllen volkswirtschaftlich den Tatbestand des Mißbrauchs im Sinne von § 12 Abs. 1 Nr. 1 GWB, wenn sie

a) keine „absatzwirtschaftlichen Rationalisierungen" oder keine „Verteidigung" auf Auslandsmärkten zum Gegenstand haben, oder wenn sie
b) mehr Wettbewerbsbeschränkungen enthalten, als zur „absatzwirtschaftlichen Rationalisierung" oder zur „Verteidigung" auf Auslandsmärkten „notwendig" ist, oder wenn sie
c) eine „Regelung des Exporthandels" einschließen, oder wenn sie
d) eine „Regelung des Inlandsabsatzes" umfassen, oder wenn sie
e) eine „Regelung des Imports" des kartellierten Erzeugnisses beinhalten, oder wenn
f) die „nachteiligen" Auswirkungen auf die volkswirtschaftliche Ausfuhr und die „nachteiligen" (unmittelbaren und mittelbaren) Auswirkungen im Inland insgesamt „überwiegend" sind.

„Exportkartelle (mit Inlandsausdehnung) im Sinne des § 6 Abs. 2 GWB"

erfüllen die für eine Erlaubniserteilung (gemäß § 6 Abs. 2, § 9 Abs. 2 GWB) erforderlichen volkswirtschaftlichen Voraussetzungen nicht, wenn sie

a) keine „absatzwirtschaftliche Rationalisierungen" oder keine „Verteidigung" auf Auslandsmärkten zum Gegenstand haben, oder wenn sie
b) mehr Wettbewerbsbeschränkungen
   aa) auf Auslandsmärkten
   bb) zur Regelung des „Exporthandels", des „Inlandsabsatzes" oder des „Imports" auf Inlandsmärkten

   enthalten, als zu den genannten Zwecken des Exportkartells „notwendig" ist, oder wenn sie
c) zu einer wesentlichen Beschränkung des Wettbewerbs führen *und* das Interesse an der Erhaltung des Wettbewerbs überwiegt. (§ 6 Abs. 3 GWB)

„Exportkartelle (mit Inlandsausdehnung) im Sinne des § 6 Abs. 2 GWB" erfüllen volkswirtschaftlich den Tatbestand des Mißbrauchs im Sinne von § 11 Abs. 5 Nr. 2 GWB, wenn sie

a) eine der für eine Erlaubniserteilung gemäß § 6 Abs. 2 GWB erforderlichen volkswirtschaftlichen Voraussetzungen nicht erfüllen (siehe vorstehend), oder wenn
b) die „nachteiligen" Auswirkungen auf die volkswirtschaftliche Ausfuhr und die „nachteiligen" (unmittelbaren und mittelbaren) Auswirkungen im Inland insgesamt „überwiegend" sind.

TEIL II

Typische Exportkartelle und ihre volkswirtschaftliche Beurteilung unter Berücksichtigung des § 6 GWB

Eine volkswirtschaftliche Beurteilung von Exportkartellen kann nicht auf Grund der betriebswirtschaftlichen Organisationsform oder der rechtlichen Konstruktion der Exportkartelle erfolgen. Gleiche Rechts- und Organisationsformen können volkswirtschaftlich sehr unterschiedliche, unter Umständen sogar gegensätzliche Auswirkungen haben. Welche volkswirtschaftlichen Auswirkungen ein in einer bestimmten rechtlichen und betriebswirtschaftlichen Weise ausgestaltetes Exportkartell hat, hängt von den volkswirtschaftlichen Voraussetzungen ab, unter denen es tätig wird. (So könnte beispielsweise eine gemeinschaftliche Export-Handelsorganisation in Form einer GmbH volkswirtschaftlich ein absatzwirtschaftliches Exportkartell, ein „aggressives" Exportsyndikat, ein Inlandskartell oder als „Exportgemeinschaft" überhaupt kein Kartell sein.) Eine *volkswirtschaftliche* Beurteilung kann also weder von bestimmten Rechtstypen noch von einer betriebswirtschaftlichen Typologie[37] ausgehen, sondern sie muß an die *volkswirtschaftlichen Voraussetzungen* anknüpfen. Es werden deshalb im folgenden jeweils bestimmte typische Voraussetzungen angenommen, um zu zeigen, welche Kartelle jeweils unter diesen Voraussetzungen auftreten und welchen volkswirtschaftlichen Inhalt die Kartellvereinbarungen dann haben können oder / und müssen. Daran schließt sich jeweils die Beurteilung im Hinblick auf § 6 GWB an.

Auf Grund bestimmter Kartellklauseln oder der von den Kartellpartnern abgegebenen Erklärungen läßt sich nicht ohne weiteres ein bestimmtes Exportkartell in die Typologie des § 6 GWB einordnen. Es ist vielmehr zunächst festzustellen, unter welchen volkswirtschaftlichen Voraussetzungen (z. B. Marktanteil der Kartellpartner im Inland, Wettbewerbssituation auf den Auslandsmärkten, Art des Erzeugnisses usw.) die Kartellvereinbarung erfolgt. Sie müssen — und das gilt in besonderem Maße bei Exportkartellen — sehr häufig erst im Wege einer volkswirtschaftlichen Analyse von empirisch erfaßten Unterlagen herausgearbeitet werden. Diese Aufgabe kann nur von Fall zu Fall gelöst werden.

In der nationalökonomischen Literatur versteht man unter Exportkartellen „Vereinigungen, die ausschließlich zur Hebung der Exportpreise geschaffen wurden und auf die monopolistische Beherrschung des Inlandsmarktes verzichten — also ungefähr das Umgekehrte des Dumpings darstellen. Meistens handelt es sich dabei aber nicht um eine monopolistische Beherrschung des Auslandsmarkts, sondern nur um Exportförderung durch andere Mittel (Verringerung der Reklamespesen, gemeinsame Verkaufsbüros usw.)".[38] Da die Antragsteller bzw. Anmelder von Exportkartellen sich natürlich nicht an die nationalökonomische Terminologie halten, werden im folgenden auch solche den Export betreffenden Vereinbarungen mit behandelt, die in diesem Sinne keine Exportkartelle sind, da sie trotzdem als „Exportkartelle" an die Kartellbehörde herangetragen werden können. Es werden deshalb zunächst Vereinbarungen über „Exportförderungsprämien" oder ähnliche Ausgleichszahlungen im Hinblick auf § 6 GWB untersucht (Kapitel D), anschließend werden die „reinen" Exportkartelle behandelt (Kapitel E), wobei sich isoliert die Frage beantworten läßt, welche Exportkartelle „der Sicherung und Förderung der Ausfuhr dienen". Den Aufbau des § 6 GWB entsprechend werden dann die „Inlandsausdehnungen" über-

[37] z. B. die von *Kleeberg, Rudolf,* Das Exportkartell als Absatzorgan, Köln und Opladen 1959.

[38] *Haberler, Gottfried,* Der internationale Handel, Berlin 1933, Seite 222.

prüft, und zwar zunächst die „Inlandsausdehnungen", die sich aus dem Sachverhalt des direkten Exports ergeben (Kapitel F), und zuletzt die „Inlandsausdehnungen", die die Folge einer „gemischten" Inland-Exportproduktion sind (Kapitel G).

Die Untersuchung beschränkt sich auftragsgemäß auf „nationale" Exportkartelle. Darunter sollen solche Exportkartelle verstanden werden, deren Partner *ausschließlich* rein inländische Unternehmen (bzw. Unternehmensvereinigungen) sind. Ein „nationales" Exportkartell in dem hier verwendeten Sinne liegt nicht mehr vor, wenn einzelne Kartellpartner über ausländische Produktionsstätten verfügen, bzw. ausländische Niederlassungen der gleichen Branche betreiben. Ferner liegt ein „nationales" Exportkartell nicht mehr vor, wenn einzelne Kartellpartner mit ausländischen Unternehmen der gleichen Branche durch kapitalmäßige Verflechtung (konzernmäßig) verbunden sind, also etwa über ausländische Tochtergesellschaften verfügen oder selbst Tochtergesellschaften ausländischer Unternehmen sind. Auch bei Vorliegen von „interlocking directorates" eines inländischen Kartellpartners mit einer ausländischen Unternehmung der gleichen Branche handelt es sich nicht mehr um ein „nationales" Kartell. Da der § 6 GWB nicht zwischen „nationalen" und „internationalen" Exportkartellen unterscheidet, ist diese Begriffsbegrenzung kartellrechtlich nicht bedeutsam. Es ist deshalb hier — im Anschluß an die amerikanischen Antitrust-Erfahrungen — eine Begriffsabgrenzung gewählt, die *volkswirtschaftlich* zweckmäßig ist. (Für eine juristische Betrachtung mag wahrscheinlich eine andere Fassung der Begriffe „nationaler" und „internationaler" Exportkartelle zweckmäßiger sein. Da hier jedoch eine ökonomische Analyse vorgenommen werden soll, ist eine ökonomische Begriffsfassung notwendig.) Die Beurteilung internationaler Kartelle im Hinblick auf § 6 GWB war zwar nicht Aufgabe dieses Gutachtens. Es muß aber darauf hingewiesen werden, daß gerade die internationalen Kartelle vom Standpunkt der wirtschaftspolitischen Zielsetzung des GWB eines der wichtigsten Probleme des § 6 GWB darstellen. Es wurde deshalb wenigstens auf die grundsätzlichen volkswirtschaftlichen Fragen der internationalen Kartellierung, soweit sie durch § 6 GWB aufgeworfen werden, jeweils hingewiesen (vgl. Kapitel E, 2 und Kapitel G, 3).

Die Typen wurden auf Grund empirischer Unterlagen geschaffen, soweit sie dem Gutachter bekannt waren. Es standen dazu vor allem die recht inhaltsreiche Literatur über internationale Kartelle[39], die durch die Anti-

[39] vor allem etwa:
Edwards, Corwin D., International Cartels and Private Trade Agreements, New York 1945.
Hexner, Ervin, International Cartels, London (Pitman & Sons) 1946.
Mason, Edward S., Controlling World Trade, New York—London (McGraw-Hill) 1946.

trust-Politik über Webb-Pomerene Associations gemachten Erfahrungen[40] und die durch das Institut für Exportforschung an der Hochschule für Wirtschafts- und Sozialwissenschaften Nürnberg gesammelten Unterlagen [41] zur Verfügung. Auf spezielle Fälle wurde jedoch kein Bezug genommen. Auch Unterlagen des Bundeskartellamtes wurden eingesehen, doch fehlten in vielen Fällen zu einer volkswirtschaftlichen Beurteilung die notwendigen Erhebungen. Das gilt insbesondere im Hinblick auf den *Inlandsabsatz* und der damit verbundenen Inlandsausdehnung und auch im Hinblick auf eventuelle *Importbeschränkungen* bei internationalen Kartellen.

Fortsetzung der Fußnote Nr. 39

Stocking, George W., & Watkins, Myron W., Cartels in Action, New York (The Twentieth Century Fund) 1946.

Berge, Wendell, Cartels, Challenge to a Free World, Washington D. C. (Public Affairs Press) 1946.

United Nations Publications, Department of Economic Affairs, International Cartels, A League of Nations Memorandum, Lake Success, New York 1947.

40 Siehe vor allem:

Fournier, Leslie T., The Purposes and Results of the Webb-Pomerene Law, The American Economic Review, Vol. XIX/1929.

Notz, W., Ten Years' Operation of the Webb Law, The American Economic Review, Vol. XIX/1929.

US-Senate, 76th Congress, Temporary National Economic Committee, Investigation of Concentration of Economic Power, Monograph No. 6, Export-Prices and Export-Cartels (Webb-Pomerene Associations), Washington (U. S. Government Printing Office) 1940.

US-Senate, 79th Congress, Report of the Foreign Trade Subcommittee of the Special Committee to Study Problems of American Small Business, Small Business and the Webb-Pomerene Act, Washington (U. S. Government Printing Office) 1946.

Consensus Report on the Webb-Pomerene Law, (Verfasser: *Mason, Edward S.; Burns, A. R.; Watkins, Myron W.; Machlup, Fritz*) The American Economic Review, Vol. XXXVII/1947.

Brewster, Kingman, Antitrust and American Business Abroad, New York—Toronto—London (McGraw-Hill) 1958.

Sinn und Zweck des Webb-Pomerene Act war es, amerikanischen Exporteuren eine „Verteidigung" gegen ausländische monopolistische oder monopsonistische Marktpartner zu ermöglichen. Webb-Pomerene-Associations wurden deshalb nicht generell, sondern nur unter ganz bestimmten Voraussetzungen vom Sherman Act freigestellt. Insofern scheint mir die in der vom betriebswirtschaftlich-absatzwirtschaftlichen Gutachten zitierten Quelle (siehe *Erich Schäfer* supra, S. 10) angegebene Begründung „In order to facilitate more systematic control over foreign market possibilities . . ." nicht recht zutreffend zu sein. Vgl. dazu *Fournier, Leslie T.*, The Purposes and Results of the Webb-Pomerene Law, aaO., S. 18.

41 Eine Zusammenfassung findet sich in dem Bericht des Instituts für Exportforschung an der Hochschule für Wirtschafts- und Sozialwissenschaften Nürnberg, Die Exportkartelle in Deutschland seit 1880, der als Teil IV dieser Veröffentlichung abgedruckt ist.

Kapitel D

Vereinbarungen über Exportausgleichszahlungen

Exportausgleichszahlungen treten wirtschaftlich in zwei Formen auf. Einmal können die Hersteller einer Branche vereinbaren, daß jedem einzelnen Produzenten für nachgewiesene Exporte eine für jeden Beteiligten gleiche „Exportprämie“ pro Einheit des Exporterzeugnisses zu zahlen ist. Dadurch soll den Mitgliedern die Möglichkeit verschafft werden, auf Auslandsmärkten billiger als auf Inlandsmärkten anzubieten. Die auszuzahlenden Beträge werden durch eine „Umlage“ (meist vom Inlandsabsatz berechnet) aufgebracht. Der andere Fall liegt vor, wenn die Hersteller einer Branche vereinbaren, ihren inländischen Abnehmern und Weiterverarbeitern einen für jeden Beteiligten gleichen „Exportförderungsrabatt“ auf denjenigen Anteil ihrer Inlandskäufe zu gewähren, der von diesen (unverarbeitet, in be- oder verarbeiteter Form) exportiert wird. Für beide Fälle gibt es die unterschiedlichsten Bezeichnungen. Im folgenden soll der erste Fall als „Exportprämie“ und der zweite Fall als „Exportförderungsrabatt“ bezeichnet werden. Als Oberbegriff soll die Bezeichnung „Exportausgleichszahlungen“ gewählt werden.

1. Vereinbarungen über Exportprämien

a) Volkswirtschaftliche Voraussetzungen für Exportprämienvereinbarungen

Bei B-Gütern (Fertigfabrikate, Halbfabrikate hohen Veredelungsgrades) sind die Preise im Auslandsabsatz häufig geringer als im Inlandsabsatz. Jedoch hat man hier Kartellvereinbarungen über Exportprämien in der Regel nicht gehabt. Dieser Sachverhalt erklärt sich daraus, daß es sich um heterogene Güter handelt, die für eine derartige Kartellierung nicht geeignet sind.

Exportprämien-Vereinbarungen treten bei A-Gütern (Roh- und Grundstoffen) auf. Volkswirtschaftlich sind hier höhere Inlandspreise zunächst dann möglich, wenn es sich um ein Importgut handelt, für das im Inland keine Exportproduktion besteht. Der höhere Inlandspreis setzt voraus, daß Importbeschränkungen (Zölle, Importkontingente) vorhanden sind. Die Inlandspreise können zusätzlich überhöht sein durch ein Inlands-Preiskartell. Exportprämien gibt es hier mangels Export natürlich nicht. Es muß sich beim Auftreten von Exportprämien um ein Erzeugnis handeln, das sowohl für den Inlands- als auch für den Auslandsabsatz hergestellt wird. Ferner muß es auch im Ausland hergestellt werden. (Gäbe es keine Auslandsproduktion, so wären die heimischen Exportproduzenten am Weltmarkt die einzigen Anbieter; sie hätten bei Wettbewerb also keinen Grund, dort billiger zu verkaufen als im Inland.) Ohne Importbeschränkungen müßten sich, da es sich um A-Güter handelt, für Inlands- und Auslandsabsatz — tendenziell — die gleichen Preise ergeben, die lediglich durch Fracht- und sonstige Transferkosten modifiziert wären. Zwar sind auch hier Einfuhrbeschränkungen (Zölle, Kontingente usw.) möglich. Unter Wettbewerbsbedingungen wären sie aber volkswirtschaftlich völlig sinnlos. Denn sobald der Inlandspreis wegen der Einfuhrbeschränkungen über den Weltmarktpreis steigt, wird der Inlandsabsatz für die heimischen Erzeuger günstiger als der Export. Das Inlandsangebot aus der heimischen Erzeugung würde zu Lasten des Exportvolumens steigen, so daß die Inlandspreise gedrückt würden. Bei Wettbewerb im Inland kann also der Inlandspreis nur höchstens kurzfristig oder unwesentlich über dem im Export erzielbaren Preis liegen. Importbeschränkungen wären also *allein* nicht in der Lage, in einem Wirtschaftszweig, dessen Erzeugnisse zum Teil exportiert werden, höhere Inlandspreise zu bewirken. Wenn also bei einem solchen Erzeugnis, das für den Inlands- und Auslandsmarkt produziert wird, die Inlandspreise (mit Berücksichtigung der Frachtkosten usw.) über den Auslandspreisen liegen, dann ist das — sofern kein Einzelmonopol im Inland vorliegt — volkswirtschaftlich auf zwei Sachverhalte zurückzuführen:

1. Es liegen Importrestriktionen vor (Zölle, Kontingente oder internationale Kartellvereinbarungen in Form einer Verpflichtung ausländischer Produzenten, nicht ins Inland zu liefern), *und*
2. Es liegt eine Angebotsrestriktion [42] im Inland vor.

[42] „Angebotsrestriktion" ist hier im volkswirtschaftlichen Sinne zu verstehen. Privatwirtschaftlich wird man sehr häufig die Ansicht finden, daß eine Restriktion des Angebots nicht vorgenommen wird. Vgl. dazu etwa die Ausführungen von *Fritz Machlup*, The Political Economy of Monopoly, Baltimore (The John Hopkins Press) 1952, Seite 26: „Although economists speak of these restrictions of operations as ‚monopolistic' restrictions, the firms in question, or their managers, may not even realize that they restrict their output. As a rule, they satisfy the entire demand that is effective at the announced price, and would be more than glad to expand production if the market could absorb more. The charge of output restriction appears to them as unfair and surely contrary to fact. To the question „Why don't you produce more?" they would answer: „We could not sell more", or „The market could not absorb more." In all probability these would be truthful answers. But „output restriction" does not mean refusal to sell all that is demanded at the given prices; instead, it may mean merely maintenance of prices which were set precisely because the seller recognized the limitations of the markets. Thus, another possible answer to the question might be: „The market would

Die Angebotsrestriktion kann einmal auf ein Preis-Mengen-Kartell im Inland zurückzuführen sein. Es sei hier nur erinnert schon an die Zeit vor dem 1. Weltkrieg, in der deutsche Inlandskartelle solche Exportprämien gezahlt haben (etwa für Roheisen, Drahtstifte, Stahlplatten, Grob- und Feinbleche, Stahlträger, Walzdraht, Stahlschienen, Stabeisen, Koks, Kohlen, Zucker, Spiritus, Druckpapier, Garne usw.).[43] Exportprämien waren in der Geschichte der Kartellbildung ein Instrument von Inlandspreiskartellen zur Aufrechterhaltung hoher Inlandspreise. Da durch die überhöhten Inlandspreise auf kürzere oder längere Frist Überkapazitäten entstehen, ist eine Quotenaufteilung mit teilweiser Unterbeschäftigung der vorhandenen Kapazitäten oder eine Stillegung einzelner Werke notwendig. Für die kartellierten Unternehmungen ist zwar eine Beschäftigung brachliegender Kapazitäten durch Steigerung des sogenannten „Eigenverbrauchs“ möglich. Dieser Ausweg führt zu vertikalen Unternehmenszusammenschlüssen (vertikale Unternehmenskonzentration). Da auf diesem Wege aber der Inlands*verbrauch* insgesamt nicht vergrößert werden kann, wird als weiterer Ausweg ein zusätzlicher Auslandsabsatz („Exportventil“) notwendig. Sofern das Inlandskartell auf dem Weltmarkt keine marktbeherrschende Stellung innehat, muß der Export zu dem niedrigeren Weltmarktpreis erfolgen, notfalls muß dieser noch unterboten werden. Eine solche Beschäftigung brachliegender Kapazitäten durch zusätzlichen Auslandsabsatz ist für die Kartellmitglieder auch privatwirtschaftlich so lange sinnvoll, wie der Auslandspreis noch gerade über den variablen Kosten liegt. (Bei kapitalintensiven Rohstoff- und Grundstoffproduktionen mit hohem Fixkostenanteil kann das ein relativ niedriger Preis sein.) Mit der Quotensetzung im Inland wird für jedes Kartellmitglied aber zugleich das Ausmaß der Überkapazität festgelegt, so daß der Vorteil der hohen Inlandspreise und die „Last“ der billigen Auslandsverkäufe unterschiedlich verteilt zu sein pflegen. Durch die Exportprämien, die aus einer „Umlage“ aufgebracht werden, wird diese „Lastenverteilung“, die man volkswirtschaftlich besser als eine Art von Gewinnverteilung bezeichnen würde, geregelt. Es handelt sich also um den klassischen Fall eines Preis-Mengen-Kartells im Inland. Die Vereinbarungen über Exportprämien sind lediglich ein Bestandteil der Preis- und Quotenvereinbarungen für den Inlandsabsatz.

Fortsetzung der Fußnote Nr. 42

only take more at prices lower than we could afford.“ Sometimes it might be franker to answer: „We could not sell more unless we cut our prices and this would reduce our profit.“ In not a few instances, however, the answer would be: „We could not sell more except by unfair price cutting“ — which implies the existence of an understanding of what is considered „fair“ by the trade and is therefore tantamount to the existence of implicit collusion among the competitors.“

43 Vgl. dazu *Morgenroth, Willi*, aaO., (Anm. 21).

Die überhöhten Inlandspreise und die Angebotsrestriktion im Inland können aber auch durch ein bewußtes Parallelverhalten (etwa im Duopolfall oder im Falle einer Preisführerschaft) verursacht sein. Hier würde es sich volkswirtschaftlich um eine „Preisdiskriminierung" der inländischen Abnehmer gegenüber den ausländischen Abnehmern handeln. (Die kartellrechtliche Beurteilung kann im Rahmen dieses Gutachtens dahingestellt bleiben.) Auch in diesem Fall können Vereinbarungen über Exportprämien getroffen werden. Hier sind solche Vereinbarungen über eine bestimmte Höhe der „Umlagen", der „Exportprämien" und über deren Berechnungsmodus *volkswirtschaftlich* (wenn auch in indirekter Form) *identisch* mit Vereinbarungen über die Größe des Inlandsabsatzes und über die Höhe der Inlandspreise. Denn die Mitglieder müssen sich bei den Vereinbarungen der Exportprämie darüber einig werden, wie weit der Auslandspreis unter dem Inlandspreis liegen soll; dabei muß man sich also über die Höhe des Inlandspreises einig geworden sein. (Manchmal wird auch statt einer festen Exportprämie eine Mindestprämie vereinbart. Die gelegentlich an diesen Sachverhalt geknüpfte Folgerung, daß in diesem Falle keine Wettbewerbsbeschränkung vorläge, ist völlig absurd. Denn gerade bei einer *Mindest*prämie wird der Inlandspreis gesichert, da jedes Kartellmitglied bei seinen Exportverkäufen einen sicheren Zuschuß erwarten kann. Bei einer *Höchst*prämie dagegen würde die Stabilisierung des überhöhten Inlandspreises in Frage gestellt.) Ferner muß man sich über die zusätzlich zu exportierende Menge klar sein; da die Gesamtkapazität des Wirtschaftszweiges kein großes Geheimnis sein dürfte, muß man sich also zunächst einmal einig sein über die Größe des Inlandsabsatzes. Bei Exportprämien-Vereinbarungen wird man deshalb auch in der Regel eine Überkapazität im Inland feststellen können, sie ist geradezu charakteristisch. Ohne Exportprämien müßten deshalb zur Erhaltung der erhöhten Inlandspreise Quoten für den Inlandsabsatz festgelegt werden.

Unter Umständen ist auch ein Wirtschaftszweig mit nur geringem Exportanteil in der Lage, durch Mehrexport die überhöhten Inlandspreise zu halten. Wenn die Preiselastizität der Inlandsnachfrage sehr klein ist, genügt schon eine relativ geringe Angebotsrestriktion im Inland, um den überhöhten Inlandspreis zu halten. (Es sei daran erinnert, daß Inlandskartellierung ohnehin bereits voraussetzt, daß die Preiselastizität der Nachfrage im Inland kleiner als 1 ist, d. h. also relativ gering ist.) Die Exportprämien sind gewissermaßen eine „Prämie für Angebotsrestriktion im Inland", sie ersetzen die durch Inlandspreisfestsetzung andernfalls notwendige Quotierung des Inlandsabsatzes.

Es ist also nicht der Auslandsmarkt, sondern der Inlandsmarkt Gegenstand einer vertraglichen Wettbewerbsbeschränkung. Das „bewußte Parallelverhalten" im Inland wird von dem Augenblick an, in dem solche Vereinbarungen über Exportprämien und Umlagen getroffen werden, zu einem „vereinbarten“ Verhalten. Im volkswirtschaftlichen Sinne liegt dann ein (echtes) Kartell im Inland vor.

b) Beurteilung im Hinblick auf § 6 GWB

Eine Beurteilung vom Standpunkt des § 6 GWB wird davon ausgehen müssen, daß eine „Regelung des Wettbewerbs auf Auslandsmärkten“ nicht vorliegt. Der Wettbewerb auf Auslandsmärkten wird weder unter den heimischen Exporteuren (sie können sich weiterhin gegenseitig unterbieten) noch im Hinblick auf ausländische Konkurrenten beschränkt. Als Begründung für eine solche Exportprämien-Vereinbarung wird man deshalb wohl kaum Hinweise auf ausländische monopolistische Marktpartner finden, sondern eher allgemeine – volkswirtschaftlich nichtssagende – Hinweise über die „Nützlichkeit“ des Exports, über ein gewisses „Exportprestige“ oder einfach über „die Auslandskonkurrenz“. Da kein Exportkartell vorliegt, ist somit auch die Prüfung der Frage, ob diese Vereinbarung der „Sicherung und Förderung der Ausfuhr dient“, gegenstandslos.

Trotzdem soll ein Hinweis nicht unterlassen werden. „Sicherung und Förderung der Ausfuhr“ ist nach Sinn und Zweck des § 6 GWB vom Standpunkt einer möglichst intensiven weltwirtschaftlichen Arbeitsteilung aus zu beurteilen. Exportprämien der genannten Art sind eine Form des Auslandsdumping heimischer Kartelle. Da sie Richtung und Ausmaß der internationalen Arbeitsteilung verfälschen, stehen sie im Widerspruch zur wirtschaftspolitischen Zielsetzung des Gesetzes, eine größtmögliche Güterversorgung auf dem Wege der internationalen Arbeitsteilung zu erreichen und das Erreichen dieses Zieles nicht durch Kartellbildung beeinträchtigen zu lassen.[44] Am Rande sei noch vermerkt, daß bei solcher Art des Dumpings in der Regel ausländische Gegenmaßnahmen (z. B. Antidumpingzölle) zu erwarten sind, die im Widerspruch zur Zielsetzung einer intensiven weltwirtschaftlichen Arbeitsteilung stehen.

Wenn darauf hingewiesen wird, daß die Erhöhung des Inlandspreises nicht Motiv und Ziel der Vereinbarung sei, so ist ein solcher Hinweis unbeachtlich, da es vom Standpunkt der kartellrechtlichen Beurteilung hier nur darauf ankommt, ob die Vereinbarung volkswirtschaftlich objektiv als Inlandspreiskartell geeignet ist. Ebenso ist es unbeachtlich, auf welchem Wege rechnungstechnisch die „Finanzierung“ der Umlage vorgenommen wird, oder wann die Exportprämie (eventuell erst ex post) ausgezahlt wird.

[44] Vgl. Bericht des BT-Ausschusses für Wirtschaftspolitik, zu § 5 (§ 6 GWB): „... durch diese Fassung hat der Ausschuß sicherstellen wollen, daß z. B. eine kartellarische Vereinbarung höherer Inlandspreise zum Zwecke des Auslandsdumping oder ähnliche bekannte beschränkende Praktiken ausgeschlossen werden.“

Als Ergebnis ist festzuhalten: Vereinbarungen über Exportprämien sind eine indirekte Form echter Kartellvereinbarungen über Preise und Absatzmengen im Inland, die nach dem Willen des Gesetzgebers verboten sein sollen. Eine Anmeldung gemäß § 6 Abs. 1 GWB wäre demnach gemäß § 12 GWB für unwirksam zu erklären, auf einen Antrag gemäß § 6 Abs. 2 GWB könnte keine Erlaubnis erteilt werden, da diese Vereinbarungen

1. den Wettbewerb nicht „auf Auslandsmärkten" beschränken, und
2. nicht der „Sicherung und Förderung der Ausfuhr", sondern auf dem Wege des „Kartelldumping" der Beschäftigung einer durch Inlandskartellierung entstehenden Überkapazität „dienen".

2. *Vereinbarungen über Exportförderungsrabatte*

a) Die volkswirtschaftlichen Voraussetzungen

Exportförderungsrabatte treten bei solchen im Inland hergestellten industriellen Grund- und Rohstoffen (im folgenden „Rohstoffe" bezeichnet) auf, die im Inland weiter be- oder verarbeitet werden. Den heimischen Rohstoffverarbeitern wird so ermöglicht, ihre Erzeugnisse (im folgenden „Fabrikate" bezeichnet) auf Auslandsmärkten in einem durch den Exportförderungsrabatt bestimmten Ausmaß billiger zu verkaufen als im Inland. Dabei ist es volkswirtschaftlich gleichgültig, ob diese Rabatte in bar, in Form von „Nachbezugsrechten", in Form von „Exportförderungsschecks" oder mit anderen verrechnungstechnischen Methoden gewährt werden. Am Markt der Rohstoffe bedeuten die Exportförderungsrabatte, daß der Rohstoffpreis im Inland höher ist als der (vergleichsweise) Auslandspreis, daß also dieser Rohstoff auch im Ausland hergestellt wird. (Andernfalls wäre die heimische Rohstoffindustrie nicht gezwungen, für ihre Erzeugnisse eine „Exportförderung" zu gewähren.) Am Markt der Fabrikate bedeuten die Exportförderungsrabatte ebenfalls, daß der Inlandspreis höher ist als der (vergleichsweise) Auslandspreis, auf dessen niedrigeres Niveau der Fabrikate-Exportpreis herabgeschleust werden soll. Um zu klären, welchen volkswirtschaftlichen Zweck Vereinbarungen über Exportförderungsrabatte haben, muß zunächst analysiert werden, unter welchen Voraussetzungen es zu einer solchen Situation auf beiden Märkten kommen kann.

Am *Markt der Rohstoffe* ist der höhere Inlandspreis — wie im vorigen Kapitel bereits dargelegt — nur möglich, wenn staatliche Importrestriktionen (Zölle, Kontingente usw.) vorliegen. Unter Wettbewerbsbedingungen vermögen die Importrestriktionen den Rohstoffpreis aber nur dann und so lange über den Auslandspreis steigen zu lassen, wie die heimische Rohstoffproduktion zur Deckung des Inlandsverbrauchs nicht ausreicht. Sobald nämlich die heimische Rohstoffproduktion zum Teil auch im Ausland abgesetzt werden muß, kann unter Wettbewerbsbedingungen — wie bereits gezeigt — der Inlandspreis nicht mehr über dem Auslandspreis liegen. Ein höherer Inlandspreis setzt also unter diesen Umständen im Inland eine Wettbewerbsbeschränkung voraus, die zu einer Restriktion des Rohstoffangebots im Inland führt. Die Wettbewerbsbeschränkung kann die Form eines „gleichförmigen Verhaltens", eines „Preis-Mengen-Kartells" oder eines Einzelmonopols aufweisen. Sie äußert sich volkswirtschaftlich durch eine Angebotsrestriktion im Inland und durch die dadurch erforderlich werdenden Exportverkäufe zum billigeren Weltmarktpreis, der eventuell noch unterboten werden muß. Sofern jedoch im Inland eine Rohstoff verarbeitende Industrie als Exportwirtschaftszweig vorhanden ist, muß der Markt der Fabrikate in die Betrachtung einbezogen werden.

Auch am *Markt der Fabrikate* müssen heimische und ausländische Anbieter unterschieden werden. Da die heimische Rohstoff verarbeitende Industrie einerseits wegen der Wettbewerbsbeschränkung auf dem Rohstoffmarkt ihre Rohstoffe im Inland nur teurer beziehen kann, andererseits die Rohstoffeinfuhr beschränkt ist, würde sie an den Auslands- und Inlandsmärkten gegenüber den ausländischen Konkurrenten, die ihre Rohstoffe unbeschränkt zum geringeren Weltmarktpreis einkaufen können, durch überhöhte Rohstoffkosten benachteiligt sein. (Dieser Nachteil ist um so größer, je größer die Preisdifferenz zwischen dem inländischen und ausländischen Rohstoffpreis ist, je größer der Rohstoffanteil an den Fabrikaten ist und je größer die Rohstoff-Import-Beschränkungen sind). Diese durch die im Wege der inländischen Wettbewerbsbeschränkungen am Rohstoffmarkt verursachten Nachteile für die inländische Rohstoff verarbeitende Industrie lassen sich wirtschaftspolitisch durch zwei Maßnahmen beseitigen. Erstens muß die ausländische Konkurrenz auf dem Inlandsmarkt durch Importbeschränkungen für Fabrikate (Zölle, Kontingente usw.) beschränkt werden. Zweitens muß der Rohstoffpreis für die bei den zu exportierenden Fabrikaten verwendeten Rohstoffmengen ermäßigt werden. Diese Rohstoffpreisermäßigung erfolgt dadurch, daß die Importbeschränkungen bei Rohstoffen soweit aufgehoben werden, wie es sich um Rohstoffe handelt, die zum (Re-) Export benötigt werden. (Erlaubnis zu einer kontingent- oder zollfreien Einfuhr von Rohstoffen für den aktiven [eigenen oder Lohn-] Veredelungsverkehr.) Bei Wettbewerb auf dem inländischen Rohstoffmarkt wären beide Maßnahmen relativ sinnlos. Denn die rohstoffverarbeitende Industrie könnte ihre Rohstoffe auch im Inland zu einem dem Weltmarktpreis entsprechenden Preis beziehen; sie wäre demgemäß weder auf Inlandsmärkten gegenüber den Anbietern von Import-Fabrikaten noch auf Auslandsmärkten gegenüber den ausländischen Konkurrenten durch überhöhte Rohstoffpreise benachteiligt.

In dieser Situation (Importbeschränkungen bei Rohstoffen, durch Wettbewerbsbeschränkung bewirkte überhöhte Rohstoffpreise im Inland; Importbeschränkung bei Fabrikaten, Erlaubnis für zollfreie Einfuhr von Rohstoffen für den aktiven Veredelungsverkehr) würden also die Rohstoffproduzenten einen Teil ihrer Rohstoffe zum niedrigeren Weltmarktpreis exportieren, während die heimischen Rohstoffverarbeiter diejenigen Rohstoffe, die sie für ihre Exportproduktion benötigen, im Wege des zoll- oder kontingentfreien aktiven Veredelungsverkehr zum niedrigeren Weltmarktpreis importieren. Da dieses Verfahren auch privatwirtschaftlich vom Standpunkt sowohl der Rohstoffproduzenten als auch der Rohstoffverarbeiter relativ sinnlos ist, ist eine Gewährung von Exportförderungsrabatten für beide, Rohstofferzeuger und Rohstoffverarbeiter, privatwirtschaftlich von Vorteil. Die Rohstoffproduzenten brauchen dann die mit den Exportförderungsrabatten an die inländischen Rohstoffverarbeiter gelieferten Mengen gar nicht erst zu exportieren. Einen besseren Preis können sie am Weltmarkt ohnehin nicht erzielen. Der Rohstoffexport geht deshalb zurück; es ist sogar möglich, daß überhaupt kein Rohstoffexport mehr zu erfolgen braucht. Die Rohstoffverarbeiter brauchen sich anderseits nicht um Importe zu bemühen, da sie die für ihre Exportproduktion benötigten Rohstoffe wegen der ihnen gewährten Exportförderungsrabatte auch im Inland zum niedrigeren Weltmarktpreis einkaufen können.

Eine Gewährung von Exportförderungsrabatten setzt volkswirtschaftlich voraus, daß der Rohstoffpreis durch Wettbewerbsbeschränkungen überhöht ist. Sofern es sich nicht um ein Rohstoff-Einzelmonopol im Inland handelt, müssen die Exportförderungsrabatte durch Vereinbarung einheitlich festgelegt werden. Würde nämlich jeder Rohstoffproduzent isoliert für sich Exportförderungsrabatte an seine Inlandsabnehmer gewähren, so wären jene Rohstoffproduzenten, deren Kunden einen hohen Anteil der erzeugten Fabrikate im Inland absetzen, im Vorteil. Es würde dann ein „Wettbewerb" um die Kunden mit hohem Inlandsabsatz einsetzen, der nicht ohne Auswirkung auf die Höhe der gewährten Rabatte sein könnte. Um diesen „Rabattwettbewerb" zu vermeiden, kommt es zu einer „Vereinbarung über Exportförderungsrabatte". Falls ein Preis-Mengen-Kartell im Inland vorliegt, sind solche Vereinbarungen Bestandteil der Kartellvereinbarungen. (Es muß hierbei ferner vereinbart werden, in welcher Weise die „Last" der gewährten Rabatte auf die einzelnen Rohstoffproduzenten verteilt wird, oder mit anderen Worten, in welcher Weise der aus den nicht rabattierten Verkäufen erzielte „Vorteil" verteilt wird.) Dagegen ist es nicht möglich, daß die beim Auftreten solcher Vereinbarungen über Exportförderungsrabatte notwendigerweise vorausgesetzten Wettbewerbsbeschränkungen am inländischen Rohstoffmarkt die Form eines bewußten „Parallelverhaltens" haben. Denn eine solche Vereinbarung beinhaltet notwendigerweise eine

Vereinbarung der Rohstoffproduzenten über die Höhe der Inlandspreise und damit indirekt über die im Inland abzusetzende Menge. Die Höhe der zu gewährenden Exportförderungsrabatte ist für alle Rohstoffproduzenten gleich, sie muß gleich der Differenz zwischen dem — in der Regel niedrigsten — Auslandspreis und „dem“ Inlandspreis sein. Da der Auslandspreis als ein sich auf den Auslandsmärkten bildender Preis für die Berechnung „hingenommen“ werden muß, wird mit der Höhe der Exportförderungsrabatte zugleich uno actu der Inlandspreis durch die Rohstoffproduzenten festgesetzt. Da ferner zugleich die gewährten Exportförderungsrabatte auf die Rohstoffproduzenten „umgelegt“ werden müssen, muß notwendigerweise auch eine Einigung über die von den einzelnen Produzenten ohne Rabatt *insgesamt* für die Inlandsverwendung abzusetzenden Mengen impliziert sein. Eine Vereinbarung über Exportförderungsrabatte ist also beim Fehlen eines inländischen Preis-Mengen-Kartells selbst ein solches. Sie ist volkswirtschaftlich eine (indirekte) Form der Inlands-Preiskartellierung, die unter den gemachten Voraussetzungen in der äußeren Form eines „Rabattkartells“ auftritt. Ohne eine solche Vereinbarung wären die Inlandspreise für den Rohstoff und für die Fabrikate niedriger. Die Vereinbarung beinhaltet also außer einer Inlandspreiskartellierung eine Preisdiskriminierung der inländischen Verbraucher.

Bis jetzt wurde angenommen, daß sowohl am Rohstoffmarkt als auch am Fabrikatemarkt *staatliche* Einfuhrbeschränkungen (Zölle, Kontingente usw.) gegeben sind. Es ist nun möglich, daß solche Importbeschränkungen auch im Wege internationaler Kartellvereinbarungen vorgenommen werden. Das ist der Fall, wenn sich die ausländischen Rohstoffproduzenten verpflichten, ihre Verkäufe ins Inland zu beschränken (z. B. in der Form, daß sie an inländische Rohstoffverarbeiter oder Verbraucher keine oder nur geringere Mengen absetzen, oder nur zu einem bestimmten überhöhten Preis liefern). Durch solche kartellarischen Importbeschränkungen wird die gleiche Wirkung erreicht wie durch staatliche Importbeschränkungen. Sofern deshalb staatliche Importbeschränkungen vorhanden sind, können sie durch kartellarische Importbeschränkungen zusätzlich verschärft werden, oder falls sie nicht vorhanden sind, können letztere an ihre Stelle treten.

Auch unter diesen Voraussetzungen ist eine Vereinbarung von Exportförderungsrabatten eine Erscheinungsform eines Inlands-Preiskartells, jedoch eines solchen, das internationale Vereinbarungen zur Beschränkung des heimischen Imports voraussetzt. In diesem Fall kann es dazu kommen, daß die Vereinbarung über Exportförderungsrabatte ihren volkswirtschaftlichen Zweck, die durch Angebotsrestriktion im Inland erübrigte Rohstoffmenge verbilligt auf Auslandsmärkte zu schleusen („Exportventil“), nicht erfüllen kann. Da das inländische Preis-Mengen-Kartell der Rohstoffproduzenten auch an der Festsetzung der Weltmarktpreise beteiligt ist, wird der bei der Errechnung der Exportförderungsrabatte zugrunde gelegte ausländische „Vergleichspreis“ mit den internationalen Vereinbarungen nicht kollidieren können. Wenn es nun Außenseiter zu diesem internationalen Kartell der Rohstoffproduzenten gibt, werden sie unter Umständen Rohstoffe billiger anbieten, als dem der Exportförderung zugrunde gelegten ausländischen „Vergleichspreis“ entspricht. Dann wäre es für die heimischen Rohstoffverarbeiter günstiger, im Wege des zollfreien aktiven eigenen Veredelungsverkehrs vom ausländischen Außenseiter Rohstoffe zu beziehen, weil die damit hergestellten Fabrikate geringere Rohstoffkosten verursachen, als wenn sie mit den durch Exportförderungsrabatt verbilligten Rohstoffen der inländischen Rohstoffproduzenten hergestellt wären. (Analoges gilt auch für den aktiven *Lohn*veredelungsverkehr. Wegen des geringeren Rohstoffpreises des Außenseiters kann der ausländische Auftraggeber den inländischen Rohstoffverarbeitern unter Umständen einen höheren Preis für die Lohnveredelung zahlen, als der Verarbeitungsspanne entspricht, den sie bei direkter Eigenverarbeitung der im Inland bezogenen Rohstoffe erwirtschaften könnten.) Ein solcher aktiver Veredelungsverkehr, der hier für die Rohstoffverarbeiter nur beim Auftreten von internationalen Außenseitern sinnvoll wäre, würde aber die im Wege des „Exportventils“ über die inländischen Rohstoffverarbeiter abgesetzte Menge verringern. Wenn wegen der internationalen Kartellierung eine weitere Herabsetzung des ausländischen „Vergleichspreises“ (d. h. eine Erhöhung der Exportförderungsrabatte) nicht möglich ist, wären Produktionsrestriktionen bei den inländischen Rohstoffproduzenten erforderlich, oder es ließe sich der überhöhte Inlandspreis für Rohstoffe nicht mehr halten. Um diesen Konsequenzen aus dem Wege zu gehen, werden die „Vereinbarungen über Exportförderungsrabatte“ durch die weitere Vereinbarung ergänzt, daß Exportförderungsrabatte nur an solche Rohstoffverarbeiter gewährt werden, die keinen zollfreien aktiven (eigenen oder Lohn-) Veredelungsverkehr durchführen. (Diese Vereinbarung erfüllt natürlich schon ihren Zweck, wenn der Veredelungsverkehr nur mit solchen Rohstoffen, die von bestimmten Rohstoffproduzenten oder aus bestimmten Ländern, d. h. von den Außenseitern, bezogen sind, unterbunden wird. Denn im übrigen besteht ja — wie hier angenommen — eine Importbeschränkung durch das internationale Kartell.) Eine solche zusätzliche Vereinbarung, Exportförderungsrabatte nur bei Unterlassung des aktiven Veredelungsverkehrs zu gewähren, hat also volkswirtschaftlich den Zweck, das inländische Preis-Mengen-Kartell zu sichern. Der gelegentliche Hinweis auf die Statistik, daß der aktive zollfreie Veredelungsverkehr rein mengenmäßig unter der Geltung einer solchen zusätzlichen Klausel nur „relativ unbedeutend“ war, beweist volkswirtschaftlich nur, daß diese Klausel wirksam ist.

b) Beurteilung im Hinblick auf § 6 GWB

Die Beurteilung vom Standpunkt des § 6 GWB ist der Beurteilung von Exportprämien-Vereinbarungen analog. Das Dumping rückt hier noch eine Stufe weiter vor.[45] Die „Vereinbarung über Exportförderungsrabatte" ist volkswirtschaftlich demnach als ein Preis-Mengen-Kartell mit Preisdiskriminierung der inländischen Verbraucher anzusehen. („Betroffene" dieses Kartells sind also in erster Linie die inländischen Kunden der Rohstoffverarbeiter, erst in zweiter Linie dagegen die — beteiligten — Rohstoffverarbeiter selbst.) Es hat den Zweck, den Inlandspreis durch Restriktion der Angebotsmenge im Inland zu überhöhen. Die äußere Form ist die eines Rabattkartells. Kennzeichnend ist, daß möglichst sämtliche inländischen Rohstoffproduzenten beteiligt sind. Der Produktionsanteil an der Inlandsproduktion der an solchen Vereinbarungen beteiligten Inlandsproduzenten ist volkswirtschaftlich ein bedeutsames Kriterium. Auf Auslandsmärkten wird der Wettbewerb jedoch weder unter den heimischen Rohstoffproduzenten noch im Hinblick auf ausländische Konkurrenten beschränkt. (Sofern zusätzlich ein internationales Kartell vorliegt, ergibt sich eine andere Beurteilung, die erst weiter unten vorgenommen werden kann.) Da also die Regelung des Wettbewerbs nicht „auf Auslandsmärkten" vorgenommen wird, kann eine Ausnahme vom allgemeinen Kartellverbot gemäß § 6 GWB nicht Platz greifen.

Ob solche Vereinbarungen „der Sicherung und Förderung der Ausfuhr dienen", könnte deshalb dahingestellt bleiben. Jedoch sei darauf hingewiesen, daß der volkswirtschaftliche Zweck eines solchen „Exportförderungssystems" darin besteht, die inländischen Rohstoffpreise (und damit die inländischen Fabrikate-Preise) hoch zu halten. Es fehlt damit zunächst die volkswirtschaftliche „Dienlichkeit". Ferner handelt es sich volkswirtschaftlich nicht um eine Exportförderung der Rohstoffe, der Rohstoffexport wird — im Gegenteil — verringert, ja er kann sogar ganz verschwinden. Die sogenannte Exportförderung für Fabrikate bedeutet zugleich eine Exportrestriktion für Rohstoffe. Volkswirtschaftlich handelt es sich also richtiger um eine Änderung der heimischen Exportstruktur. Bei zusätzlicher Unterbindung des zollfreien aktiven Veredelungsverkehrs wird der Export der Fabrikate-Industrie noch nicht einmal vergrößert. Der Restriktion der Rohstoffausfuhr steht also keine Vergrößerung der Fabrikate-Ausfuhr gegenüber. Hier wird die volkswirtschaftliche Ausfuhr insgesamt also unter Umständen sogar verringert. Die Änderung der heimischen Exportstruktur kann allerdings auch insgesamt zu einer Steigerung der gesamten Export-

[45] Vgl. dazu *Döblin, Ernst,* Theorie des Dumping, Schriften des Instituts für Weltwirtschaft und Seeverkehr an der Universität Kiel, Band 55, Jena 1931, Seite 39—49.

erlöse führen. Dann aber handelt es sich um den oben (Seite 91) als Fall 5 bezeichneten Fall, der hier durch ein (indirektes, durch die Rohstoffverarbeiter durchgeführtes) Kartelldumping verursacht ist. Es fehlt also volkswirtschaftlich sowohl die Sicherung und Förderung der Ausfuhr als auch die „Dienlichkeit". (Ferner müßte überprüft werden, ob solche Exportförderungssysteme mit zwischenstaatlichen Verträgen, etwa dem GATT oder dem EWG-Vertrag, vereinbar sind. Das liegt jedoch außerhalb der Aufgabe des Gutachtens.)

Die Frage, ob „Kartellvereinbarungen über Exportförderungsrabatte" durch eine andere Ausnahme (etwa durch § 3 GWB) vom Kartellverbot freigestellt sind, steht hier nicht zur Erörterung. Wie sich aber aus den bisherigen Überlegungen andeutungsweise ergibt, dürfte voraussichtlich eine Ausnahme als Rabattkartell wegen § 3 Abs. 3 Nr. 2 GWB nicht möglich sein, da die „Rabattregelung" hier nur eine indirekte Form des nach dem Willen des Gesetzgebers zu verbietenden Preis-Mengen-Kartells ist.

Das Ergebnis ist dem bei Exportprämien-Vereinbarungen analog: „Vereinbarungen über Exportförderungsrabatte" sind eine indirekte Form (echter) Preis-Mengen-Kartelle im Inland, verbunden mit einer Preisdiskriminierung zuungunsten inländischer Fabrikate-Verbraucher, die in der äußeren Form eines Rabattkartells auftreten. Eine Anmeldung gemäß § 6 Abs. 1 GWB wäre demnach gemäß § 12 für unwirksam zu erklären, auf einen Antrag gemäß § 6 Abs. 2 GWB könnte keine Erlaubnis erteilt werden, da diese Kartelle

1. den Wettbewerb nicht „auf Auslandsmärkten" beschränken, und außerdem
2. volkswirtschaftlich nicht der „Sicherung und Förderung der Ausfuhr", sondern einem um eine Stufe weiter geschobenen Kartelldumping „dienen".

Kapitel E

Reine Exportkartelle (Exportkartelle und Ausfuhr)

Vom Standpunkt des § 6 GWB sind zunächst solche Exportkartelle zu behandeln, die sich auf die Regelung des Wettbewerbs auf Auslandsmärkten beschränken; sie werden „reine" Exportkartelle genannt. Theoretisch kann es sich um Export-Kartellvereinbarungen handeln, an denen entweder nur Export*händler* beteiligt sind oder nur Export*produzenten* von Exporterzeugnissen des Direktexports. Praktisch sind jedoch „reine" Exportkartelle zwischen Exporthändlern nicht bekannt, so daß die Überprüfung sich auf den zweiten Fall beschränken kann.[45a] Zunächst werden reine „nationale“ Exportkartelle zu behandeln sein, anschließend müssen die Modifikationen berücksichtigt werden, die sich durch ausländische Beteiligungen ergeben.

1. Nationale Exportkartelle als Mittel der Ausfuhrregulierung[45b]

Preis-Mengen-Exportkartelle treten in aller Regel nur bei A-Gütern (vor allem homogene industrielle Roh- und Grundstoffe) auf, bei denen die Herkunft von einem bestimmten Produzenten für den ausländischen Abnehmer gleichgültig ist. Es sei zunächst angenommen, daß es sich um Erzeugnisse des „Direktexports“ handelt. (Diese Annahme ist zwar ziemlich wirklichkeitswidrig, da es sich bei Erzeugnissen des Direktexports in aller Regel um heterogene, erklärungsbedürftige Erzeugnisse, also um B-Güter, handelt. Diese — nur vorerst gemachte — Annahme dient lediglich dazu, das Problem der Inlandsausdehnung zur „Regelung des Exporthandels“ auszuklammern.) Ferner sei zunächst angenommen, daß die betroffenen Produzenten lediglich Exporterzeugnisse herstellen, also Erzeugnisse, die für den Inlandsabsatz nicht geeignet sind.

Die Preis-Mengen-Regulierung kann organisatorisch die Form einer bloßen Vereinbarung haben, sie tritt aber auch in der Weise auf, daß die Exporte über eine gemeinsame Export-Handelsgesellschaft (Export-Syndikat) geleitet werden. Da es sich hier um Erzeugnisse des Direktexports handelt, muß die technisch-organisatorische Durchführung der Handelsfunktionen den einzelnen Kartellpartnern überlassen bleiben, absatzwirtschaftliche Funktionen können nur soweit vom Export-Syndikat übernommen werden, als es die Kontrolle der Preis-Mengen-Regulierung erfordert. Export-Syndikate sind also lediglich eine organisatorisch straffere Form des Preis-Mengen-Exportkartells, sie treten deshalb in aller Regel nur bei A-Gütern auf.

Ein Preis-Mengen-Exportkartell kommt unter den hier gemachten Voraussetzungen nur zustande, wenn die beteiligten Kartellpartner der Ansicht sind, ihre Ausfuhr privatwirtschaftlich gesehen zu sichern oder zu fördern. Es finden sich deshalb Begründungen etwa der Art, daß die Kartellierung den Zweck habe, „der ausländischen Konkurrenz zu begegnen“, „einen Preisverfall auf den Auslandsmärkten zu verhindern“, „eine Be-

[45a] So auch *Erich Schäfer* im betriebswirtschaftlich-absatzwirtschaftlichen Gutachten, supra, S. 68.

[45b] Vgl. Wettbewerbspolitik, aaO., S. 359—364; ferner zu d): Ausnahmeregelung, aaO., S. 319/20.

ruhigung des Auslandsmarktes herbeizuführen", „das Vertrauen der ausländischen Abnehmer in die heimische Preisgebarung zu stärken", „Preisdisziplin der heimischen Exporteure auf Auslandsmärkten zu bewirken", eine „Ordnung der Märkte" herbeizuführen usw. Alles dieses sei eben eine Förderung und Sicherung der Ausfuhr. Solche und ähnliche Begründungen sind jedoch keine geeignete Unterlage für eine volkswirtschaftliche Beurteilung. Denn einmal sind die *Ansichten*, Absichten oder Erklärungen der Kartellpartner nicht identisch mit den tatsächlichen *Wirkungen*, die sich aus dem mit diesen Ansichten begründeten Kartell ergeben. Ferner ist ein *privatwirtschaftlicher* Vorteil eines Exportkartells noch nicht identisch mit einem *volkswirtschaftlichen* Vorteil. Volkswirtschaftlich kommt es nicht auf einen größtmöglichen privatwirtschaftlichen Gewinn je Exporteinheit an, sondern auf ein größtmögliches Außenhandelsvolumen, das sich auf Grund von komparativen Kostenvorteilen und -nachteilen ergibt. Ob ein Exportkartell, das nach Ansicht der Kartellpartner privatwirtschaftlich eine Förderung und Sicherung der Ausfuhr bewirken soll, volkswirtschaftlich auch objektiv dazu geeignet ist, läßt sich nur nach Kenntnis der ausländischen Marktsituation beurteilen. Dabei ist natürlich zu berücksichtigen, daß es bei vielen Erzeugnissen „den Weltmarkt" nicht gibt, sondern häufig mehr oder weniger voneinander unabhängige einzelne Auslandsmärkte.

a) Wettbewerb auf Auslandsmärkten

Sofern auf den Auslandsmärkten Wettbewerb besteht, sind zwei Fälle danach zu unterscheiden, ob die im Exportkartell zusammengeschlossenen heimischen Produzenten durch den Zusammenschluß marktbeherrschend werden oder ob sie an den betreffenden Auslandsmärkten insgesamt einen relativ unbedeutenden Marktanteil auf sich vereinigen.

Im ersten Fall sind sie in der Lage, eine monopolistische Preispolitik zu betreiben, d. h., der privatwirtschaftliche Vorteil besteht darin, durch Restriktion der Exportmengen im Wege der Festsetzung von Exportquoten die Auslandspreise zu erhöhen bzw. ein eventuelles Absinken zu verhindern. Volkswirtschaftlich gesehen wird also die Ausfuhr gehemmt. Ferner gibt ein monopolistisch überhöhter Preis den ausländischen Konkurrenten einen besonderen, zusätzlichen Anreiz zu Erweiterungsinvestitionen, so daß längerfristig gesehen eine Tendenz zur Verringerung des heimischen Marktanteils an den Auslandsmärkten wirksam ist. Das ist zwar von den Kartellmitgliedern nicht „beabsichtigt", aber es wäre voraussehbar. (Die Erfahrungen bei Kartellbildungen haben allerdings gezeigt, daß die an den Kartellvereinbarungen beteiligten Unternehmen in der Regel nur relativ „kurzfristig" vorauszusehen pflegen.)

Im zweiten Fall kann man nur die Konkurrenz „unter sich" ausschalten, das Exportkartell kann aber keinen Schutz gegen „Auslandswettbewerb" bieten. Da der eigene Marktanteil relativ klein ist, kann man weder eine „Beruhigung des Marktes" erzielen noch ein „Hochhalten der Preise" realisieren. Das „Einhalten der Preisdisziplin" oder eine Restriktion der Ausfuhrmengen würde nur dazu führen, daß der Absatz an ausländische Konkurrenten, die eine solche „Preisdisziplin" und Exportquoten nicht einhalten, verlorengeht. Unter diesen Umständen ist ein Exportkartell gar nicht in der Lage, etwas zum Schutz der heimischen Ausfuhr zu tun. (Privatwirtschaftlich hätte allerdings ein Exportkartell auch unter diesen Voraussetzungen dann einen Sinn, wenn es zu dem Zweck geschaffen ist, mit den ausländischen Konkurrenten gemeinsam im Wege eines internationalen Kartells das Weltmarktangebot zu regeln. Wenn sich unter diesen Umständen also Exportkartelle bilden, dann wird, abgesehen von dem immer möglichen Fall der „Kurzsichtigkeit" der beteiligten Unternehmen, in der Regel die Beteiligung an einem — vorhandenen oder zu schaffenden — internationalen Kartell bezweckt.)

b) Monopolistische Marktpartner

Ein ausländisches Exportkartell, ein ausländischer Konzern oder eine Staatshandelsgesellschaft ist noch nicht eo ipso ein monopolistischer Marktpartner auf den Auslandsmärkten, sondern erst dann, wenn ihnen eine marktbeherrschende Stellung zukommt, die sich in der Regel in einem relativ großen Marktanteil manifestiert. Es müssen hier monopolistische Konkurrenten und monopolistische Nachfrager unterschieden werden.

Im Falle *ausländischer monopolistischer Konkurrenten* ist der Preis auf Auslandsmärkten überhöht. Es bieten sich für die heimischen Exporteure aus dieser Marktsituation Vorteile. Deshalb bietet etwa der Hinweis, daß ausländische Kartelle an den Auslandsmärkten „Preisdisziplin" halten, noch keine Begründung für ein Exportkartell. Ein Anlaß zur Kartellbildung entsteht erst dann, wenn die heimischen Exporteure sich mit den ausländischen monopolistischen Konkurrenten in einem internationalen Kartell vereinigen wollen oder wenn die ausländischen marktbeherrschenden Konkurrenten den heimischen Exporteuren gegenüber zu Kampfmaßnahmen greifen (gezielte Preisunterbietungen, Diskriminierungen usw.). Da ein „Kampf" gegen kleine isoliert auftretende Konkurrenten leichter ist, könnte durch eine Kartellbildung der monopolistische Konkurrent von einer „Kampf-Strategie" abgehalten werden. Falls es jedoch trotzdem zu einem oligopolistischen Preiskampf kommen sollte, könnte dieser mit Hilfe der Kartellbildung möglicherweise erfolgreicher bestanden werden. Die Struktur des Exportkartells liefert Kennzeichen dafür, ob es diesem Zweck dient. Exportquoten sind im allgemeinen kein Kennzeichen eines solchen „Abwehrkartells". Da Kampfpreise sich in der Regel nur gegen bestimmte Unternehmen richten oder nur bei bestimmten Käufern und auf bestimmten Märkten eingesetzt werden, wird die „Last" der Kampfführung für die einzelnen heimischen Exportunternehmungen unterschiedlich sein. Ein Abwehrkartell wird deshalb vor allem einen Ausgleich dieser im oligopolistischen Abwehrkampf entstehenden Verluste vorsehen müssen (Umlagen, Gewinnausgleich usw.). Allerdings hatte der Gutachter bisher noch nicht Gelegenheit, den Fall eines solchen Abwehrkartells zu studieren, obwohl dieser Fall ausdrücklich zur Begründung der Ausnahmeregelung des § 6 GWB hinzugezogen wurde. Vermutlich sind solche durch ein Exportkartell geführte oligopolistische Abwehrkämpfe relativ selten. Ein Exportkartell kann ferner aber verhindern, daß die heimischen Exporteure sich mit marktbeherrschenden Konkurrenten aus den sog. „Ostblockstaaten" in einen Preiskampf einlassen. Da die Exporte aus diesen Staaten nicht nach dem Prinzip der internationalen Arbeitsteilung erfolgen, und Ausmaß und Richtung der Exporte aus diesen Ländern durch den jeweiligen zentralen Plan und durch politische Bestrebungen bestimmt sind, ist ein Preiskampf mit staatlichen Exporthandelsgesellschaften zur Erhaltung und Gewinnung von Auslandsmärkten volkswirtschaftlich sinnlos.

Im Falle *ausländischer monopsonistischer Nachfrager* kann das Exportkartell verhindern, daß die heimischen Exporteure „gegeneinander ausgespielt" werden. Volkswirtschaftlich soll das Exportkartell hier „Gegenmacht" (countervailing power) erreichen, um damit mindestens solche Preise zu erzielen, die sich ergeben würden, wenn auch auf der Nachfrageseite Wettbewerb vorhanden wäre. Es ist natürlich nicht sicher, daß der ausgehandelte Preis dem möglichen Wettbewerbspreis entspricht.

c) Außenhandelspolitische Diskriminierungen ausländischer Staaten

Heimische Exportunternehmungen stehen oft vor dem Tatbestand, daß ausländische Staaten Importbestimmungen autonom festlegen (Einfuhrquoten, -preise, -zölle neben den sonstigen Maßnahmen der administrativen Beschränkung). Ferner werden ausländischen Konkurrenten staatliche Vergünstigungen (Exportsubventionen, Steuerermäßigung auf Exporte usw.) gewährt. Diese Maßnahmen sind prinzipiell analog den staatlichen Devisenkursfestsetzungen, die zu einer Über- oder Unterbewertung der heimischen Währung führen, zu beurteilen. Solche Hemmungen des internationalen Güteraustausches können nicht durch privatwirtschaftliche Kartelle beseitigt werden. Natürlich können auch Verbände der heimischen Exportproduzenten mit ausländischen Staaten über die von letzteren getroffenen außenhandelspolitischen Maßnahmen zu verhandeln suchen. Dazu ist aber in der Regel nicht erforderlich, daß die Verbände auch Produktions-

und Preisentscheidungen treffen müssen, also zu einem Preis-Mengen-Kartell werden.

Allerdings gibt es Fälle, in denen Preis-Mengen-Kartelle auch volkswirtschaftlich sinnvoll sein können, wenn es sich etwa darum handelt, für die heimische Exportwirtschaft eine möglichst große Importquote der ausländischen Behörde einzuhandeln, die unter die heimischen Exporteure aufgeteilt werden muß. Doch muß hier beachtet werden, daß durch eine solche Aufteilung der von einem Exportkartell von einem ausländischen Staat eingehandelten Quote Nicht-Mitglieder der Exportkartelle übergangen werden können. Sobald eine Vereinbarung mit der ausländischen Behörde getroffen wird, die Verhandlungen anderer heimischer Exporteure auszuschließen, die nicht Kartellpartner sind, liegt eine Beeinträchtigung der Nicht-Mitgliederausfuhr vor. [46]

d) Ergebnis

Preis-Mengen-Exportkartelle können aus verschiedenen Gründen für die Kartellmitglieder privatwirtschaftlich vorteilhaft sein. Im Hinblick auf die Zielsetzung einer möglichst intensiven internationalen Arbeitsteilung sind sie jedoch nicht auch in allen Fällen volkswirtschaftlich vorteilhaft. Es ist zu unterscheiden:

1. Das Exportkartell realisiert eine marktbeherrschende Stellung auf Auslandsmärkten. Dieser Fall ergibt sich, wenn die heimischen Exportproduzenten einen relativ großen Anteil am gesamten internationalen Exportangebot haben und an den Auslandsmärkten Wettbewerb vorherrscht. Da hier eine Restriktion der Ausfuhr notwendig ist, dienen sie volkswirtschaftlich nicht der Ausfuhrförderung.
   Sofern auf Auslandsmärkten Wettbewerb vorherrscht und die heimischen Exportproduzenten nur einen geringen Marktanteil an den Auslandsmärkten auf sich vereinigen, ist ein Exportkartell nicht nur volkswirtschaftlich zur Ausfuhrsicherung und -förderung ungeeignet, sondern langfristig auch privatwirtschaftlich sinnlos, da es sich gewissermaßen auf diese Weise selbst „aus dem Markt manövriert".
2. Das Exportkartell bezweckt die Beteiligung an einem vorhandenen oder zu schaffenden internationalen Kartell. Die Beurteilung eines solchen Exportkartells fällt zusammen mit der Beurteilung der internationalen Kartellbildung. (Vgl. anschließend Kapitel E, 2.)
3. Das Exportkartell verhindert eine „Ausbeutung" durch ausländische monopsonistische Nachfrager oder verhindert einen durch ausländische

[46] Vgl. dazu *Brewster, Kingman*, Antitrust and American Business Abroad, a.a.O (Anm. 40) Seite 113.

monopolistische Konkurrenten angestrebten und für die isoliert auftretenden heimischen Exportunternehmen unter Umständen „ruinösen" oligopolistischen Preiskampf. Ferner kann es bei ausländischen Importkontingentierungen unter Umständen höhere Kontingente oder/und höhere Preise realisieren. In diesen Fällen kann man heimische Exportkartelle als ein (mehr oder weniger gutes) Instrument ansehen, um durch Überwindung derjenigen Hemmnisse, die durch vom Ausland bewirkte Störungen der internationalen Arbeitsteilung eingetreten sind, eine Ausfuhrförderung und -sicherung zu erzielen. Es handelt sich dann im volkswirtschaftlichen Sinne um „defensive" Exportkartelle. (Die Geschichte der Exportkartellbildung läßt allerdings erkennen, daß die Fälle 1 und 2 relativ häufig sind, dieser 3. Fall dagegen sehr viel „seltener" ist.)

Es müssen also volkswirtschaftlich „aggressive" und „defensive" Exportkartelle, die jeweils auch als Export-Syndikat auftreten können, unterschieden werden. Hier sei darauf hingewiesen, daß man in *privatwirtschaftlichem* Sinn von „Verteidigung" durch ein Kartell schlechthin immer dann zu sprechen pflegt, wenn es gilt, einen aktuellen oder möglichen Preisunterbietungsprozeß durch die Kartellvereinbarung zu verhindern. Privatwirtschaftlich erscheint es als gleichgültig, ob der Preisunterbietungsprozeß auf *monopolistische Marktmacht* oder auf *leistungsfähige Konkurrenten* zurückzuführen ist. Deshalb pflegt man privatwirtschaftlich die Preiskartelle des Falles 1 ebenfalls unter die defensiven Exportkartelle zu rechnen. *Volkswirtschaftlich* ist dagegen nur eine Abwehr gegen monopolistische Marktmacht als „defensiv" zu bezeichnen, eine „Abwehr" gegen bessere Leistungsfähigkeit stellt eine Beschränkung des Leistungswettbewerbs dar, sie ist volkswirtschaftlich „aggressiv", auch wenn man sich privatwirtschaftlich „in Verteidigung" befindet.

Sofern die Voraussetzungen für einen Fall gegeben sind, in dem ein heimisches Exportkartell „defensiv" ist (d. h. nicht nur privatwirtschaftlich, sondern auch volkswirtschaftlich eine Ausfuhrförderung bedeutet), ergibt sich die Frage nach der Notwendigkeit der Wettbewerbsbeschränkungen. Einmal ist eine Ausdehnung des Exportkartells auf solche Exportmärkte, auf denen die genannten Voraussetzungen nicht vorliegen, nicht notwendig. Ferner darf sich das Exportkartell nicht gegen einzelne heimische Exportunternehmungen richten. Hier sind vor allem die Kartellvereinbarungen über die Mitgliedschaft bedeutsam. Das Exportkartell kann die Ausfuhr solcher heimischer Exporteure behindern, die von der Mitgliedschaft unfreiwillig ausgeschlossen sind (Prinzip der exklusiven Mitgliedschaft). Sofern also die Mitgliedschaft an bestimmte nicht von allen heimischen Exportunternehmen erfüllbare Voraussetzungen geknüpft ist, wenn das Exportkartell Aufnahmeanträge beliebig ablehnen kann, wenn der Ausschluß von Mitgliedern beliebig durch irgendeine Stimmenmehrheit ausgesprochen werden kann usw., steht die Mitgliedschaft nicht mehr jedem heimischen Exportunternehmen offen. Ferner kann auch der Export eines Kartell*mitglieds* durch die Preis-Mengen-Regulierung des Exportkartells behindert werden. In diesem Zusammenhang ist insbesondere zu prüfen, in welcher Weise das Stimmrecht geregelt ist (nach Kapitalanteilen, nach Exportanteilen usw.) und mit welcher Mehrheit die kartellpolitischen Beschlüsse gefaßt werden. Ferner muß die Möglichkeit des Austritts aus dem Kartell gegeben sein. Bei Unkündbarkeit, bei überlangen Kündigungsfristen (in einem amerikanischen Antitrust-Verfahren gegen eine Export-Association wurde eine Kündigungsfrist von mehr als 1 Jahr nach zweijährigem Bestand des Kartells als „überlang" angesehen [47]), bei einer nur mit Genehmigung der Gesellschafter gegebenen Kündigungsmöglichkeit usw., kann es dazu kommen, daß die Mitgliedschaft nicht mehr für jedes Kartellmitglied freiwillig ist.

2. *Exportkartelle mit ausländischer Beteiligung (internationale Kartelle)* [47a]

Es sei nun angenommen, daß an der Vereinbarung zur Wettbewerbsbeschränkung auf Auslandsmärkten ausländische Produzenten beteiligt sind. Weiterhin handele es sich aber um „reine" Exportkartelle, d. h., es wird kein Inlandsabsatz getätigt und es erfolgt kein indirekter Export über den Exporthandel. Auf Grund des Territorialitätsprinzips des § 98 Abs. 2 GWB handelt es sich jeweils um Kartelle im Sinne des § 1 GWB. (Vgl. dazu oben Kapitel C, 1.)

Die rechtlichen und organisatorischen Formen können sehr unterschiedlich sein. Als typische Erscheinungsformen seien erwähnt:

1. Heimische und ausländische Unternehmen treffen unmittelbar Vereinbarungen („direktes internationales Kartell").
2. Verschiedene nationale Exportkartelle treffen ihrerseits Kartellvereinbarungen („indirektes internationales Kartell").
3. Einzelne Partner des nationalen Exportkartells, oder die Kartellpartner gemeinsam, verfügen über ausländische Produktionsstätten (durch ausländische Niederlassungen, Tochtergesellschaften usw.).

Diese Formen treten natürlich nicht immer „rein" auf, sie können auch jeweils „gemischt" realisiert sein. Volkswirtschaftlich sind jedoch nicht die verschiedenen Rechts- und Organisationsformen entscheidend, sondern die

[47] Vgl. *Brewster, Kingman,* Antitrust and American Business Abroad, a.a.O., (Anm. 40), Seite 111.

[47a] Vgl. Wettbewerbspolitik, aaO., S. 365—367.

Art und Weise, wie die internationale Arbeitsteilung und damit die heimische Ausfuhr beeinflußt wird.

Internationale Kartellvereinbarungen begrenzen in der Regel den Absatz der beteiligten Unternehmen. Dabei wird häufig — direkt oder indirekt — auch der Absatz solcher heimischer Exportunternehmen begrenzt, die nicht Mitglieder sind. Die Absatzbegrenzungen bestehen im wesentlichen in der Verpflichtung, einen bestimmten Preis und / oder bestimmte Exportquoten einzuhalten oder bestimmte Auslandsmärkte nicht zu beliefern. Außenseiter werden durch gezielte Preisunterbietung (durch eine separate anonyme Verkaufsgesellschaft, durch Unterlieferer usw.) bekämpft, wobei die Kampfpreise durch Ausgleichsabgaben der Mitglieder finanziert werden; sie können durch Druck auf eventuell vorhandene Großaktionäre (möglicherweise Banken) zum Beitritt aufgefordert werden; sie können durch Monopolisierung der ausländischen Vertriebsorganisationen (z. B. Tankstellennetz) von bestimmten Märkten ausgeschlossen werden, usw. Das wird um so dringender, weil die Außenseiter sehr häufig wegen der überhöhten Kartellpreise schnell zu expandieren pflegen. Internationale Kartellvereinbarungen müssen deshalb, wenn sie Bestand haben sollen, möglichst umfassend sein. Wenn sie wirksam sind, ergeben sich auf den Auslandsmärkten überhöhte Preise, Angebotsrestriktionen, Verzögerungen bei der Einführung technischer Fortschritte, Verhinderungen oder Verzögerungen bei der Einführung neuer oder verbesserter Erzeugnisse usw.[48]. Ein größtmögliches Ausmaß internationaler Arbeitsteilung wird dadurch verhindert. (Internationale kapitalmäßige Unternehmenszusammenschlüsse haben teils ähnliche, teils aber unterschiedliche Auswirkungen. Sie sind nicht Gegenstand dieses Gutachtens.)

Im Hinblick auf die Beeinflussung der *heimischen* Ausfuhr sind vor allem drei verschiedene Fälle zu unterscheiden. *Erstens* können heimische Exportunternehmen (bzw. ihre ausländischen Niederlassungen oder Tochtergesellschaften) sich an einem auf Auslandsmärkten vorhandenen Kartell der dort ansässigen Produzenten beteiligen. Das Kartell kann ein oder mehrere Länder umfassen, in denen jeweils auch eine heimische Produktion der betreffenden Erzeugnisse vorhanden ist. Es wird sich in der Regel um solche Länder handeln, in denen eine Kartellbildung erlaubt ist, gefördert wird, oder sogar staatlich erzwungen wird. Falls die heimischen Exportproduzenten auf solchen Märkten als Außenseiter auftreten könnten und als solche von dem dort vorhandenen Kartell „geduldet" (bzw. „nicht beachtet") würden, wäre diese Situation für die heimische Ausfuhr besonders günstig. Sobald aber der heimische Export in solche Länder von dem dort heimischen Kartell als „störend" empfunden wird, werden Kampfmaßnahmen einsetzen,

[48] Vgl. dazu die in Anmerkung 39 angegebene Literatur.

die die heimische Ausfuhr in diese Länder sehr hindern und unter Umständen völlig zum Erliegen bringen können. Eine Beteiligung heimischer Exportproduzenten an bestehenden Kartellvereinbarungen in solchen Ländern, in denen eine eigene Produktion vorhanden ist, kann deshalb die inländische Ausfuhr in diese Länder fördern oder im Extremfall überhaupt erst möglichen. (Allerdings ist auch hier zu beachten, daß der Export heimischer Nicht-Mitglieder in diese Länder dadurch behindert werden kann. Die internationale Kartellvereinbarung darf also nicht für bestimmte heimische Exportproduzenten „exklusiv" sein.) Das gilt unter den oben gemachten Voraussetzungen, daß die heimischen Produzenten auf den betreffenden Märkten als Außenseiter, d. h. mit relativ geringem Marktanteil auftreten müssen. Sobald die in dem betreffenden Land ansässigen Produzenten nur einen geringen Marktanteil auf sich vereinigen, wäre eine Beteiligung der heimischen Exportproduzenten an dem dort vorhandenen Kartell „aggressiv".

Anders verhält es sich *zweitens*, wenn heimische Exportproduzenten sich an solchen internationalen Kartellvereinbarungen beteiligen, durch die der Wettbewerb in Drittländern, in denen eine wesentliche Inlandsproduktion nicht besteht, beschränkt wird (etwa durch Preis- und Quotenfestsetzung). Eine solche Beteiligung ist immer „aggressiv", sie bedeutet, daß der Gesamtexport in diese, von der Kartellvereinbarung betroffenen Länder einer Restriktion unterworfen werden muß. Exportrestriktionen stehen aber im Widerspruch zu einer Förderung der internationalen Arbeitsteilung. Gelegentlich wird darauf hingewiesen, daß die heimischen Exportproduzenten auf diese Weise eine höhere „Exportquote" auf den betreffenden Auslandsmärkten erhalten, als sie ohne Kartellvereinbarung erreichen könnten. Diese Argumentation ist volkswirtschaftlich verfehlt. Zunächst läßt sich ja nicht absehen, wie groß die Quote an dem Export in die betreffenden Länder ohne das internationale Kartell sein würde. Vor allem kommt es hier aber nicht auf die „Quote" an, die die heimischen Exporteure an dem betreffenden Auslandsmarkt auf sich vereinigen, sondern auf die absoluten Exportmengen. Ohne Exportrestriktionen wären die auf den betreffenden Auslandsmärkten insgesamt absetzbaren Mengen absolut größer, so daß eine geringere „Quote" an einer absolut größeren Menge nicht notwendigerweise auch eine geringere absolute Menge darstellt, sie kann sogar eine absolut größere Ausfuhrmenge bedeuten. Aus der Tatsache, daß ein Exportkartell einen bestimmten Ausfuhr*anteil* sichert oder ihn erweitert, läßt sich also nicht schon folgern, daß es sich im *volkswirtschaftlichen* Sinne um Sicherung und Förderung der Ausfuhr handelt.

Ferner können *drittens* internationale Kartellvereinbarungen — und das ist der häufigste Fall — den Zweck haben, die Auslandsmärkte unter die einzelnen Produzenten (bei direkten internationalen Kartellen) oder unter die einzelnen nationalen „Gruppen“ (bei indirekten internationalen Kartellen) aufzuteilen. Solche Vereinbarungen implizieren notwendigerweise die Verpflichtung, in bestimmte Länder *nicht* zu exportieren. Insofern bewirken sie das Gegenteil einer Exportförderung. Andererseits werden den heimischen Exportproduzenten bestimmte Auslandsmärkte „reserviert“, auf denen dann eine monopolistische Preispolitik getrieben werden kann. Die an einem solchen Kartell beteiligten Exportproduzenten weisen in der Regel darauf hin, daß durch die Kartellbildung ihre Exporte in die ihnen vorbehaltenen Auslandsmärkte größer werden, so daß die durch Exportverzicht im Hinblick auf die den anderen Kartellpartnern reservierten Länder eintretende Exportverminderung mehr als kompensiert würde. Es ergäbe sich per Saldo also eine Ausfuhrförderung, denn sonst würde man sich ja an einem solchen Kartell nicht beteiligen. [48a] Diese Argumentation mag *privatwirtschaftlich* zwar zutreffend sein, sie ist *volkswirtschaftlich* jedoch völlig verfehlt. Da durch die internationale Marktaufteilung in den einzelnen betreffenden Ländern eine Monopolstellung geschaffen wird, so ist eine monopolistische Angebotsrestriktion die Folge. Es wird also in den betreffenden Ländern durch die Kartellbildung insgesamt zu höheren Preisen relativ weniger abgesetzt. Das in diese Länder abgesetzte Exportvolumen ist somit geringer als ohne die internationale Marktaufteilung. *Volkswirtschaftlich* ist ein solches Kartell demnach von Nachteil, da es die Ausfuhr hindert, es ist „aggressiv“. Der *privatwirtschaftliche* Vorteil der Kartellpartner besteht nicht in einer größeren Ausfuhrmenge, sondern darin, daß durch monopolistische Angebotsrestriktion eine überproportionale Erhöhung der Exportpreise erreicht werden kann.

Zuletzt sei noch erwähnt, daß Vereinbarungen mit ausländischen Unternehmungen über Patente, „technical assistance“, Markenrechte, „know how“ usw. in der Regel zusätzlich wettbewerbsbeschränkende Vereinbarungen enthalten, die über den Umfang des jeweils zu schützenden Rechtes hinausgehen. Solche zusätzlichen Vereinbarungen sind in gleicher Weise zu beurteilen wie die vorstehend erwähnten Fälle.

Es muß abschließend betont werden, daß die vorstehenden drei Typen internationaler Kartelle nur in grobem Umriß dargestellt werden konnten, sie treten in einer Fülle verschiedenartigster Variationen und Modifikationen auf. Die Auswirkungen einer Beteiligung heimischer Exportunternehmungen an internationalen Kartellvereinbarungen auf die heimische Ausfuhr lassen sich nur unter Berücksichtigung der besonderen Umstände in jedem Einzelfall genauer aufzeigen.

[48a] Diese Auffassung wird beispielsweise von *Meyer-Wegelin, Heinz,* vertreten (Gesetz gegen Wettbewerbsbeschränkungen, Hrsg.: *Müller-Henneberg, Hans,* und *Schwartz, G.,* Köln—Berlin 1956, Anm. 14 zu § 6).

3. Beurteilung im Hinblick auf § 6 GWB

„Exportkartelle im Sinne von § 6 Abs. 1 GWB" können Preis-Mengen-Vereinbarungen oder ein Export-Syndikat *heimischer* Exportproduzenten zum Gegenstand haben. Ein *internationales* Kartell ist nur dann ein „Exportkartell, das der Sicherung und Förderung der Ausfuhr dient", wenn es folgende zwei Voraussetzungen erfüllt:

1. Es muß auf den betreffenden Auslandsmärkten eine marktbeherrschende Stellung der dort heimischen Produzenten vorliegen, *und*
2. die heimischen Exportproduzenten werden auf den betreffenden Auslandsmärkten als „Außenseiter" oder „Mitläufer" nicht geduldet, sondern ihnen wird der Zugang zu diesen Märkten durch monopolistische Diskriminierungen versperrt.

Mißbrauch der durch Freistellung vom allgemeinen Kartellverbot gemäß § 6 Abs. 1 GWB erlangten Marktstellung liegt dann vor, wenn Exportkartelle volkswirtschaftlich nicht der „Sicherung und Förderung der Ausfuhr dienen". Das ist insbesondere dann der Fall, wenn und soweit

a) die heimischen Exportunternehmen einen *auf* ihren *Auslandsmärkten bestehenden Wettbewerb* im Wege einer Angebotsrestriktion und/oder Festlegung der Exportpreise *beschränken*, oder wenn
b) abgesehen von dem vorstehend beschriebenen Sonderfall eine *internationale Kartellierung* vorliegt (Exportkartell mit ausländischer Beteiligung), oder wenn
c) bei internationalen Verträgen über Patente, „technical assistance", „know how" oder sonstige Schutzrechte zusätzliche Wettbewerbsbeschränkungen der vorstehenden Art vereinbart werden, oder wenn
d) *heimischen Exportproduzenten* durch äußeren oder inneren Organisationszwang oder durch Verweigerung der Mitgliedschaft die *Ausfuhrmöglichkeit gehemmt* wird.

Außerdem ist noch zu prüfen, ob der volkswirtschaftliche Kartellzweck nicht durch ausländische Retorsionen (repercussions) illusorisch gemacht wird.

In allen diesen Mißbrauchsfällen ist das Exportkartell ein Kartell, das *nicht* „der Sicherung und Förderung der Ausfuhr dient". Damit sind die vorstehend genannten Mißbrauchsfälle nicht nur Mißbrauch von (reinen) „Exportkartellen des § 6 Abs. 1 GWB", sondern auch Mißbrauchsfälle bei den weiter unten zu behandelnden „Exportkartellen (mit Inlandsausdehnung) im Sinne des § 6 Abs. 2 GWB." Bei (reinen) „Exportkartellen im Sinne des § 6 Abs. 1 GWB" liegt ferner Mißbrauch vor, wenn

das Exportkartell eine Wettbewerbsbeschränkung im Inland (Inlandsausdehnung) umfaßt. (Vgl. dazu Kap. F und Kap. G)

Kapitel F

Exportkartelle bei Erzeugnissen des indirekten Exports (Exportkartelle und Exporthandel)

1. Die volkswirtschaftlichen Voraussetzungen

Für die folgenden Überlegungen sei nun angenommen, daß es sich um — die im Kapitel E erläuterten — „defensiven“ Exportkartelle handelt, die also volkswirtschaftlich der „Sicherung und Förderung der Ausfuhr dienen“. Es soll dann von den bisher gemachten Voraussetzungen diejenige aufgehoben werden, die den Export über Exporthändler ausschloß, so daß weiterhin jetzt angenommen werden muß, es handelt sich um „Erzeugnisse des indirekten Exports“.[48b] Das Problem der internationalen Kartellbildung und das der Ausdehnung zur „Regelung des Inlandsabsatzes“ soll ausgeklammert bleiben. Es sei deshalb angenommen, daß die im Exportkartell zusammengefaßten Produzenten lediglich Exporterzeugnisse herstellen, die für den Inlandsabsatz nicht geeignet sind (z. B. sollen auch etwa vorhandene nicht kartellarisch erfaßte Kuppelprodukte reine Exporterzeugnisse sein), und daß an der Kartellierung ausschließlich rein inländische Unternehmen beteiligt sind.

[48b] Wenn hier begrifflich streng zwischen Gütern des „direkten“ und „indirekten“ Exports unterschieden wird, so soll damit nicht gesagt sein, daß in praxi auch immer eine scharfe Trennungslinie gezogen werden kann. Faktoren, die ein Gut zu einem solchen des direkten oder indirekten Exports machen, können mannigfach sein. Sie können sich ändern; ferner sind sie nicht allein in den technischen Eigenschaften des Gutes begründet. *Erich Schäfer* weist im betriebswirtschaftlich-absatzwirtschaftlichen Gutachten darauf hin (supra, S. 30 ff.), daß auch die aus einer „bestimmten unternehmenspolitischen Haltung erwachsenden Einflüsse“ wie „Kapitalkraft, Alter, Ruf der Unternehmung, Erfahrung und Schulung der den Export gestaltenden Kräfte“ zu solchen Faktoren zu rechnen sind. Ergänzend sei jedoch hier festgehalten, daß vom volkswirtschaftlichen und wettbewerbspolitischen Standpunkt aus ein eventuelles Streben von Exportproduzenten nach monopolistischer Marktbeherrschung kein Faktor ist, der ein Gut des indirekten Exports zu einem des direkten Exports macht. (In einem solchen Falle ist Schaffung eines Exportsyndikats und Verdrängung des Exporthandels volkswirtschaftlich nicht als absatzwirtschaftliche Rationalisierung anzusehen.) Wenn in der Realität „reine“ Fälle von Gütern des direkten oder des indirekten Exports kaum auftreten werden, so wird jedoch meist entweder die eine oder die andere Gruppe von Einflußfaktoren überwiegend sein. Es dürften sich deshalb keine außergewöhnlichen Schwierigkeiten ergeben, um einen konkreten Fall tendenziell dem Direkt- oder Indirektexport zuzuordnen.

Bei Erzeugnissen des indirekten Exports ist es möglich, daß die Exportproduzenten eine gemeinsame Export-Handelsorganisation schaffen. *Volkswirtschaftlich* sind verschiedene Fälle zu unterscheiden. Einmal kann die gemeinschaftliche Export-Handelsorganisation einen wenig leistungsfähigen Exporthandel zu ersetzen suchen. Da sie lediglich eine Export-Handelsorganisation größerer Leistungsfähigkeit sein soll, hat sie volkswirtschaftlich die Aufgabe absatzwirtschaftlicher Rationalisierungen. Solche gemeinschaftlichen Export-Handelsorganisationen bilden sich in der Regel bei *verschiedenartigen* Erzeugnissen einer gleichen Bedarfsgruppe, z. B. Dentalbedarf, Schlachthofbedarf usw. Es geht dann um eine gegenseitige absatzwirtschaftliche Ergänzung der Produktionsprogramme, die an sich auch von einem unabhängigen Handel durchgeführt werden könnte. In diesem Fall handelt es sich nicht um eine Kartellvereinbarung, sondern um eine „Exportgemeinschaft“ [49], weil das Merkmal der Wettbewerbsbeschränkung fehlt. Wenn aber *gleichartige* Erzeugnisse zusammengefaßt werden, wird die gemeinschaftliche Export-Handelsorganisation zu einem „absatzwirtschaftlichen Kartell“. Drittens kann die gemeinschaftliche Export-Handelsorganisation — wie bereits erwähnt — ein Instrument sein, um die Einhaltung der Preis-Mengen-Regulierung zu gewährleisten, sie ist dann ein „Export-Syndikat“.

Absatzwirtschaftliche Rationalisierungen durch gemeinschaftliche Export-Handelsorganisationen sind vor allem bei (heterogenen) Erzeugnissen hohen Veredelungsgrades möglich. Hier bilden sich jedoch meistens Exportgemeinschaften. Bei (homogenen) Grund- und Rohstoffen ist eine gemeinschaftliche Export-Handelsorganisation in aller Regel ein Export-Syndikat als Mittel der Preis-Mengen-Regulierung. „Absatzwirtschaftliche Exportkartelle“ sind also relativ selten; in der Regel handelt es sich bei gemeinschaftlichen Export-Handelsorganisationen um Exportgemeinschaften (also nicht um Kartelle) oder um Export-Syndikate (also Preis-Mengen-Kartelle).

Praktisch werden beide Kartellformen des Gemeinschaftsexports (absatzwirtschaftliche Kartelle und Export-Syndikate) häufig gleichzeitig auftreten, es wird dann schwierig sein, sie dem einen oder anderen Typ zuzuordnen. Diese Schwierigkeit ist aber für eine Beurteilung im Hinblick auf § 6 GWB ohne Bedeutung. Denn obwohl diese beiden Typen *volkswirtschaftlich* unterschiedlich zu beurteilen sind, ist im Gesetz keine unterschiedliche Behandlung vorgesehen. Es ist deshalb bei Vorliegen einer durch ein

[49] Vgl. dazu oben Kapitel B, 1, b. Als verschiedene Typen der Exportgemeinschaften werden unterschieden: Verkaufsgemeinschaft, Vermittlungsgemeinschaft, Kundendienstgemeinschaft, Förderungsgemeinschaft. (Vgl. Exportgemeinschaften, Berichte des Instituts für Exportforschung an der Hochschule für Wirtschafts- und Sozialwissenschaften Nürnberg, Herausg.: *Schäfer, Erich*, Köln und Opladen 1960, Seite 50 ff.)

Kartell geschaffenen gemeinschaftlichen Export-Handelsorganisation lediglich zu prüfen, ob sie „der Sicherung und Förderung der Ausfuhr dient". Ein Exportkartell als Mittel absatzwirtschaftlicher Rationalisierung erfüllt, auch wenn es zugleich ein Mittel der Preis-Mengen-Regulierung ist, volkswirtschaftlich diesen Zweck, wenn und insofern es die internationale Arbeitsteilung nicht durch „Exportrestriktionen" stört. Exportkartelle als Mittel des Gemeinschaftsexports sind also lediglich danach zu überprüfen, ob sie volkswirtschaftlich „aggressiv" sind. Sofern es sich um volkswirtschaftlich „defensive" Exportkartelle handelt, ist es vom Standpunkt der Beurteilung nach § 6 GWB gleichgültig, ob die durch Kartellvereinbarung geschaffene gemeinschaftliche Export-Handelsorganisation ein „Export-Syndikat" oder ein „absatzwirtschaftliches Exportkartell" zum Gegenstand hat oder ob sie beides zugleich bezweckt. Im folgenden sollen deshalb unter Exportkartellen immer solche Kartellvereinbarungen verstanden werden, die Preis-Mengen-Regulierungen zum Gegenstand haben, gleichgültig ob sie als Export-Syndikat auftreten oder nicht. Gemeinschaftliche Exporthandelsorganisationen, die keine (direkten oder indirekten) Preis-Mengen-Regulierungen bewirken und die demgemäß keine Wettbewerbsbeschränkungen darstellen (echte Exportgemeinschaften), können außerhalb der Betrachtung bleiben.

Sofern [49a] einer der erwähnten „Verteidigungsfälle" gegeben ist, müssen die auf den betreffenden Exportmärkten angebotenen Mengen der heimischen Erzeugnisse und/oder deren Preise durch Kartellvereinbarung festgelegt werden. Wenn der Export ganz oder teilweise durch Exporthändler erfolgt, kann das Exportkartell seinen *volkswirtschaftlichen* Zweck nur erfüllen, wenn auch die Exporthändler zur Einhaltung der auf den betreffenden Märkten anzubietenden Mengen oder festgesetzten Preise verpflichtet werden. Es ist deshalb „notwendig", daß die Kartellvereinbarung eine Verpflichtung der Exportproduzenten umfaßt, ihre Exporthändler in diesem Sinne jeweils individuell zu binden. Die Wettbewerbsbeschränkung im Inland äußert sich darin, daß heimische Exporthändler die von ihnen nachgefragten Erzeugnisse bei keinem Kartellmitglied ohne eine solche Bindung beziehen können. Zur Realisierung verschiedener *privatwirtschaftlicher* Kartellzwecke mögen darüber hinaus noch weitere den Exporthandel betreffende Verpflichtungen erforderlich sein. Doch darauf kommt es hier nicht an, da es sich um die Frage handelt, welche Verpflichtungen für den *volkswirtschaftlichen* Kartellzweck der Ausfuhrförderung und -sicherung notwendig sind.

Eine solche zusätzliche — volkswirtschaftlich nicht notwendige — Kartellvereinbarung zur „Regelung des Exporthandels" tritt vor allem in der

[49a] Bis zum Ende dieses 1. Abschnittes vgl.: Wettbewerbspolitik, aaO., S. 368—370.

Weise auf, daß die dem Exporthandel zu gewährenden Handelsspannen (bezeichnet als „Vergütungen", „Rabatte" usw.), bzw. die Einkaufspreise des Exporthandels festgelegt werden. Da die Handelsspanne gleich der Differenz aus dem (vom Kartell festgelegten) ausländischen Verkaufspreis und dem inländischen Einkaufspreis des Exporthandels ist, sind beide Formen ökonomisch identisch; durch zusätzliche Festlegung der inländischen Einkaufspreise des Exporthandels werden automatisch die Handelsspannen mit festgelegt, und umgekehrt. Eine solche zusätzliche Festlegung der Exporthandelsspannen bedeutet aber, daß der *Preiswettbewerb zwischen den Kartellmitgliedern* gegenüber dem Exporthandel *beseitigt* ist. Die Exporthändler können unter den Exportproduzenten nicht mehr den leistungsfähigsten auswählen. Daraus ergibt sich aber noch nicht, daß der Exporthandel als betroffener Wirtschaftszweig unter allen Umständen gegen diese Art der Einschränkung seiner wirtschaftlichen Freiheit Einspruch erheben wird. Wenn die Exportproduzenten dem Exporthandel eine hinreichende Spanne zukommen lassen, mag ein solcher Einspruch unterbleiben. Das wird vor allem dann der Fall sein, wenn der Export vollständig oder vorwiegend über den Exporthandel erfolgt. Eine Zustimmung des Exporthandels ist also kein Kennzeichen dafür, daß eine Festsetzung der Exporthandelsspannen zur Förderung und Sicherung der Ausfuhr volkswirtschaftlich „notwendig" ist. Häufig erfolgt jedoch nur ein größerer oder geringerer Teil des Exports über Exporthändler, der übrige Teil wird von eigenen Absatzorganen der Exportproduzenten abgesetzt. Unter diesen Voraussetzungen stehen die Absatzorganisationen der Exportproduzenten oder das Export-Syndikat gewissermaßen „in Konkurrenz" mit den Exporthändlern. Da diese Festlegung der den Exporthändlern zu gewährenden Spannen zugleich eine Festlegung des „Preises für die Exporthandelsleistung" ist, bedeutet sie unter diesen Voraussetzungen zugleich die *Ausschaltung des Preiswettbewerbs zwischen den einzelnen Absatzorganisationen der Produzenten* bzw. dem Export-Syndikat einerseits *und* dem *Exporthandel* anderseits. Hier wird, wenn die Produzenten an dem Ausbau ihrer eigenen Absatzorganisationen interessiert sind, die Festlegung der Exporthandelsspanne in der Regel zu niedrig sein, so daß die Exporthändler Einspruch erheben werden.

Es wird nun gelegentlich darauf hingewiesen, daß für das Exportkartell eine Kontrolle, ob die Exporthändler die ihnen vorgeschriebenen Preise einhalten, gerade auf Auslandsmärkten besonders schwierig sei. Deshalb müßten auch die Exporthandelsspannen festgelegt werden. Dieses Argument ist jedoch verfehlt. Denn eine solche Schwierigkeit begründet noch keine volkswirtschaftliche Notwendigkeit zur Festsetzung der Exporthandelsspannen, da die *Kontrolle* auf Auslandsmärkten dadurch ja nicht erleichtert wird (wenn auch die Neigung der Exporthändler zu eventuellen

Vorstößen gegen die ihnen auferlegte Preisbindung möglicherweise abgeschwächt werden kann). Vor allem besteht aber die gleiche Kontrollschwierigkeit bei den von den Kartellmitgliedern getätigten Direktexporten. Wenn also Kontrollschwierigkeiten bei der Überwachung der Preisdisziplin ein solches Exportkartell, das über Exporthändler absetzt, funktionsunfähig machen sollte, dann könnte überhaupt kein Export-Preiskartell funktionsfähig sein. Eine Festlegung der Rabatte oder der inländischen Einkaufspreise des Exporthandels ist also volkswirtschaftlich „nicht notwendig".

Gelegentlich finden sich auch Vereinbarungen der Art, daß dem Exporthandel nicht die ausländischen Verkaufspreise festgesetzt werden, sondern lediglich die inländischen Einkaufspreise. Hier ist zwar der Leistungswettbewerb innerhalb des Exporthandels nicht beschränkt, da der leistungsfähigere Exporthändler auf dem Auslandsmarkt billiger anbieten kann als sein weniger leistungsstarker Konkurrent. Es ist aber einerseits der Leistungswettbewerb zwischen den Export*produzenten* beseitigt, anderseits wird der volkswirtschaftliche Kartellzweck der „Verteidigung" auf Auslandsmärkten durch Preissetzung nicht voll realisiert. Es geht hier also gar nicht um die „Regelung des Wettbewerbs auf Auslandsmärkten". Das kann zwei Gründe haben, entweder „dient" das „Export"-Kartell volkswirtschaftlich einer Preissetzung im Inland (vgl. dazu Kapitel G) oder der Wettbewerb auf Auslandsmärkten ist bereits durch ein internationales Kartell beschränkt (siehe dazu Kapitel E, 2). Solche Vereinbarungen können dann nicht isoliert beurteilt werden. Hier jedenfalls sind sie zur volkswirtschaftlichen Förderung und Sicherung der Ausfuhr „nicht notwendig".

Der Wettbewerb der Exportproduzenten dem Exporthandel gegenüber kann ferner auch ohne eine Festsetzung der Exporthandelsspannen durch Vereinbarung bestimmter Absatzwege beschränkt werden. Das ist etwa der Fall, wenn die Kartellpartner sich verpflichten, den Exporthandel durch ausschließlichen Direktexport auszuschalten, oder bestimmte Exporthändler nicht zu beliefern, oder nur über ganz bestimmte Exporthändler zu exportieren, oder nur über ausländische Handels- bzw. Importunternehmen abzusetzen, oder den Gesamtexport (bzw. bestimmte Mengen) über eine gemeinschaftliche Export-Handelsgesellschaft zu exportieren, oder den Exporthandel nur über ein Export-Syndikat zu beliefern, usw. Zur Festsetzung der ausländischen Verkaufspreise sind alle derartigen Vereinbarungen nicht notwendig, wenn sie auch privatwirtschaftlich für die Kartellpartner unter Umständen recht vorteilhaft sein mögen.

Eine weitere zusätzliche Wettbewerbsbeschränkung, die nicht dem volkswirtschaftlichen Zweck der Sicherung und Förderung der Ausfuhr dient, richtet sich gegen heimische Exportproduzenten, die nicht dem Kartell angehören (Außenseiter). Wenn und sofern solche Außenseiter sich des Exporthandels bedienen, können deren Exportmöglichkeiten dadurch gehemmt werden, daß den Exporthändlern durch die Kartellpartner zusätzliche Bindungen im Hinblick auf die von ihnen getätigten Außenseiterverkäufe auferlegt werden. Diesem Zweck dient es, wenn sich etwa die Kartellpartner verpflichten, ihre Exporthändler dahingehend zu binden, daß letztere auch die von den Außenseitern bezogenen Erzeugnisse zu Kartellbedingungen exportieren müssen, oder daß sie Umfang und Preise ihrer *insgesamt* (d. h. einschließlich der von den Außenseitern bezogenen) exportierten Erzeugnisse melden müssen, oder daß sie überhaupt nicht von heimischen Außenseitern Exporterzeugnisse beziehen dürfen, usw. (In diesen Fällen ist es möglich, daß das Exportkartell volkswirtschaftlich überhaupt nicht der Sicherung und Förderung der Ausfuhr dient. Denn die Außenseiter stehen freiwillig außerhalb des Exportkartells; sie sind also der Ansicht, daß durch das Kartell keine exportfördernde „Verteidigung" auf Auslandsmärkten möglich sei.)

2. Beurteilung im Hinblick auf § 6 GWB

Bei *Erzeugnissen des inländischen Exports* sind Exportkartelle *notwendigerweise* solche *„mit Inlandsausdehnung zur Regelung des Exporthandels"*. Sie bedürfen eines Erlaubnisantrages gemäß § 6 Abs. 2 GWB.

Die Erlaubnis darf im Hinblick auf § 11 Abs. 5 Nr. 2 GWB *nicht* erteilt werden [50], sofern das Exportkartell volkswirtschaftlich *nicht* der Sicherung und Förderung der Ausfuhr dient. Das ist in den oben (Kapitel E, 3) genannten Fällen der Fall.

Handelt es sich um ein Exportkartell, dem die Eigenschaft einer volkswirtschaftlichen Dienlichkeit zur Ausfuhrsicherung und -förderung zukommt, dann sind solche „Inlandsausdehnungen zur Regelung des Exporthandels" *notwendig*, durch die sich die Exportproduzenten verpflichten,

ihre Exporthändler zur Einhaltung der vom Kartell für Auslandsmärkte festgesetzten Verkaufspreise und/oder Exportmengen zu binden.

Ihnen muß die Erlaubnis gemäß § 6 Abs. 2 GWB erteilt werden.

Nicht notwendig und damit Mißbrauch im Sinne von § 6 Abs. 2; § 11 Abs. 5 Nr. 2 GWB sind dagegen insbesondere Vereinbarungen

a) zur Festsetzung von Exporthandelsspannen („Rabatte", „Vergütungen" an die Exporthändler) oder

b) zur Festsetzung der Einkaufspreise des Exporthandels (gleichgültig, ob zugleich eine Vereinbarung zur Bindung der Exporthändler an die ausländischen Verkaufspreise vorliegt, oder nicht) oder

[50] Vgl. dazu die obigen Darlegungen in Kapitel C, 3.

c) zur vollständigen oder teilweisen Ausschaltung des heimischen Exporthandels oder einzelner Exporthändler oder
d) zur Bindung der Exporthändler, die den Außenseiterexport beschränken.

Kapitel G
Exportkartelle mit Inlandsabsatz

Es muß noch die bisher gemachte Voraussetzung, daß die Kartellmitglieder keine Produktion für den Inlandsmarkt tätigen, aufgegeben werden. Ferner sei zunächst angenommen, daß die zu untersuchenden Exportkartelle nur rein inländische Unternehmungen als Partner haben („nationale" Exportkartelle), und der „Verteidigung" auf Auslandsmärkten dienen (vgl. dazu Kapitel E). Es können unter diesen Voraussetzungen dann zwei Karteltypen unterschieden werden: einmal „nationale" Exportkartelle mit Inlandsabsatz bei Erzeugnissen des Direktexports, zum anderen solche bei Erzeugnissen des indirekten Exports. Letztere beinhalten notwendigerweise „Inlandsausdehnungen zur Regelung des Exporthandels".

1. Exportkartelle mit Inlandsabsatz bei Direktexport[50a]

Zunächst soll angenommen werden, daß das Exportkartell sämtliche heimischen Produzenten umfaßt. Ferner sei angenommen, daß für das von den Kartellpartnern hergestellte Erzeugnis kein wesentlicher Import erfolgt, weil Importbeschränkungen (Zölle, Kontingente usw.) vorhanden sind. Der heimische Marktanteil der im Exportkartell zusammengefaßten Produzenten umfaßt dann im Extremfall 100 %. (Produzenten, die durch Kapitalverflechtung oder „interlocking directorates" mit Kartellpartnern verbunden sind, können in diesem Sinne keinen selbständigen Marktanteil haben. Wenn also solche Produzenten formell nicht dem Kartell angehören sollten, so sind sie doch im volkswirtschaftlichen Sinn in der Regel keine Außenseiter. Ihr Marktanteil muß dann dem Kartell zugerechnet werden.)

Solange auf dem Inlandsmarkt und auf dem Auslandsmarkt für das betreffende Erzeugnis ein funktionsfähiger Wettbewerb besteht, kann der Inlandspreis von dem „vergleichbaren" Auslandspreis, der dann gleich dem Exportpreis für die heimischen Produzenten ist, tendenziell nicht abwei-

[50a] Teilweise vgl.: Wettbewerbspolitik, aaO., S. 372—376.

chen.[51] Wenn der Fall eintritt, daß der heimische Export durch monopolistische Marktpartner auf Auslandsmärkten gehemmt wird, so werden die Exportpreise gedrückt und / oder die Exportmengen verringert. Der Inlandsabsatz wird auf diese Weise rentabler. Sofern auf dem Inlandsmarkt weiterhin Wettbewerb besteht, wird deshalb das Inlandsangebot kurzfristig (d. h. solange es im Inland nicht zu einer — relativen — Kapazitätsverminderung gekommen ist) steigen, so lange, bis die Inlandspreise und die vergleichbaren Exportpreise der Tendenz nach wieder gleich hoch sind. Wenn sich in dieser Situation Exportkartelle zur „Verteidigung" auf Auslandsmärkten bilden, so werden sie im Erfolgsfalle eine Steigerung der Exportmengen oder / und der Exportpreise bewirken. Es ergibt sich damit ein „exportdrive", der kurzfristig (solange keine Kapazitätserweiterungen im Inland vorgenommen werden) das Angebot im Inland verknappt und damit die Inlandspreise erhöht. Das heißt natürlich nicht, daß die Inlandspreise über die vergleichbaren Exportpreise steigen können, denn sofern im Inland ein wirksamer Wettbewerb besteht, können die Inlandspreise tendenziell nicht über oder unter den vergleichbaren Exportpreisen liegen. Ein „defensives" Exportkartell muß unter diesen Voraussetzungen also notwendigerweise neben der Erhöhung der Auslandspreise auch eine Steigerung der Inlandspreise zur Folge haben — andernfalls wäre es nicht erfolgreich. Wenn diese Deduktion zutreffend wäre, ergäbe sich folgende Konsequenz: Die Preiserhöhung im Inland wäre hier *„notwendig"*, aber sie wäre nicht auf eine „Wettbewerbsbeschränkung im Inland" zurückzuführen (es wurde Wettbewerb im Inland unterstellt). Somit würde es sich nicht um eine „Inlandsausdehnung" des Exportkartells handeln, sondern um eine im Wege der Interdependenz der Preise eintretende „Inlandswirkung".

Diese These wird zwar gelegentlich immer wieder aufgestellt, sie ist aber als prinzipielle These verfehlt. Sie fußt auf der Annahme, daß das betreffende Exporterzeugnis im Inland unter Wettbewerbsbedingungen abgesetzt wird. Diese Annahme ist volkswirtschaftlich jedoch nicht möglich, wenn die gleichen Anbieter für das gleiche Erzeugnis gleichzeitig in einem Preis-

[51] Die Frage, welcher Auslandspreis vergleichbar ist, ist nicht sehr leicht zu beantworten. Der Auslandsabsatz ist nicht nur um Frachtkosten, Zölle usw. zu berichtigen, sondern auch um die möglicherweise höheren Kosten der Absatzorganisation, der Verpackung, der Ausstattung usw. und um die unterschiedlichen Konditionen wie Kreditfristen, Haftungsregelungen usw. (Vgl. dazu: *Gilbert, Milton,* A Sample Study of Differences between Domestic and Export Pricing Policy of United States Corporations, in: Temporary National Economic Committee, Investigation of Concentration of Economic Power, Monograph No. 6, Export-Prices and Export-Cartels [Webb-Pomerene Associations], a.a.O. [Anm. 40], Seite 16—28.) Trotz dieser Schwierigkeiten, statistisch den „richtigen" ausländischen Vergleichspreis zu errechnen, sind sich die betreffenden Unternehmungen in der Regel recht klar darüber, ob der Export „interessanter" ist (d. h. bessere Preise ermöglicht) als der Inlandsabsatz, oder umgekehrt.

Mengen-Exportkartell zusammengeschlossen sind. Durch die Exportkartell-Vereinbarung wird der Exportpreis und / oder die Exportmenge festgesetzt. Im Inland wird anderseits eine bestimmte Menge immer nur zu einem bestimmten Inlandspreis nachgefragt. (Preis-Mengen-Beziehung der Nachfrage.) Wenn nun eine bestimmte Exportmenge durch das Exportkartell vereinbart wird, wird damit uno actu — auch ohne daß es Gegenstand einer *ausdrücklichen* Vereinbarung ist — die für den Inlandsmarkt „übrig" bleibende Produktionsmenge festgesetzt. (Es war vorausgesetzt, daß die Kartellmitglieder 100 % des Inlands-Marktanteils besitzen.) Da diese für den Inlandsmarkt bestimmte Menge nur zu einem bestimmten Preis absetzbar ist, wird durch die Festlegung einer bestimmten Exportmenge also auch zugleich — mittelbar — ein bestimmter Inlandspreis festgelegt. Da also eine Vereinbarung über die insgesamt zu exportierende Produktionsmenge gleichzeitig eine Vereinbarung über die im Inland abzusetzende Menge umfaßt, ist es volkswirtschaftlich unmöglich, weiterhin zu unterstellen, daß auf dem Inlandsmarkt bei dem betreffenden Erzeugnis ein funktionsfähiger Wettbewerb bestünde. Analoges gilt, wenn durch das Exportkartell bestimmte Exportpreise vereinbart werden. Zu dem vom Exportkartell festgelegten Auslandspreis ergibt sich eine bestimmte Exportmenge, so daß eine bestimmte Produktionsmenge für den Inlandsabsatz „übrig" bleibt. Dieser im Inland absetzbaren Menge entspricht dann ein bestimmter Preis. Mit der Festlegung des Exportpreises wird also — mittelbar — zugleich über den zu erzielenden Inlandspreis entschieden. Es ergibt sich somit, daß ein Preis-Mengen-Exportkartell bei Erzeugnissen, die gleichzeitig für den Inlandsmarkt produziert werden, notwendigerweise zugleich den betreffenden Inlandsmarkt umfaßt. Es ist demnach nicht nur eine „Inlands*wirkung*" im Wege der Interdependenz der Preise, sondern auch eine „Inlands*ausdehnung*" des Exportkartells auf den Inlandsmarkt volkswirtschaftlich „notwendig". Das Exportkartell ist unter diesen Voraussetzungen objektiv dazu geeignet, die Erzeugung und die Marktverhältnisse durch Beschränkung des Wettbewerbs im Inland zu beeinflussen, auch wenn die Kartellvereinbarung nur auf den Auslandsmarkt „ausgerichtet" oder „gezielt" ist.

Diese „mittelbare" Form der notwendigen Inlandsausdehnung kann natürlich durch eine „unmittelbare" ersetzt werden. Die einfachste und straffste Form ist das Export-Syndikat. Eine „unmittelbare" Form kann jedoch auch nach außen weniger sichtbar sein. Man kann sich dazu der Bestellung eines „gemeinsamen Vertrauensmanns" bedienen, oder einer „Kontrolle durch Beauftragte", die zu den Geschäftsunterlagen der einzelnen Mitglieder Zugang haben, oder bestimmter zu diesem Zweck gebildeter „Ausschüsse", „Kommissionen" usw., die die Inlandsregelung außerhalb der Tagesordnung vornehmen, oder eines statistischen Büros, dem die notwendigen Unterlagen (ohne Begrenzung auf den Export) zur Verfügung gestellt werden müssen, oder einer Aufteilung des Exportabsatzes „nach jeweiliger Lieferungsmöglichkeit“, oder eines „Marktausschusses“, usw.

Das Preis-Mengen-Exportkartell regelt — mittelbar oder unmittelbar — das Verhältnis von Inlandsabsatz zu Exportabsatz und das Verhältnis von Inlandspreis zu vergleichbarem Exportpreis. Drei Fälle sind denkbar:

1. Das Exportkartell versucht diejenige Situation nachzuahmen, die sich bei Wettbewerb auf dem Auslands- und Inlandsmarkt ergeben würde. In diesem Falle werden Inlandspreis und vergleichbarer Exportpreis tendenziell (d. h. abgesehen von nur kurzfristigen oder unwesentlichen Abweichungen) gleich hoch sein.

2. Der vergleichbare Exportpreis ist höher als der inländische Verkaufspreis. Dieser Fall ist jedoch nur möglich, wenn gleichzeitig verhindert wird, daß die im Inland abgesetzten Erzeugnisse exportiert werden. Die inländischen Abnehmer müssen also verpflichtet werden, die im Inland gekauften Erzeugnisse nur im Inland zu verwenden, bzw. ihren Kunden die gleiche Verpflichtung aufzuerlegen. (Eine solche ausdrückliche Verpflichtung ist allerdings dann nicht erforderlich, wenn die für den Inlandsabsatz hergestellten Erzeugnisse bestimmte Eigenarten aufweisen, die sie für den Export ungeeignet machen, z. B. Pkw mit Links- oder Rechtssteuerung.) Dieser Fall setzt eine Restriktion der Exportmenge voraus, er steht also im Widerspruch zu einer Ausfuhrförderung.

3. Der vergleichbare Exportpreis ist niedriger als der inländische Verkaufspreis. (Es war vorausgesetzt, daß gleichzeitig der Import für derartige Erzeugnisse beschränkt ist.) Handelt es sich um homogene Erzeugnisse, die mit den im Ausland hergestellten Erzeugnissen identisch sind, so ist eine Importbeschränkung einmal durch den Staat (Importzölle oder -kontingente), zum andern im Wege einer internationalen Kartellvereinbarung möglich. Handelt es sich um heterogene Exporterzeugnisse, die von den im Ausland hergestellten Erzeugnissen unterscheidbar sind, so kann auch eine Verpflichtung der ausländischen Käufer ausreichen, die bezogenen Erzeugnisse nicht wieder ins Inland zurückzuverkaufen.

Dieser dritte Fall entspricht volkswirtschaftlich in seinen Erscheinungsformen dem bereits behandelten „Kartelldumping“. Da die einzelnen Kartellmitglieder an dem vorteilhaften Inlandsabsatz ungleich beteiligt sein können, wird zusätzlich eine Regelung notwendig, um diesen „Vorteil“ (bzw. die „Last“ der billigen Auslandsverkäufe) zu verteilen. Dazu muß man entweder Quoten für den Inlandsabsatz zuteilen, oder den einzelnen Partnern Exportverpflichtungen z. B. zur Lieferung an das Export-Syndikat auferlegen, oder man gibt zu den Exportverkäufen „Zuschüsse" aus einer „Ausgleichskasse", die durch „Beiträge" der Mitglieder gefüllt wird. (Das letzte Verfahren entspricht dem in Kapitel D behandelten System der „Exportprämien".) Organisatorisch eignet sich zu diesem Zweck besonders gut das Export-Syndikat. Hier „dient" die Kartellvereinbarung volkswirtschaftlich *nicht* der „Sicherung und Förderung" der Ausfuhr, sondern einer Erhöhung der Inlandspreise.

Es muß nun die Voraussetzung aufgegeben werden, daß die Kartellmitglieder 100 % des Inlandsabsatzes auf sich vereinigen. Dann sind zwei Fälle zu unterscheiden. Zunächst ist es möglich, daß es für das betreffende Erzeugnis im Inland zwar einen oder mehrere Außenseiter gibt, daß aber die Kartellmitglieder im Inland einen marktbeherrschenden Anteil auf sich vereinigen. Dieser Fall ist prinzipiell nicht anders zu beurteilen als der vorhergehende Fall eines Marktanteils von 100 % des Inlandsabsatzes, solange die Außenseiter sich dem „Preisführer" (dem Inlands-Exportkartell) anpassen. Auch hier ist die Inlandsausdehnung „notwendig" impliziert, wenn auch das Ausmaß der möglichen Preisbeeinflussung im Inland durch das Vorhandensein von Außenseitern verringert wird.

Der andere Fall ist gegeben, wenn der Inlandsmarktanteil der Mitglieder des Exportkartells nur relativ gering ist. Auch hier wird zwar durch die im Wege der Kartellvereinbarung festgelegten Exportmengen und / oder -preise zugleich über die von den Kartellmitgliedern im Inland abzusetzende Menge entschieden. Da aber die Kartellmitglieder im Inland nicht marktbeherrschend sind, wird die Funktionsfähigkeit des Wettbewerbs auf dem betreffenden Inlandsmarkt nicht beseitigt. Vor allem wird das Exportkartell unter diesen Voraussetzungen den vergleichbaren Auslandspreis tendenziell nicht über oder unter dem Inlandspreis festsetzen können. In diesem Falle ergeben sich zwar Inlands*wirkungen,* eine Ausdehnung der auf Auslandsmärkten vorgenommenen Wettbewerbsbeschränkungen ist jedoch nicht notwendig. Dieser letzte Fall *kann* jedoch auch zu einer Inlands*ausdehnung* des Exportkartells führen, wenn es nach Abschluß des Kartellvertrages zu Fusionen oder Konzernverflechtungen im Inland und zu nachträglichen Beitritten zum Exportkartell kommt. Dadurch kann es zu einer Vergrößerung des Inlandsmarktanteils der Kartellmitglieder kommen. Wenn auf diese Weise sich der Inlandsmarktanteil so stark vergrößert, daß er marktbeherrschend ist, tritt „automatisch" Inlandsausdehnung ein, d. h. sie wird nachträglich *notwendig.*

Zuletzt sei noch erwähnt, daß die im Exportkartell vereinigten Unternehmungen in aller Regel Mehrprodukt-Unternehmungen sind. Sie stehen auf den Inlandsmärkten nicht nur mit dem kartellierten Erzeugnis, sondern auch mit ihren anderen — komplementär oder substitutiv hergestellten — Erzeugnissen „in Konkurrenz". Sofern die im Exportkartell zusammengeschlossenen Unternehmen bei diesen anderen Erzeugnissen einen marktbeherrschenden Anteil haben, kann durch Vereinbarung bestimmter Kalkulationsschemata, Verrechnungsmethoden usw. indirekt auch eine zusätzliche Preis- und/oder Mengenregulierung bei diesen anderen Erzeugnissen vorgenommen werden. Eine solche Inlandsausdehnung ist nicht notwendig und demgemäß „Mißbrauch“.

2. *Exportkartelle mit Inlandsabsatz bei Erzeugnissen des indirekten Exports*

Es soll nun angenommen werden, daß es sich um Erzeugnisse des indirekten Exports handelt, so daß eine „Inlandsausdehnung“ ohnehin zur „Regelung des Exporthandels“ *notwendig* wird. Wie oben dargelegt, beschränkt sich die Notwendigkeit auf eine Verpflichtung der Kartellmitglieder, den Exporthandel an die vom Kartell festgelegten ausländischen Verkaufspreise zu binden. Vielfach wird nun die Ansicht vertreten, daß eine zustimmende Stellungnahme des Exporthandels zur Bildung des Exportkartells jeweils beweise, daß es volkswirtschaftlich zweckmäßig sei. Das ist jedoch nicht unter allen Umständen der Fall, denn die privatwirtschaftlichen Interessen des Exporthandels können auch im Widerspruch zu einer Außenhandelsgestaltung stehen, die volkswirtschaftlich von Vorteil ist. Zunächst wird zwar der Exporthandel einem Exportkartell zweifellos in der Regel dann widersprechen, wenn das Exportkartell „aggressiv“ ist, weil auf diese Weise ein Rückgang der Exportmenge notwendig wird. Hier ist der Einspruch des Handels ein Zeichen dafür, daß das Exportkartell nicht „der Sicherung und Förderung der Ausfuhr dient“. Das ist unter den hier gemachten Voraussetzungen, daß auch Inlandsabsatz getätigt wird, dann der Fall, wenn die vergleichbaren Exportpreise höher als die Inlandspreise sind. Es wird hier erforderlich sein, die inländischen Großhändler oder Abnehmer zu verpflichten, die von den Kartellmitgliedern im Inland bezogenen Erzeugnisse nicht zu exportieren. Eine zusätzliche Kartellvereinbarung dieses Inhalts ist somit „nicht notwendig“.

In dem anderen Fall, wenn das Exportkartell volkswirtschaftlich den Zweck einer Inlandskartellierung hat, wird der Inlandspreis über dem vergleichbaren Auslandspreis liegen. Hier soll die Setzung des Auslandspreises nicht durch Restriktion der Exportmenge ermöglicht werden, sondern es soll vielmehr der Inlandsmarkt „entlastet“ werden. Entscheidend ist hier demnach nicht die Setzung des Exportpreises, sondern die Sicherung einer bestimmten Höhe der Exportmenge, um den Inlandspreis aufrechtzuerhalten. Dieses „Kartelldumping“ ist für den Exporthandel privatwirtschaftlich vorteilhaft, so daß in der Regel eine Zustimmung des Exporthandels zu erwarten sein wird. Das ist in diesem Falle jedoch kein Beweis dafür, daß das Exportkartell der Sicherung und Förderung der Ausfuhr „dient“.

Hier muß vom Kartell zusätzlich verhindert werden, daß die zum Export bestimmten Erzeugnisse im Inland abgesetzt werden. Deshalb muß die Kartellvereinbarung zusätzlich eine Verpflichtung umfassen, die Exporthändler dahingehend zu binden, daß sie die zum Export bezogenen Erzeugnisse nicht im Inland absetzen. Vom Standpunkt des Exportkartells ist es jedoch einfacher, wenn ein Export-Syndikat geschaffen wird, wobei sich die Kartellmitglieder verpflichten, ihre Exporte nur entweder direkt oder über das Export-Syndikat zu tätigen. Dadurch wird der unabhängige Exporthandel ausgeschaltet. Beide Methoden dienen der Sicherung des „Kartelldumping" und sind damit zur volkswirtschaftlichen Ausfuhrförderung „nicht notwendig".

3. Exportkartelle mit Inlandsabsatz und ausländischer Beteiligung (internationale Kartelle mit Inlandsabsatz)

Es sei nun noch die bisherige Annahme, daß nur rein inländische Unternehmen beteiligt sind, aufgehoben. Demgemäß wird jetzt angenommen, daß ein internationales Kartell (Vgl. ob. Kapitel E, 2) vorliegt, dessen inländische Partner auch für den Inlandsabsatz produzieren. Von den genannten drei typischen Fällen

I. Beteiligung heimischer Exportproduzenten an einem auf Auslandsmärkten vorhandenen Kartell der dort ansässigen Produzenten.
II. Vereinbarungen mit ausländischen Marktpartnern über Preis- und/oder Mengenregulierungen in Drittländern,
III. Vereinbarungen mit ausländischen Marktpartnern zur Aufteilung der Auslandsmärkte,

kann, wie dargelegt, volkswirtschaftlich lediglich der selten auftretende Fall I als Instrument der Ausfuhrförderung angesehen werden, und zwar dann, wenn die oben erwähnten Voraussetzungen (vgl. oben Kapitel E, 3) vorliegen. Obwohl die Fälle II und III praktisch am häufigsten auftreten, können sie deshalb hier unbehandelt bleiben, da sie ohnehin (auch ohne Inlandsausdehnung) nicht unter die Ausnahmeregelung des § 6 GWB fallen.

Die Geschichte der internationalen Kartellbildung zeigt, daß es allgemein üblich war, den heimischen Markt jeweils den heimischen Produzenten zu reservieren, so daß der Wettbewerb auf dem Inlandsmarkt des vom Exportkartell erfaßten Erzeugnisses durch Fernhalten ausländischer Anbieter beschränkt wurde. Das Exportkartell (mit ausländischer Beteiligung) beschränkt sich dann nicht mehr auf Auslandsmärkte: es liegt eine „Inlandsausdehnung zur Regelung des Imports" vor. Sofern es sich um internationale Kartelle des Falles II und III handelt, scheint eine solche „Inlandsausdehnung" unvermeidbar zu sein. Da in diesen Fällen das Exportkartell aber *nicht* der „Sicherung und Förderung der Ausfuhr dient", ist die Frage nach der „Notwendigkeit" dieser Inlandsausdehnung gegenstandslos. Wenn das Exportkartell volkswirtschaftlich ohnehin nicht der Ausfuhrförderung und -sicherung dient, kann *keine* seiner Regelungen für diesen volkswirtschaftlichen Zweck notwendig sein.

Es soll nun der Fall I einer Beteiligung an einem auf Auslandsmärkten vorhandenen Kartell der dort ansässigen Produzenten angenommen werden, und ferner, daß die inländischen Kartellpartner über einen mindestens marktbeherrschenden Anteil an der Inlands*produktion* verfügen. Sofern die Importe durch staatliche Importbeschränkungen (Zölle, Kontingente) begrenzt sind, ergibt sich damit auch ein marktbeherrschender Anteil am Inlands*angebot,* so daß — wie im Kapitel G, 1 gezeigt — eine „Inlandsausdehnung zur Regelung des Inlandsabsatzes" notwendig wird. Wenn aber Importe möglich sind und in einem solchen Umfang vorgenommen werden, daß die inländischen Kartellpartner auf dem Inlandsmarkt nicht mehr marktbeherrschend sind, ist eine „Inlandsausdehnung zur Regelung des Inlandsabsatzes" nicht mehr notwendig. Die Ausdehnung des Exportkartells auf den Inlandsmarkt ist jedoch dadurch *möglich,* daß mit den ausländischen Produzenten im Rahmen des internationalen Kartells vereinbart wird, den heimischen Markt für die heimischen Produzenten ganz oder teilweise zu reservieren. Eine solche „Inlandsausdehnung zur Regelung des Imports" ist zwar *privatwirtschaftlich* vorteilhaft, um die Inlandskartellierung zu ermöglichen, sie ist aber *volkswirtschaftlich* zur Ausfuhrförderung *nicht notwendig.* Wenn eine solche „Inlandsausdehnung zur Regelung des Imports" nicht erlaubt ist (z. B. in den USA), pflegen solche Importbeschränkungen nicht *ausdrücklich* vereinbart zu werden, sie haben dann in aller Regel die Form eines mehr oder weniger geheimgehaltenen „gentlemen agreement". Deshalb läßt sich die Frage, ob eine „Inlandsausdehnung zur Regelung des Imports" vorliegt, nicht an Hand der offiziellen Kartellverträge oder -beschlüsse entscheiden, da in diesen die Inlandsmärkte dann formell aus den Vereinbarungen „ausgeklammert" werden. Ob außerhalb der formellen Vereinbarungen zusätzlich „agreements" getroffen werden, läßt sich dann nur auf Grund einer volkswirtschaftlichen Analyse der betreffenden Märkte sagen.

Für eine solche Analyse müssen mindestens drei Gruppen von Märkten unterschieden werden: die Inlandsmärkte, ferner die von der internationalen Kartellvereinbarung erfaßten Auslandsmärkte („kartellierte Auslandsmärkte") und die außerhalb der Kartellvereinbarungen liegenden Auslandsmärkte („freie Auslandsmärkte"). Durch die Kartellvereinbarung wird der Preis auf den „kartellierten Auslandsmärkten" gegenüber dem Preis erhöht, der sich ohne Kartell hier bilden würde, er liegt demgemäß über dem Preis auf den „freien Auslandsmärkten". Wenn zunächst angenommen wird, daß keine staatlichen Importbeschränkungen vorgenommen werden und daß ferner der Importanteil auf dem Inlandsmarkt hinreichend groß ist, um auf dem Inlandsmarkt Wettbewerb zu bewirken, dann kann der Inlandspreis tendenziell nicht von dem (vergleichbaren) Preis auf den „freien Auslandsmärkten“ abweichen, abgesehen von unwesentlichen und kurzfristigen Abweichungen. Denn sobald der Inlandspreis tendenziell den Preis auf den „freien Auslandsmärkten“ überschreitet, wird sowohl für die inländischen als auch für die ausländischen Produzenten der Absatz im Inland „lohnender“, so daß eine Angebotserhöhung im Inland eintreten würde, bis der Inlandspreis wieder tendenziell gleich dem (vergleichbaren) Preis auf den „freien Auslandsmärkten“ ist.

Wenn nun angenommen wird, daß staatliche Importbeschränkungen vorliegen (z. B. Einfuhrzölle), so ist das Exportkartell unter den gemachten Voraussetzungen notwendigerweise automatisch ein Inlandskartell. Es wäre zwar denkbar, daß es im Inland einen Preis setzt, der gleich dem (vergleichbaren) Preis auf den „freien Auslandsmärkten“ ist. Es ist aber ebenso denkbar, daß der Inlandspreis tendenziell erhöht wird, bis er gleich ist dem (vergleichbaren) Preis auf den „freien Auslandsmärkten“ plus Zollbelastung. Dazu ist eine Restriktion der Absatzmenge im Inland erforderlich. Da ferner der Export in die „kartellierten Auslandsmärkte“ durch die Kartellvereinbarung begrenzt ist, wird eine Exportsteigerung in die „freien Auslandsmärkte“ notwendig. Hier ist die „Inlandsausdehnung zur Regelung des Inlandsabsatzes“ zwar notwendig, um sich an dem auf den „kartellierten Auslandsmärkten“ vorhandenen Kartell der dort ansässigen Produzenten zu beteiligen, zugleich führt sie aber zu einem „Kartelldumping“. Letzteres ist allerdings *nicht* mehr notwendig, um sich an dem betreffenden internationalen Kartell zu beteiligen. Dieser Fall ist volkswirtschaftlich daran zu erkennen, daß der Inlandspreis tendenziell über dem (vergleichbaren) Preis auf den „freien Auslandsmärkten“ liegt.

Sobald der Inlandspreis jedoch tendenziell noch höher ist als der (vergleichbare) Preis auf „freien Auslandsmärkten“ *plus* Zoll, müssen weitere Importbeschränkungen vorhanden sein. Das können etwa staatliche Einfuhrkontingente sein. Beim Fehlen solcher staatlicher Einfuhrkontingente wird es sich in der Regel um eine im internationalen Kartell zusätzlich vereinbarte Einfuhrbeschränkung handeln; hier liegt dann eine „Inlandsausdehnung zur Regelung des Imports“ vor. Diese „Inlandsausdehnung“ ist jedoch zur Beteiligung an dem betreffenden internationalen Kartell und damit zur Sicherung und Förderung der heimischen Ausfuhr *nicht* notwendig. (Wenn der Exportanteil der heimischen Produzenten nur relativ geringfügig ist, wird man außerdem nicht mehr sagen können, das Exportkartell „diene der Sicherung und Förderung der Ausfuhr“, da volkswirtschaftlich der Hauptzweck in der Inlandskartellierung zu sehen ist.)

4. Beurteilung im Hinblick auf § 6 GWB

Bei *Erzeugnissen,* die gleichzeitig für den *Inlands- und Auslandsabsatz produziert werden,* sind Exportkartelle *notwendigerweise* solche mit *„Inlandsausdehnung* zur Regelung des Inlandsabsatzes", wenn der gesamte Inlandsabsatz oder ein marktbeherrschender Teil davon auf die Kartellmitglieder entfällt. Die Inlandsausdehnung kann auch indirekt erfolgen. Exportkartelle bedürfen unter diesen Voraussetzungen eines Erlaubnisantrages gemäß § 6 Abs. 2 GWB; die Erlaubnis muß erteilt werden, *sofern das Exportkartell der „Sicherung und Förderung der Ausfuhr dient".* (Vgl. dazu Kapitel E, 3.)

Die *Erlaubnis darf* im Hinblick auf § 11 Abs. 2 Nr. 2 GWB (vgl. dazu oben Kapitel C, 3) *nicht erteilt* werden, wenn

a) die Verkaufspreise im Inland tendenziell über den vergleichbaren Exportpreisen liegen, weil das Exportkartell dann nicht der Ausfuhrförderung, sondern einem „Kartelldumping" zur Überhöhung der Inlandspreise „dient" [52], oder wenn
b) die Verkaufspreise im Inland tendenziell unter den vergleichbaren Exportpreisen liegen, weil das Exportkartell dann nicht mehr der Ausfuhrförderung, sondern einer Restriktion der Exportmengen „dient".

Ferner darf die *Erlaubnis nicht erteilt* werden, wenn und insofern

a) die „Inlandsausdehnung zur Regelung des Inlandsabsatzes" durch ein solches Exportkartell vorgenommen wird, dessen Mitglieder nur einen relativ geringen Inlandsmarktanteil haben, oder wenn
b) die Kartellvereinbarung Verpflichtungen enthält, die Exporthändler dahingehend zu binden, daß sie die bezogenen Erzeugnisse nicht im Inland absetzen, oder wenn
c) die Kartellmitglieder sich verpflichten, den unabhängigen Exporthandel nicht zu beliefern, oder wenn
d) die Kartellmitglieder sich verpflichtet haben, ihre inländischen Abnehmer zu verpflichten, die bezogenen Erzeugnisse nicht zu exportieren, oder wenn
e) eine „Inlandsausdehnung zur Regelung des Imports" vorgenommen wird, d. h. wenn ausländische Kartellpartner (bzw. heimische Kartellpartner mit ausländischen Produktionsstätten) sich verpflichten, den Inlandsmarkt inländischen Exportproduzenten zu reservieren.

[52] Es handelt sich dann um ein Inlandskartell, das unter § 1 GWB fällt. Es ist natürlich möglich, daß ein solches Exportkartell unter eine andere Ausnahme fällt. So kann ein „Export-Syndikat", das lediglich eine indirekte Form eines Inlandskartells ist, möglicherweise als „höherstufiges Rationalisierungskartell" vom allgemeinen Kartellverbot freigestellt werden.

weil solche Vereinbarungen zur Sicherung und Förderung der Ausfuhr volkswirtschaftlich *nicht notwendig* sind.

Mißbrauch der durch die Erlaubnis gemäß § 6 Abs. 2 GWB erreichten Freistellung liegt insbesonders dann vor, wenn

a) sich die Inlandsausdehnung (direkt oder indirekt) auch auf andere im Inland abgesetzte Erzeugnisse erstreckt, die nicht Gegenstand der Exportkartellvereinbarung sind, oder wenn
b) einer der — vorstehend angeführten — einer Erlaubniserteilung entgegenstehenden Fälle nachträglich nach erteilter Erlaubnis eintritt.

Das Exportkartell

Ein Rechtsgutachten

Dr. Hermann Eichler
o. Professor der Rechte an der
Friedrich-Alexander-Universität Erlangen-Nürnberg

Übersicht

I. Historische Anknüpfung

Gegenstand des Gutachtens ist die rechtliche Betrachtung der Exportkartelle auf Grund des Gesetzes gegen Wettbewerbsbeschränkungen vom 27. Juli 1957 (BGBl I, S. 1081), das in § 6 eine Sonderregelung für ausfuhrsichernde und -fördernde Vereinbarungen enthält. Im Vordergrund steht die Untersuchung der Hauptfragen, insbesondere der sogenannten „Inlandsbindung".

1. Bis zum Inkrafttreten der Verordnung gegen Mißbrauch wirtschaftlicher Machtstellungen (Kartellverordnung) vom 2. November 1923 (RGBl I, S. 1067, 1090) herrschte in Deutschland das Prinzip uneingeschränkter *Kartellfreiheit.* Die Rechtsprechung hatte Kartellbindungen nur ausnahmsweise für nichtig erklärt, und zwar nach allgemeinrechtlichen Gesichtspunkten, so wegen Verstoßes gegen die guten Sitten (§ 138 BGB), wenn z. B. die Absicht der Vertagspartner auf die Vernichtung der wirtschaftlichen Existenz des Konkurrenten gerichtet war. Im Grundsatz wurden aber die Kartelle mit ihrem inneren und äußeren Organisationszwang zugelassen (vgl. zu diesem Prinzip insbesondere RG 38, 155).

Durch die Kartellverordnung wurde an die Stelle dieses Systems das Prinzip der *negativen Kartellaufsicht* gesetzt. Nach diesem Prinzip, wie es im einzelnen die Kartellverordnung ausgestaltet hatte, unterstand die Bildung von Kartellen dem Grundsatz der Vereinigungsfreiheit, jedoch unterlag das Wirken der Kartelle einer staatlichen Aufsicht. Diese sollte, wie es in der Amtlichen Begründung heißt, der Wiederherstellung „wirklicher Marktfreiheit" dienen und Maßnahmen ermöglichen, die erforderlich sind, um die künstliche Einschränkung der Produktion, übermäßige Risikozuschläge und solche Preisstellungen zu bekämpfen, die angesichts der effektiven Erzeugungskosten ungerechtfertigt sind. Die Einführung der Kartellaufsicht sollte, wie die Amtliche Begründung hervorhebt, nicht die Zerschlagung der Kartelle herbeiführen, sondern Mißbräuchen der geschilderten Art entgegentreten (Mißbrauchsprinzip). Hierzu trug namentlich die vorausgegangene Entwicklung bei, die den Preis verschiedener Produkte in den Jahren vor dem Inkrafttreten jener Verordnung durch Kartellverbindungen über den Stand des Weltmarktes hinausgetrieben und dadurch die Exportkapazität der deutschen Wirtschaft im Rahmen internationaler Konkurrenz gefährdet hatte (vgl. hierzu *R. Isay,* Die Geschichte der Kartellgesetzgebung, 1955, S. 41; *E. R. Huber,* Wirtschaftsverwaltungsrecht, I, 2. Aufl. 1953, S. 282 ff; *v. Brunn,* Die heutige Lage des deutschen Kartellrechts, 1949, S. 22 ff;

Haussmann, Grundlegung des Rechts der Unternehmenszusammenfassungen, 1926, S. 81 ff; *Staudinger-Geiler,* 9. Aufl., Anh. zu §§ 705 ff BGB).

Die Kartellverordnung bezog sich allgemein auf Verträge und Beschlüsse, welche Verpflichtungen über die Gestaltung der Produktion oder des Absatzes, die Anwendung von Allgemeinen Geschäftsbedingungen sowie die Festsetzung und Forderung von Preisen begründen (Syndikate, Kartelle, Konventionen und ähnliche Abmachungen). Eine Sonderregelung für Exportkartelle traf die genannte Verordnung nicht. Es galt daher, wie für alle Kartelle, so auch für die in Rede stehenden Arten die Bestimmung jener Verordnung, wonach der Reichswirtschaftsminister beim Kartellgericht beantragen konnte, den „Vertrag oder Beschluß für nichtig zu erklären oder die bestimmte Art seiner Durchführung“ zu versagen, oder daß das Reichswirtschaftsministerium gewisse, in der Verordnung näher geregelte Anordnungen treffen konnte, vorausgesetzt, daß der Vertrag oder Beschluß die Gesamtwirtschaft oder das Gemeinwohl gefährdete (§ 4 I). Nach dem Wortlaut der Kartellverordnung (§ 4 II) war eine solche Gefährdung gegeben, wenn allgemein die Erzeugung oder der Absatz in volkswirtschaftlich nicht gerechtfertigter Weise eingeschränkt oder wenn die wirtschaftliche Freiheit unbillig beeinträchtigt wurde, wie z. B. durch Sperren im Einkauf oder Verkauf oder durch Festsetzung unterschiedlicher Preise.

Die Kartellverordnung schuf Eingriffsmöglichkeiten, die zum Teil in den Händen des Kartellgerichts lagen. Die Rechtsprechung machte hierbei ebensowenig einen Unterschied zwischen Kartellen auf in- und ausländischem Markt wie die Kartellverordnung.

In der Zeit vor dem ersten Weltkrieg waren nationale Exportkartelle selten, Ausfuhrregelungen wurden vielmehr im Rahmen internationaler Kartellverträge getroffen. Nach dem ersten Weltkrieg nahmen die Exportkartelle jedoch in Deutschland zu. Unter der Geltung der Kartellverordnung gab es bereits zahlreiche Ausfuhrkartelle und Beteiligungen deutscher Unternehmungen an internationalen Kartellen (Müller-Henneberg-Schwartz, Kommentar zum Gesetz gegen Wettbewerbsbeschränkungen, 1958, § 6 A. 4; *Kleeberg,* Das Exportkartell als Absatzorgan, 1959).

Für die weitere Betrachtung der Kartellgesetzgebung ist die Grundkonzeption der Kartellverordnung festzuhalten, daß sowohl der Wettbewerb als auch seine Beschränkungen von volkswirtschaftlichem Nutzen wie Schaden sein können, wie dies von Isay näher dargelegt ist, und daß die Kartellverordnung dogmatische Einseitigkeit nach der einen oder anderen Richtung durch eine elastische Regelung zu vermeiden suchte.

2. An das System der negativen Kartellaufsicht schloß sich das der *positiven Kartellenkung* an. Die Entwicklung des Kartellrechts steht am Anfang dieser Periode zunächst im Zeichen der internationalen Wirtschaftskrise.

Von den damals ergangenen Notverordnungen waren von erheblicher kartellrechtlicher Tragweite insbesondere die Kartellnotverordnung (5. Abschnitt „Verhütung unwirtschaftlicher Preisbindungen" der VO des Reichspräsidenten zur Behebung finanzieller, wirtschaftlicher und sozialer Notstände vom 26. Juli 1930 – RGBl, S. 311) sowie die ihr zugehörige Ausführungsverordnung über Aufhebung und Untersagung von Preisbindungen vom 30. August 1930 (RAnz 1930, Nr. 205.)

Durch § 1 der Kartellnotverordnung wurde die Reichsregierung ermächtigt, Preisverpflichtungen, Geschäftsbedingungen sowie Handlungen und Empfehlungen betreffend Preisfestsetzungen und Preisforderungen für nichtig zu erklären oder zu untersagen unter der Voraussetzung, daß „die Wirtschaftlichkeit der Erzeugung oder des Verkehrs mit Waren oder Leistungen beeinträchtigt oder die wirtschaftliche Handlungsfreiheit in volkswirtschaftlich nicht gerechtfertigter Weise eingeschränkt wird" (§ 1 I). Der Begriff des „Kartellvertrages", wie er der Kartellverordnung (§ 1) zugrunde lag, erfuhr hierbei durch die Kartellnotverordnung eine Ausdehnung auf „solche Verträge, durch die sich mehrere selbständige Unternehmungen, welche der gleichen Wirtschaftsstufe angehören, einzeln gegenüber anderen in bezug auf die Art der Preisfestsetzung oder die Forderung von Preisen zu einem bestimmten Verhalten verpflichten" (§ 1 III Kartellnotverordnung). Von der Ermächtigung des § 1 der Kartellnotverordnung hat die Reichsregierung in der genannten AusführungsVO Gebrauch gemacht, indem sie Verträge bei Preisbindungen des Abnehmers für nichtig erklärte und die Anwendung von Geschäftsbedingungen bei Preisbindungen des Abnehmers untersagte (Näheres s. § 1 der VO vom 30. 8. 1930).

Eine einschneidende Änderung innerhalb der Periode der positiven Kartellenkung, durch die die Kartelle zu Trägern staatlicher Wirtschaftslenkung wurden, vollzog sich nach 1933 [1].

Der Kartellenkung unterfielen nicht nur marktregelnde Verträge, die sich auf deutsches Gebiet bezogen, sondern auch Exportkartelle, dagegen nicht internationale Kartelle. Die Kartellaufsicht über Exportkartelle stand unter dem Leitsatz, daß alles zu vermeiden sei, was den nationalwirtschaftlich notwendigen Export behindert. Andererseits hatte alles zu geschehen, was

[1] Maßgebend waren in erster Linie das Gesetz über die Änderung der Kartellverordnung vom 15. Juli 1933 (RGBl. I, S. 487), das Gesetz über die Errichtung von Zwangskartellen (Zwangskartellgesetz) vom 15. Juli 1933 (RGBl. I, S. 488) und das Reichsnährstandsgesetz vom 13. September 1933 (RGBl. I, S. 626). Die staatliche Wirtschaftsführung bediente sich der Kartelle als eines Mittels der Marktordnung, aber auch als eines Objektes seiner Ziele. Durch Erlaß des Reichswirtschaftsministeriums vom 12. November 1936 (Teil II) wurde die Kartellaufsicht im Sinne der damaligen Wirtschaftsauffassung besonders ausgestaltet. Insbesondere räumte man den Gliederungen der Wirtschaftsorganisation eine Mitwirkung bei der Kartellaufsicht ein.

nötig sei, damit der Export durch marktregelnde Maßnahmen positiv gefördert werde, wie es in dem zitierten Erlaß heißt.

Das System der positiven Kartellenkung umfaßt hiernach zwei voneinander grundlegend verschiedene Perioden, einerseits den Zeitraum von 1930—1932, andererseits den von 1933—1945.

3. Auch der anschließende Entwicklungsabschnitt, der auf dem Prinzip des Kartellverbots fußt, besteht aus zwei voneinander zu trennenden Perioden.

Das von den Besatzungsmächten verhängte Konzentrationsverbot erstreckte sich auch auf Kartelle einschließlich Export- und internationale Kartelle. „Kartelle, Interessengemeinschaften, Syndikate, Trusts, Verbände und alle sonstigen Formen von Absprachen oder gemeinschaftlichen Unternehmungen von Personen, deren Zweck oder Wirkung in der Beschränkung des Binnen- oder Welthandels oder anderer wirtschaftlicher Tätigkeit, in der Förderung einer monopolistischen Kontrolle derselben, oder in der Beschränkung des Zugangs zu Binnen- oder Weltmärkten besteht, werden hiermit für übermäßige Konzentrationen der Wirtschaftskraft im Geltungsbereich dieser Verordnung erklärt" (s. amerikanische Zone: MRG Nr. 56 — ABl. v. 1. 4. 1947, S. 2; britische Zone: MRV Nr. 78 — ABl. Nr. 16, S. 412; französische Zone: MRV Nr. 96 — JO S. 784) (Isay, S. 64). Ausnahmebewilligungen waren statthaft. Das Verbot war indes nicht durch einen „Erlaubnisvorbehalt", sondern durch eine „Befreiungsmöglichkeit" gelockert (*Huber,* a. a. O., I, S. 380). Die zitierte Vorschrift des Besatzungsrechtes stimmt inhaltlich weitgehend mit Sektion I der Sherman Act von 1890 überein und geht mithin auf das amerikanische Antitrustrecht zurück. Über die Deutung der mit den amerikanischen Gesetzen verbundenen Zwecksetzung bestehen verschiedene Ansichten: die einen beschwören den Geist der Freiheit als tragende Idee der Antitrustgesetzgebung, die anderen betonen mehr wirtschaftliche Gesichtspunkte des Wettbewerbsschutzes („fair competition", s. *Biedenkopf-Callmann-Deringer,* Aktuelle Grundsatzfragen des Kartellrechts, 1957, S. 16 ff; *Würdinger,* WuW 1953, S. 772 ff; *Haussmann,* Der Antitrustgedanke im Wirtschaftssystem, 1950, S. 9). In Übereinstimmung mit Würdinger ist besonderes Gewicht darauf zu legen, daß der Sinn und Zweck der Rechtsvorschriften aus ihrer Verbundenheit mit der Wirtschafts- und Sozialordnung derjenigen Rechtsgemeinschaft zu erfassen sind, die sie geschaffen hat, weshalb zur Rechtsvergleichung auch die Wirtschaftsvergleichung gehört. Darüber hinaus beeinflussen aber auch die politischen Grundanschauungen die Gegenüberstellung. Es macht sich hierbei bemerkbar, daß der amerikanischen Auffassung in dieser Hinsicht mehr ein liberaler Geist, der deutschen Auffassung mehr ein gesamtwirtschaftlicher und sozialer Gesichtspunkt eigen ist. Ungeachtet dieser verschiedenen Grundkonzeptionen sind jedenfalls die Prinzipien der amerikanischen

Antitrustpolitik mehr oder weniger auf die deutschen Verhältnisse ohne weiteres übertragen worden, als später das Gesetz gegen Wettbewerbsbeschränkungen beraten wurde (zur Problematik s. *Huber*, a. a. O., I, S. 336).

Im Rahmen dieses Gutachtens ist auf das Antitrustrecht nur insoweit einzugehen, als darin den Exportkartellen eine Sonderbehandlung zuteil geworden ist. Der Webb-Pomerene-Export-Trade Act von 1918 (40 Stat. 516 [1918], 15 U. S. C. 99 61—65 [1952]) bestimmt in dieser Hinsicht, daß Vereinigungen im Sinne von Exportkartellen nicht unter den Sherman Act fallen, sofern sie nicht die Beschränkung des innerstaatlichen Handels bezwecken oder des Ausfuhrhandels irgendeines inländischen Konkurrenten, der an der Vereinigung nicht beteiligt ist. „But it is clear from the Act itself that no restraint will be allowed against American competitors who are not connected with the export association, nor will any anti-competitive effect on the domestic market be tolerated" *(Kronstein-Miller-Schwartz*, Modern American Antitrust Law, New York, 1958, S. 260 ff; *Kenneth S. Carlston,* Foreign Economic Policy and the Antitrust Laws, 1956, 40; Minnesota Law Rev. 125; *Engelmann,* Der Kampf gegen die Monopole in den USA, 1951; *Müller-Gries,* Kommentar zum Gesetz gegen Wettbewerbsbeschränkungen, 1958, § 6, A. 2 u. 3). Das Committee on Cartels hat öfter auf die Gefahren hingewiesen, die der amerikanischen Wirtschaft dadurch drohten, daß die Exportkartelle auch den Inlandsmarkt zu beherrschen versuchen. Anscheinend ist die Praxis der Federal Trade Commission den Exportkartellen gegenüber in dieser Hinsicht nachsichtig.

Zu einer einschränkenden Auslegung des Sherman Act hat die dem Common Law angehörige „rule of reason", nach der nur eine wirtschaftlich unvernünftige Wettbewerbsbeschränkung („unreasonable restraint of trade") als illegal zu behandeln ist, vorübergehend geführt. Über den Sinn der rule of reason ist sowohl in der amerikanischen als auch in der deutschen Rechtsprechung zu den Dekartellierungsgesetzen Streit entstanden, der durch das Außerkrafttreten dieser Gesetze für den deutschen Bereich an Bedeutung verloren hat. Für Preisabsprachen ist aus der „rule of reason" im deutschen Schrifttum hergeleitet worden, daß sie als gesetzwidrig nur anzusehen seien, wenn sie den jeweils in Betracht kommenden Markt wesentlich beeinflußten (so besonders *Deringer,* Aktuelle Grundsatzfragen des Kartellrechts, S. 69; s. Möhring, WuW 1955, S. 5 ff, 89 ff). In der jüngeren amerikanischen Rechtsprechung ist indes die „rule of reason" in zunehmendem Maße zugunsten der sogenannten „per se violation" („unwiderlegliche Gesetzesverletzung") zurückgedrängt worden. Nach dieser Regel kann eine Verletzung der Antitrustgesetze mit der „rule of reason" dann nicht ausgeräumt werden, wenn es sich um eine so offensichtliche Verletzung handelt, „daß sie von vornherein als wirtschaftlich vernunftswidrig" gilt (*Fikentscher,* Die neuere Entwicklung des amerikanischen Wettbewerbsrechts, ZHR

117, 1 ff; zum Verhältnis der rule of reason und der „per se-Regel“ s. ferner vor allem Schwenk, WuW 1957, S. 349). Beispiele für die Hinwendung der Antitrust-Rechtsprechung von der rule of reason zur Annahme unwiderleglicher Gesetzesverletzungen bieten die Entscheidungen des Obersten Gerichts U. S. v. Socony-Vacuum Oil Co., 310 U. S. 150, 60 S. Ct. 811 (1940; U. S. v. Paramont Pictures, 334 U. S. 131, 68 S. Ct. 915 (1948); U. S. v. Timken Roller Bearing Co., 341 U. S. 593, 71 S. Ct. 971 (1951); U. S. v. International Salt Co., 332 U. S. 392, 68 S. Ct. 12 (1947). (Zitiert nach *Fikentscher*, a. a. O., S. 8; weiteres Material bei *Schwenk*, a. a. O.; s. auch *Oppenheim*, Cases on Federal Antitrust Laws, Trade Regulation, St. Paul, Minn. 1948, Ergänzungsbände 1949 u. 1951).

Das Gesetz der Wettbewerbsbeschränkungen hat sich in weitem Umfang der amerikanischen Antritrustideologie aufgeschlossen gezeigt, besonders was die Grundnorm des Kartellverbots (§ 1) angeht. Die Ausnahmetatbestände sind jedoch zum Teil neu eingeführt, zum Teil abweichend gestaltet. Die Regelung des Exportkartells (§ 6) steht den Gedanken des Webb-Pomerene Act nahe, gewährt aber größeren Ermessensspielraum als die amerikanische Regelung, wie sie in der dortigen Rechtsprechung interpretiert worden ist (U. S. v. US Alkali-Export Association, 86 Fed. Supp. 59 [S. D. N. Y. 1949]; U. S. v. Minnesota Mining u. Mfg. Co., 92 Fed. Supp. 947 [D. Mass. 1950]).

4. Was die Entstehungsgeschichte der deutschen Sonderregelung angeht, so sah der Regierungsentwurf in § 5 I keine allgemeine Ausnahme für den Exporthandel vor, sondern die Erteilung einer Erlaubnis im einzelnen Falle. Diese setzte den Nachweis des Antragstellers voraus, daß die entsprechende Regelung geeignet ist, den Außenhandel zu sichern und zu fördern, insbesondere dadurch, „daß auf Weltmärkten gleiche Wettbewerbsbedingungen gegenüber Wettbewerbern geschaffen“ werden, die dem Kartellgesetz oder entsprechenden Vorschriften eines anderen Staates nicht unterliegen, sowie den weiteren Nachweis, daß die Regelung die in § 5 I Ziff. 2 erwähnten internationalen Grundsätze nicht verletzt. Nach § 5 II des Entwurfes sollte eine Erlaubnis nicht erteilt werden, wenn die Abmachung den „Verkehr mit Waren oder gewerblichen Leistungen“ innerhalb der Bundesrepublik umfaßt. Nach § 6 des Entwurfes sollten die Vorschriften über marktbeherrschende Unternehmen auf Exportkartelle sinngemäß angewendet werden. Der Bundesrat schlug folgende Fassung vor:

§ 5

(1) § 1 gilt nicht für Verträge oder Beschlüsse, die der Sicherung und Förderung der Ausfuhr dienen, sofern sie sich auf die Regelung des Wettbewerbs auf Märkten außerhalb des Geltungsbereichs dieses Gesetzes beschränken.

(2) Die Kartellbehörde hat auf Antrag die Erlaubnis zu einem Vertrag oder Beschluß der in § 1 bezeichneten Art zu erteilen, wenn sie der Auffassung ist, daß eine in Absatz 1

bezeichnete Regelung auch den Verkehr mit Waren oder Leistungen innerhalb des Geltungsbereichs dieses Gesetzes umfaßt, soweit diese Regelung notwendig ist, um die in Absatz 1 genannten Zwecke zu erreichen.

(3) Die Kartellbehörde hat eine Erlaubnis gemäß Absatz 2 nicht zu erteilen, wenn und soweit sie der Auffassung ist, daß die Regelung

1. die von der Bundesrepublik Deutschland in zwischenstaatlichen Abkommen anerkannten Grundsätze über den Verkehr mit Waren oder Leistungen verletzt oder
2. zu einer wesentlichen Beschränkung des Wettbewerbs innerhalb des Geltungsbereichs dieses Gesetzes führen kann.

Hiernach sind nur reine Exportkartelle von dem Verbot ausgenommen. Ausfuhrkartelle mit der geschilderten Inlandwirkung können grundsätzlich nicht zugelassen werden. Eine Ausnahme hiervon gilt nur, sofern diese Einbeziehung des Inlandsmarktes notwendig ist, um die Sicherung und Förderung der Ausfuhr in concreto zu erreichen. Selbst unter dieser Voraussetzung scheidet eine Erlaubnis aus, wenn die Regelung eine wesentliche Beschränkung des inländischen Wettbewerbs herbeiführt oder die in § 5 III Ziff. 1 genannten Grundsätze verletzt werden.

Die Bundesregierung, die zunächst Exportkartelle allgemein von der Erlaubnis der Kartellbehörde abhängig machen wollte, trat diesen Vorschlägen des Bundesrates nicht entgegen. Auch der Wirtschaftspolitische Ausschuß billigte den Standpunkt, daß reine Exportkartelle ohne Erlaubnis der Kartellbehörde mit der Anmeldung zum Kartellregister Wirksamkeit erlangen, daß hingegen solche Exportkartelle, die eine Regelung für das Inland einschließen, an die Erlaubnis der Kartellbehörde gebunden sein sollen. Nach der Auffassung des Ausschusses wurde vorausgesetzt, daß jene Regelung zur Sicherstellung der angestrebten Gestaltung des Wettbewerbs im Ausland unerläßlich ist. Kartellvereinbarungen von höheren Inlandspreisen zum Ausgleich niedriger Auslandspreise sind nach diesem Gesichtspunkt zu beurteilen (Auslandsdumping).

Der Bericht des Ausschusses weist noch darauf hin, daß sich § 5 I des Entwurfes nur auf Kartelle zwischen Herstellern untereinander oder Händlern untereinander (sog. horizontale Kartelle) beziehe, daß hingegen vertikale Kartelle den Vorschriften des § 5 II und III unterfielen, da derartige Verträge die wirtschaftliche Freiheit der betreffenden Partner im Inland beeinträchtigten, besonders im Verhältnis zwischen Produzenten und Großhändlern. Dies steht im inneren Zusammenhang mit der Vorschrift des Entwurfs über vertikale Bindungen von Preisen und Geschäftsbedingungen (§ 10; vgl. § 15 GWB).

Die genannte Vorschrift des Entwurfs bezieht sich ganz allgemein auf Verträge zwischen Unternehmen, soweit sie einen Beteiligten in der Freiheit der Gestaltung von Preisen oder Geschäftsbedingungen bei Verträgen beschränken, die er mit Dritten „über die gelieferten Waren, über andere Waren oder über gewerbliche Leistungen schließt“. Demgegenüber hat die endgültige Gesetzesfassung (§ 15 GWB) die Einschränkung aufgenommen: „Verträge ..., die sich auf Märkte innerhalb des Geltungsbereichs dieses Gesetzes beziehen ...“. Dieser Zusatz wurde in der Ausschußberatung eingefügt. So erklärt sich der Satz in § 6 II GWB: „§ 15 steht dem nicht entgegen“. Gemeint ist, daß ein Ausfuhrkartell die Beteiligten auch verpflichten darf, den Abnehmern die Einhaltung von Preisen auf ausländischen Märkten aufzuerlegen. So wie dem Exportkartell, steht dieses Recht auch dem einzelnen Unternehmen für seine Exportgeschäfte zu (*Müller-Henneberg-Schwartz*, § 15 A. 10). Im übrigen hat der Wirtschaftspolitische Ausschuß des Bundestages den Vorschlag des Bundesrates so ausgestaltet, wie er schließlich seine endgültige Fassung in § 6 GWB erlangt hat, der folgendermaßen lautet:

§ 6

(1) § 1 gilt nicht für Verträge und Beschlüsse, die der Sicherung und Förderung der Ausfuhr dienen, sofern sie sich auf die Regelung des Wettbewerbs auf Märkten außerhalb des Geltungsbereichs dieses Gesetzes beschränken.

(2) Die Kartellbehörde hat auf Antrag die Erlaubnis zu einem Vertrag oder Beschluß der in § 1 bezeichneten Art zu erteilen, wenn eine in Absatz 1 bezeichnete Regelung auch den Verkehr mit Waren oder gewerblichen Leistungen innerhalb des Geltungsbereichs dieses Gesetzes umfaßt, soweit diese Regelung notwendig ist, um die erstrebte Regelung des Wettbewerbs auf den Märkten außerhalb des Geltungsbereichs dieses Gesetzes sicherzustellen. § 15 steht dem nicht entgegen. Dem Antrag ist eine Stellungnahme der betroffenen inländischen Erzeuger und Abnehmer beizufügen.

(3) Die Kartellbehörde darf eine Erlaubnis nach Absatz 2 nicht erteilen, wenn der Vertrag oder Beschluß oder die Art seiner Durchführung

1. die von der Bundesrepublik Deutschland in zwischenstaatlichen Abkommen anerkannten Grundsätze über den Verkehr mit Waren oder gewerblichen Leistungen verletzt oder
2. zu einer wesentlichen Beschränkung des Wettbewerbs innerhalb des Geltungsbereichs dieses Gesetzes führen kann und das Interesse an der Erhaltung des Wettbewerbs überwiegt.

(4) Die Kartellbehörde kann die Beteiligten zum Abschluß einer unter Absatz 2 fallenden Regelung innerhalb eines bestimmten Rahmens ermächtigen.

II. Zur Rechtssystematik der exportkartellrechtlichen Vorschriften

A. Grundnorm und Sonderregelung

1. Aus dem gesetzestechnischen Aufbau des 1. Abschnittes des 1. Teiles des Gesetzes gegen Wettbewerbsbeschränkungen ergibt sich, daß § 6 GWB zu den Vorschriften gehört, die eine Ausnahme von der Verbotsnorm des § 1 GWB darstellen, denn es heißt: „§ 1 gilt *nicht* für Verträge ...“ (zur Rechtssystematik s. *Seydel*, NJW 1957, 1300).

Grundsätzlich sind Kartellverträge und -beschlüsse nach Maßgabe des § 1 GWB unwirksam, soweit sie geeignet sind, die Erzeugung oder die Marktverhältnisse für den dort gekennzeichneten wirtschaftlichen Verkehr *durch Beschränkung* des Wettbewerbs zu beeinflussen. Nach § 1 I S. 2 GWB erstreckt sich aber dieser Grundsatz (Verbotsprinzip) nur so weit, als in dem GWB nichts anderes bestimmt ist. Für Exportabsprachen gewisser Art ist indes eine Sondernormierung getroffen.

Da Exemtionen nur innerhalb des vom Grundsatz abgedeckten Bereichs Geltung erlangen, kommen diese Ausnahmebestimmungen nur zum Zuge, wenn von vornherein Verträge oder Beschlüsse im Sinne des § 1 GWB vorliegen. Soweit sie außerhalb des Anwendungsbereichs dieser Vorschrift stehen, kommen auch § 6 und mit ihm § 9 II S. 1 GWB nicht in Betracht. Hieraus folgt, daß ein Kartell der in Rede stehenden besonderen Art, falls es von vornherein nicht unter § 1 GWB fällt, auch von den Ausnahmebestimmungen freigestellt ist, infolgedessen mit Abschluß formfrei — ohne Anmeldung — sofort wirksam wird (eindeutig: *Pinder,* WuW 1958, S. 585).

2. Der Tatbestand des § 6 GWB verhält sich zur Unwirksamkeitsfolge, die § 1 GWB ausspricht, folgendermaßen: die Unwirksamkeit des Kartellvertrages wird in § 6 GWB vorausgesetzt, aber sie kann behoben werden nach Maßgabe dieser Vorschrift. Die Ausnahmebestimmung legt also nicht fest, daß die an sich unwirksamen Verträge bzw. Beschlüsse ohne weiteres wirksam seien, vielmehr ermöglicht sie das Wirksamwerden unter bestimmten Voraussetzungen. Für die reinen Exportkartelle gemäß § 6 I GWB ist das formelle Erfordernis der Anmeldung des Kartells beim Bundeskartellamt aufgestellt (§§ 6 I, 9 II S. 1, 44 I Ziffer 1a).

Nach dem System des Gesetzes werden von den *reinen* Exportkartellen diejenigen geschieden, die auf einem Vertrag oder Beschluß der in § 1 GWB bezeichneten Art beruhen und eine in § 6 I GWB enthaltene „Regelung“ voraussetzen, jedoch hier eine solche, die darüber hinaus den Verkehr mit Waren *innerhalb* des Geltungsbereichs dieses Gesetzes umfaßt. Vielfach werden sie als Kartelle über Auslandsmärkte mit „Inlandsbindung“ benannt (s. z. B. *Mayer-Wegelin* bei *Müller-Henneberg-Schwartz,* a. a. O., § 6 A. 17; *Würdinger,* WuW 1960, S. 313 (318), spricht von „Inlandswirkung“). Hierunter ist zu verstehen, daß der Kartellvertrag eine Wettbewerbsbeschränkung auch im Inland bewirkt (*Würdinger,* a. a. O., S. 319). Mitunter ist der im Kartellvertrag angestrebte Ausfuhrzweck nur erreichbar, wenn die Beteiligten durch ihre Abmachungen auf inländische Marktverhältnisse einwirken, z. B. vereinbaren, daß Grossisten die betreffenden Waren nicht unkontrolliert ausführen.

Exportkartelle, die in dieser Weise angelegt sind, werden wirksam mit der Erteilung der Erlaubnis der Kartellbehörde gemäß § 6 II GWB (Kartell mit Erlaubnisvorbehalt, s. Seydel, a. a. O.), die auf einen entsprechenden Antrag hin gewährt wird, allerdings nur unter bestimmten Voraussetzungen (*Fröhler*, Europäisches Kartellrecht, 1962, S. 29). Dem Antrag ist nach § 6 II S. 3 GWB eine Stellungnahme der betroffenen inländischen Erzeuger und Abnehmer beizulegen. Der Antragsteller hat einen Anspruch auf die Erlaubnis, wenn die „Inlandsbindung" für die Sicherung und Förderung der Ausfuhr — rechtlich betrachtet — notwendig ist.

Wenn z. B. ein für den deutschen Export auf die Dauer unentbehrlicher Auslandsmarkt nur dadurch gehalten werden kann, daß höhere Inlandspreise festgelegt werden, so ist diese Regelung zwar wirtschaftlich geboten, aber nicht rechtlich zur Sicherstellung der genannten marktregelnden Absprache unbedingt erforderlich (s. *Müller-Gries*, a. a. O, § 6 A. 10; *Meyer-Wegelin*, a. a. O., A. 22; *Pinder*, a. a. O., S. 583 ff). Die erörterte „Inlandsbindung" ist also nur insoweit zulässig, als sie die angestrebte Regelung des Auslandsmarktes in einer rechtlich *unumgänglichen* Weise ergänzt.

Die Erlaubnis ist jedoch zu versagen, wenn der Vertrag oder Beschluß oder die Art seiner Durchführung zu einer *wesentlichen Beschränkung* des inländischen Wettbewerbs führen kann und das Interesse an seiner Erhaltung überwiegt (§ 6 III Ziffer 2 GWB) oder wenn gewisse internationale Grundsätze über den wirtschaftlichen Verkehr nach Maßgabe von § 6 III Ziffer 1 verletzt werden.

Gemäß § 56 GWB genügt eine vorläufige Erlaubnis durch einstweilige Anordnung. Die Kartellbehörde kann auch die Beteiligten nach Maßgabe des § 6 IV GWB zum Abschluß einer Regelung, die unter § 6 II fällt, also einer „Inlandsbindung", ermächtigen, aber nur innerhalb eines bestimmten Rahmens. Im übrigen ist die erörterte Erlaubnis gemäß § 6 II auch nötig, wenn die betreffenden Inlandsabsprachen von den Ausnahmebestimmungen der §§ 2—5 GWB gedeckt werden (*Baumbach-Hefermehl*, Wettbewerbs- und Warenzeichenrecht, 9. Aufl. 1963, § 6 A. 7; s. aber *Pinder*, a. a. O., S. 585; *Mayer-Wegelin*, a. a. O., § 6 A. 20), mithin unter die besonderen Kartellarten der Konditionen-, Rabatt-, Krisen- und Rationalisierungskartelle fallen. Nach h. M. ist § 6 II GWB lex specialis gegenüber §§ 2 ff GWB.

B. Die Rechtssystematik der §§ 6, 9—14 GWB

1. Nachdem das rechtssystematische Verhältnis von § 6 GWB zu § 1 bestimmt ist, geht es darum, die exportkartellrechtliche Vorschrift in ihren Beziehungen zu anderen Bestimmungen des ersten Teiles des genannten Gesetzes zu untersuchen, die ebenfalls zu ihr in einem unmittelbaren „Entsprechungs"verhältnis stehen.

Aus den obigen Darlegungen unter I 2 geht hervor, daß vor allem § 9 II GWB in dieser Hinsicht § 6 I GWB ergänzt, weil jene Vorschrift anordnet, daß Verträge und Beschlüsse der in § 6 I bezeichneten Art, also sogenannte „reine“ Exportkartelle, zu ihrer Wirksamkeit der Anmeldung bei der Kartellbehörde bedürfen. Jedoch sind die angemeldeten Kartelle und Beschlüsse nicht in das Kartellregister einzutragen, denn § 9 II S. 3 GWB nimmt von der Eintragungspflicht gerade die in § 6 I GWB genannten aus. Anders verhält es sich mit den Verträgen und Beschlüssen, denen nach § 6 II GWB eine Erlaubnis erteilt ist. Sie sind gemäß § 9 I GWB im Register zu vermerken. Der Schutz eines zu wahrenden Geschäftsgeheimnisses wird demnach nur den Abreden zuerkannt, die als reine Exportkartelle aufzufassen sind. Dies ist gerade mit Rücksicht auf die Publizität von Bedeutung. Da nämlich die Einsicht in das Kartellregister jedermann gestattet ist (§ 9 VI GWB), liegen Exportkartelle mit Inlandsbindung (§ 6 II GWB) offen. Einzutragen ist allerdings nur der wesentliche Inhalt der Verträge und Beschlüsse, insbesondere Angaben über ihren Zweck, über die betroffenen Waren usw. (s. § 9 IV Ziffer 5 GWB). Die Eintragung hat nicht konstitutive, sondern nur deklaratorische Wirkung. Jene Bedeutung kommt nur der Erlaubnis als solcher zu. Ihre Erteilung befreit das Kartell von der Unwirksamkeit, die an sich nach § 1 GWB gegeben ist (s. oben S. 18).

Dem Schutz der Marktbeteiligten dient ferner die in § 10 GWB geregelte Bekanntmachungspflicht. Im Bundesanzeiger sind u. a. auch Anträge auf Erteilung einer Erlaubnis, Verträge und Beschlüsse der in § 6 II GWB bezeichneten Art bekanntzumachen, wovon indes die Wirksamkeit nicht abhängt (Müller-Gries, a. a. O., § 10 A. 4).

2. Die hier in Rede stehende Erlaubnis soll regelmäßig nur für drei Jahre erteilt werden (§ 11 I GWB), jedoch ist die Überschreitung dieser Frist aus besonderen Gründen zulässig, wie die Amtliche Begründung (S. 33) hervorhebt. Die zeitliche Begrenzung soll die Überprüfung des Einflusses veränderter wirtschaftlicher Verhältnisse im Sinne der Lehre von der Geschäftsgrundlage ermöglichen, und zwar unter dem Gesichtspunkt, ob eine Wettbewerbsbeschränkung noch in der erlaubten Art und Weise gerechtfertigt ist. Das Gesetz sieht zwar eine Verlängerung der Erlaubnis vor, wiederum auf drei Jahre, aber nur auf Antrag und auf Grund einer schriftlichen Erklärung des Einverständnisses, die jeder Beteiligte einzeln der Kartellbehörde gegenüber in den letzten drei Monaten vor Ablauf der Erlaubnis abzugeben hat (§ 11 II GWB). Insbesondere für Exportkartelle mit Inlandswirkung ist der angedeutete Überprüfungszweck maßgebend. Deshalb sind diese in § 11 I GWB ausdrücklich erwähnt.

Hiermit steht das Widerrufsrecht der Kartellbehörde teilweise in innerem Zusammenhang. Die Kartellbehörde kann nämlich u. a. die Erlaubnis schon vor ihrem Ablauf widerrufen, wenn sich die bei ihrer Erteilung zugrunde gelegten Verhältnisse wesentlich geändert haben (§ 11 IV S. 1 GWB), was auf eine kartellrechtliche Ausprägung des Grundsatzes von Treu und Glauben hinausläuft (§ 242 BGB). Denn der Wegfall der Geschäftsgrundlage ist rechtlich nur von Belang, wenn das Festhalten am Vertrag Treu und Glauben zuwiderliefe. In Betracht kommt im vorliegenden Zusammenhang, daß sich die Verhältnisse auf dem betreffenden Auslandsmarkt derart geändert haben, daß die Inlandsbindung nicht mehr notwendig ist, um den Erfolg der Regelung des ausländischen Marktes sicherzustellen.

Die Erlaubnis kann außerdem widerrufen werden, wenn das Kartell oder die an ihm beteiligten Unternehmen einer Auflage zuwiderhandeln, die mit der Erlaubnis verbunden ist (§ 11 IV Ziffer 2 GWB). Von vornherein kann nämlich die Erlaubnis mit Beschränkungen, Bedingungen und Auflagen verbunden werden (§ 11 III GWB). Geht man mit *E. R. Huber* davon aus, daß der Antragsteller ein subjektiv-öffentliches Recht auf Erteilung der Erlaubnis nach § 6 II GWB hat, so ist im einzelnen Fall zu untersuchen, ob Beschränkungen, Bedingungen oder Auflagen dieses Recht beeinträchtigten, worauf besonders *Dörinkel* (bei *Müller-Henneberg-Schwartz*, a. a. O., § 11 A. 4) hingewiesen hat (s. auch *Dörinkel*, WuW 1957, S. 610 ff, S. 614).

In bestimmten Fällen ist sogar die Erlaubnis zu widerrufen oder durch Anordnung von Beschränkungen oder Bedingungen zu ändern oder mit Auflagen zu versehen (§ 11 V Ziffer 1—4). Der Hauptfall ist, daß das Kartell oder die beteiligten Unternehmen die durch die Erlaubnis erlangte Freistellung von § 1 mißbrauchen.

Diese Fassung kehrt in § 12 GWB bei der Regelung der *Mißbrauchsaufsicht* in folgender Weise wieder:

„1. soweit die Verträge und Beschlüsse oder die Art ihrer Durchführung einen Mißbrauch der durch Freistellung von § 1 erlangten Stellung im Markt darstellen ...".

Allerdings bezieht sich die Mißbrauchsaufsicht nach § 12 I GWB nur auf reine Exportkartelle, denn es ist lediglich auf § 6 I GWB Bezug genommen (zur Mißbrauchsaufsicht bei Verletzung zwischenstaatlicher Abkommen s. § 12 I Ziffer 2 GWB und zur Regelung des Wettbewerbs im Vertrag der EWG s. *Günther*, WuW 1957, S. 27).

In Ausübung der Mißbrauchsaufsicht ist die Kartellbehörde in der Lage, in erster Linie auf die Abstellung des Mißbrauchs hinzuwirken (zum Begriff des Mißbrauchs s. *Dichgans*, WuW 1958, S. 658 ff; *Dörinkel*, WuW 1959, S. 81 ff.; *Müller-Henneberg*, BB 1959, 139). Das Eingriffsrecht steigert sich bis zum Recht der Änderung und Aufhebung des Vertrages, wie es in § 12 II Ziffer 1 und 2 GWB näher bestimmt ist.

3. In Anlehnung an die Vorschriften der Kartellverordnung (§ 8) verleiht das GWB (§ 13) jedem Beteiligten das Recht, Verträge und Beschlüsse der

in den §§ 2—8 bezeichneten Art fristlos schriftlich zu kündigen, also auch solche im Exportbereich. Voraussetzung hierfür ist ein wichtiger Grund (§ 13 I S. 1 GWB), der z. B. in der unbilligen Einschränkung der wirtschaftlichen Bewegungsfreiheit oder ungleicher Behandlung liegt. Der Grundsatz der Wettbewerbsfreiheit und -gleichheit ist hier auf das interne Verhältnis der Kartellbeteiligten übertragen. In Ansehung der Feststellung eines wichtigen Grundes kann auf die Rechtsprechung des Kartellgerichts zu § 8 KVO verwiesen werden, die indes wegen des die KVO beherrschenden Grundsatzes der Kartellfreiheit zur Auslegung des § 13 GWB nur noch bedingt herangezogen werden kann (s. *Baumbach-Hefermehl,* Wettbewerbs- und Warenzeichenrecht, 9. Aufl. 1963, GWB § 13 A. 3. Aus der umfangreichen Rechtsprechung zum „wichtigen Grund" s. beispielsweise nur die Entscheidungen des Kartellgerichts in „Entscheidungen des Reichswirtschaftsgerichts und des Kartellgerichts" (E RWG) Bd. II, S. 192, 198; in „Sammlung von Entscheidungen und Gutachten des Kartellgerichts" 1924/25 Heft 11, Nr. 29; 12, Nr. 32; 13, Nr. 33; 17, Nr. 46; 18, Nr. 47; 22, Nr. 60; ferner in KartRdsch 1930, S. 690, 693; 1931, S. 388, 688; 1932, S. 623; 1933 S. 280, 568; 1934, S. 661; 1936, S. 632. Weitere Angaben bei *Klinger,* Die Rechtsprechung des Kartellgerichts, Heft I—III, 1930, 1934 und 1937). Soweit ersichtlich, bezieht sich die Judikatur des Kartellgerichts zum Begriff des wichtigen Grundes nicht unmittelbar auf Exportkartelle.

Für erlaubnispflichtige Exportkartellverträge (§ 6 II GWB) trifft die Regelung des Rücktrittsrechtes in § 13 II GWB zu, das jedem Beteiligten bei Vorliegen eines wichtigen Grundes gewährt wird, solange die Kartellbehörde noch keine Erlaubnis erteilt hat.

Schließlich bezieht sich nach § 14 GWB, der die Verwertung von Sicherheiten an die Erlaubnis der Kartellbehörde bindet, auf Verträge und Beschlüsse der in den §§ 2—8 GWB bezeichneten Art, so daß hiervon auch Exportkartelle umfaßt werden.

C. Sonstige Verträge

1. Der zweite Abschnitt des Gesetzes steht unter der Überschrift „Sonstige Verträge", die nach dem systematischen Aufbau in einem Gegensatz zu den *(horizontalen)* „Kartellverträgen und Kartellbeschlüssen" (Erster Abschnitt) stehen.

In erster Linie ist die *vertikale* Bindung von Preisen und Geschäftsbedingungen (§ 15 GWB) geregelt (vgl. hierzu § 1 III der KartellNotVO v. 1930). Hierbei geht es um zwei Verträge, den Primär-Vertrag, der zunächst bindet, und den Vertrag zwischen dem Gebundenen und einem Dritten, dessen Inhalt demnächst evtl. gebunden werden soll (Sekundärvertrag). Verträge dieser Art sind gemäß § 15 GWB grundsätzlich nichtig (§ 134 BGB), und zwar ist es ein Verbot ohne Erlaubnisvorbehalt, von dem allerdings die vertikale Preisbindung bei Markenwaren und Verlagserzeugnissen nach Maßgabe des § 16 GWB ausgenommen ist.

Wie schon oben angedeutet ist, gilt dieses im einzelnen hier nicht näher zu behandelnde Verbot nur für Verträge, die sich auf Märkte *innerhalb* des Geltungsbereichs des GWB beziehen (Bundesgebiet einschließlich West-Berlin).

Der Wettbewerb auf Auslandsmärkten wird von dieser Vorschrift nicht erfaßt. Ein Exportkartell darf daher seine Mitglieder auch verpflichten, den Vertragsgegnern, d. h. den Abnehmern der im Primärvertrag veräußerten Waren, die Preise auf ausländischen Märkten in Sekundärverträgen vorzuschreiben (so mit Recht *Schwartz,* a. a. O., § 16; *Baumbach-Hefermehl,* a. a. O., GWB § 15 A. 2). Die Rechtsfolge ergibt sich ohnehin auch aus § 98 II GWB, wonach dieses Gesetz nur Anwendung findet auf Wettbewerbsbeschränkungen, die sich im Geltungsbereich dieses Gesetzes auswirken, allerdings auch dann, wenn sie außerhalb dieses Geltungsbereiches veranlaßt werden. Diese Ausdehnung unterwirft auch ausländische Unternehmen, die an Wettbewerbsbeschränkungen des Inlandsmarktes beteiligt sind, den Vorschriften des Gesetzes[2].

2. Die Tatbestände der Verwendungsbeschränkung, Ausschließlichkeitsbindung, Vertriebsbindung und Koppelungsgeschäfte (§§ 18, 19 GWB) betreffen auch den Exporthandel und sind deshalb in die vorliegende Untersuchung einzubeziehen. Im Vordergrund des Exportkartellrechtes steht die Regelung des „Exclusivverkehrs". Hierher gehören namentlich Verträge zwischen Unternehmen über Waren oder gewerbliche Leistungen, die einen Vertragsbeteiligten darin beschränken, „andere Waren oder gewerbliche Leistungen" — die meistens mit den den Gegenstand bildenden konkurrieren — von Dritten zu beziehen oder an Dritte abzugeben (§ 18 I Ziffer 2 GWB). Dieser Tatbestand fällt unter den Begriff der sog. „Ausschließlichkeitsklausel" (s. hierzu *Rittner,* die Ausschließlichkeitsbindungen in dogmatischer und rechtspolitischer Betrachtung, 1957; *Lukes,* Der Kartellvertrag, 1959, S. 82).

Im gegebenen Zusammenhang sind von besonderem Interesse die sog. „Vertriebsbindungen" (§ 18 I Ziffer 3 GWB), wonach der Vertragspartner darin beschränkt wird, die verkauften Waren an beliebige Dritte weiterzuliefern, etwa in der Weise, daß der Käuferkreis oder das Marktgebiet ein-

[2] Nach welchem Recht ein im Ausland oder mit Ausländern geschlossener Vertrag zu beurteilen ist, richtet sich nach den allgemeinen Grundsätzen des Internationalen Privatrechts. Hiernach werden Vereinbarungen über die Geltung einer Rechtsordnung als zulässig angesehen. Mögen auch die Beteiligten die Geltung eines anderen als des deutschen Rechts ausgemacht haben, so ist doch das GWB insoweit unabdingbar, als sich die Beschränkung des Wettbewerbs auf das Inland auswirkt (Territorialitätsprinzip).

geengt wird. Auf den Export bezogen bedeutet dies, daß dem Vertragsbeteiligten die Verpflichtung auferlegt wird, die Ware nicht zu exportieren, sei es überhaupt nicht oder nur in einem festgelegten Umfang. Das Ziel derartiger Verträge ist, daß die Hersteller ihre Abnehmer von dem Einfluß auf den betreffenden Auslandsmärkten mehr oder weniger fernhalten, um die Konkurrenz insoweit wenigstens partiell auszuschalten (zur rechtlichen Bedeutung der Ausfuhrvergütungen im Exclusivverkehr s. *Lehnich*, Die Wettbewerbsbeschränkungen, 1956, S. 111; s. ferner *Neumann*, Zur Zulässigkeit von Ausfuhrverboten in der Bundesrepublik Deutschland, Recht der internationalen Wirtschaft, 1957, S. 43). Eine eigenartige Kombination von Exclusiv- und Vertriebsbindung liegt vor, wenn sich der Verkäufer verpflichtet, nur an einen einzelnen Käufer diejenigen Waren zu liefern, die für ein Gebiet, etwa für ein Land, bestimmt sind. Hierdurch wird dem Begünstigten ein ausschließliches Vertriebsrecht eingeräumt, das allerdings regional beschränkt ist, vorausgesetzt, daß der Anbieter seine sonstigen Abnehmer in umgekehrtem Sinne zu binden vermag, nämlich nicht in das vorbehaltene Gebiet zu liefern. Hand in Hand hiermit geht die entsprechende Verpflichtung des Käufers, die Waren nur in diesem Gebiet abzugeben und von dritter Seite keine Waren gleicher Art zu beziehen. Eine solche Vereinbarung bezweckt in praxi vor allem die Einschränkung des ausschließlichen Exportes nach bestimmten Ländern (Näheres bei *Schwartz*, a. a. O., § 18 A. 13; *Spengler*, WRP 1955, S. 10; *Westrick*, WuW 1957, S. 760). Die Vertriebsbindung ist in diesem Fall nicht auf die Person, sondern auf das Gebiet bezogen.

Soweit derartige Bindungen unter § 18 GWB fallen, sind sie ohne Anmeldung und Erlaubnis zulässig. Die Kartellbehörde hat jedoch das Recht, die entsprechenden Verträge für unwirksam zu erklären, wenn sie den Vertragsbeteiligten oder ein anderes Unternehmen unbillig (s. hierzu § 18 II GWB) in seiner „wirtschaftlichen Bewegungsfreiheit" einschränken und soweit der Wettbewerb hierdurch wesentlich beeinträchtigt wird.

Ein Exportverbot, das ein Hersteller seinen inländischen Abnehmern für eine Ware auferlegt, fälllt indes von vornherein nicht unter § 18 GWB, weil eine Wirkung auf den Inlandsmarkt und damit auf den Geltungsbereich des GWB (vgl. § 98 II) bei derartigen Abreden nicht gegeben ist. Den gebundenen Händlern steht es nämlich trotz des Exportverbotes völlig frei, ob und an wen sie die Waren im Inland verkaufen wollen. Entsprechendes gilt für Alleinvertriebsverträge und die häufig mit ihnen verbundenen „ausschließlichen Bezugspflichten", durch welche die Berechtigten der Alleinvertriebsverträge, Exporteure oder ausländische Importeure, gehalten werden, Waren nur von einem bestimmten Lieferer zu beziehen (ebenso für die Geltungszeit der alliierten Dekartellierungsvorschriften *Neumann*, a. a. O., und für das geltende Recht *Gleiss-Deringer-Lutz*, BB AWiD 1958, 5:

„Unseres Erachtens darf daher die Rechtswirksamkeit dieser Exportindividualverträge nicht nach § 18 geprüft werden, ... da § 18 für Alleinvertriebsverträge, die sich auf den Export von Waren beziehen, nicht gilt ...“; *Neumann,* Der Betrieb, 1959, 479; *Baumbach-Hefermehl,* a. a. O., GWB § 18 A. 7).

D. Marktbeherrschende Unternehmen, wettbewerbsbeschränkendes und diskriminierendes Verhalten

1. In die rechtssystematische Erörterung der Exportkartelle ist sodann die Regelung der marktbeherrschenden Unternehmen (§§ 22–24 GWB) einzubeziehen. Ratio legis ist, im Wege des Einschreitens der Kartellbehörde zu verhindern (§ 22 IV u. V GWB), daß derartige Unternehmen ihre Marktmacht mißbrauchen, nicht etwa die Entstehung marktbeherrschender Unternehmen überhaupt zu vereiteln (s. hierzu *Mestmäcker,* Das marktbeherrschende Unternehmen im Recht der Wettbewerbsbeschränkungen, 1959, S. 6; *Meyer-Cording,* Monopol und Marktbeherrschung als Rechtsproblem, 1954).

Problematisch ist in exportkartellrechtlicher Hinsicht der Begriff der Marktbeherrschung insofern, als die räumlichen Grenzen des Marktes abzustecken sind, dessen mißbräuchliche Beherrschung in Frage steht. Letzten Endes haben wir es hier wieder mit dem räumlichen Geltungsbereich des GWB zu tun. Entscheidend ist demnach, ob die Marktbeherrschung innerhalb dieses Geltungsbereiches besteht. Daraus folgt, daß §§ 22–24 GWB nicht zur Anwendung kommen, wenn sich ein deutsches Unternehmen auf einem bestimmten ausländischen Markt eine beherrschende Stellung verschafft hat, die mißbräuchlich gehandhabt wird, mag auch der Tatbestand der Wettbewerbsbeschränkung im Geltungsbereich des Gesetzes angelegt sein (treffend *Würdinger,* WuW 1956, S. 776). Unberührt bleibt hiervon freilich ein etwaiger Verstoß gegen das ausländische Recht oder supranationale Abkommen.

Umgekehrt kann die Ursache außerhalb dieser Grenzen gesetzt sein, aber der Mißbrauch der Marktmacht sich innerhalb der Grenzen ausgewirkt haben *(Bartholomeyczik* bei *Müller-Henneberg-Schwartz,* a. a. O., § 22 A. 29). Dann gilt wiederum das Territorialitätsprinzip. Ist ein Unternehmen im Inland marktbeherrschend, so ändert hieran nichts, daß es im Export Wettbewerbern ausgesetzt ist. *Rasch* (Wettbewerbsbeschränkungen, Kartell- und Monopolrecht, Kommentar 1957, § 22 A. 3) weist darauf hin, daß eine andere Auffassung nur vertretbar wäre, wenn es eine internationale Monopolbehörde mit entsprechenden Kompetenzen gäbe.

2. Zuletzt sind im Rahmen dieses Überblicks diejenigen Vorschriften heranzuziehen, die sich mit dem „Organisationszwang“, mit Liefer- und Bezugs-

sperren sowie mit der Diskriminierung befassen (§§ 25, 26 GWB). In beiden Vorschriften wird auch auf die exportkartellrechtliche Bestimmung (§ 6) verwiesen (s. § 25 II Ziff. 1, § 26 II).

III. Rechtsdogmatische Betrachtungen

A. Begriff und Gestalt

1. Die rechtsbegriffliche Untersuchung hat sowohl von der Verbotsnorm des § 1 GWB als auch von der Ausnahmebestimmung des § 6 GWB auszugehen. Die Grundvorschrift (§ 1) enthält lediglich eine Definition der wettbewerbsbeschränkenden Vereinbarung in den Worten „... soweit sie geeignet sind, die Erzeugung oder die Marktverhältnisse für den Verkehr mit Waren oder gewerblichen Leistungen durch Beschränkung des Wettbewerbs zu beeinflussen". In den folgenden Bestimmungen, mithin auch in § 6 GWB, der unter der Überschrift „Exportkartelle" zu stehen pflegt, werden besondere Tatbestände nur insoweit behandelt, als sie eine vom Grundsatz des § 1 GWB abweichende Regelung aufweisen. Sie hat zu besonderen Bezeichnungen von Kategorien, wie Konditionen-, Rabatt-, Rationalisierungs-, Export- und Importkartell usw., geführt. Derartige Benennungen sind nicht amtlichen Charakters, lehnen sich vielmehr an den in der Wissenschaft und Praxis üblichen Sprachgebrauch an. Dieser ist einerseits unsicher, deckt andererseits auch Erscheinungen, die nicht unter § 1 GWB fallen, somit überhaupt nicht zu den Kartellen im Rechtssinne gehören, infolgedessen auch nicht von den Ausnahmebestimmungen erfaßt werden.

Die Betriebslehre des Außenhandels neigt z. B. zu einer weiten Fassung des Begriffes der Exportkartelle, die schlechthin als Zusammenschlüsse von Exporteuren (Herstellern und Händlern) gleichartiger Erzeugnisse aufgefaßt werden, Zusammenschlüsse, die auf einem oder mehreren Auslandsmärkten bestimmte wirtschaftliche Zwecke verfolgen, und zwar durch gemeinsame Maßnahmen, wie z. B. Preisabsprache, Gebietsaufteilung usw. (s. *Behrens,* Betriebslehre des Außenhandels, 1957, S. 68 ff). Die Exportkartelle werden auch nach Absatzfunktionen eingeteilt und in Vermittlungs-, Verkaufs- und Vertriebskartelle aufgegliedert (s. hierzu *Kleeberg,* a. a. O., S. 28 ff). Im einzelnen ist hierzu auf das absatzwirtschaftliche Gutachten von Schäfer zu verweisen.

Das Gesetz gibt keine Legaldefinition des Exportkartellbegriffes, ebensowenig wie eine Erläuterung des Kartellbegriffes überhaupt. Mit der Verweisung auf § 1 ist zunächst darauf abgestellt, ob eine Beeinflussung der Erzeugung oder der Marktverhältnisse durch Wettbewerbsbeschränkungen vorliegt. Scheidet dies nach der Sachlage aus, so fehlt es an der gesetzlichen Handhabe überhaupt, vom Begriff des Exportkartells im Rechtssinne zu sprechen. So würde eine Vereinigung von Unternehmen, die nur die Kollektivwerbung und Marktanalyse ohne Preisabsprachen und dergleichen im Auslande bezweckt, nicht als Kartell im Sinne des § 1 GWB aufgefaßt werden können, infolgedessen auch nicht unter § 6 GWB fallen (zu den Kartellarten s. Teil 4 dieses Buches, Die Exportkartelle in Deutschland seit 1880, Bearbeiter *Hans Knoblich.* Übersicht über die erfaßten reinen Exportkartelle Nr. 141/142). Hinter der Bezeichnung „Exportkartell" kann sich übrigens ein anderer Kartelltyp im Sinne des GWB verbergen, etwa ein Konditionen- oder Rabattkartell. Wenn also z. B. die Absprachen lediglich Ausfuhrvergünstigungen betreffen, so kommt zwar § 6 I GWB nicht zum Zuge, eine Freistellung von § 1 GWB kann sich aber u. U. auf § 3 GWB stützen (so *Pinder,* WuW 1958, S. 585). Auf diesen Tatbestand wird noch näher einzugehen sein.

Bei dieser Gesetzeslage kann eine Definition des Exportkartells im Rechtssinne nur die positivrechtliche Gesamtregelung im GWB wiedergeben. So nimmt es nicht wunder, daß in der juristischen Literatur gegenüber begrifflichen Festlegungen Zurückhaltung geübt wird, soweit es um die Interpretation der exportkartellrechtlich gearteten Bestimmung des GWB geht. *Mayer-Wegelin* (a. a. O., § 6 A. 13) versuchen, eine Definition mit folgender Formulierung zu geben: „Zu Exportkartellen i. S. des Abs. 1 für eine bestimmte Art von Waren oder Leistungen schließen sich alle oder mehrere Exporteure — die im übrigen selbständig bleiben — eines Landes allein oder mit denen eines anderen Landes zusammen, um ihren Absatz in einem, mehreren oder allen Auslandsmärkten abzustimmen oder — nach Art eines Syndikats — gemeinsam durchzuführen. Durch die Beschränkung oder Ausschaltung ihres gegenseitigen Wettbewerbs verbessern sie die Erfolgsaussichten ihrer Gesamtheit. Im übrigen treffen auf sie alle Merkmale des § 1 zu."

2. a) Die vorstehende Erläuterung läßt erkennen, daß auch solche Verträge und Beschlüsse unter § 6 GWB fallen, die zwischen deutschen und ausländischen Unternehmen abgeschlossen bzw. gefaßt sind. Die genannte Bestimmung läßt allerdings offen, wer Partner des Exportkartells sein kann. Unternehmen und Vereinigungen einem nationalen Ausfuhrkartell *neben* Indes besteht kein Zweifel darüber, daß nach dem Gesetz auch ausländische deutschen Unternehmen und Vereinigungen angehören können. Daß ausländische Unternehmen *allein* solche den Exporthandel betreffenden Verträge abschließen, widerstreitet allerdings dem Begriff der Sicherung und Förderung der Ausfuhr, die voraussetzt, daß überhaupt inländische Unternehmen Waren exportieren (so mit Recht *Mayer-Wegelin,* a. a. O., § 6

A. 10). Von den nationalen Exportkartellen, wie sie auch zusammengesetzt sind, ist das internationale Kartell zu unterscheiden, das aus verschiedenen nationalen Unternehmensgruppen besteht.

Nach den Dekartellierungsgesetzen (Art. II der Gesetze bzw. VO Nr. 56/78/96) war es deutschen Unternehmen überhaupt untersagt, sich an internationalen Kartellen zu beteiligen. Nachdem jene Gesetze aufgehoben worden sind (§ 109 II Ziffer 14—16 GWB), ist deutschen Unternehmen der Zugang zu internationalen Kartellen (Zum Begriff s. *Dörinkel*, Internationales Kartellrecht, 1932; *Friedländer*, Die Rechtspraxis der Kartelle in Europa, 1938; *Werr*, Internationale Wirtschaftszusammenschlüsse, 1936; *Wolff R.*, Die Rechtsgrundlagen der internationalen Kartelle, 1929; *Zschokke*, Die Rechtsstellung internationaler Kartelle, 1936; *Hofheinz*, Die Kartellbildung bei internationalen Kartellen, 1939; *Würdinger*, WuW 1956 S. 784; *Friedmann, W.*, Antitrust-Law, Comparative Symposium, University of Toronto, Faculty of Law, Comparative Law, Series, Volume 3, Toronto 1956, mit Besprechung von *Neumeyer*, WuW 1957, S. 239) wieder freigegeben.

Ein internationales Kartell könnte z. B. dadurch entstehen, daß Unternehmen der Bundesrepublik, Englands und Frankreichs die Ausfuhr bestimmter Waren in vorderasiatische Gebiete regeln, etwa durch Preiskontrollen, Gebietszuweisung, Quotierungen, oder daß die Unternehmungen eines Industriezweiges, die verschiedenen Ländern angehören, Vereinbarungen über die Verkäufe des zu kartellisierenden Produktes eingehen, gleichgültig in welchem Lande die Verkäufe stattfinden (*Zschokke*, a. a. O., S. 6). Tatbestandsmerkmal ist daher, daß die *Unternehmungen* verschiedenen Staaten angehören. Für die Zugehörigkeit kommt es nicht auf die Staatsangehörigkeit der einzelnen Mitglieder an; ein von Unternehmungen verschiedener Länder abgeschlossenes Kartell ist auch ein internationales, wenn sämtliche Beteiligte deutscher Staatsangehörigkeit sind (*Hofheinz*, a. a. O., S. 21 N. 70). Umgekehrt nimmt ein Kartell nicht dadurch internationale Züge an, daß sich mehrere mit ihren Betrieben im Bundesgebiet ansässige Unternehmer verschiedener Staatsangehörigkeit in der geschilderten Weise zusammenschließen. Es kommt darauf an, daß sich die *Unternehmungen* in verschiedenen Staaten befinden (s. auch *Tschiersky*, Kartellorganisationen, 1928, S. 155; zur Behandlung verschiedener ausländischer Tochtergesellschaften eines deutschen Unternehmens s. *Hofheinz*, a. a. O., u. *Werr*, a. a. O., S. 34).

Exportkartelle tendieren zum internationalen Kartell, weil die Einbeziehung ausländischer Konkurrenten den Markteinfluß aller Beteiligten zu verstärken vermag. Preisabsprachen u. dgl. zwischen inländischen Unternehmen über Auslandsmärkte erheischen auf manchen Wirtschaftszweigen geradezu diese Ausweitung, sollen sie sich in praxi wirkungsvoll erweisen.

Internationale Kartelle zeigen wiederum eine Bereitschaft zur Ausdehnung ihrer Betätigung, insbesondere zur Erweiterung des Mitgliederkreises, aber zum Begriff gehört diese Tendenz nicht, da ein internationales Kartell auch dann vorliegt, wenn der Kreis seiner Mitglieder vertraglich beschränkt ist. Ebensowenig ist die Ausdehnung der Wettbewerbsregelung auf den Weltmarkt ein begriffliches Merkmal. Auch wenn die Ausfuhr in nur ein einziges Land geregelt wird, kann ein internationales Kartell gegeben sein, sofern es entsprechend den obigen Merkmalen zusammengesetzt ist. Nach anderer Auffassung ist ein Kartell international, wenn entweder seine „Konstitution" oder seine „Wirkung" nicht einem einzigen nationalen Rechte unterliegen (*Zschokke*, a. a. O., S. 5). Dies sei der Fall, wenn entweder die erfaßten Unternehmen verschiedenen Rechtsordnungen unterliegen oder der Markt, auf den sich die Wettbewerbsregelung bezieht, Rechtsgebiete verschiedener Staaten umschließt. Diese Definition erscheint insofern zu weit, als sie auch nationale Exporkartelle umfaßt, jedenfalls wenn § 6 GWB zugrunde gelegt wird.

Vom Standpunkt des GWB gelten für internationale Kartelle keine Besonderheiten. Es gelangt nach den obigen Ausführungen insoweit zur Anwendung, als das internationale Kartell Wirkungen gegenüber dem deutschen Markt ausübt. Hieran ändert sich nichts dadurch, daß die Beteiligten die Kartellvereinbarung selbst, etwa den Gesellschaftsvertrag, durch besondere Abmachung dem ausländischen Recht unterwerfen (*Würdinger*, a. a. O., S. 784, und WuW 1960, S. 318). Im übrigen ist für die weitere Untersuchung zu unterscheiden, ob die Exportkartelle aus deutschen und ausländischen Herstellern bestehen oder sich aus verschiedenen nationalen Kartellen zusammensetzen. Die letztgenannte Art des Zusammenschlusses bleibt im folgenden außer Betracht.

b) Eine vorläufige Würdigung der Vertragspraxis der internationalen Kartelle führt zu folgenden typischen Ergebnissen.

aa) Die beteiligten Unternehmen pflegen in Gruppen eingeteilt zu werden: z. B. in zwei deutsche Gruppen und eine belgische. Auf allen Seiten ist entweder nur eine oder sind mehrere Unternehmen beteiligt. Die Zahl der Mitglieder ist u. U. von Gruppe zu Gruppe verschieden. Nach Festlegung der auszuführenden Erzeugnisse werden die Ausfuhrländer bestimmt und mitunter gewisse Gebiete einem oder mehreren Partnern verschlossen. So verpflichten sich in obigem Beispiel die deutsche Gruppe A und B, Verkäufe von Vertragserzeugnissen in die überseeischen belgischen Gebietsteile zu unterlassen, wie umgekehrt die belgische Gruppe entsprechende Verpflichtungen übernimmt.

In den internationalen Kartellverträgen pflegen den Gruppen Quoten am Gesamtexport zugewiesen zu werden, und zwar für bestimmte Quotenzeiträume, mit der Möglichkeit, Über- und Unterschreitungen auf den folgenden Quotenzeitraum vorzutragen und nach einem vertraglich vorgesehenen Verfahren auszugleichen.

bb) Der Zweck wird mehr oder weniger allgemein umrissen: z. B. Zusammenarbeit der vorgenannten Firmen auf den europäischen Exportmärkten in der Weise, daß die vertragsschließenden Firmen im gegenseitigen Einvernehmen sowie in Übereinstimmung mit den bestehenden gesetzlichen Vorschriften und internationalen Abkommen Preise für die Vertragserzeugnisse in den vorkommenden Ablieferungsformen vereinbaren und spätere Änderungen dieser vereinbarten Preise nur aufgrund eines einstimmigen Beschlusses vornehmen werden.
Oder die Mitglieder beschliessen etwa eine gerechte Aufteilung der innerhalb des Geltungsbereiches des Abkommens anfallenden Gesamtaufträge und bestimmen, daß die A-Gruppe einen Prozentsatz und die B-Gruppe einen Prozentsatz des gesamten kontinentalen Geschäftes erhalten soll. In einer Vertragsurkunde heißt es: „Die Mitglieder stellen die Notwendigkeit einer Zusammenarbeit auf dem Gebiet des ... -exportes fest. Sie soll der Förderung des ... exportes dienen und einem Preisverfall, der aus der Einkaufsposition anderer Länder droht, vorbeugen". Oder: Die Vereinbarung hat den Zweck, „gleiche Wettbewerbsbedingungen zu schaffen für alle Vertragserzeugnisse auf den Märkten in allen Gebieten außerhalb der Bundesrepublik Deutschland und des Landes Berlin, mit Ausnahme der Mitgliedstaaten der Europäischen Wirtschaftsgemeinschaft, und zwar durch einheitliche Regelung und Festsetzung von Ausfuhrpreisen und Bedingungen ... mit dem Ziel der Erreichung günstiger Exportpreise und so die Ausfuhr zu sichern und zu fördern".

In einem anderen Fall wird es als Aufgabe der „Konvention" angesehen, den Export bestimmter Waren in Wahrung der Interessen sowohl der Hersteller wie der Abnehmer „zu organisieren und auszubauen", ferner den beruflichen Kontakt und Erfahrungsaustausch zwischen den Mitgliedern zu fördern.

cc) Was die Organisation betrifft, so gibt es sowohl internationale Kartelle mit einer festgelegten Zahl von Beteiligten, einem geschlossenen Mitgliederkreis also, als auch solche, die den Beitritt weiterer Mitglieder offenlassen, worüber gegebenenfalls die Mitgliederversammlung entscheidet. Neben dieser steht ein geschäftsführendes Organ, auch Sekretariat, Geschäftsführer oder ähnlich bezeichnet, das die laufenden Angelegenheiten erledigt, Beschlüsse ausführt und die Mitglieder auf satzungsgemäßes Verhalten usw. überwacht, schließlich auch den Vorsitz in der Mitgliederversammlung innehat. Diese setzt die für alle Mitglieder verbindlichen Mindestpreise für die nach den verschiedenen Ländern auszuführenden Waren fest und bestimmt gegebenenfalls die Verkaufs- und Lieferungsbedingungen.

In einem anderen Kartell internationalen Charakters ist eine halbjährliche Versammlung vorgesehen, die von dem „Vorsitzenden“ geleitet wird. Daneben existiert ein „Zentralbüro“, das alle Angelegenheiten, die sich in der Zwischenzeit ergeben, „koordiniert“ und die Versammlungsbeschlüsse ausführt. Ein Wechsel des Zentralbüros von Gruppe zu Gruppe ist mitunter vertraglich ausdrücklich vorgesehen.

Der Zentralstelle werden darüber hinaus Aufgaben zugewiesen, die sich aus der Sammlung von Meldungen der exportierenden Unternehmen ergeben: das zusammenlaufende Material wird durch Preislisten ausgewertet, die die Grundlagen für Mindestpreisfestsetzungen bilden können. Im ganzen gesehen ist die Organisation der internationalen Kartelle nicht so straff wie die der nationalen Exportkartelle durchgeführt. Als Rechtsform stehen im Vordergrunde die Gesellschaft des bürgerlichen Rechts und der nicht rechtsfähige Verein, soweit das zugängliche Material ersehen läßt.

dd) Die Darstellung der Zwecke und der Organisation läßt erkennen, daß sich in dem internationalen Exportkartell verschiedene andere Kartellformen — z. B. Preis-, Konditionen-, Rabatt-, Quotenkartell — vereinigen können, wie dies auch bei dem nationalen Exportkartell der Fall ist. Nach den obigen Darlegungen gelangen die entsprechenden Vorschriften des GWB (§§ 1 ff) auch auf internationale Kartelle zur Anwendung; wenn sich der Geltungsbereich des Kartellvertrages, der Konvention usw. nicht auf die Bundesrepublik Deutschland erstreckt, wie in dem Falle, daß die Heimatmärkte der Mitglieder ausgenommen sind und zu den Mitgliedern auch deutsche Unternehmen gehören, ist selbst bei solcher Sach- und Rechtslage zu prüfen, ob sich die Wettbewerbsbeschränkungen, die sich die Partner auferlegt haben, auf den Geltungsbereich des GWB auswirken (§ 98 II GWB). Gegebenenfalls kommt zwar § 1 GWB zum Zuge, wird jedoch durch § 6 I GWB ausgeschlossen, da der Vertrag der Sicherung und Förderung der Ausfuhr dient und sich die Regelung des Wettbewerbs auf auswärtige Märkte beschränkt. Es handelt sich dann um ein Anmeldungskartell.

Selbstverständlich kann auch eine in einem internationalen Kartellvertrag getroffene Regelung den Verkehr mit Waren oder gewerblichen Leistungen im Inland umfassen (§ 6 II GWB), so in dem typischen Fall, daß die Mitglieder verpflichtet sind, bei der Lieferung über Exporteure diese an die vereinbarten Preise und Bedingungen zu binden oder den Exportrabatt zu beschränken, wenn die Ausfuhrhändler nicht in dieser Weise gebunden werden sollen. Die Beschränkung des Exportrabattes verhindert zu einem gewissen Teil, daß die Ausfuhrhändler die vereinbarten Preise unterschreiten. Unter diesen Umständen ist die Rabattregelung notwendig, um die erstrebte Regelung des Wettbewerbs auf den ausländischen Märkten sicherzustellen (§ 6 II S. 1 GWB).

Aus naheliegenden Gründen sind Schiedsgerichtsklauseln in internationalen Kartellverträgen typisch. Nach § 91 I GWB sind Schiedsverträge über künftige Rechtsstreitigkeiten aus Exportkartellverträgen (und Beschlüssen) unwirksam, wenn nicht die Kartellbehörde eine Erlaubnis erteilt. Sie ist auch nötig, wenn das Exportkartell keine Inlandswirkung erzeugt, mithin nur unter § 6 I GWB fällt. Ist der ordentliche Rechtsweg (Ersatzrechtsweg) ausgeschlossen, so ist der Schiedsvertrag nach § 91 I GWB nichtig. Für internationale Kartelle wird diese Rechtsfolge nicht anzunehmen sein.

B. Rechtsform

1. Eine statistische, besonders wieder Exportkartelle umfassende Untersuchung des Instituts für Exportforschung an der Wirtschafts- und Sozialwissenschaftlichen Fakultät der Universität Erlangen-Nürnberg, (vgl. S. 275) hat ergeben, daß bei der Kartellierung für den Berichtszeitraum die G. m. b. H. die vorherrschende Rechtsform gewesen ist (33). Es folgen der eingetragene Verein und die bürgerrechtliche Gesellschaft (15 und 12). Der Form der Genossenschaft haben sich 2, der AG hat sich ein Exportkartell bedient.

Die Rechtsform der BGB-Gesellschaft eignet sich besonders dann, wenn das Kartell als solches nach außen hin nicht in Erscheinung zu treten braucht, weil es nicht um die Abwicklung des gesamten Exportgeschäftes geht, sondern nur um eine oder einige wichtige Teilfunktionen, wie z. B. Exportanbahnung, Marktforschung, Interessenvertretung und Werbung im Ausland, Festsetzung von einheitlichen Exportpreisen und Konditionen, Qualitätssicherung im Export usw. Hinzu kommt, daß der dispositive Charakter der Vorschriften über die BGB-Gesellschaft, die entsprechend auch für den nichtrechtsfähigen Verein gelten, eine Anpassung an den spezifischen Kartellzweck zuläßt.

Die relative Häufigkeit der Exportkartelle in der Rechtsform des eingetragenen Vereins erklärt sich daraus, daß mitunter der Kartellzweck eine Kartellorganisation mit eigener Rechtspersönlichkeit erfordert, die gleichzeitig auf einen größeren Mitgliederbestand zugeschnitten ist und einen leichteren Mitgliederwechsel ermöglicht als die Rechtsform der GmbH.

Ist eine umfassende Kontingentierung und Zentralisierung des Absatzes und insbesondere des Exports beabsichtigt, so erweist sich hierzu die Rechtsform der GmbH, besonders wegen ihrer rechtlichen Selbständigkeit, des geringen Kapitalbedarfs zu ihrer Errichtung, der starken Bindung der Geschäftsanteile an die Gesellschafter und der Möglichkeit, den Gesellschaftern außer ihrer Pflicht zur Kapitaleinlage Sonderleistungen jeder Art aufzuerlegen (§ 3 II GmbHG), besonders geeignet (vgl. z. B. Nr. 93, 98, 99, 100 des genannten Berichtes — S. 29 ff).

Die Organisationsformen der GmbH sind wieder verschiedenartig ausgestaltet, je nachdem ob eine Doppelgesellschaft oder eine Einheitsgesellschaft gegründet wird. Bei der erstgenannten Art vereinigt eine Gesellschaft des bürgerlichen Rechts die zum eigentlichen Kartell zusammengeschlossenen Unternehmer. Zur Durchführung des Kartellzweckes dieser BGB-Gesellschaft (Kontingentierung und Zentralisierung des Absatzes) wird als deren Hilfsorgan eine rechtlich selbständige Gesellschaft gegründet — in der Regel eine GmbH, seltener eine AG, eine Genossenschaft oder sogar ein rechtsfähiger Verein —, die die eigentliche Kartellgesellschaft gegenüber Dritten vertritt, indem sie zwar für fremde Interessen und nach fremden Weisungen, aber im eigenen Namen handelt.

Die GmbH ist hierbei nur als gemeinschaftliche Verkaufsstelle des von ihr getrennten Kartells organisiert (s. RG 151, 323). Das Lieferungsverhältnis, nämlich einerseits insbesondere die Verpflichtung der Kartellmitglieder, in Durchführung des Kartellvertrages ihre gesamten Erzeugnisse der GmbH zum alleinigen Verkauf zu überlassen, und andererseits insbesondere das Recht auf Abnahme der Produktion innerhalb der Beteiligungsziffer ist Teil des Gesellschaftsvertrages bürgerlichen Rechts.

Obwohl diese im Gesellschaftsvertrag bürgerlichen Rechts enthaltenen Bestimmungen über das Lieferungsverhältnis von wesentlicher Bedeutung für die Verknüpfung der Kartellgesellschaft mit der Verkaufs-GmbH sind, brauchen sie dennoch in die Satzung der GmbH nicht aufgenommen zu werden (RG 151, 325 mit weiteren Nachweisen). Die Einrichtung der sogenannten Doppelgesellschaft ermöglicht es, alle einer zentralen Verkaufsstelle zukommenden Funktionen auf die GmbH zu übertragen, bei der nunmehr auch die Rechtsansprüche sowohl gegen Dritte als auch gegen die Kartellmitglieder zusammengefaßt sind (hinsichtlich der besonders im internationalen Kartellbereich sich offenbarenden Problematik der Doppelgesellschaft s. *Hofheinz,* Die Kartellbindung bei internationalen Kartellen, 1939, S. 55 N. 55, der treffend herausstellt, daß es einem internationalen Kartell im Falle des Beitritts eines nationalen Kartells weniger um den Anschluß der Verkaufs-GmbH als um den der hinter diesem stehenden Gesellschaft, dem eigentlichen Kartell, geht).

Bei der Einheitsgesellschaft ist das Kartell selbst als GmbH dergestalt organisiert, daß ihre Gesellschafter Mitglieder des Kartells sind. Freilich tritt hierbei die sonst die Hauptverpflichtung der Gesellschafter ausmachende Kapitaleinlage ganz zurück hinter die eigentlichen Syndikatsverpflichtungen, die zwar rechtlich betrachtet gemäß § 3 II GmbHG nur „Nebenverpflichtungen“ sind, vom wirtschaftlichen Standpunkt aus gesehen aber die Hauptbedeutung erlangen. Die Pflichten und Rechte der Kartellmitglieder sind hierbei Verpflichtungen und Berechtigungen der Gesellschafter der GmbH. Sie bestehen beim Syndikat im wesentlichen einerseits im Recht auf Abnahme der Produktion innerhalb der Kontingentziffer und andrerseits in der Verpflichtung zur Ablieferung der Produktion an die Gesellschaft. Im Gegensatz zur Doppelgesellschaft muß das gesamte Lieferungsverhältnis, die beiderseitigen Rechte und Pflichten, in der Satzung enthalten sein. Aus dem mehr individualistischen Gepräge der Kartell-GmbH gegenüber der kapitalistischen Struktur der normalen GmbH folgt, daß der Kartellzweck zu Abänderungen der regelmäßigen Gestaltung dieser Gesellschaftsform führt, was insbesondere in Ansehung der Übertragbarkeit der Geschäftsanteile von Bedeutung ist. Diese ist, auch wenn es im Gesellschaftsvertrag nicht ausdrücklich bestimmt worden ist, von der Zustimmung der GmbH abhängig (*Naegeli*, Die Doppelgesellschaft, I, 1936, S. 45 ff, insbesondere S. 66 ff; *Hachenburg-Schilling*, GmbHG, 6. Aufl. 1956, Anh. II zu § 3 A. 4 ff; *Geiler*, Gesellschaftliche Organisationsformen des neueren Wirtschaftsrechts, 1922, S. 27 ff; *Werneburg*, KartRdsch 1937, 60 ff; *Callmann*, Das deutsche Kartellrecht, 1934, S. 118 ff; *Flechtheim*, Die rechtliche Organisation der Kartelle, 1923, S. 13 ff; *Tschierschky*, Kartellorganisation, 1928, S. 38 ff; *Huber, E. R.*, a. a. O., I. S. 300 ff; *Hofheinz*, a. a. O., S. 55 ff; *Staudinger-Kessler*, 11. Aufl. 1958, Vorb. 63, 63 d vor § 705 BGB; *Müller-Henneberg*, Vorb. 17 vor § 1 GWB; *Kleeberg*, a. a. O., S. 58 ff; *Gierke, J. v.*, Handelsrecht und Schiffahrtsrecht, 8. Aufl. 1958, S. 449 ff; *Lehmann*, Gesellschaftsrecht, 2. Aufl. 1959, S. 348 f, der mit Recht betont, daß heute die Fragen nach „der besten gesellschaftsrechtlichen Organisation der Kartelle ihre frühere Bedeutung“ verloren haben).

Die Untersuchung der Rechtsform betrifft im übrigen allgemein-kartellrechtliche Grundlagen, nicht speziell exportrechtliche und spielt sich zudem auf zivilrechtlicher Ebene, nicht auf wettbewerbsrechtlicher ab.

2. Vom Exportkartell ist als andere Institution des Kollektivexports die sogenannte „Exportgemeinschaft“ abzugrenzen. Die Unterscheidung stößt indes häufig auf Schwierigkeiten, weil zahllose Übergangsformen von der einen zur anderen Gruppe in Erscheinung treten. Hier wie dort verbinden sich mehrere rechtlich selbständig bleibende Unternehmer zur Schaffung einer gemeinsamen Exportorganisation. Die gewählte Rechtsform läßt eine Abgrenzung nicht zu, weil Exportgemeinschaften ebenso wie Exportkartelle in Form einer Gesellschaft bürgerlichen Rechts, eines Vereins, einer Doppelgesellschaft oder einer EinheitsGmbH organisiert sein können. Ebensowenig kann auf das Merkmal der Kontingentierung des Absatzes als etwas „Kartelltypisches“, insbesondere bei den verschiedenen Syndikatsformen, abgestellt werden, weil auch Verkaufsgemeinschaften nicht selten ohne irgendeine Zentralisierung des Absatzes auskommen können. Zur Abgrenzung ist deshalb der Gesichtspunkt herangezogen worden, daß „den Mitgliedern einer Exportgemeinschaft mehr an einer gegenseitigen Ergän-

zung im Erzeugungsprogramm, den Gliedern eines Exportkartells dagegen mehr an Preisabsprachen“ liege. Bei den Exportgemeinschaften dominiert die Zielsetzung einer bloßen „Verknüpfung der Absatzfunktionen“, bei den Exportkartellen hingegen die Bildung einer „möglichst geschlossenen Angebotsfront“. Beschränke sich der Zusammenschluß auf eine kleine Gruppe von Unternehmern, insbesondere kleinere und mittlere Betriebe, „deren unterschiedliche Erzeugnisse sich für die gleiche Bedarfsart oder den gleichen Bedarfsträger eignen und nicht miteinander konkurrieren“, so handle es sich um eine Exportgemeinschaft. „Je mehr der Zusammenschluß aber konkurrierende Erzeugnisse umfaßt, und je höher der Marktanteil ist, den er für diese Produktion beansprucht, desto mehr ist er als Exportkartell anzusprechen“ (s. hierzu das Gutachten von *E. Schäfer* sowie denselben, Wandlungen in der absatzwirtschaftlichen Organisation des Fertigwarenexports, 1954, S. 223 ff und *Kleeberg*, a. a. O., S. 22 ff).

Hierbei klingt schon der maßgebende Abgrenzungsgesichtspunkt an, der von anderer Seite unter mehr rechtlichen Aspekten vertieft worden ist. Den Kartellen geht es um Einschränkung der allgemeinen Konkurrenz durch Stabilisierung der Lieferungsbedingungen und Preise, was in der Regel nur mittels Machtzusammenballung und durch die Erlangung einer mehr oder weniger herrschenden Marktstellung wirksam erreicht werden kann. Den Kartellen ist demgemäß die Tendenz der Ausweitung in dem Sinne eigen, daß sie mehr oder weniger sämtliche Unternehmer eines bestimmten Gewerbezweiges zu erfassen suchen. Die Zweckgemeinschaften hingegen, zu denen auch die Exportgemeinschaften zu rechnen sind, werden im wesentlichen beherrscht von dem „Rationalisierungsprinzip“. Ihnen geht es um Senkung der Selbstkosten der Mitgliedsunternehmen durch gemeinschaftliche Maßnahmen, „damit diese durch billigere Preise auf dem Markt besser bestehen können“. Auf „Marktbeeinflussung“ durch Ausschaltung der Konkurrenz sind Zweckgemeinschaften im allgemeinen weniger gerichtet, weshalb sie sich regelmäßig auf eine kleine Gruppe von Unternehmern beschränken können *(Naegeli,* a. a. O., I., S. 102 ff). Die Abhebung der Exportkartelle von den Exportgemeinschaften wird sich deshalb danach zu richten haben, ob der Kartelltatbestand des § 1 I GWB erfüllt ist oder nicht, d. h. ob es sich um Verträge oder Beschlüsse handelt, „die geeignet sind, die Erzeugung oder die Marktverhältnisse für den Verkehr mit Waren oder gewerblichen Leistungen *durch Beschränkung des Wettbewerbs* zu beeinflussen“. In keinem Falle ist allein die Bezeichnung für die rechtliche Qualifikation entscheidend.

C. Die Tatbestandsmerkmale

1. Exportförderung und Vertragsgestaltung

a) Den eigentlichen Gegenstand des Rechtsgutachtens bildet die Untersuchung der Tatbestandsmerkmale des § 6 GWB, in erster Linie des Merkmals der „Sicherung und Förderung der Ausfuhr" sowie der Regelung des Wettbewerbs auf Märkten außerhalb des Geltungsbereichs des GWB.

Die wirtschaftspolitische Zielsetzung der Ausnahmebestimmungen steht hierbei nicht zu Erörterung. Insofern ist auf das volkswirtschaftstheoretische und -politische Gutachten von *Hoppmann* zu verweisen, das im einzelnen näher darlegt, daß es der Zweck jener Regelung sei, Exportkartelle „defensiven" Charakters vom Verbot des § 1 GWB freizustellen; gemeint sind Kartelle deutscher Exporteure zur „Verteidigung" auf Auslandsmärkten (s. *Hoppmann,* oben S. 75 ff), auf denen „wegen Wettbewerbsbeschränkungen durch ausländische Unternehmen kein Wettbewerb vorliegt" (a. a. O., S. 92), mithin Exportkartelle, die durch geeignete Maßnahmen ausländischen Wettbewerbern auf Auslandsmärkten entgegentreten, im Gegensatz zu „aggressiven Maßnahmen, die darauf abzielen, den Exporteuren auf dem Auslandsmarkt von vornherein eine Art monopolistischen Einflusses zu verschaffen (a. a. O., S. 93). Im ersten Fall sind nach dieser Auffassung westdeutsche Exporteure trotz des Verbots des § 1 GWB zur vertraglichen Wettbewerbsbeschränkung berechtigt, vorausgesetzt, daß die Schranken des § 6 GWB eingehalten werden. Das Gesetz bietet indes für diese Unterscheidung keine Handhabe. Die Sicherung und Förderung der Ausfuhr kann vom kartellrechtlichen Standpunkt aus in mannigfacher Weise geschehen, je nachdem, wie der Wettbewerb geregelt wird. Erfahrungsgemäß ist es üblich, verschiedene Regelungen miteinander zu verbinden, die in ihrer Gesamtwirkung dem Ziele der Exportförderung dienen sollen, wie oben bereits dargelegt worden ist. Mitunter ist früher sogar eine einheitliche Behandlung der *gesamten* deutschen Ausfuhr in einem bestimmten Produktionszweig angestrebt worden. So wurde die deutsche Salzausfuhr im Jahre 1918 durch Gründung einer Salzausfuhrgesellschaft zentralisiert, mit dem Ziel, alle an der Steinsalzausfuhr beteiligten Werke und Handelsunternehmen zum Zwecke einheitlicher Regelung des Exportes zusammenzufassen (s. Kartell-Rundschau 1921, S. 68, 167, 583), und zwar durch eine Syndikatsorganisation, die damals als halbstaatlich bezeichnet worden ist. Die Salzausfuhr-GmbH regelte die Beteiligung der einzelnen Salzwerke und Handelsunternehmen an der Ausfuhr, die Gestaltung der Preise und alle mit dem Export zusammenhängenden Fragen. Die Syndizierung erfaßte mit einigen Ausnahmen sämtliche Exporteure, weil die gesamte Ausfuhr geregelt werden sollte.

Im Sinne des § 6 GWB bedeutet aber „Sicherung und Förderung der Ausfuhr“ nicht notwendig eine derartige gesamtwirtschaftliche Regelung wie andrerseits nicht lediglich die Ausfuhr der Mitglieder des Kartells allein entscheidend ist. Denn es kann der Fall eintreten, worauf auch *Hoppmann* hingewiesen hat, daß die Ausfuhr von solchen Unternehmen, die nicht dem Exportkartell angehören, gleich ob sie diesen oder einen anderen Wirtschaftszweig vertreten, durch eine derartige Regelung gehemmt oder beschränkt wird.

Vom Standpunkt allgemeiner wirtschaftlicher Betrachtung läge in einem solchen Fall unter Umständen keine Sicherung oder Förderung des Exports vor. Gerade bei zentralen Gesamtregelungen ist es vorgekommen, daß beispielsweise durch Kontingentierungen von Ausfuhrmengen der Export in dem betreffenden Wirtschaftszweig im Ergebnis in einer Weise eingeschränkt wurde, daß von einer Förderung nicht die Rede sein konnte (s. hierzu die Ausfuhrregelung des Eisenwirtschaftsbundes, Kartell-Rundschau 1921, S. 60 ff). Sofern die Exportmaßnahmen auf staatlicher Intervention beruhen, scheiden sie selbstverständlich hier aus. Denn von der hier erörterten Ausfuhrförderung, die unter § 6 I GWB fällt, ist die staatliche Exportförderung, in welcher Gestalt sie auch immer betrieben wird, zu unterscheiden, selbst wenn die beteiligten Interessen mitunter parallel laufen. Denn es ist der Staat selbst, der die Maßnahmen ergreift, um den Export zu heben, z. B. durch Finanzierung, Versicherung von Krediten und steuerliche Vergütungen (s. *Reuter*, Das Recht der staatlichen Ausfuhrförderung, 1959). Der Untersuchung unterliegen aber Verträge und Beschlüsse, die der Sicherung und Förderung der Ausfuhr dienen, mithin privatrechtliche Vereinbarungen in dieser oder jener Gestalt. Eine andere Frage ist, ob bei Prüfung des erörterten Merkmals Gesamtinteressen der Wirtschaft zu berücksichtigen sind, was bereits bejaht worden ist.

Selbstverständlich ist eine Sicherung und Förderung des Exports nicht gegeben, wenn die inländischen Vertragspartner in dem Vertrage darauf verzichten, Waren auf einem bestimmten Auslandsmarkt gegen die Verpflichtung der ausländischen Vertragsgegner, sich des Wettbewerbs auf dem westdeutschen Markt zu enthalten *(Mayer-Wegelin*, a. a. O., § 6 A. 14). Anders ist es, wenn gegen solchen Verzicht Vorrechte auf anderen Auslandsmärkten gewährt werden *(Mayer-Wegelin*, a. a. O.).

b.) aa. Kartellverträge geben nicht immer alle *einzelnen* Sicherungs- und Förderungsmaßnahmen an, die zur Hebung des Exports ergriffen werden. Zuweilen wird als Zweck des Zusammenschlusses ganz allgemein die gesetzliche Ausdrucksform gewählt, nämlich die Sicherung und Förderung der Ausfuhr von vertraglich bestimmten Waren durch Absprachen über den Wettbewerb der Beteiligten auf gewissen Auslandsmärkten. Der Vertrag stellt gewissermaßen eine Rahmenvereinbarung dar, die noch durch Beschlüsse des Kartells über Preise und Konditionen auszufüllen ist. Einzelbestimmungen des Vertrages geben erst Aufschluß darüber, wie das Exportkartell diesen Zweck im einzelnen zu erreichen beabsichtigt und welche Verpflichtungen die Mitglieder dieserhalb übernehmen.

Vergleicht man eine Reihe von Exportkartellverträgen, so läßt sich eine gewisse Typizität der Abmachungen und Vertragspraxis insofern feststellen, wie dies oben bereits für internationale Exportkartelle angedeutet worden ist. Im folgenden werden nur einige typische Vertragsgestaltungen ausgewählt. Die Variationsbreite ist unerschöpflich.

bb. Exportkartelle mit schwächerer Wirkung beschränken sich auf die Vermittlung einer *Marktübersicht*. Sie richten einen Informationsdienst nach Art eines Exportmeldedienstes ein. Jedes Mitglied ist vertraglich verpflichtet, den Abschluß eines Ausfuhrgeschäftes der Exportmeldestelle mitzuteilen. Diese wiederum setzt hiervon die Mitglieder in Kenntnis, die auf diese Weise laufend über die Absatzmöglichkeiten in den betreffenden Ländern und über die Preise, die dort erzielbar sind, informiert werden. Eine derartige Marktstatistik dient zwar zunächst nur der Preispolitik der Kartellmitglieder, kann aber darüber hinaus die Grundlage für rechtlich verbindliche Preisfestsetzungen sein, wenn aufgrund der Ergebnisse Mindest- oder Richtpreise für die in Betracht kommenden Waren und Auslandsmärkte beschlossen werden, an die die Beteiligten gebunden sind. Die vertragliche Vereinbarung der Meldepflicht bezieht sich auch zuweilen auf Anfragen und „Aufträge“ ausländischer Unternehmen, z. B. im Bereich der Auslandsbauvorhaben. Die Meldung soll den Beteiligten ein gemeinsames Vorgehen bei der Abgabe der Offerte ermöglichen.

cc. Nach dem Inhalt von Preisabsprachen sind die Partner verpflichtet, die Vertragswaren nicht unter den festgesetzten Preisen auf dem Auslandsmarkt anzubieten und gegebenenfalls weder Abzüge einzuräumen noch zu dulden noch Sondervergünstigungen zu gewähren. Die geschäftsführende Stelle erteilt mitunter für einzelne Absatzmärkte „Preisinstruktionen“ oder stellt Richtpreislisten auf; die darin aufgeführten Mindestpreise dürfen nicht unterschritten werden. Die Richtpreise sind — abzüglich etwaiger Toleranzen — Mindestpreise im obigen Sinne. Als Richtpreise können auch die „im Wege eines Exportpreisspiegels“ von den Mitgliedern gemeinsam ermittelten erzielbaren Ausfuhrpreise gelten. Im einzelnen ist die Ausgestaltung solcher Verträge ganz verschieden, sie stimmen aber in der Mehrzahl der Fälle darin überein, daß sie Mindestpreisbestimmungen enthalten, weil ohne dies ein ausreichender Schutz gegen den Wettbewerb auf dem Auslandsmarkt nicht gegeben ist. Die Mitglieder des Exportkartells sind dieser Konkurrenz mehr gewachsen, wenn sie nicht einzeln als Anbieter der betreffenden Waren, sondern geschlossen auftreten. Dies setzt wiederum voraus, daß sie sich nicht auf dem Auslandsmarkt unterbieten, weshalb eine einheitliche Festlegung von Preisen und Konditionen geboten ist. (Vgl. hierzu den grundsätzlichen Standpunkt des Bundeskartellamtes im Verfahren der Erlaubniserteilung für das Exportkartell für Drahtgeflecht, abgeschl. am 1. Juni 1958.) Die Verständigung über Mindestpreise schließt vielfach eine solche über Mindestlieferungsbedingungen und -zahlungsbedingungen ein. Demgemäß tritt auch die Verpflichtung hinzu, dem ausländischen Abnehmer keine günstigeren als die satzungsgemäß festgelegten Bedingungen einzuräumen.

Das Exportkartell vereinigt bei solcher Gestaltung des Abkommens ein Preis- und Konditionenkartell. Ob dieses überhaupt den Tatbestand einer Wettbewerbsbeschränkung erfüllt, ist nach den zu § 2 GWB entwickelten Grundsätzen zu prüfen. Das Konditionenkartell wird im Rahmen eines Exportkartells durch § 2 GWB begünstigt, nicht aber das hiermit verbundene Preiskartell, das nur gemäß § 6 GWB wirksam werden kann, wenn nicht andere Bestimmungen in dieser Hinsicht Platz greifen.

dd. Hierbei kommen nicht selten Preisbindungen dergestalt vor, daß den Kartellmitgliedern vorgeschrieben wird, den inländischen Exporthändlern, an die sie die Vertragsware liefern, zur Pflicht zu machen, daß sie die vorgesehenen Mindestpreise bei der Belieferung von ausländischen Abnehmern einhalten oder diese zu verpflichten, die Waren nicht in dem betreffenden Land anzubieten.

Sofern sich die Mitglieder des Exportkartells dahin binden, daß sie ihre deutschen Exporthändler durch Vertrag verpflichten, die Vertragswaren zu den Preisen und Bedingungen zu veräußern, die das Kartell vorschreibt, umfaßt die Regelung den Verkehr mit Waren innerhalb des Geltungsbereiches des GWB (§ 6 II) (s. Erlaubniserteilung des Bundeskartellamtes für Exportkartell von *Blankstahl,* BAnz 1959, Nr. 15; s. auch Bekanntmachung des Bundeskartellamtes BAnz 1959, Nr. 41 betreffend Zündstein Konvention; s. auch Bekanntmachungen Nr. 21/59; Nr. 18/59; Nr. 17/59; Nr. 61/59; Nr. 71/59; s. hierzu den Brief des Präsidenten des Bundeskartellamtes an den Bundesverband der Exporteure von Eisen und Metallwaren vom 27. II. 1958, WuW 1958, S. 500; *Gleiss-Deringer-Lutz,* Außenwirtschaftsdienst des BB 1958, S. 5). Wenn die Mitglieder des Kartells ihre Erzeugnisse nur zu einem Teil selbst exportieren, zu einem anderen Teil die Exporteure beliefern, so müssen auch diese an die Kartellvereinbarungen gebunden werden, damit „der gemeinsame Zweck“ erreicht wird.

Die Einbeziehung der Exporteure dient zwar vom Standpunkt des Exportkartells aus der Sicherung und Förderung der geregelten Ausfuhr, sprengt aber den Rahmen des § 6 I GWB, so daß kein „reines“ Exportkartell mehr vorliegt. Im vorliegenden Zusammenhang, in dem es um eine allgemeine Erläuterung des Merkmales „Sicherung und Förderung der Ausfuhr“ im Sinne des § 6 I GWB geht, ist auf die Problematik der Inlandsbindung, die sich aus § 6 II GWB ergibt, noch nicht näher einzugehen.

ee. Die vertragschließenden Unternehmen können sodann über die Preisbindung hinausgehend oder unabhängig davon den Verkauf ihrer Fabrikate im Ausland einem *verselbständigten* Exportsyndikat (häufig eine GmbH) übertragen, wie dies oben bei der Betrachtung internationaler Kartelle angedeutet worden ist. Rechtlich gesehen übernehmen die Kartellmitglieder dem Syndikat gegenüber z. B. die Verpflichtung, weder unmittelbar Angebote an bestimmte ausländische Abnehmer zu machen noch auf entsprechende Offerten einzugehen. Deshalb sind alle bei ihnen eingehenden Anfragen unverzüglich dem Syndikat einzusenden, das die Aufträge nach festgesetzten Anteilziffern verteilt. Die gemeinsame Verkaufsstelle berechnet die Lieferungen an die Kundschaft und zieht die Kaufpreisforderungen ein. Die Gesellschaft führt den Export für Rechnung der Mitglieder aus, sei es im eigenen oder im fremden Namen. Die Erlöse werden nach dem Umfang der Lieferungen ausgeschüttet. (Näheres bei *Müllensiefen*, Kartelle als Produktionsförderer, 1929, S. 36; *Wagenführ*, Deutsche, ausländische und internationale Kartellverträge im Wortlaut, 1931, S. 4.)

Exportsyndikatsverträge beziehen sich ihrer Bestimmung gemäß nur auf die Regelung des Absatzes der Kartell-Beteiligten im Ausland. Der Verkauf im Inland bleibt uneingeschränkt, so daß der Inlandsmarkt von den Herstellern unmittelbar versorgt wird. Andererseits werden durch die außenmarktregelnde Absprache die inländischen Exporteure ausgeschaltet, was u. U. auf eine Regelung des Verkehrs mit Waren im Inland hinausläuft (§ 6 II GWB), wie noch zu zeigen sein wird. Fraglos kann den Beteiligten das Recht eingeräumt werden, einen Prozentsatz des Exportvolumens, das für einen bestimmten Zeitraum zu ermitteln ist, unmittelbar — also außerhalb des Syndikats — an ausländische Abnehmer zu veräußern. Die Gesellschafter verpflichten sich — mangels entgegenstehender Vereinbarung unter grundsätzlichem Verzicht auf eigene sonstige Verkaufstätigkeit —, ihre Erzeugnisse an die Gesellschaft zu verkaufen, und zwar nach Maßgabe des Bedarfs der Gesellschaft oder eines Verteilungsschlüssels, der das konkrete Produktionsvolumen und die bisherige Exportleistung in angemessener Weie berücksichtigt. Eine Quotenaufteilung ist begrifflich nicht nötig, da auch die jeweiligen Lieferungsmöglichkeiten der Werke maßgebend für die Verteilung sein können. Im einzelnen sind derartige Syndikatsverträge verschieden ausgestaltet, auch mit anderen Kartelltypen vermischt. So z. B. läßt sich ein Exportsyndikat mit einem Rationalisierungskartell kombinieren, wenn Aufgabe der Zentralstelle u. a. ist, die Produktion der Gesellschafter zur Hebung der Exportleistung zu rationalisieren. Aus der zentralen Verkaufsorganisation ergeben sich u. U. gesamtwirtschaftliche Vorteile mannigfacher Art. Die Vorzüge bestehen vor allem darin, daß sich die *internationale Wettbewerbsfähigkeit* der zusammengeschlossenen Gesellschaften verstärken läßt (s. hierzu *Huber, E. R.*, a. a. O., S. 299; s. auch *Tschierschky*, Kartellrundschau 1950, S. 128 ff). Gerade diese Eigenschaft gewinnt Bedeutung im Hinblick auf das Merkmal der Exportförderung im Sinne des § 6 I GWB (s. auch *Tschierschky*, Kartellorganisation, S. 62). Dennoch läßt sich nicht der allgemeingültige Satz aufstellen, daß jedes Verkaufssyndikat den Export fördert oder sichert. In erster Linie entscheidet wiederum der Markteinfluß der syndizierten Unternehmen und der Außenseiter, wie überhaupt die gesamte Marktlage bei Beurteilung der Frage von Bedeutung ist.

Aus der Anfangszeit der Syndikate ist auf die Entwicklung des „Iserlohner Nadelsyndikates" hinzuweisen. Auf der einen Seite versuchte man, die damals niedrigen Ausfuhrpreise durch Erhöhungen aufzubessern, auf der anderen Seite führte man den Konkurrenzkampf gegen die Außenseiter weiter, die für den Export auf die Auslandsmärkte in Betracht kamen. Bald nach seiner Gründung wurde das Syndikat aufgelöst (s. hierzu *Kirchhoff*. Das Zusammenschlußproblem in der Deutschen Nadelindustrie, Diss. 1931, S. 42 ff).

Im Ausgangspunkt strebt die Regelung der Ausfuhrbedingungen und Festlegung der Warenbeschaffenheit nach Einheitlichkeit (standardisierte Produktion). Die Preisbildung und Quotierung paßt sich aber den Kaufkraft- und Wettbewerbsverhältnissen auf den verschiedenen Auslandsmärkten an und tendiert auch sonst nach Differenzierung. Dies gilt namentlich hinsichtlich besonderer Eigenschaften der Exportware, denn unbeschadet der einheitlichen „Lenkung" der Ausfuhr ist innerhalb des Syndikates Raum für eine Spezialisierung auf bestimmte Sorten von Waren gegeben; hierbei lassen sich gemeinschaftliche „Exporttypen" herausbilden, die die Qualität der Ausfuhrgüter zu heben geeignet sind. Die Verbesserung der Exportleistung liegt jedenfalls in der Linie der Sicherung und Förderung der Ausfuhr im Sinne des § 6 I GWB. Ebenso die Verbilligung der Exportleistung durch Kostensenkung, die etwa durch gemeinsame Vertretung, Lagerhaltung und Auftragserteilung nach Standorten erzielt wird (s. hierzu Kartell-Rundschau 1927, S. 45 ff; *Todt*, Kartell und Wirtschaftsordnung, Diss. 1940, S. 113). In der Vereinbarung der Parteien, die Waren nur noch nach einheitlichen Typen herzustellen, liegt eine Regelung über den inländischen Verkehr mit Waren (§ 6 II GWB).

Der Gegenstand des Unternehmens, das die Vertragsbeteiligten in der Rechtsform einer selbständigen Rechtsperson gründen, läßt sich auch auf die Vermittlung von Ausfuhrgeschäften beschränken. Die Geschäftsführung übt die Vermittlungstätigkeit im Rahmen der Gesellschafterbeschlüsse aus. Eine Exportvereinbarung sui generis stellt die Übernahme der Verpflichtung zur *Andienung* gewisser Waren an vertraglich festgelegten Märkten dar.

ff. Alle Kartellarten, mit Ausnahme der Konditionenkartelle, sind auf Beeinflussung der Preisverhältnisse gerichtet, sei es unmittelbar, sei es mittelbar. Auch z. B. Absprachen über die Begrenzung von Warenmengen und über den Schutz von Kunden und Gebiet sollen mittelbar auf die Gestaltung der Preise einwirken, werden jedoch in praxi ohnehin mit Mindestpreisvereinbarungen gewöhnlich verbunden.

Solche Abmachungen gewähren den Mitgliedern untereinander einen gewissen Schutz gegen Unterbietung der Preise und damit gegen Abwerbung von Kunden durch Preiswettbewerb, nicht aber durch andere Wettbewerbsmittel. In letzter Hinsicht sind es die *Kundenschutzkartelle,* die den Wettbewerbsschutz dadurch abschwächen, daß der Käuferkreis der einzelnen Kartellmitglieder begrenzt wird, und zwar nach von vornherein festgelegten Verteilungsgesichtspunkten. Es wird z. B. im Vertrage vereinbart, daß einige Mitglieder nur an Binnenhändler, andere nur an Exporteure liefern dürfen (s. das Beispiel bei *Müller-Henneberg,* Vorb. zu § 1 A. 10). Diese Absprachen sind begrifflich zu trennen von räumlicher Aufteilung der Märkte, die sich auf den Inlands- oder Auslandsmarkt beschränken oder auf beide erstrecken kann. Derartige *Gebietskartelle,* auch Gebietsschutzkartelle genannt, sind in nationalen Exportkartellen weniger häufig als in internationalen Kartellen, die den „Heimatmärkten" der Länder Schutz gewähren. Dagegen sind typisch für Exportkartelle Kontingentierungsvereinbarungen, wonach jedem Vertragspartner ein prozentualer Anteil, eine Quote, an dem gemeinsam erzielten Gesamtabsatz zugewiesen wird, nicht etwa ein Anteil an der Produktion. Eine derartige Verteilung findet über eine zentrale Stelle statt, wiederum nach vertraglich festgelegten Verteilungsgesichtspunkten und Beteiligungsziffern (s. hierzu *Huber, E. R.,* a.a.O., S. 297 ff; RG 169, 232). Ob eine Quotierung unter § 6 II GWB fällt, wird noch erörtert werden.

gg. Welche preisbildende Funktion die Festsetzung der Kartellquote hat, läßt sich nur von dem mit der Kontingentierung verbundenen Zweck aus beurteilen. Er ist darauf gerichtet, den von den Angebots- und Nachfragemengen ausgehenden Druck auf die Preise abzuschwächen.

Ob Kontingentierungen Preisvereinbarungen stützen, hängt indes von den gesamten Marktverhältnissen im In- und Ausland und dem Marktanteil des Kartells überhaupt ab (s. *Tschierschky,* Zur Reform der Industriekartelle, 1921; *Lehnich,* Kartell und Staat, S. 62). Insbesondere spielt hierbei der Anteil der Außenseiter eine Rolle. Allgemeingültige Verhältniszahlen lassen sich nicht festlegen. Es sind Kontingentierungen denkbar, die an sich betrachtet nicht der Ausfuhrförderung, sondern gerade der Ausfuhrbeschränkung dienen, so wenn die Produktion für den Export durch internationale Abmachungen eingeschränkt wird, um die Überproduktion hintanzuhalten (Kartell-Rundschau 1903, S. 785).

In dieser Hinsicht mag ein Bericht über die weitere Entwicklung des Iserlohner Syndikats wiedergegeben werden:

„Nachdem sich die Iserlohner Nadelfabrikanten über die grundlegenden Aufgaben und Ziele geeinigt hatten, ging man an die Ausarbeitung eines Syndikatsvertrages, der Ende 1904 von den beteiligten Firmen vorgelegt wurde und der neben ausführlichen Bestimmungen über die Organisation der vorgesehenen Gesellschaft mbH. vor allem eine genau festgelegte Verteilung (Kontingentierung) des Gesamtabsatzes enthielt. Hiernach sollten sich sämtliche Gesellschafter verpflichten, den Verkauf von Nähnadeln ganz einzustellen und ihre gesamte Produktion während der Dauer des Vertrages nur an die GmbH zu verkaufen. Andrerseits sollte sich letztere verpflichten, ‚ihren gesamten Bedarf ausschließlich von den Fabriken der Gesellschafter zu beziehen, solange diese normalmäßige Ware in genügenden Mengen liefern können'. Weiter hieß es: ‚Die Grundlage des Geschäftsverhältnisses zwischen der Gesellschaft und ihren Mitgliedern sowie zwischen diesen unter sich bildet die Kontingentierung ihrer Absatzberechtigung und damit ihrer Produktionsausdehnung. Für jeden Gesellschafter sind daher besondere Kontingentziffern nach Maßgabe der Leistungsfähigkeit seiner Farbik und seines früheren Absatzes festzustellen'.

Um die Höhe dieser Anteile am Gesamtabsatz entbrannte unter den Beteiligten ein heftiger Kampf, da einzelne Firmen glaubten, gerade ihre Kontingentziffer möglichst hoch bemessen und entsprechende Forderungen stellen zu sollen. Erst nachdem man sich darauf geeinigt hatte, die wirklich erzielten Produktionszahlen während eines bestimmten Zeitraumes für jede Fabrik zu ermitteln und zum Ausgangspunkt bei der Festsetzung der prozentualen Anteilsziffern zu machen, gelang es nach längeren Verhandlungen, einen geeigneten, der tatsächlichen Leistungsfähigkeit der einzelnen Unternehmungen einigermaßen entsprechenden Kontingentierungsplan aufzustellen und zu beschließen. Als Ergebnis der fast 3 Jahre dauernden Vorbereitungen wurde anfangs 1907 die ‚Deutsche Nadelindustrie GmbH Iserlohn' gegründet, die zunächst alle Iserlohner, bald aber auch zwei weitere westfälische, 7 Aachener, 3 süddeutsche und 2 österreichische Nadelfabriken umfaßte. 3 französische und eine belgische Firma erklärten ihre Bereitwilligkeit, ebenfalls beizutreten. Damit war die gesamte deutsche Nadelindustrie, soweit sie Stapelware für den Export herstellte, und ein erheblicher Teil der übrigen europäischen Nadelindustrie in einem sorgfältig angelegten, gut organisierten Verteilungskartell zusammengeschlossen. Nicht beigetreten waren jedoch diejenigen Aachener Nadelfirmen, die Markenware erzeugten. Sie traten zugleich mit einigen neugegründeten Iserlohner Außenseitern bald in Wettbewerb, nachdem das Syndikat die stark gedrückten Verkaufspreise in mäßigem Umfang (ca. 20%) erhöht hatte. Hinzu kam, daß einzelne dem Iserlohner Kartell angeschlossene Werke trotz scharfer Kontroll- und Strafbestimmungen es nicht unterlassen konnten, die Vertragsbestimmungen zu umgehen. So brach schon nach einem Jahre (1908) das mühsam aufgebaute, auf breite Basis gestellte Kartell kläglich zusammen.

In jüngster Zeit — es war im Jahre 1928 — wurde auf Anregung einer Altenaer Nadelfirma noch einmal der Gedanke erwogen, ein internationales Syndikat zu bilden. In einer vom Verein Deutscher Nadelfabriken in Aachen einberufenen Versammlung der Mitgliedsfirmen wurde jedoch einstimmig festgestellt, ‚daß die derzeitigen Verhältnisse in der Nadelindustrie die Gründung eines Syndikates, das eine Kontingentierung der Produktion zur Voraussetzung hat, nicht angängig erscheinen lassen'. Begründet wurde dieser Standpunkt durch die grundsätzliche Ablehnung gegenüber der Frage einer Produktionseinschränkung seitens einer größeren Nadelfirma, die erst kurz zuvor die Herstellung von Nähnadeln in einem neu errichteten Betriebe zu Iserlohn aufgenommen hatte."

Der vorstehende Bericht steht im Zeichen von Absatzstockungen und Absatzkrisen, die in jener Zeit auf die Preise drücken. Die Händler versuchten, die Hersteller, die durch Kartelle gebunden waren, zu Unterbietungen zu veranlassen. Diese wiederum umgingen vielfach die Konventionen, um überhaupt Ware absetzen zu können, die oft trotz der geschilderten Marktverhältnisse in gleichem Umfange wie bisher weiterproduziert wurde.

Hierbei waren Inlands- und Auslandsgeschäfte sowie -preise in kartellrechtliche Zusammenhänge gebracht, die noch nicht den reinen Begriff des Exportkartells aufkommen lassen. Die den Export betreffenden Vereinbarungen stellen sich gleichsam als Anhängsel eines Inlandskartelles dar. Demgegenüber bezieht sich das reine Exportkartell, wie es dem § 6 I GWB vorschwebt, nur auf die Regelung des Wettbewerbs auf ausländischen Märkten. Werden also beispielsweise Beteiligungsziffern für die Mitglieder festgelegt, so beziehen sie sich hiernach nur auf Auslandsmärkte. Derartige Quotenfestsetzungen gelten selbstverständlich nur für die Lieferungen der Mitglieder des Exportkartelles. Werden die Erzeugnisse auf den internationalen Märkten von Lieferanten nichtdeutscher Länder angeboten, so ergibt sich u. U. die Notwendigkeit, daß sich das Exportkartell mit den ausländischen Wettbewerbern „quotenmäßig" einigt, was voraussetzt, daß diese sich ebenfalls zu einem Exportkartell zusammenschließen.

Sonderregelungen pflegen für den Fall getroffen zu werden, daß die Quoten nicht eingehalten werden. Zur Ermittlung der Unter- und Überschreitung der Beteiligungsziffern sind der Zentralstelle die Aufträge mit entsprechenden Angaben zu melden. Über- oder Unterschreitungen der Quote werden in solchem Fall durch Zuzahlungen oder Abgaben regelmäßig ausgeglichen.

hh. Unter den Bestimmungen des Exportkartellvertrages sind Verdingungsvereinbarungen besonders zu betrachten. Sie fallen unter den Begriff des Submissionskartells, das eine häufige Form des Preiskartelles darstellt. Die verschiedenen Arten der Verdingungsvereinbarung sind hier nicht zu entwickeln (vgl. hierzu *Müller-Henneberg,* a. a. O., § I A. 11; *Tschierschky-Isay,* S. 50; *Tschierschky,* Kartellorganisation, S. 70). Das Verdingungskartell findet namentlich Anwendung bei Hoch- und Tiefbauten, Lieferung von Maschinen, Errichtung industrieller Anlagen usw. Der Lokomotiv-Ausfuhr-Verband schloß im Jahre 1909 einen Vertrag, der die Preise und Bedingungen regelte, zu welchen Lieferungen nach dem Ausland übernommen werden dürfen. Die selbständige Abgabe von Offerten ist den Mitgliedern verboten, alle Geschäfte sind vielmehr anzumelden. Die Geschäftsanmeldungen werden durch den Geschäftsführer des Verbandes, durch Konferenzen oder durch schriftliche Verfahren erledigt. Das Konferenzverfahren sieht zunächst eine Verständigung über die Zuteilung vor. Für den Fall, daß die Beteiligten sich nicht über die Zuteilung von Aufträgen aus dem Ausland einigen, so ist dasjenige Unternehmen zuteilungsberechtigt, das in einer „Vorofferte" das günstigste Preisangebot abgegeben hat. Auch derartige Verfahren lassen sich unter dem Gesichtspunkt der Ausfuhrdienlichkeit beurteilen, weil die Zuteilung den relativ günstigsten Geschäftsabschluß ermöglicht.

ii. Schließlich begegnen Vereinbarungen über eine gemeinsame Exportförderung in Gestalt der verschiedenen Ausfuhrvergütungen; z. B. in der Weise, daß die Abnehmer von den Produzenten für nachgewiesene Exporte eine Vergütung zur Anrechnung auf künftige Bezüge erhalten (Exportförderungsschecks, Nachbezugsrechte usw.). Der Händler oder Verarbeiter erhält auf Grund der Bezugsberechtigung eine bestimmte Warenmenge zu vergünstigtem Preis. Die exportierenden Verarbeiter geben die Bezugsberechtigung an ihre Lieferanten weiter. Die Exportvergünstigung dient dem Ausgleich der Differenz zwischen dem inländischen Preis und dem niedrigsten ausländischen Vergleichspreis im Interesse der Erhaltung der Wettbewerbsfähigkeit der deutschen Exporteure.

c) In Anbetracht der Vielfalt der Kartelltypen und der Möglichkeiten, Kartellabsprachen zu kombinieren, erscheint es ausgeschlossen, auf eine einheitliche Formel zu bringen, was im Sinne des § 6 I GWB unter Sicherung und Förderung der Ausfuhr zu verstehen ist. Wir haben deshalb versucht, eine Reihe von typischen Vertragsinhalten zu beschreiben, um daraus Schlüsse für das Merkmal der Ausfuhrdienlichkeit zu gewinnen. Es zeigte sich, daß die Exportkartelle, in welcher Gestalt sie auch immer begründet werden, aus den eigenartigen Wettbewerbsverhältnissen auf Auslandsmärkten, wo ausländische Anbieter sowie Hersteller und Exporteure des gleichen Ausfuhrlandes konkurrieren, erwachsen. Als beherrschender Gesichtspunkt erwies sich hierbei neben anderen Zweckstrebungen das Ziel, ruinöse Preisunterbietung zu vermeiden und deshalb einheitliche Preise zu fordern und einheitliche Konditionen zugrunde zu legen, damit auf diesem Wege durch ein einheitliches Angebot der Einfluß der Beteiligten auf Auslandsmärkten gesteigert wird. Hierbei geht es im Grunde genommen stets sowohl um die Schaffung bzw. Erhaltung eines bereits vorhandenen Ausfuhranteiles als auch um seine Ausdehnung, mithin um Sicherung oder Förderung gemäß § 6 I GWB.

Im übrigen ist die Ausfuhrdienlichkeit unabhängig von der subjektiven Zweckstrebung der Beteiligten allein nach objektiven Merkmalen zu beurteilen, d. h., es kommt darauf an, ob die Verträge und Beschlüsse gemäß § 6 I GWB objektiv geeignet sind, der Sicherung und Förderung der Ausfuhr zu dienen. Das Schrifttum scheint dahin zu neigen, daß regelmäßig bei allen Kartellverträgen, die sich mit der Regelung von Exporten befassen, die Ausfuhrdienlichkeit ohne weiteres zu bejahen sei (vgl. z. B. *Müller-Gries*, a.a.O., § 6 A. 4). Andererseits läßt sich die Auffassung nicht von der Hand weisen, daß es auch ausfuhrgefährdende Exportkartelle gibt (s. *Rasch*, § 6 A. 2). Es fragt sich daher, welche rechtliche Tragweite dem Erfordernis der „Ausfuhrdienlichkeit" beizumessen ist.

Nach den Verwaltungsgrundsätzen des Bundeskartellamtes für das Anmeldeverfahren (Bekanntmachung Nr. 9/58 v. 23. Mai 1958 BAnz Nr. 107 v. 7. 6. 1958) ist auf alle Fälle in der Anmeldung des Exportkartells darzulegen, weshalb der Vertrag oder Beschluß der Sicherung und Förderung der Ausfuhr dient. Damit ergibt sich die Notwendigkeit einer konkreten Darlegung derjenigen Umstände, aus denen die „Ausfuhrdienlichkeit" gefolgert wird. Eine solche Erläuterung erscheint auch im Hinblick auf den Gesetzestext (§ 6 I GWB) geboten. Nach den erwähnten Verwaltungsgrundsätzen des Bundeskartellamtes für das Anmeldeverfahren hat selbst die Anmeldung eines nicht in das Kartellregister einzutragenden Exportkartells die nach § 9 IV GWB erforderlichen Angaben zu enthalten, insbesondere solche über den Zweck der Verträge und Beschlüsse, über die beabsichtigten Maßnahmen usw. Dadurch ist zugleich gewährleistet, daß sich die Kartellbehörde auch im Anmeldeverfahren eine Vorstellung über die Ausfuhrdienlichkeit des Exportkartells bilden kann. Der Sinn des Gesetzes ist es also, eine Kontrolle über die wirtschaftlichen Auswirkungen der Exportkartelle auf die deutsche Ausfuhr zu schaffen und damit mittelbar auf die inländische Wirtschaft (so im Hinblick auf die Entstehungsgeschichte des Gesetzes, *Würdinger* WuW 1960, S. 313 [317]; s. auch die Stellungnahme des wissenschaftlichen Beirates beim Bundeswirtschaftsministerium, WuW 1955, S. 489). Eine solche Kontrolle erfordert, wenn sie nachhaltig sein soll, daß alle Exportkartellverträge, die sich nur auf Auslandsmärkte beziehen, wie auch immer die Bestimmungen lauten mögen, angemeldet werden (§§ 6 I, 9 II GWB). Hieraus folgt, daß unter den Begriff des Exportkartells im Sinne des § 6 I GWB jeder Vertrag oder Beschluß im Sinne des § 1 GWB fällt, der irgendeine Wettbewerbsregelung zum Gegenstand hat, die sich auf den Auslandsmarkt bezieht oder auswirkt (*Würdinger*, a.a.O.). Andererseits ist das Erfordernis der Ausfuhrdienlichkeit kein Merkmal des Exportkartells dergestalt, daß die Vorschrift des § 6 I GWB nur zur Anwendung gelangen könnte, wenn zuvor im einzelnen tatbestandsmäßig festgestellt ist, daß die Ausfuhr gesichert oder gefördert wird. Diese Auslegung ist freilich dem Wortlaut des Gesetzes selbst nicht ohne weiteres zu entnehmen, ergibt sich aber aus seiner Entstehungsgeschichte, insbesondere aus dem Entwurf, der ursprünglich für alle Kartelle die Erteilung einer Erlaubnis und damit den Nachweis der Ausfuhrdienlichkeit forderte.

Stellt sich nach der Anmeldung des Exportkartells heraus, daß es entgegen der ursprünglichen Zielsetzung nicht mehr ausfuhrdienlich im Sinne des § 6 I GWB ist oder von vornherein nicht war, so bleibt der Kartellbehörde nur ein Einschreiten im Wege der Mißbrauchsaufsicht gemäß § 12 I Ziff. 1 GWB übrig. Hierbei ist Voraussetzung, daß die Art der Durchführung der Verträge einen Mißbrauch der durch Freistellung von § 1 GWB erlangten Stellung im Markt bedeutet. Ein solcher Mißbrauch könnte z. B. darin gefunden werden, daß die Kartellabsprachen nunmehr auf den Inlandsmarkt angewendet werden, denn das „reine" Exportkartell ist ein Kartell über Auslandsmärkte ohne sogenannte „Inlandsbindung". Die Mißbrauchsaufsicht erstreckt sich solchenfalls nur auf die Prüfung, ob der Exportkartellvertrag, den die Partien „per se" zwecks Sicherung und Förderung der Ausfuhr geschlossen haben (*Würdinger,* a.a.O., S. 318), die inländische Wirtschaft beeinträchtigt oder internationale Verträge berührt.

d) Der weiteren Erörterung unterliegt das tatbestandsmäßige Erfordernis, daß sich die Regelung des Wettbewerbs auf Märkte außerhalb des Geltungsbereiches des GWB beschränkt (§ 6 I GWB). Wenn sich z. B. die inländischen Produzenten verpflichten, nur die *ausländischen* Händler im Wettbewerb zu binden, so beschränkt sich die Regelung auf den betreffenden ausländischen Markt.

Ebenso, wenn sich die Hersteller in einem Exportkartellvertrag verpflichten, *ausländischen* Händlern die Einhaltung von Preisen oder Konditionen bei solchen Verträgen zur Pflicht zu machen, die diese mit Dritten über die gelieferten Waren auf dem Auslandsmarkt abschließen. Die Regelung kann aber auch von vornherein *inländische* Marktverhältnisse einbeziehen, wodurch eine „Inlandsbindung" im Sinne des § 6 II GWB herbeigeführt und die Grenze des § 6 I GWB überschritten wird. Hiervon sind Absprachen in Exportkartellverträgen zu unterscheiden, die nur in gewisser Weise und unter Umständen geeignet sind, die Inlandsmarktverhältnisse zu beeinflussen. Demgemäß wird im Schrifttum zwischen „Inlandsbindung" und „Inlandsauswirkung" gesondert (s. *Pinder,* a. a. O., S. 584). Es wird hierfür u. a. das Beispiel angeführt, daß ein Preiskartell für die Ausfuhr einer zum „Re"export bestimmten Ware gegründet wird, oder auch das Beispiel, daß nach dem Zweck eines Exportkartells Aufträge unter die Mitglieder nach Maßgabe der vorhandenen Produktionsverhältnisse verteilt werden (*Müller-Gries,* § 6 A. 4). In solchen Fällen haben wir es nur mit einer Inlandsauswirkung, nicht mit einer Inlandsbindung zu tun. Ob diese Trennung von Inlandsbindung und -wirkung in praxi durchführbar sein wird, bleibt erst abzuwarten. Umstritten ist, ob das eine oder andere gegeben ist, wenn sich Produzenten in einem Exportkartell nicht nur gegenseitig verpflichten, gewisse Preise und Bindungen einzuhalten, sondern auch beim Abschluß von

Einzelrechtsgeschäften, die sie später mit *inländischen* Exporteuren über die Vertragsware abschließen, diesen zur Pflicht machen, daß sie die gleichen Schranken des Wettbewerbs bei ihrem ausländischen Absatz einhalten. Mitunter wird hier angenommen, daß eine Inlandsbindung ausscheide, sondern nur eine Auswirkung auf das Inland vorhanden sei (*Pinder,* a. a. O., S. 584). Die herrschende Meinung steht indes wohl auf dem entgegengesetzten Standpunkt. Derartige Absprachen unter Herstellern enthalten in Wahrheit eine Inlandsbindung, die eine Wettbewerbsbeschränkung herbeiführt (§ 6 II GWB). Geregelt wird nicht nur das Verhalten der Hersteller auf dem *Export*markt, sondern auch auf dem *Inlands*markt, denn sie verpflichten sich, ihre Rechtsbeziehungen zu den inländischen Exporteuren nach Maßgabe der im Kartellvertrage aufgestellten Wettbewerbsschranken zu gestalten. Es läßt sich darüber streiten, wo hier die Wettbewerbsbeschränkung liegt, ob im Innenverhältnis der Hersteller untereinander oder im Außenverhältnis des einzelnen Herstellers mit seinem Exporthändler. Richtiger erscheint es, mit *Würdinger* (a. a. O., S. 319) anzunehmen, daß die Inlandsbindung durch die Verpflichtung begründet wird, die die Hersteller untereinander eingegangen sind, Preisschranken usw. ihren inländischen Exporthändlern aufzuerlegen.

Von diesem Tatbestand sind wiederum Verträge zwischen einem Produzenten und seinen inländischen Ausfuhrhändlern, also nicht nur zwischen Herstellern, tatbestandsmäßig zu scheiden, die nach §§ 15 ff GWB zu behandeln sind. Diese Problematik ist gesondert darzulegen, wie überhaupt die rechtliche Tragweite der Inlandsmarktregelung besonders zu erörtern sein wird.

Schließlich sind Verträge zwischen Herstellern nicht nach § 6 I, sondern nach § 6 II GWB zu beurteilen, worin sie Preise für den Verkauf an inländische Exporteure (ohne weitere Preisbindung) festlegen (s. hierzu *Dörinkel,* WuW 1957, S. 611 ff). Dagegen fällt nicht unter § 6 II GWB der Fall einer Ausfuhrregelung mit Einschaltung von Exportkommissionären, die nur zu den Kartellpreisen für ihre Kommittenten Verträge abschließen dürfen. In diesem Fall hat das Bundeskartellamt — zu Recht — den Warenverkehr im Inland als nicht betroffen angesehen (Bericht des Bundeskartellamtes, Bundestagsdrucksache 1795).

Im einzelnen ist im vorstehenden Zusammenhang die Problematik der Inlandsbindungen gemäß § 6 II GWB noch nicht zu erörtern, weil im Vordergrund der dogmatischen Betrachtung noch das problematische Merkmal der sogenannten „Inlandsauswirkung" steht, das freilich dem Gesetz nicht zu entnehmen ist, sondern erst im Schrifttum entwickelt worden ist. Gleichwohl geht auch der Gesetzgeber anscheinend davon aus, daß *gewisse* Inlands*wirkungen,* die von Exportkartellen ausgehen, hingenommen werden müssen, sofern sich die Absprachen ansonsten im Rahmen des § 6 I GWB halten. Hiermit sind Auswirkungen gemeint, die von vornherein außerhalb der Rechtsgeschäftssphäre liegen, insbesondere solche, die auf volkswirtschaftlichen Gesetzmäßigkeiten beruhen. Ihnen nachzugehen, ist jedoch nicht Aufgabe des Rechtsgutachtens. Es müßte u. a. von volkswirtschaftlicher Seite die Beeinflussung des inländischen Preisniveaus und Warenangebotes untersucht werden; denn die durch das Kartell angestrebte Sicherung und Förderung der Ausfuhr bestimmter Waren ist geeignet, sich auf das Verhältnis von Angebot und Nachfrage im Inland entsprechend auszuwirken. Allerdings erscheint es unmöglich, zu ermitteln, in welchem Maße gerade die Kartellvereinbarungen als solche (nicht die Förderung der Ausfuhr) zu dieser Rückwirkung beigetragen haben.

Auf einen weiteren Gesichtspunkt dieser Art hat *Hoppmann* in seinem Gutachten hingewiesen (S. 75 ff.), indem er der Möglichkeit Raum gibt, daß ein Exportkartell den Verkehr mit Waren oder gewerblichen Leistungen auf Inlandsmärkten dadurch beeinflußt, daß es im weiteren Verlauf der Dinge wettbewerbsbeschränkendes Verhalten seines Mitgliedes auf Inlandsmärkten verursacht. Es ist der besonders in der amerikanischen Literatur wiederkehrende Gedanke, daß die Exportkartellpartner auch im Inland untereinander im Wettbewerb stehen und sich wie angedeutet verhalten, und zwar ohne daß hierüber vertragliche Abmachungen getroffen sind. Hieraus kann sich u. U. die Notwendigkeit eines Einschreitens der Kartellbehörde im Wege der Mißbrauchsaufsicht ergeben (§ 12 GWB).

Bevor die Tragweite der „Inlandsbindung" gemäß § 6 II GWB untersucht wird, erscheint es notwendig, die gewonnenen Ergebnisse in Kürze zusammenzufassen, soweit sie für das Nachfolgende unmittelbar von Bedeutung sind.

aa. Exportkartelle ohne Inlandsbindung im Sinne des § 6 II GWB fallen unter § 6 I GWB, auch wenn mit ihnen gewisse Auswirkungen auf den Inlandsmarkt verbunden sind. Zu unterscheiden sind deshalb Exportkartelle mit Inlandsbindung und solche mit bloßen Inlandsauswirkungen. Unter diesen sind rechtsbegrifflich zu trennen solche, die von vornherein rechtsgeschäftlich angelegt sind (Re-export-Beispiel) und solche, die auf Grund allgemeiner volkswirtschaftlicher Gesetzmäßigkeit eintreten (mittelbare Auswirkungen).

bb. Reine ausfuhrdienliche Exportkartelle erlangen mit der Anmeldung ohne Erlaubnis der Kartellbehörde Rechtswirksamkeit, wie oben bereits dargelegt (§ 6 I, 9 II GWB). Die Anmeldung ermöglicht dem Bundeskartellamt die Prüfung, ob durch das Kartell der Wettbewerb im Inland beschränkt oder ein internationales Abkommen verletzt wird (*Gleiss-Deringer-Lutz*, RiW 1958, S. 4 ff).

cc. Es ist daher der Standpunkt nicht gerechtfertigt, daß Ausfuhrkartelle, die sich nur auf den Auslandsmarkt erstrecken, überhaupt nicht unter das GWB fielen, und deshalb von vornherein von § 1 dieses Gesetzes ausgenommen seien. Zwar geht das Gesetz vom Territorialitätsprinzip aus, wie es in § 98 II ausgestaltet ist, indes sind gerade die in Rede stehenden Wettbewerbsbeschränkungen, die „reine" Exportkartelle mit sich bringen, trotz des Territorialitätsgrundsatzes in das Kartellgesetz einbezogen worden. Dies ist gerade der Sinn und Zweck des § 6 I i. V. mit § 12 GWB. Jene Einbeziehung ist allerdings nicht deshalb geschehen, um auch den Auslandsmarkt durch das deutsche Kartellrecht zu schützen, also den Geltungsbereich des Gesetzes auf ausländische Märkte auszudehnen, sondern um Vorkehrungen dagegen zu treffen, daß das „reine" Exportkartell auf inländische Marktverhältnisse übergreift. Die Ausschaltung dieser Einflüsse auf die Inlandswirtschaft ist eine besondere Aufgabe der Kartellbehörde, die ihr vom Gesetz durch eine Sonderbestimmung übertragen ist, ohne daß es hierbei auf das Territorialitätsprinzip des § 98 II GWB ankommt, der solche Einflüsse nicht im Auge hat (so mit Recht *Würdinger,* WuW 1960, S. 316; a. A. *Pinder* a. a. O., S. 584).

2. Exportkartelle mit Inlandsbindung

1. a) Die historische Anknüpfung hat gezeigt, daß die Exportkartelle vor und nach dem Inkrafttreten der Kartellverordnung bis zum Erlaß des GWB nicht als solche besonders geregelt waren. Infolgedessen fehlte auch die gesetzliche Handhabe, zwischen Exportkartellen mit und ohne Inlandsbindung zu trennen. Vielfach entwickelten sich Exportkartelle aus oder neben Inlandskartellen. Aber im Vordergrunde stand zunächst das auf den Inlandsmarkt bezogene nationale Kartell, wohingegen sich Exportabsprachen vorzugsweise in internationalen Vereinbarungen niederschlugen [3]. Das Exportkartell stellt ein „tertium" dar, das stets im Zwielicht der beiden Phänomene gestanden hat. Trotz dieser entwicklungsgeschichtlich gegebenen

[3] Einige Beispiele mögen die frühere Entwicklung, die mitunter als eine Art „Kartellbewegung" geschildert wird, andeuten. In der Verkaufsgesellschaft deutscher Steinzeugwerke schlossen sich alle Tonröhrenwerke sowohl für den Inlandsverkauf als auch für die Ausfuhr nach den europäischen Ländern zusammen. Die Feinblechsyndizierung bezog sich anfänglich nur auf den Inlandsmarkt, später baute sich hierauf der deutsche Feinblechausfuhrverband auf (s. KartRdsch 1936, S. 566; 1930, S. 200; 1926, S. 539). Der „Drahtverband" GmbH. erfaßte zunächst nur den zentralen Verkauf für den Inlandsabsatz, später auch Exportgeschäfte (KartRdsch 1926, S. 349). Das im Europäischen Aluminiumkartell festgesetzte Kontingent erstreckte sich sowohl auf die Verkäufe auf dem Inlandsmarkt als auch nach dem Ausland (Internationales Industriekartell, 1930, S. 34 ff). Nach den geänderten Satzungen des Vereins Deutscher Tafelglashütten bestand die Aufgabe in der Förderung der Erzeugung ... und dem Vertrieb im In- und Ausland (KartRdsch 1939, S. 308). Der Verband Deutscher Drahtseilwerke, der alle Sorten von Drahtseilen und Drahtlitzen umfaßte, erstreckte sich auf das In- und Ausland (KartRdsch 1942, S. 356). Die „Ausfuhrvereinigung der deutschen Rüben-

Abhängigkeit der Exportabsprachen von der Regelung inländischer Marktverhältnisse geht das Gesetz gegen Wettbewerbsbeschränkungen umgekehrt vom reinen Exportkartell aus und verweist das Exportkartell mit Inlandsbindung in eine Sonderbestimmung — worin gegenüber den früheren Handhabungen eine gewisse Antinomie liegt. Statt der Formulierung „Ausfuhrkartell mit Inlandsbindung" begegnet auch die umgekehrte Wendung: „Inlandskartell zur Sicherstellung des Ausfuhrkartelles" (*Rasch*, a. a. O. S. 74).

Aus dem Material, das aus der Zeit vor dem Inkrafttreten des GWB stammt, lassen sich nach alledem kaum Gesichtspunkte ableiten, die eine Beantwortung der Frage ermöglichen, ob eine in § 6 I GWB bezeichnete Regelung auch den Warenverkehr im Inland umfaßt und ob diese Regelung notwendig ist, um die erstrebte Regelung des Wettbewerbs auf den ausländischen Märkten sicherzustellen (§ 6 II S. 1). Literatur und Judikatur ergeben insofern wenig Anhaltspunkte, weil die Fragestellung vom Gesetz her gesehen von vornherein nicht indiziert war.

b) Nachdem das GWB in Kraft getreten ist, sind es vor allem die Bekanntmachungen des Bundeskartellamtes, die uns eine gewisse Handhabe bieten. Eine Reihe von Erlaubnisanträgen und -erteilungen führt einige der in Betracht kommenden Tatbestände vor Augen. Es empfiehlt sich deshalb, die Erlaubnisanträge und -erteilungen und sonstige typische Tatbestände der weiteren Untersuchung voranzustellen und dogmatische Erörterungen

Fortsetzung der Fußnote 3

zuckerfabriken GmbH." bezweckte „die Sicherstellung des Inlandbedarfes an Zucker unter Einschluß angemessener Rücklagen, die Regelung des Zuckerangebots auf dem Weltmarkt durch Vereinbarungen mit anderen zuckererzeugenden Ländern sowie die planmäßige Verteilung der Ausfuhr und der vom Verkauf vorläufig zurückzustellenden Zuckermengen auf die rübenverarbeitenden Zuckerfabriken und Melassenentzuckerungsanstalten des Deutschen Reiches" (s. Hundert Jahre der Deutschen Zuckerindustrie, 1850—1950, herausgeg. v. Verein der Zuckerindustrie, Berlin 1950, S. 114 ff). S. ferner bezüglich der Ausfuhrzwecke des Stahlwerksverbandes KartRdsch 1912, S. 753; hinsichtl. d. Ausfuhrvereinigung für Grobbleche Essen, KartRdsch 1915, S. 122: „Die Exportverkaufspreise sind im Einklang mit der Preisbewegung am Inlandsmarkt neuerdings wieder erhöht worden"; bezüglich des Rheinischen Braunkohlensyndikats s. KartRdsch 1934, S. 278; zur Ausfuhrvergütung s. KartRdsch 1916, S. 204 (Stahlwerksverband); KartRdsch 1903, S. 48, 301 (Exportkartell für Kohlen) „Der ratierliche Anteil an der Ausfuhr ergibt sich aus der Beteiligung an dem Inlandsversand der betreffenden Abrechnungsperiode"; s. auch KartRdsch 1907, S. 144; zur Rabatteinräumung s. KartRdsch 1926, S. 537 „... als sich das Seildrahtsyndikat entschlossen hat, den Werken der Drahtseilindustrie für zu exportierende Erzeugnisse besondere Vorzugspreise einzuräumen. Der Rabattsatz lautet... 30% auf die Listenpreise des Syndikates".
Treffende Beispiele für simultane Inlands- und Auslandskartellierung liefert auch die Schloß- und Beschlagindustrie, s. KartRdsch 1935, S. 202; 1937, S. 573; 1936, S. 361; zur Kartellierung in der Zementindustrie s. Kart.Rdsch 1933, S. 488, 605; 1937, S. 244; 1935, S. 206; 1940, S. 379.

an das dargebotene Material anzuknüpfen. Im folgenden werden nur einige ausgewählte Beispiele zusammengestellt.

(1) „Soweit Werksgruppen über Exporthandelsfirmen liefern, sind diese auf die Einhaltung der Bestimmungen dieses Abkommens zu verpflichten" (Erlaubnisantrag eines Exportkartells für Stahlrohre) Bek. Nr. 76/59 vom 3. Dezember 1959 (BAnz Nr. 241 vom 16. Dezember 1959).
(2) „Die Kartellmitglieder verpflichten sich, soweit Vertragsware an selbständige Exporteure geliefert wird, diesen den Weiterverkauf zu den vom Kartell festgesetzten Preisen und Bedingungen aufzuerlegen; die den Exporteuren zu gewährende Vergütung wird von allen Gesellschaftern festgelegt" (Erlaubnisantrag eines Exportkartells für Hauer) Bek. Nr. 38/59 vom 6. Juli 1959 (BAnz Nr. 136 vom 21. Juli 1959).
(3) Die Mitglieder verpflichten sich, mit den Exporteuren bei allen Ausfuhrgeschäften Vereinbarungen zu treffen, die geeignet sind, die Einhaltung der von ihnen festgesetzten Preise und Bedingungen sicherzustellen". (Erlaubnisantrag der Exportgemeinschaft Sechseckgeflecht) Bek. Nr. 46/58 vom 16. September 1958 (BAnz Nr. 187 vom 30. September 1958). S. hierzu Bek. 71/59 über die Eintragung eines Exportkartells der Exportgemeinschaft Sechseckgeflecht in das Kartellregister vom 5. November 1959.
(4) „Die Mitglieder verpflichten sich, ihre deutschen Exporthändler durch Vertrag zu binden, zu den Preisen und Bedingungen auf den Exportmärkten anzubieten und zu verkaufen, welche die Gemeinschaft vorschreibt" (Erlaubnisantrag der Blankstahl-Exportgemeinschaft) Bek. Nr. 32/58 vom 28. Juli 1958 (BAnz Nr. 157 vom 19. August 1958). S. hierzu die Erlaubniserteilung gemäß Bek. Nr. 1/59 vom 16. Januar 1959 (BAnz Nr. 15 vom 23. Januar 1959). Das Bundeskartellamt machte der Exportgemeinschaft u. a. die Auflage klarzustellen, daß sich die obige Verpflichtung nur auf Geschäfte in Blankstahl beziehe, der von den Kartellmitgliedern, nicht etwa von Außenseitern geliefert wird.
(5) „Jedes Mitglied hat die Pflicht, die Vermittlung von Exportgeschäften in Schnittholz nach Holland ausschließlich der Genossenschaft zu übertragen". (Erlaubnisantrag der Holland-Exportgenossenschaft Beiers Vurenhout eGmbH., München) Bek. Nr. 30/60 (BAnz Nr. 62 vom 30. März 1960).
(6) „Die Exporte der Abnehmer und etwaiger Weiterverarbeiter werden in der Weise gefördert, daß diese von den Herstellern für nachgewiesene Exporte eine Vergütung in Form von Nachbezugsrechten für Zellwolle erhalten. Das Ausmaß der Förderung und das Verfahren sind in den mit den Abnehmern und ihren Verbänden vereinbarten Richtlinien niedergelegt ..." (Erlaubnisantrag des Exportkartells von Zellwolle-Herstellern vom 4. April 1959) Bek. Nr. 18/59.
(7) Die Hersteller einer Branche zahlen dem einzelnen Hersteller für nach-

gewiesene Exporte einen für jeden Beteiligten gleichen Betrag pro Tonne. Die Zahlung wird durch Umlage auf den Absatz im Inland finanziert.
(8) „Die Exporte der Abnehmer und etwaiger Weiterverarbeiter werden in der Weise gefördert, daß diese von den Herstellern für nachgewiesene Exporte eine Vergütung in Form von Exportförderungsschecks zur Anrechnung auf künftige Bezüge erhalten ..." (Erlaubnisantrag eines Exportkartells für „Acetat endlos") Bek. Nr. 61/59 (BAnz Nr. 205 vom 24. Oktober 1959).
(9) Die Kartellmitglieder verpflichten sich, ihre Erzeugnisse gemeinsam über eine von ihnen errichtete Export-GmbH. auszuführen.
(10) Die Kartellmitglieder verpflichten sich, eine Abgabe als Exportumlage zu leisten, die für jede Tonne im Inland abgesetzter Ware erhoben wird.
(11) Die Mitglieder des Exportkartells verpflichten sich, die von ihnen belieferten Exporteure zu verpflichten, die Vertragsware nicht oder nur in bestimmte Länder auszuführen.
(12) Die Kartellmitglieder verpflichten sich, die von ihnen belieferten Exporteure zu verpflichten, nur an „anerkannte Kunden" Waren im Sinne des Vertrages auszuführen.

2. a) Bevor einzelne Tatbestände unter § 6 II GWB subsumiert oder aus dem Anwendungsbereich ausgeschieden werden, ist es angebracht, darauf hinzuweisen, daß dieser Bestimmung nur solche Verträge unterliegen, in denen sich die Beteiligten überhaupt zu einem bestimmten Marktverhalten im *Ausland* verpflichten. Denn die genannte Vorschrift bezieht sich ausdrücklich auf § 6 I GWB, der eine Regelung des Wettbewerbs auf Märkten außerhalb des Geltungsbereiches des GWB voraussetzt. Wenn sich die Kartellmitglieder überhaupt nicht im Wettbewerb auf einem *Auslandmarkt* beschränken, so fehlt es von vornherein an Vereinbarungen, die unter § 6 I GWB fallen könnten, weshalb auch die Anwendung von § 6 II GWB entfällt.

Dies wird praktisch, wenn die Beteiligten in dem Kartellvertrage nur Vereinbarungen über den Verkehr mit Waren im Inland treffen, die — wirtschaftlich gesehen — eine Förderung der Ausfuhr bezwecken. Die Hersteller bestimmter Waren machen z. B. untereinander ab — ohne weitere Vereinbarungen bezüglich des Auslandsmarktes zu treffen —, daß sie die Ausfuhr der Abnehmer dadurch fördern wollen, daß sie ihnen für bestimmte exportierte Waren Nachbezugsrechte gewähren. Die Vergünstigung liegt in dem „verbilligten" Nachbezug, und zwar werden die Einkaufspreise für die Rohstoffe verbilligt, die die Abnehmer und Verarbeiter von den Herstellern beziehen. Dadurch lassen sich Preisdifferenzen ausgleichen, wenn der ungestützte Auslandspreis infolge des Wettbewerbsdruckes ausländischer Anbieter unter dem inländischen Preisniveau liegt. Hierdurch wird den Abnehmern unter Umständen die wirtschaftliche Möglichkeit eröffnet, mit ihnen auf dem betreffenden Auslandsmarkt in einen aussichtsreichen Wettbewerb zu treten, wodurch wiederum der Umsatz der Kartellmitglieder gefördert werden kann. Jedenfalls enthalten derartige Abmachungen von Ausfuhrförderungsbeihilfen *nur* eine Regelung für den Verkehr mit Waren im Inland, denn es wird nur festgelegt, unter welchen Voraussetzungen und in welchem Umfang den inländischen Verarbeitern Nachbezugsrechte eingeräumt werden. Mögen darin auch Vergünstigungen liegen, die *mittelbar* der Ausfuhr zugute kommen, der Tatbestand des § 6 I GWB ist jedenfalls nicht erfüllt, so daß auch nicht geprüft zu werden braucht, ob eine Inlandsbindung im Sinne des § 6 II gegeben ist. Infolgedessen kann auch eine Erlaubnis nach dieser Vorschrift nicht erteilt werden.

Eine andere Frage ist, ob derartige Vereinbarungen unter eine sonstige Ausnahmebestimmung fallen. Hier kommt § 3 GWB in Betracht, wonach § 1 nicht für Verträge und Beschlüsse gilt, die Rabatte bei der Lieferung von Waren festlegen, sofern sie ein echtes Leistungsentgelt ausmachen und nicht zu der in § 3 GWB näher bestimmten unterschiedlichen Behandlung führen.

Die verbilligten Nachbezugsrechte sind Rechte auf den Bezug von Waren zu ermäßigten Preisen, laufen mithin auf die Gewährung eines Preisnachlasses hinaus und bilden ein Leistungsentgelt für die von den Verarbeitern der Rohstoffe durchgeführten Exporte. Wenn dieser Rabatt allen Beteiligten in gleicher Weise gewährt wird, scheidet auch eine unterschiedliche Behandlung im Sinne des § 3 I GWB aus. Rechtlich ist demnach die Vergütung an inländische Abnehmer als Rabatt für besondere Leistungen anzusehen, demgemäß nach § 3 GWB zu beurteilen, mag auch der wirtschaftliche Zweck darin bestehen, die angedeutete Preisdifferenz auszugleichen und damit die Konkurrenzfähigkeit der Exporteure auf dem Auslandsmarkt zu heben.

Eine Divergenz besteht allerdings insofern, als der Antrag auf Erteilung einer Erlaubnis nach § 6 II GWB lautet, wohingegen die Kartellbehörde in abweichender rechtlicher Beurteilung zu dem Egebnis gelangt, daß die Voraussetzungen des § 3 I GWB vorliegen. Die verfahrensmäßige Behandlung ist insoweit verschieden, als die Kartellbehörde nach § 6 II GWB die Erlaubnis gegebenenfalls zu erteilen hat, nach § 3 III GWB dagegen das Recht und unter Umständen (Satz 2) auch die Pflicht hat, dem angemeldeten Vertrag zu widersprechen. In dem einen Fall ist das Verfahren auf Erteilung einer Erlaubnis, im anderen Fall auf Anmeldung gerichtet. Aber in beiden Fällen wird die Kartellbehörde um einen Verwaltungsakt angegangen, der die Rechtswirksamkeit des Kartellvertrages herbeiführen soll. Es ließe sich erwägen, bei solcher Sachlage das Konzessionsverfahren in ein Anmeldeverfahren überzuleiten, was freilich eine entsprechende Änderung des Antrages erfordern würde. Deshalb erscheint es richtiger, antragsgemäß auf Erteilung einer Erlaubnis zu erkennen, mag diese auch nicht auf Grund der Vorschrift des § 6 II GWB, sondern des § 3 GWB erteilt werden. Die rechtliche Subsumtion ist ohnehin Sache der Kartellbehörde, die hierbei nicht an die juristische Würdigung des Antragstellers gebunden ist, der im übrigen durch diese abweichende Beurteilung nicht benachteiligt wird. Vielmehr ist die Erteilung einer Erlaubnis (§ 6 II) gegenüber der Unterlassung des Widerspruches (§ 3 III) die weitergehende behördliche Anerkennung des Begehrens des Antragstellers. Die stärkere Rechtsform kann nicht aus dem Grunde für unwirksam erachtet werden, daß eine schwächere genügt, dem Begehren zu entsprechen. Von einer Konversion zu sprechen, ist allerdings nur in einem übertragenen Sinne möglich, denn es handelt sich nicht um ein Rechtsgeschäft (s. § 140 BGB), sondern um einen Antrag, und nicht um eine Umdeutung, sondern um eine verschiedenartige rechtliche Begründung (s. hierzu *v. Kohler,* NJW 1960, 990; s. auch die Beschlüsse des Bundeskartellamtes in Sachen des Kartells Exportförderung von Acetat endlos und für Zellwolle). Sowohl in formeller als auch in materieller Hinsicht ist den Gründen des Bundeskartellamtes in den genannten Entscheidungen beizupflichten. Dies gilt auch für die Bedenken, die aus § 9 V GWB hergeleitet werden könnten.

Anders ist die Rechtslage, wenn die Vereinbarung einer Exportumlage eine Erhöhung des Inlandspreises bewirkt, mag diese auch nicht ausdrücklich im Exportkartellvertrag festgelegt sein (Vertragsstrafe auf Inlandsabsatz). „Wäre der Hersteller nicht Kartellmitglied, so brauchte er die Abgabe je Tonne Inlandsabsatz nicht zu entrichten" (1. Beschl. Abt. v. 9. 6. 1959 betr. Exportförderungsvereinbarung der Steinzeugindustrie (Ziffer 10 der Tatbestandsreihe). In diesem Falle trifft § 6 II GWB zu.

b) Das Bundeskartellamt hat in der Bundestagsdrucksache 1795 den weiteren Fall bekanntgegeben, daß die Beteiligten eine Exportförderungsgesellschaft errichten, die die beim Export entstehenden Mindererlöse zur Ausgleichung bringen soll (s. 28). Im einzelnen sind die Vertragsbestimmungen nicht mitgeteilt, so daß eine Stellungnahme hier nicht angebracht ist. Nach Auffassung des vorliegenden Gutachtens wird in erster Linie zu prüfen sein, in welcher Weise die Ausgleichsmittel aufgebracht werden. Es ist nach dem Zweck der Gesellschaft anzunehmen, daß die einzelnen Gesellschafter diese Mittel aufzubringen vertaglich verpflichtet sind. Eine solche Regelung umfaßt zwar an sich betrachtet noch nicht den inländischen Verkehr mit Waren, nimmt diesen Charakter jedoch an, wenn ausgesprochenermaßen oder stillschweigend Vereinbarungen unter den Kartellmitgliedern getroffen werden, wonach die inländischen Preise zum Ausgleich jener Mindererlöse erhöht und die Erhöhungsbeträge in das Vermögen der Exportgesellschaft übergeführt werden, aus dem dann die Ausgleichsmittel gewonnen werden (Ziffer 10 der Tatbestandsreihe).

Abgesehen von dem Fall der Exportgesellschaft stellt sich die *allgemeine* Frage, wie „inländische" Preisabreden, die im Zusammenhang mit Exportkartellen stehen, im Hinblick auf § 6 II GWB zu beurteilen sind. Die Kartellpraxis spricht erfahrungsgemäß dafür, daß solche Preisvereinbarungen, die sich auf den Inlandsmarkt beziehen, durch die Exportpreisregelung veranlaßt sind. Der Inlandspreis übersteigt hierbei regelmäßig den Ausfuhrpreis. Auf diese Weise sollen die Verluste abgedeckt werden, die dadurch entstehen, daß die Waren im Ausland aus Konkurrenzgründen zu niedrigeren Preisen gehandelt werden müssen als im Inland, daß also die inländischen Exporteure einem „Dumping" ausländischer Konkurrenten durch Preisanpassung entgegentreten (s. *Müller-Gries*, a. a. O., § 6 A. 10).

Daß in derartigen Fällen die Regelung auch den inländischen Verkehr mit Waren umfaßt, unterliegt keinem Zweifel. Problematisch ist indes, unter welchen Umständen eine solche inländische Regelung *„notwendig"* ist (§ 6 II S. 1 GWB), damit die außenmarktregelnde Abmachung sichergestellt wird. Das Gesetzt läßt offen, nach welchen Gesichtspunkten die „Notwendigkeit" zu beurteilen ist. Es liegt nahe, marktpolitische Erwägungen anzustellen, und zwar in der Weise, daß die wirtschaftliche Bedeutung des einen Marktes gegen die des anderen unter dem Blickpunkt der Gesamtwirtschaft abgewogen wird, und zwar unter dem Gesichtspunkt, daß ein Auslandsmarkt über einen höheren Inlandspreis im Interesse der Gesamtwirtschaft verteidigt werden muß. Eine derartige Anschauungsweise wird jedoch dem Merkmal der „Sicherung" der Regelung nach § 6 II GWB nicht gerecht. Wie oben (S. 21) ausgeführt, ist das Merkmal der „Notwendigkeit" rechtlich aufzufassen. Rechtliche Gründe machen indes die „Sicherstellung" nicht erforderlich. Dennoch *kann* die Kartellbehörde im Hinblick auf die wirtschaftlichen Gegebenheiten die Erlaubnis erteilen. Hierbei kommt der Stellungnahme der inländischen Erzeuger und Abnehmer nach § 6 II S. 3 GWB eine besondere Tragweite zu. Sie wird sich insbesondere darüber äußern, ob den Kartellmitgliedern der geplante Export ohne das Mittel der Erhöhung des Inlandspreises unmöglich ist (s. *Müller-Gries*, a. a. O.).

Selbst wenn die auf den Inlandsmarkt bezogene Regelung im Sinne des § 6 II S. 1 GWB notwendig ist, darf die Kartellbehörde die Erlaubnis nicht erteilen, sofern einer der Versagungsgründe des § 6 III Ziff. 1 und 2 GWB gegeben ist. Preisabreden der in Rede stehenden Art können unter Umständen zu einer *wesentlichen* Beschränkung des Wettbewerbs innerhalb des Geltungsbereiches des Gesetzes gegen Wettbewerbsbeschränkungen führen (Ziffer 2). In diesem Falle kommt es darauf an, ob das Interesse an der Erhaltung des Wettbewerbs überwiegt. Gegebenenfalls ist die Erlaubnis nach Absatz 2 zu versagen.

Im Anwendungsbereich des § 6 II Ziffer 2 GWB kehrt der Begriff der Wettbewerbsbeschränkung, der bereits in § 1 GWB niedergelegt ist, wieder.

Allerdings ist hier im Gegensatz zur Verbotsbestimmung von einer *wesentlichen* Beschränkung die Rede. Über das Verhältnis beider Normen zueinander gelten die allgemeinen Grundsätze, die für das Verhältnis der Grundnorm zur Befreiungsvorschrift aufgestellt sind (*Benisch*, WuW 1959, S. 774).

c) Die Abgrenzung von § 6 I und § 6 II GWB ist besonders in der Vielzahl der Fälle bedeutungsvoll, in denen die Kartellmitglieder ganz oder teilweise über Exporteure ihre Waren ausführen. Von § 6 I GWB werden Vereinbarungen der Unternehmen — gleich ob Hersteller oder Exporteure —, die die Ausfuhr selbst betreiben, erfaßt. Hingegen bezieht sich § 6 II GWB seiner ratio nach auf Unternehmen, die nicht selbst, sondern über Exporteure ausführen. Auf dieser verschiedenartigen unmittelbaren oder mittelbaren Gestaltung des Angebotes der Ware auf dem Auslandsmarkt beruht im Grunde die strenge Abgrenzung der beiden gesetzlichen Tatbestände. Hierbei geht es darum, daß die Hersteller eine vertragliche Regelung treffen, auf Grund deren sie das Angebot der Exporteure im Ausland bestimmen wollen (neuerdings *Jessen*, Außenwirtschaftsdienst des BB 1960, S. 139; s. Protokolle der 89. und 91. Sitzung des W. A.). Wenn die Hersteller als Mitglieder des Exportkartells die von ihnen belieferten Ausfuhrhändler verpflichten, die vertraglich bestimmten Waren nur zu den Bedingungen, insbesondere zu den Preisen auf den ausländischen Märkten zu veräußern, die die Mitglieder des Kartells vereinbart und vorgeschrieben haben, so läuft eine solche Bindung auf eine Inlandsmarktregelung nach § 6 II GWB hinaus, wie in früheren Zusammenhängen bereits zum Ausdruck gelangt ist.

Die Inlandsbindung liegt einerseits in der gekennzeichneten Gebundenheit der eingeschalteten Exporteure, dergestalt, daß der Kartellpreis auch dann eingehalten werden soll, wenn die Erzeugnisse der Hersteller über Inlandshändler ausgeführt werden, mag sich auch die Preisbindung nur auf den Auslandsabsatz beschränken. Andererseits liegt sie in der gegenseitigen Verpflichtung der Produzenten, derartige Preisbindungen den inländischen Abnehmern, die die Waren exportieren, aufzuerlegen (so treffend *Würdinger*, WuW 1960, S. 319; s. auch *Dressendörfer*, Die Grenzen der Zulässigkeit eines Exportkartells, Nürnberger Diss. 1961).

Die Bindung der Exporteure fällt nicht unter § 15 GWB, der in § 6 II GWB mit den Worten „§ 15 steht dem nicht entgegen" ausgenommen ist. Daher ist der Exportkartellvertrag, der die Mitglieder verpflichtet, die Exporteure wie geschildert zu binden, nicht verboten, sondern genehmigungsfähig, andererseits aber auch erlaubnispflichtig.

Ob es überhaupt der Bestimmung in § 6 II GWB „§ 15 steht dem nicht entgegen" bedurft hätte, mag dahingestellt bleiben. Es ist bezweifelt worden, weil vertikale Exportverträge ohnehin nicht unter § 15 GWB fielen (*Gleis-Lutz*, BBAWiD 1958, S. 159). Jedenfalls ergibt sich aus § 6 II GWB zweifelsfrei, daß § 15 GWB für Exportkartelle mit Inlandsbindung nicht gilt, wie aus § 15 GWB selbst hervorgeht, daß er auf Kartelle dieser Art ohne Inlandswirkung nicht anzuwenden ist. Die gleichlaufende Bindung ausländischer Händler durch die Kartellmitglieder ist demgemäß nach § 6 I GWB zu beurteilen. Außerhalb der Untersuchung stehen individuelle Verträge, durch die der einzelne Hersteller die Preise des Exporteurs vertraglich bindet.

Zwischen dem Exportkartell und den Individualverträgen des einzelnen Herstellers besteht folgender Zusammenhang. Der einzelne Hersteller muß sich an den Kartellpreis halten, da er sonst seine im Exportkartellvertrag übernommenen Verpflichtungen nicht erfüllen kann. Infolgedessen ist die Preisbindung nicht nur wie im obigen Dumping-Fall wirtschaftlich geboten, sondern auch rechtlich notwendig. Die „Vertikalbildung" ist geradezu die „inhaltliche Erfüllung" des Kartellabkommens (so *Gleiss-Lutz*, a. a. O.). Andernfalls könnten die Exporteure die Hersteller auf dem Auslandsmarkt unterbieten und so den Kartellzweck vereiteln.

Das BKA hat in Übereinstimmung mit der dargelegten Rechtsauffassung – soweit ersichtlich – den Standpunkt eingenommen, daß der Exportkartellvertrag wegen der Verpflichtung der Kartellmitglieder, ihre deutschen Ausfuhrhändler an die vom Kartell beschlossenen Preise zu binden, auch den Verkehr mit Waren im Geltungsbereich des GWB umfasse. Diese Ansicht bezieht sonstige Konditionen und Rabatte ein (vgl. Ziffer 1–4 der vorangestellten Tatbestandsreihe).

Die kartellrechtliche Kombination von Preisbindung und einheitlichen Rabatten führt zu einer weiteren Inlandsbindung. Es ist deshalb gesondert zu prüfen, ob die Verpflichtung der Hersteller, den Exporteuren *einheitliche Rabatte* zu gewähren, im Sinne des § 6 II GWB notwendig ist. Einheitliche Rabatte mildern zwar den Anreiz zu Unterbietungen, sind aber bei Bindung der Exporteure an die Kartellpreise nicht notwendig zur „Sicherstellung" der außenmarktregelnden Absprache. Vereinbaren die Kartellmitglieder außer der Bindung der inländischen Exporteure an die im Vertrage ausgemachten Exportpreise auch *einheitliche Handelsspannen* für die Ausfuhrhändler, so bedeutet dies, daß sich die Kartellpartner untereinander verpflichten, den Exporthändlern gegenüber gleiche Handelsspannen einzuhalten, was rechtlich losgelöst von der Vertikalbindung zu beurteilen ist. Es bedarf hier des Nachweises, ob eine solche Vereinbarung der Einhaltung von Handelsspannen überhaupt der Ausfuhrförderung dient. Selbst wenn diese Voraussetzung erfüllt ist, wird die Notwendigkeit der Regelung zur Sicherstellung der Außenmarktabsprache im allgemeinen zu verneinen sein.

d) Im Rahmen der Erläuterungen des § 6 II GWB und der Lehre von der sogenannten Inlandsbindung nehmen Exportvergünstigungen oder -prämien ein besonderes Kapitel ein. Das Verfahren ist von Fall zu Fall verschieden, insbesondere was die Art und Weise der Berechnung des Förderungsbetrages und der Anrechnung auf künftige Warenbezüge angeht. Charakteristisch ist, daß derartige Prämien namentlich den inländischen Händlern und Verarbeitern von den Produzenten der Rohstoffe und Halbfabrikate gewährt zu werden pflegen (vgl. hierzu Ziffer 6 u. 8 der Tatbestandsreihe). Im einzelnen ist auf das betriebswirtschaftliche Gutachten von *Schäfer* zu verweisen.

Rechtlich betrachtet, wird die Prämienzahlung vereinbart, damit der Ausfuhrpreis um ihren Betrag geändert werden kann, denn die Vergünstigung läuft auf eine Preisermäßigung hinaus. Das BKA führt hierzu aus, daß „sich die Partner nicht geeinigt hätten, wenn sie nicht beabsichtigten, den Zuschuß in dieser Weise zu verwenden, sich also durch gleichmäßige Preissenkung auf dem Auslandsmarkt gleichförmig zu verhalten" (Ziffer 6). Das BKA hat weiterhin mit zutreffender Begründung den Tatbestand des § 1 GWB als erfüllt angesehen (vgl. Ziffer 6 der Tatbestandsreihe; s. auch *Müller-Henneberg-Schwartz,* § 1 A. 27). Es ist sodann zu prüfen, ob derartige Vereinbarungen von Exportprämien unter den Begriff der außenmarktregelnden Absprache (§ 6 I GWB) und gegebenenfalls der Inlandsmarktregelung (§ 6 II GWB) fallen. Letztere kommt nur in Betracht, wenn zugleich eine Abrede vorliegt, die sich auf Auslandsmärkte erstreckt.

Es ist oben bereits eingehend dargelegt worden, daß die Abmachungen an sich beurteilt nur den inländischen Verkehr mit Waren regeln, ohne daß zugleich eine außenmarktregelnde Absprache gegeben ist, mag auch eine wirtschaftliche Wirkung nach außen eintreten. Infolgedessen scheidet die Anwendung des § 6 GWB aus. Die Erlaubnis ist vielmehr unter rabattkartellrechtlichen Gesichtspunkten zu erteilen (§ 3 GWB). Im einzelnen ist auf die obigen Erörterungen zu verweisen.

Zu untersuchen ist noch, ob die Vereinbarung derartiger Vergütungen auch eine außenmarktregelnde Absprache zur Grundlage haben kann. Die Selbständigkeit der Abmachung scheint hiergegen zu sprechen (s. hierzu *Dressendörfer,* a. a. O., S. 86, der meint, daß die Absprache nur selten als inhaltliche Erfüllung und notwendige Ergänzung einer außenmarktregelnden Abmachung auftreten wird. Demnach hält er für denkbar, daß eine Vergünstigungsabrede auch unter § 6 I u. § 6 II GWB fallen kann).

Von den erörterten Exportprämien sind Ausfuhrförderungsumlagen zu unterscheiden, die nach den Kartellvereinbarungen von dem gesamten *Inlands*absatz der Mitglieder zu dem Zwecke erhoben werden, einen Anreiz für die Exportsteigerung zu schaffen, besonders in den Fällen, in denen der Außenhandelspreis unter dem Inlandspreis desselben Produkts liegt.
Es ist die Frage, ob hierin eine Regelung des Wettbewerbs auf Märkten außerhalb des Geltungsbereiches des GWB zu finden ist (§ 6 I GWB). Die

Vereinbarung bezweckt, die Kartellmitglieder auf dem Auslandsmarkt günstiger zu stellen als die Außenseiter. Diese werden insofern im Wettbewerb beschränkt, als die Kartellmitglieder auf Grund ihres gemeinsamen Vorgehens in der Lage sind, das Angebot um den auf jeden entfallenden Betrag der Förderungsumlage niedriger als das des outsiders zu gestalten. Allerdings läßt sich hiergegen einwenden, daß jedes Mitglied darin frei ist, wie es den durch die Umlage erzielten Exportförderungsbetrag verwenden will, ob zur Preissenkung auf dem Außenmarkt oder in anderer Weise. Dieser Auffassung ist aber das gleiche Argument entgegenzuhalten, das oben für die Anwendbarkeit des § 1 GWB auf Exportprämienvereinbarungen geltend gemacht worden ist. Selbst wenn hiernach angenommen wird, daß die Voraussetzungen des § 6 I GWB erfüllt sind, so kommt dennoch § 6 II GWB nicht zum Zuge, weil die Erhebung derartiger Umlagen keine Inlandsmarktbindung ist.

Vom Standpunkt einer Gesamtbetrachtung des Vorgetragenen aus sind nach alledem verschiedene Möglichkeiten rechtlich voneinander abzugrenzen, die sich aus der Einschaltung mehrerer *Wirtschaftsstufen* in das Exportkartell ergeben. Zunächst ist von der Alternative auszugehen, daß die Kartellmitglieder die von ihnen hergestellten Waren selbst und allein anbieten oder zugleich die Ausfuhrhändler an bestimmte Bedingungen binden: einstufiger oder zweistufiger Aufbau der ausführenden Unternehmen (*Jessen,* a. a. O., S. 140). Problematisch sind — was die Anwendbarkeit von § 6 GWB angeht – Vereinbarungen zwischen Herstellern und Exporteuren, die den „Spielraum" des einzelnen Ausfuhrhändlers für seine Offerten auf dem Auslandsmarkt einengen, ohne daß er in seinen Angeboten im Sinne einer Preisbindung zweiter Hand gebunden ist (s. hierzu *Jessen,* a. a. O.).

Bei Einschaltung mehrerer Wirtschaftsstufen wird der Weg zum Auslandsmarkt länger und die Verwendung von Bindungen der Zwischenstufen immer schwieriger, so daß andere Mittel der Exportförderung, vor allem die auf eine Preissenkung hinauslaufende Prämie, bevorzugt werden, namentlich wenn sich zwischen den Hersteller und Exporteur ein Verarbeiter einschiebt (darüber, daß hierin nicht ohne weiteres ein Verstoß gegen Abschnitt B Art. VI des GATT u. Art. 91 des EWG-Vertrages liegt, s. *Jessen,* a. a. O.). Exportförderungsumlagen in dem oben erörterten Sinn werden nur von den Kartellmitgliedern erhoben und kommen nur den Herstellern zugute, beschränken sich daher auf die Erzeugerstufe.

e) Die bisher erörterten „Inlandsbindungen" beziehen sich vornehmlich auf Preise und Bestandteile von Preisen, wie insbesondere Spannen und Rabatte. Derartige Regelungen des Verkehrs mit Waren und gewerblichen Leistungen stehen im Vordergrund kartellrechtlicher Gebarung, weshalb sie auch der Betrachtung der auf die Ware selbst bezogenen Vereinbarungen vorangestellt sind. Im folgenden ist daher der Warenverkehr losgelöst von der Preisabrede zu erfassen.

aa. Nach § 5 I GWB gilt der Verbotsgrundsatz (§ 1 GWB) nicht für Verträge und Beschlüsse, die lediglich die einheitliche Anwendung von Normen oder Typen bezwecken. Normen- oder Typenkartelle, die im Rahmen von Exportkartellverträgen errichtet werden, unterliegen aber der Spezialvorschrift des § 6 GWB. Daraus folgt, daß im Einzelfall zu prüfen ist, ob Abreden dieser Art eine Inlandsbindung darstellen, vorausgesetzt, daß eine außenmarktregelnde Vereinbarung vorliegt.

Absprachen über die einheitliche Anwendung von Normen oder Typen bewirken eine Beschränkung des Wettbewerbs, wenn sie nicht nur eine Empfehlung bedeuten, sondern eine Verpflichtung der Kartellmitglieder begründen, nur die zugrunde gelegten Normen oder Typen in den Verkehr zu bringen. Eine Absprache scheidet aus, wenn die Norm „in individueller Entscheidung" ohne entsprechende Übereinkunft von mehreren Unternehmen übernommen wird (*Deringer*, WuW 1958, S. 10; *Gleiss*, BB 1950, S. 331; *Schwieder*, bei *Müller-Henneberg-Schwartz*, a. a. O., § 5 A.2). Steht fest,daß durch die Typisierung bzw. Normierung der Wettbewerb auf dem Inlandsmarkt beschränkt wird, so kommt es darauf an, ob die Inlandsbindung gemäß § 6 II GWB erforderlich ist, etwa im Hinblick auf die Verwirklichung einer Preisvereinbarung (s. auch Beschluß des BKA v. 5. Mai 1960, WuW 1960, S. 586).

bb. Unter den Rationalisierungskartellen sind in vorliegendem Zusammenhang die mit einem Syndikat verbundenen (§ 5 III GWB) herauszuheben. „Soll der Vertrag oder Beschluß die Rationalisierung ... durch Bildung von gemeinsamen Beschaffungs- oder Vertriebseinrichtungen (Syndikaten) verwirklichen, so darf die Erlaubnis nur erteilt werden, wenn ...". Die Voraussetzungen bestehen, abgesehen von denen des § 5 II GWB, darin, daß der Rationalisierungszweck auf andere Weise nicht erreichbar ist und die Rationalisierung vom Standpunkt der Allgemeinheit aus „erwünscht ist" (§ 5 III GWB).

Das allgemeine Interesse braucht nicht unbedingt aus der „Hebung der Wirtschaftlichkeit" der beteiligten Unternehmen im Sinne des § 5 II GWB hergeleitet zu werden, sondern kann auch eine „Nebenwirkung" eines Rationalisierungskartelles sein (so mit Recht *Kirchstein-Segelmann*, Rationalisierungskartelle und Syndikate, Schriftenreihe WuW, Heft 6, 1960, S. 20). Der gemeine Nutzen besteht u. U. in der Förderung des Exportes, die auf Grund der gemeinsamen Beschaffungs- und Vertriebseinrichtung erzielbar ist.

Unter welchen Umständen die Voraussetzungen des § 5 II u. III GWB erfüllt sind, kann im übrigen hier dahingestellt bleiben, da nur zu untersuchen ist, ob derartige Regelungen von § 6 II GWB erfaßt werden. Bejahendenfalls findet neben dieser Bestimmung § 5 II und III GWB keine zusätzliche Anwendung, weil die Exportgesellschaft lediglich den Warenabsatz ins Ausland zusammenfaßt. Bereits in früherem Zusammenhang ist die Frage aufgeworfen worden, ob die Vereinbarung eines Syndikates den Warenverkehr im Inland beschränkt. Auf den ersten Blick scheint eine solche Vereinbarung nur eine außenmarktregelnde Absprache zu sein, weil sich die Verpflichtung der Syndikatsmitglieder nur auf auszuführende Waren, mithin auf den ausländischen Markt (§ 6 I GWB) beschränkt. Es kommt aber darauf an, welche Abmachungen im einzelnen getroffen worden sind. Wenn sie zur Ausschaltung inländischer Exporteure führen, so liegt hierin eine Ausschließlichkeitsbindung, die eine Wettbewerbsbeschränkung der Ausfuhrhändler zur Folge hat. Damit ist der Tatbestand des § 6 II GWB erfüllt, und zwar erscheint die auf den Inlandsmarkt bezogene Regelung nötig, um die Syndikatsvereinbarung sicherzustellen (s. hierzu Bericht des BKA von 1959, Drucksache 1795, S. 28). Anders ist die Rechtslage zu beurteilen, wenn das Syndikat und die Exporteure nicht dieselben Auslandsmärkte beliefern. In diesem Fall machen sie sich keine Konkurrenz, so daß eine Wettbewerbsbeschränkung von vornherein ausscheidet (s. zum ganzen Kapitel Tatbestandreihe Ziffer 5 u. 9).

Noch nicht hinreichend geklärt erscheint, ob und gegebenenfalls inwieweit Vereinbarungen von Quoten, die bei Syndikaten aller Art typisch sind, den „Verkehr mit Waren im Inland“ umfassen (§ 6 II GWB). Die Quotierung bezieht sich auf den *Gesamt*export der Kartellmitglieder, greift demnach auf den Inlandsabsatz nicht ohne weiteres über. Die inländischen Marktverhältnisse werden somit von der Aufteilung grundsätzlich nicht betroffen. Es mag jedoch Fälle geben, in denen die Festsetzung von Lieferanteilen bestimmter Unternehmen nach der Marktlage zur Folge hat, daß der Anteil des betreffenden Mitglieds an der für den Inlandsmarkt in Betracht kommenden Erzeugung derart beschränkt wird, daß mittelbar der Verkehr mit Waren im Inland berührt wird. Ob dies nur eine „Auswirkung“ oder schon eine „Bindung“ ist, mag vom volkswirtschaftlichen Gutachten geklärt werden.

cc. Das letzte Kapitel nehmen Untersuchungen über die Absatzbindung durch Ausfuhrverbote ein. Zu verweisen ist auf Ziffer 11 und 12 der Tatbestandsreihe. Es handelt sich um die vielgestaltigen Fälle, in denen Produzenten, namentlich solche von Markenartikeln, ihre inländischen Warenabnehmer vertraglich verpflichten, die von ihnen bezogenen Waren nicht zu exportieren. Im Hintergrunde stehen oft Alleinvertriebsrechte, die die Unternehmer eingeräumt haben. Das Ausfuhrverbot, das der Hersteller seinem inländischen Abnehmer auferlegt, soll dann das Alleinvertriebsrecht des ausländischen Wiederverkäufers sichern. Abmachungen dieser Art werden zumeist in *Individual*verträgen zwischen Hersteller und Wiederverkäufer getroffen. Rechtsdogmatisch ähneln sie den Preisbindungen, die in §§ 15 ff GWB behandelt sind.

Wenn die Absatzbindungen Kartellcharakter tragen, sind sie nach §§ 1 ff GWB zu beurteilen. Indes dürfte es nur selten vorkommen, daß die Kartellmitglieder untereinander die Verpflichtung eingehen, ihren Abnehmern ein Ausfuhrverbot aufzuerlegen (s. hierzu *Baumbach-Hefermehl,* a. a. O., § 18, und zum ganzen Kapitel *Neumann,* Recht der internationalen Wirtschaft 1957, S. 45 ff; *Gleis-Deringer-Lutz,* Außenwirtschaftsdienst des BB 1958, S. 5; zur Rechtsdogmatik *Rittner,* Die Ausschließlichkeitsbindungen ... 1957, S. 48).

So bleibt für Individualverträge nur zu prüfen, ob der Sachverhalt vom Tatbestand des § 18 I Ziffer 3 gedeckt wird. Diese Vorschrift bezieht sich auf Verträge zwischen Unternehmen, in denen ein Beteiligter darin beschränkt wird, die gelieferten Waren an Dritte abzugeben. Dem Wortlaut nach trifft diese Bestimmung auch das in Rede stehende Exportverbot, denn der inländische Abnehmer der Ware wird gehindert, die Ware an Dritte zu veräußern. Indes wird seine wirtschaftliche Bewegungsfreiheit auf dem inländischen Markt nicht eingeengt. Der Wettbewerb wird auch insoweit nicht beinträchtigt. Nach allgemeiner Meinung liegt daher in dem individualvertraglichen Ausfuhrverbot keine unzulässige Absatzbindung nach § 18 I Ziffer 3.

Anders ist die Rechtslage, wenn eine Kollektivvereinbarung zugrunde liegt, wonach sich die Kartellmitglieder neben einer außenmarktregelnden Abmachung verpflichten, den von ihnen belieferten Exporthändlern ein Ausfuhrverbot in irgendeiner Gestalt aufzuerlegen, z. B. nur in gewisse Länder zu liefern. In diesem Falle greift § 6 GWB ein, weshalb auch zu untersuchen ist, ob die Absatzbindung eine Inlandsbindung gem. Abs. II darstellt. Eine Regelung über den inländischen Verkehr mit Waren wird hierbei insofern getroffen, als die Hersteller gehalten sind, ihre inländischen Wiederverkäufer zu binden. Das Wesentliche ist, daß die Kartellmitglieder untereinander vertraglich in diesem Sinne verpflichtet, demnach nicht frei im Wettbewerb sind. Hier versagt der Gesichtspunkt, der oben für die Ausschaltung des § 18 GWB sprach, weil diese Bestimmung auf Kartelle nicht anzuwenden ist, sondern nur auf „sonstige Verträge".

Ob die Inlandsbindung die außenmarktregelnde Vereinbarung in notwendiger Weise ergänzt, hängt von dem Zweck der Vertriebsabsprache ab. Wenn z. B. die Kartellmitglieder abmachen, die aus ihren Werken stammenden Produkte nur an sachkundige ausländische Abnehmer, also an Fachgeschäfte, zu liefern, so ist unter Umständen dieser Zweck nur erreichbar, wenn die Hersteller sich verpflichten, den im Inlandsgeschäft belieferten Wiederverkäufern aufzuerlegen, ebenfalls nur an solche ausländische Abnehmer zu verkaufen, die die entsprechenden fachlichen Voraussetzungen erfüllen. Dies macht eine Ausschließung anderer Abnehmer im Ausland vom weiteren Erwerb der Ware „notwendig".

D. Die Unverletzlichkeit internationaler Abkommen

1. Der EWG-Vertrag

aa. Die Kartellbehörde darf ein Exportkartell nicht genehmigen, wenn der Vertrag (oder Beschluß) oder die Art seiner Durchführung „die von der Bundesrepublik Deutschland in zwischenstaatlichen Abkommen anerkannten Grundsätze über den Verkehr mit Waren oder gewerblichen Leistungen verletzt" (§ 6 III Ziff. 1 GWB). Es ist daher das rechtliche Verhältnis des deutschen Kartellrechts, insbesondere des Exportkartellrechts, zu den kartellrechtlichen Vorschriften internationalen Charakters zu beurteilen.

Was zunächst in dieser Hinsicht die einschlägigen Bestimmungen des Vertrages über die Gründung der Europäischen Wirtschaftsgemeinschaft angeht (Art. 85, 86), so ist aus den völkerrechtlichen und verfassungsrechtlichen Grundsätzen herzuleiten, daß die genannten internationalen „Wettbewerbsregeln" mit der Ratifizierung des Vertrages durch die einzelnen Mitgliedstaaten ipso iure Bestandteil der beteiligten Rechtsordnungen, mithin auch Bestandteil des deutschen Kartellrechts, geworden sind. Primär gilt internationales, subsidiär nationales Recht. Das Recht der EWG geht demnach dem Recht der Mitgliedstaaten vor, soweit dieses dem internationalen Abkommen widerstreitet.

Nach anderer Auffassung enthalten die genannten Bestimmungen des Vertrages zur Gründung der europäischen Wirtschaftsgemeinschaft nur allgemeine programmatische Sätze, nicht unmittelbar geltendes Recht, das vielmehr erst durch Erlaß von Verordnungen und Richtlinien gemäß Art. 87 zur Entstehung gelangen könne. Sicherlich enthält der Vertrag der EWG kein im einzelnen kodifiziertes Kartellrecht für den gemeinsamen Markt, sondern nur eine der Ergänzung bedürftige Rahmenregelung, aber diese wirkt nicht nur „programmatisch", sondern gilt von vornherein in allen Mitgliedstaaten. Zwar sieht Art. 87 vor, daß die Organe der EWG binnen drei Jahren nach Inkrafttreten dieses Vertrages alle zweckdienlichen Verordnungen oder Richtlinien zur Verwirklichung der in Art. 85 u. 86 niedergelegten Grundsätze erlassen, aber diese Ermächtigung soll nach dem Charakter der Grundregelung nur eine *ergänzende* Rechtssetzung innerhalb einer bestimmten Zeit gewährleisten, damit der Anwendungsbereich der Art. 85 u. 86 noch weiter bestimmt wird. Dieser ist ohnehin, was die Verbotsnorm des Art. 85 I angeht, durch die nachfolgenden besonderen Tatbestände a bis e bereits näher umrissen.

Das Verbot erstreckt sich allgemein auf alle Vereinbarungen, Beschlüsse und aufeinander abgestimmte Verhaltensweisen [4], die geeignet sind, den

[4] Zur Sicherung eines möglichst günstigen Preisniveaus für deutsche Waren im Ausland hatte das Bundeswirtschaftsministerium durch die Runderlasse Außenwirtschaft 28/51

Handel zwischen den beteiligten Staaten zu beeinträchtigen und „eine Verhinderung, Einschränkung oder Verfälschung des Wettbewerbs innerhalb des Gemeinsamen Marktes bezwecken oder bewirken" [5]. Die beispielhaften Tatbestände (Art. 85 I a bis e) beziehen sich auf die Preisfestsetzungen und Konditionen, auf die Beschränkung oder Kontrolle der Produktion, der „technischen Entwicklung", des Absatzes oder der Investitionen, auf die Marktaufteilung, Diskriminierung und Koppelungsgeschäfte.

Diese Exemplifizierung bietet eine ausreichende Handhabe, und zwar als vorläufige Regelung, die bereits jetzt unmittelbar anwendbar ist. Bis zum Inkrafttreten der nach Art. 87 zu erlassenden Vorschriften (jetzt 1. DVO vom 6. 2. 1962, durch die das EWG-Kartellrecht erst weitgehend vollziehbar geworden ist; s. dazu *Fröhler,* Europäisches Kartellrecht, 1962, S. 5, 16 ff.) entscheiden die nationalen Kartellbehörden im Einklang mit Art. 85 und 86 und ihren eigenen Bestimmungen, wie Art. 88 festlegt. Gerade die interimistische Kompetenz der nationalen Kartellbehörden, die in Rede stehenden Grundsätze des EWG-Vertrages zur Anwendung zu bringen, schließt es aus, sie nur als Programmsätze aufzufassen (so mit Recht: *Coing-Kronstein-Schlochauer,* Das Verhältnis des deutschen Kartellrechts zu den

Fortsetzung der Fußnote 4

(vom 20. 9. 1951 — BAnz Nr. 185 vom 25. 9. 1951) und 80/53 (vom 26. 8. 1953 — BAnz Nr. 186 vom 26. 9. 1953) den Ausführer dafür verantwortlich gemacht, daß „im Einklang mit den Weltmarktpreisen der günstigste Preis für die verkaufte Ware erzielt" werde. Der letztgenannte Runderlaß Außenwirtschaft wurde am 1. 12. 1954 durch den Runderlaß Außenwirtschaft (RA) 89/54 (vom 10. 11. 1954 — BAnz Nr. 224 vom 20. 11. 1954) ersetzt. Dieser bestimmt, daß „für die Ware" „im Einklang mit dem Marktpreis des Verbrauchslandes das günstigste Entgelt erzielt werden" muß. Zur Ermittlung dieses „günstigsten Preises" werden für manche Branchen Exportpreisspiegel aufgestellt, und zwar von den Exportausschüssen, die eine Art von Hilfsorgan der Wirtschaftsverwaltung mit der Aufgabe sind, die Exportpreise in ihrer Branche zu beobachten und als Gutachter gegenüber dem Bundeswirtschaftsministerium zu beurteilen. Die Frage, ob das Aufstellen von Exportpreisspiegeln den kartellrechtlichen Verbotsbestimmungen des EWG-Vertrages unterfällt, ist dem Grundsatz nach negativ zu beantworten. Zwar wirken in den Exportausschüssen bei der Aufstellung des Exportpreisspiegels, der kein Hoheitsakt ist, Unternehmer zusammen, aber es fehlt dabei an jeder zivilrechtlichen Verpflichtung, die Preise einzuhalten. „Vereinbarungen zwischen Unternehmen" oder „Beschlüsse von Unternehmensvereinigungen" im Sinne des Art. 85 I EWGV liegen deshalb nicht vor. Ebensowenig kommt der tatsächlichen Einhaltung der Preise des Exportpreisspiegels der Charakter „aufeinander abgestimmter Verhaltensweisen" zu, da das gleichartige Verhalten nicht auf einem Beschluß der Marktteilnehmer, sondern auf dem Runderlaß Außenwirtschaft 89/54 beruht, dessen Ziffer 1 für die Ausfuhr bestimmt: „Für die Ware muß im Einklang mit dem Marktpreis des Verbrauchslandes das günstigste Entgelt erzielt werden". Die gutachtliche Ermittlung des „günstigsten Entgelts" im Sinne dieser Bestimmung durch die Exportausschüsse bewirkt lediglich, daß einer Rechtsvorschrift, nämlich dem RA 89/54, genügt werden kann; sie ist als solche keine verbotene Wettbewerbsbeschränkung, da sie nur Handlungen verhindern hilft, die rechtswidrig sind.

Kartellrechtlichen Vorschriften des Vertrages über die Gründung der Europäischen Wirtschaftsgemeinschaft, Schriften des Instituts für ausländisches und internationales Wirtschaftsrecht, Bd. 7, Frankfurt am Main 1958, S. 19 — „Frankfurter Gutachten" — mit weiteren Nachweisen; s. ferner *Günther*, Die Regelung des Wettbewerbs im EWG-Vertrag, WuW 1957, S. 275; *Steindorff*, BB 1958, 89 ff. Zur Stellungnahme der Regierungssachverständigen der Mitgliedsstaaten s. BB 1959, 93 ff; Stellungnahme der EWG-Kommission: WuW 1959, S. 50, 655 ff; zu den ersten Rechtssetzungsakten der Organe der Europäischen Gemeinschaften s. *Everling*, BB 1959, 52 ff; s. auch *Schilling*, Die Gegenwart Nr. 308/58, S. 186; denselben, FAZ Nr. 52 v. 3. III. 1958; s. ferner *Groeben-Boeckh*, Komm. zum EWG-Vertrag, Vorb. zu Art. 85 ff; BKA, WuW 1959, S. 305 ff. Zur Gegenansicht s. die Aufsätze bei *Baumbach-Hefermehl*, a. a. O., Anh. z. GWB, Vorb. 7; *Spengler*, WuW 1958, S. 461 ff).

Eine weitere Frage ist sodann, ob sich die Art. 85, 86 EWGV vorerst nur auf gewisse Tatbestände von Wettbewerbsbeschränkungen beziehen oder einschränkungslos unmittelbar verbindliche Rechtssätze darstellen. In dieser Hinsicht ist auf die Ausführungen des „Frankfurter Gutachtens" (S. 23 ff) zu verweisen, wonach alle Abmachungen und Maßnahmen mit jenen supranationalen Regelungen für unvereinbar erachtet werden, die die „wirtschaftliche Ausgangslage" — zu beurteilen nach den Zielen des Vertrages — verschlechtern (a. a. O., S. 27). Als Basis dieser Ausgangslage werden die

Fortsetzung der Fußnote 4

Kartellrechtlich bedenklich kann die Aufstellung eines Exportpreisspiegels indes dann werden, wenn die Exportausschüsse hierbei den Rahmen der ihnen vom Bundeswirtschaftsministerium zugewiesenen Aufgaben, insbesondere die Ermittlung des tatsächlich erzielbaren günstigsten Entgelts, in der Richtung auf Einschränkung der freien wirtschaftlichen Betätigung überschreiten. Ein restriktives Zusammenwirken und damit ein Verstoß gegen Art. 85 I EWGV liegt insbesondere vor, wenn die Adressaten des Preisspiegels gegenüber dem Exportausschuß zur Einhaltung der Spiegelpreise verpflichtet werden. Das gleiche gilt auch für bloße Empfehlungen der Exportausschüsse zur Einhaltung der Spiegelpreise, weil insoweit eine unzulässige Umgehung des Verbotes von Absprachen vorliegt. S. zum ganzen *Gleiss*, Exportpreisspiegel, BBAWiD 1955, S. 120 ff; vgl. auch den Vermerk des BKA, betreffend Exportpreisspiegel RA 89/54 und EWG-Vertrag.

[5] Wenngleich Art. 85 I EWGV nur von Beeinträchtigung des „Handels" zwischen den Mitgliedstaaten spricht, so unterfallen dieser Bestimmung auch Dienstleistungsverträge. Das folgt aus der Grundkonzeption des EWGV, der sich in Art. 3 c auch zum Ziele gesetzt hat, die Hindernisse für den Dienstleistungsverkehr zwischen den Mitgliedstaaten zu beseitigen, ferner aus dem Verbot von öffentlichrechtlichen Beschränkungen des Dienstleistungsverkehrs (Art. 62, 90 EWGV). S. „Frankfurter Gutachten" S. 20; *Wohlfarth-Everling-Glaesner-Sprung*, a. a. O., Art. 113 A 1; *Günther*, WuW 1957, S. 279; vgl. auch den Vermerk des BKA zum „Dezemberabkommen der deutschen Bauindustrie über Auslandsbauvorhaben" (1950).

öffentlichrechtlichen Verbote, die der EWG-Vertrag enthält, angesehen, nämlich die Verbote der Einführung neuer Ein- und Ausfuhrzölle, mengenmäßige Beschränkungen, Niederlassungs- und Dienstleistungsbeschränkungen, devisenrechtliche Beschränkungen des Kapitalverkehrs und das grundsätzliche Verbot, verkehrsrechtliche Vorschriften einzuführen (Art. 12, 31, 53, 62, 71, 76 EWGV). Lediglich in diesen Grenzen werden hiernach die Art. 85, 86 als unmittelbar geltendes Recht angesehen. Eine ähnliche „Spaltungstheorie“ vertritt auch *Steindorff* (BB 1958, 89, 933). Hiernach sollen von vornherein verboten („per se“ unzulässig) sein alle diejenigen Wettbewerbsbeschränkungen, die eine mengenmäßige Beschränkung des Importes bewirken oder im Ergebnis auf Ein- bzw. Ausfuhrzölle hinauslaufen, ferner Diskriminierungen nach der Nationalität, z. B. Ausfuhrkartelle, die Angehörige eines Mitgliedstaates anders behandeln als Inländer, sodann die Fälle des „Machtmißbrauches“. Im übrigen sollen die Verbote, die Art. 85, 86 aufstellen, während der Anlaufzeit des Vertrages nur *neue* Maßnahmen erfassen, so daß vor dem Inkrafttreten des Vertrages abgeschlossene Vereinbarungen bis zu ihrem Ablauf gültig bleiben. Von den „per se“-Verboten bleiben diejenigen Vereinbarungen frei, die „sich im wesentlichen auf den Binnenmarkt eines Mitgliedstaates beziehen, auch wenn sie Rückwirkungen auf den zwischenstaatlichen Handel haben können“ *(Steindorff,* BB 1958, 95). Dies soll aber nicht gelten, wenn sie „als Mittel zur Beschränkung des zwischenstaatlichen Handels verwendet werden“. Die deutsche Kartellbehörde darf hiernach Exportkartelle nicht genehmigen, soweit die Ausfuhr in Mitgliedstaaten der EWG in Betracht kommt.

Im Hinblick auf dieses Ergebnis kann es in diesem Gutachten dahingestellt bleiben, ob die Gründe zutreffend sind, die für die „Spaltung“, für die *teilweise* Direktwirkung der Art. 85, 86 im Schrifttum angeführt werden. Wäre diese Anschauungsweise richtig, so würde sich das ganze Vertragswerk in einen sofort und unmittelbar anwendbaren Gesetzesteil einerseits und in einen programmatischen Teil („Zukunfts-Programm“, s. *Spengler,* WuW 1958, S. 464 ff) andrerseits gliedern, wofür allerdings der Text nicht den geringsten positivrechtlichen Anhalt gibt. Es scheint denn auch so, als ob die „Spaltungstheorie“ auf Ablehnung stößt (s. besonders *Baumbach-Hefermehl,* a. a. O., *Spengler,* a. a. O., S. 466: „Da der Vertragstext als solcher — ungeachtet aller sonstigen Auslegungsschwierigkeiten — eindeutig für die Einheits- und gegen die Spaltungstheorie spricht, so muß die Spaltungstheorie letztlich bereits an dem simplen Gebot der Texttreue scheitern ...“, s. auch denselben bei *Müller-Henneberg — Schwartz,* a. a. O., Anh. zu § 101 Nr. 3, A. 7).

Geht man davon aus, daß die deutsche Auffassung überwiegend auf dem Boden der „Einheitstheorie“ steht, so ist damit der Rechtsauffassung anderer Mitgliedstaaten nicht vorgegriffen (s. *Schuhmacher,* WuW 1958,

S. 779). Denkbar ist also, daß sich andere Vertragspartner z. B. auf den Standpunkt stellen, daß alle Wettbewerbsregelungen, auch soweit sie den Gemeinsamen Markt betreffen, als gültig anzusehen sind, solange sie nicht von einer nationalen zuständigen Behörde nach den Gesetzen des Landes beanstandet sind. Ein entsprechendes „Übergangsgesetz“ ist in den Niederlanden ergangen. In der Bundesrepublik fehlt es dagegen an einer solchen „Übergangsregelung“.

Hieraus geht hervor, daß das Verhältnis des nationalen Kartellrechts zu supranationalen einschlägigen Bestimmungen letzten Endes mit absoluter Geltung für alle Beteiligten nicht durch Lehrmeinungen oder Gerichtsurteile innerhalb *eines* oder *mehrerer* Mitgliedstaaten der EWG geklärt werden kann, daß infolgedessen eine Divergenz der Auffassungen besteht; solange nicht der Gerichtshof eine alle Mitgliedstaaten bindende Interpretation vorgenommen hat. Ob aus diesem Dilemma der völkerrechtliche Grundsatz der Gegenseitigkeit, bezogen auf die betreffenden Mitgliedstaaten, herausgeführt, bleibt erwägenswert (*Langen,* a. a. O., § 6 IV; *Erler,* Grundprobleme des internationalen Wirtschaftsrechts, 1956, S. 12 ff).

bb. Die nach Art. 85 I verbotenen Vereinbarungen oder Beschlüsse sind nichtig (Art. 85 II). An diese Rechtsfolge sind auch die Behörden der Mitgliedstaaten gebunden, die gemäß Art. 88 bis zum Inkrafttreten der nach Art. 87 zu erlassenden Vorschriften im Einklang mit den eigenen Bestimmungen und denen der Art. 85, 86 zu entscheiden haben. Dies kann nichts anderes bedeuten, als daß die Entscheidungen der nationalen Behörde sowohl mit den supranationalen Wettbewerbsregeln als auch mit einschlägigen Vorschriften der Mitgliedstaaten vereinbar sein müssen.

Hieraus folgt, daß — auf die deutschen Verhältnisse bezogen — neben Art. 85, 86 das GWB zur Anwendung zu bringen ist, sofern sich die Wettbewerbsbeschränkung im internationalen Handel auch auf den westdeutschen Markt erstreckt. Fällt eine wettbewerbsbeschränkende Handlung nur unter eine Gruppe der genannten Gesetze, wird die Entscheidung von der jeweils zuständigen Behörde getroffen. Der Rechtsschutzbereich ist verschieden; auf der einen Seite ist es der „grenzüberschreitende“ (*Koch,* BB 1959, 244), auf der anderen Seite der innerstaatliche Wirtschaftsverkehr, den das GWB schützt, wohingegen der EWG-Vertrag den Wettbewerb im zwischenstaatlichen Wirtschaftsverkehr gewährleisten soll. Die Unterschiedlichkeit ist — gerade für die Ausfuhrregelung — näher von *Koch* (a. a. O.) dargelegt: „Es zeigt sich also, daß die beiden Schutzbereiche nicht identisch sind. Weder ist der eine ein Teil des anderen noch überlagert ein Teil den anderen. Dabei darf die Tatsache, daß beispielsweise der Exporteur am inner- wie am zwischenstaatlichen Wirtschaftsverkehr teilnimmt, nicht einmal zur Annahme einer Teilidentität verleiten. Die Brücke zwischen den beiden Bereichen besteht nur in der Person des Exporteurs; eine Art ‚Personalunion'. Aber es ist etwas Verschiedenes, ob er als Abnehmer im innerstaatlichen Wirtschaftsprozeß steht oder als Lieferant im Außenhandel ... Erfüllt ein konkreter Sachverhalt die Tatbestandsvoraussetzungen zweier korrespondierender Normen, so finden sie mithin beide Anwendung." Infolgedessen können auch die Rechtsfolgen, die sich hier und da ergeben, verschieden sein. Es kann z. B. einerseits die Rechtsfolge der Nichtigkeit gemäß Art. 85, 86 gegeben sein, wovon in diesem Abschnitt ausgegangen war, andrerseits nach dem GWB vorgesehen sein, daß die Vereinbarung genehmigt wird. Wird die Erlaubnis nach dem GWB erteilt, so bezieht sie sich nur auf das Inland (§ 98 II GWB). Darüber hinaus kann die Kartellbehörde unter bestimmten Voraussetzungen Art. 85 I EWGV für nicht anwendbar erklären und dadurch bestimmte Abreden von dem grundsätzlichen Verbot ausnehmen oder eine Mißbrauchsregelung vorsehen (s. *Wohlfarth-Everling-Glaesner-Sprung,* Die Europäische Wirtschaftsgemeinschaft, Kommentar, 1960, Art. 85 A. 15). Art. 85 III stellt für diese Ausnahmen folgende Voraussetzungen auf:

(a) Die Maßnahme muß der Verbesserung der Warenerzeugung oder -verteilung oder der Förderung des Fortschritts auf technischem oder wirtschaftlichem Gebiet dienen und dem Verbraucher eine angemessene Gewinnbeteiligung gewähren,

(b) und darf das zur Erreichung des angestrebten Zieles nötige Maß an Beschränkungen des Wettbewerbs nicht überschreiten, auch den Wettbewerb für einen wesentlichen Teil der Waren nicht ausschalten (s. hierzu Beschluß des Bundeskartellamtes vom 19. II. 1959, WuW 1959, S. 305).

Die auf Art. 88, 85 III gegründete Genehmigung der Kartellbehörde verleiht dem Vertrag auch Wirksamkeit nach dem EWG-Vertrag. Auffällig ist hieran, daß die nationale Kartellbehörde gewissermaßen auf der Grundlage supranationalen Rechts ihre Entscheidung trifft (s. hierzu neuerdings *Würdinger,* WuW 1960, S. 323).

Auf das Exportkartellrecht bezogen ist aus dem Vorstehenden herzuleiten, daß ein nach § 6 I GWB angemeldetes Kartell von der Behörde nach Art. 85 III EWGV zugelassen werden kann, sofern die Voraussetzungen dieser Ausnahmevorschrift erfüllt sind (s. zu diesem Beispiel *Koch,* a. a. O.). Die Kartellbehörde könnte sogar später das Exportkartell im Wege der Mißbrauchsaufsicht gemäß §§ 12 II Ziffer 3, 6 I GWB für unwirksam erklären, wiewohl ursprünglich die Erlaubnis gemäß § 85 III EWGV erteilt ist.

cc. Die Erörterung des Verhältnisses der Grundsätze der Art. 85 ff EWGV zu den Bestimmungen des GWB wird dadurch erleichtert, daß für den Bereich der Exportkartelle in § 6 III Ziffer 1 GWB eine einschlägige Sonderregelung getroffen ist, wonach die Kartellbehörde eine Erlaubnis nach § 6 II nicht erteilen darf, wenn der Vertrag oder Beschluß oder die Art seiner

Durchführung diejenigen Grundsätze über den Verkehr mit Waren oder gewerblichen Leistungen verletzt, die die Bundesrepublik Deutschland in zwischenstaatlichen Abkommen (in Betracht kommt in erster Linie der EWG-Vertrag) anerkannt hat. Die Kartellbehörde hat demnach im Verfahren betreffend die Erteilung einer Erlaubnis nach § 6 II GWB zu prüfen, ob der Vertrag mit den internationalen Abkommen vereinbar ist. Vorausgesetzt ist demnach, daß es sich um eine Wettbewerbsbeschränkung handelt, die eine sog. „Inlandsbindung" umschließt, denn in § 6 III GWB ist nur auf Abs. 2 dieser Bestimmung Bezug genommen.

In diesem Falle ist zu prüfen, ob die Vereinbarungen geeignet sind, den Handel zwischen den Mitgliedstaaten zu beeinträchtigen und eine „Verhinderung, Einschränkung oder Verfälschung des Wettbewerbs innerhalb des Gemeinsamen Marktes bezwecken oder bewirken" (Art. 85 I EWGV). Das Frankfurter Gutachten geht davon aus, daß die Kartellbehörde die Erlaubnis nicht erteilen dürfe, wenn „durch die Vereinbarung auch der zwischenstaatliche Handel innerhalb der Europäischen Wirtschaftsgemeinschaft geregelt werden soll". Entscheidend ist aber im Einzelfall die Art und Weise der Regelung. Das genannte Gutachten neigt allerdings dahin, anzunehmen, daß eine „solche Regelung schwerlich ohne eine zusätzliche, über die bestehenden Beschränkungen hinausgehende Beeinträchtigung des zwischenstaatlichen Handels innerhalb der Gemeinschaft denkbar ist" (S. 34 ff). Hieraus wird gefolgert, daß ein Exportkartell — soweit es die Ausfuhr in Mitgliedstaaten der EWG regelt — im Anwendungsbereich des § 6 II GWB grundsätzlich „unzulässig und nicht genehmigungsfähig" sei.

Diese Auffassung führt dahin, daß sich eine sachliche Prüfung der Tatbestandsmerkmale des Art. 85 EWGV im Einzelfall des Exportkartells geradezu erübrigt, weil von vornherein von seiner Unzulässigkeit ausgegangen wird. Es bedarf jedoch einer konkreten Feststellung, in welcher Weise, auf Grund welcher Umstände und Wirkungen der Handel zwischen den Mitgliedstaaten beeinträchtigt ist. Insbesondere ist die Auswirkung des Exportkartells auf die Außenseiter und die Vertragspartner der „Marktgegenseite" zu prüfen, ferner sind die Interessen der Mitgliedstaaten als solcher am freien Wettbewerb in Betracht zu ziehen (so mit Recht *Baumbach-Hefermehl,* GWB, Anh. Art. 85 EWGV Anm. 13).

Die bisher vorliegende Erörterung hat sich nur mit Exportkartellen gemäß § 6 II GWB befaßt, weil die Verweisung in § 6 III Ziffer 1 sich auf diese Norm beschränkt. Zu untersuchen ist noch, wie Exportkartelle, die lediglich unter § 6 I GWB fallen, in diesem Zusammenhang zu behandeln sind. Legt man die oben gewonnenen Ergebnisse zugrunde, wonach die „reinen" Exportkartelle in die Aufsicht des Bundeskartellamtes einbezogen sind, weil Rückwirkungen der Wettbewerbsbeschränkungen auf die inländische Wirtschaft ausgeschaltet werden sollen, so kommt jetzt als weiterer

Gesichtspunkt und tragender Grund hinzu, daß auch ein solches Kartell (§ 6 I) internationalen Abkommen widerstreiten kann *(Würdinger,* WuW 1960, S. 317). Es wird deshalb mit Recht angenommen, daß die Kartellbehörde bei der Ausübung der Mißbrauchsaufsicht (§ 12 GWB) darüber zu wachen hat, ob die Vereinbarungen, die in dem „reinen" Ausfuhrkartell getroffen sind, mit Art. 85 ff EWGV im Einklang stehen (Frankfurter Gutachten S. 34). Dagegen läßt sich nicht ohne weiteres der Satz aufstellen, daß Exportkartelle, die § 6 I GWB unterliegen, „generell unzulässig" sind. Insoweit gilt das oben Vorgetragene.

dd. In der Anlaufzeit zwischen dem Inkrafttreten des Vertrages (1. 1. 1958) und den nach Art. 87 EWGV zu erlassenden Vorschriften werden die in Betracht kommenden Entscheidungen von den Behörden der Mitgliedstaaten getroffen, und zwar, wie bereits dargelegt, im Einklang mit „ihren eigenen Vorschriften" und den zitierten Bestimmungen des EWGV (Art. 88). In dem Falle, daß Preisbindungen zweiter Hand für den Markt eines Mitgliedstaates vereinbart werden, trifft § 15 GWB deswegen nicht zu, weil sich der Vertrag nicht auf Märkte innerhalb des Geltungsbereiches des GWB bezieht. Das GWB bildet daher in dem räumlichen Rahmen, der durch den EWG-Vertrag abgegrenzt wird, insoweit keine Rechtsgrundlage für die Kartellbehörde. Andrerseits fehlt in §§ 15 ff GWB ein Vorbehalt zugunsten der in internationalen Abkommen enthaltenen Grundsätze, wie er in § 6 III GWB aufgenommen ist. Das Frankfurter Gutachten hält einen solchen Vorbehalt nicht für erforderlich, da diese Verträge ohnehin nach § 15 GWB nichtig seien. Nicht berücksichtigt ist hierbei, daß § 16 GWB eine Ausnahmeregelung für vertikale Preisbindungen bei Markenwaren und Verlagserzeugnissen trifft.

Es geht hierbei nicht darum, daß derartige Verträge nach deutschem Recht ohnehin nichtig sind, sondern ihm von vornherein nicht unterliegen. Damit scheidet in dem umrissenen Anwendungsbereich auch die Bestimmung des § 16 GWB, die eine Ausnahme von der Nichtigkeitsfolge des § 15 GWB bedeutet, aus. Die Kartellbehörde hat demzufolge nur zu prüfen, ob die Vereinbarungen mit den Bestimmungen des Art. 85 EWGV vereinbar sind. Demnach kommt es darauf an, ob die Preisbindung den zwischenstaatlichen Handel in der geschilderten Weise beeinträchtigt. Dies ist nicht der Fall, wenn zwar eine Preisbindung auf dem Außenmarkt festgelegt ist, der inländische Ausfuhrhändler aber insoweit ungebunden ist *(Baumbach-Hefermehl,* GWB, § 15 A. 2; s. zum Ganzen auch *Günther,* WuW 1957, S. 287; *Würdinger,* WuW 1960, S. 323; *Schwartz,* Der Markenartikel 1959, S. 317 ff).

Ebensowenig ist Art. 85 EWGV anwendbar, wenn die Preisbindung auf das Inland beschränkt ist, wenn also das bindende Unternehmen nur die Abnehmer verpflichtet, bestimmte Wiederverkaufspreise im inländischen

Absatz einzuhalten, der Abnehmer jedoch in der Preisgestaltung auf dem Außenmarkt frei ist (s. hierzu OLG Düsseldorf, WuW 1959, S. 298 ff). Hinzuzufügen ist allerdings, daß dieser Tatbestand entgegen dem obigen Ausgangspunkt unter § 15 GWB fällt. Es läßt sich hiernach (mit *Schwartz*, a.a.O., S. 328) der Satz aufstellen, daß vertikale Preisbindungen im Einklang mit Art. 85 EWGV stehen, wenn ihr Wirkungsbereich auf ausländische Käufer „für deren Absatz im eigenen Lande" oder überhaupt von vornherein auf den Bereich des Inlandes beschränkt ist.

Wenn ein inländischer Exporteur bei der Ausfuhr in den EWG-Raum vertraglich gebunden wird, bestimmte Preise bzw. Konditionen einzuhalten, so ist unter Umständen der Tatbestand erfüllt, daß der zwischenstaatliche Handel beeinträchtigt wird. Dies hängt u. a. von der Höhe des Wiederverkaufspreises ab, der durch die Preisbindung festgelegt ist. Übersteigt er den Konkurrenzpreis für gleichartige Ware, ist die Wettbewerbsbeschränkung gravierender als im umgekehrten Falle (s. *Schwartz*, a.a.O., S. 323).[6]

Im übrigen ist es erfahrungsgemäß selten, daß der Hersteller den inländischen Abnehmer dergestalt verpflichtet, daß er im Export in ein anderes EWG-Land an bestimmte Preise gebunden ist (s. *Alewell*, Der Markenartikel 1958, S. 306 ff). Gegebenenfalls kann die nationale Kartellbehörde eine Ausnahmegenehmigung nach Art. 85 III EWGV erteilen.

Auch in Ansehung vertikaler Preisbindungen von Markenwaren und Verlagserzeugnissen ist jeweils zu prüfen, ob sie unter Art. 85 I EWGV fallen. Insoweit ist die Exemtion in § 16 GWB bedeutungslos. Problema-

[6] In diesem Zusammenhang ist auch die Bestimmung des Art. 91 EWGV zu erwähnen, die die Abwehr von Dumping-Praktiken im Gemeinsamen Markt betrifft. Eine empfindliche Störung des Handelsverkehrs zwischen zwei Mitgliedstaaten innerhalb des Gemeinsamen Marktes kann sich auch durch eine die Industrie im Verbrauchsland schädigende Ausfuhr von Waren zu einem niedrigeren Preis als dem Inlandspreis ergeben. Im Allgemeinen Zoll- und Handelsabkommen (GATT) vom 30. 10. 1947 wurden dem betroffenen Staat gegen den dumpenden Staat Gegenmaßnahmen in der Weise gestattet, daß er zur Abwehr von Dumping Antidumpingzölle oder, soweit das Dumping auf einer Subvention beruhte, Ausgleichszölle erheben kann (Art. VI GATT). Soweit indes ein Dumping innerhalb des Gemeinsamen Marktes in Betracht kommt, sind nicht die im GATT, sondern die im EWG-Vertrag (Art. 91) vorgesehenen Abwehrmaßnahmen anzuwenden. Es ist daher vorweg zu klären, was unter „Dumping" im Sinne des Abs. 1 dieser Bestimmung zu verstehen ist, weil der EWG-Vertrag eine eigene Begriffsbestimmung nicht enthält. Unbestritten ist jedoch, daß der im GATT definierte Begriff des Dumping auch für den Bereich des EWGV gilt, weil sämtliche Partner dieses Vertrages auch dem GATT angehören. Nach Art. VI Abs. 1 GATT liegt ein Dumping bei der Einfuhr von Erzeugnissen eines Landes auf den Markt eines anderen Landes zu einem geringeren Preis als ihrem normalen Wert vor. Unter dem „normalen Wert" ist ein Erzeugnis dann auf den Markt des Einfuhrlandes gebracht, wenn der Preis dieses Erzeugnisses

„a) niedriger ist als der vergleichbare Preis, der im normalen Handelsverkehr für ein tisch ist hierbei die sogenannte Lückenlosigkeit des Preisbindungssystems, die nach der deutschen Rechtsprechung gefordert wird (s. hierzu *Baumbach-Hefermehl*, a.a.O., § 16 A, 8), da sie von EWG-Land zu EWG-Land verschiedener Beurteilung unterliegt. Hieraufkann indes im Rahmen des Gutachtens nicht näher eingegangen werden. Es müßte dargelegt werden, ob sich überhaupt eine Lückenlosigkeit durch eine supranationale Bindung der Wiederverkaufspreise erreichen läßt.

Fortsetzung der Fußnote 6

gleichartiges Erzeugnis gefordert wird, das zu dem Verbrauch in dem exportierenden Lande bestimmt ist, oder

b) beim Fehlen eines solchen Preises auf dem ausländischen Markt des letztgenannten Landes, wenn der Preis des ausgeführten Erzeugnisses
   i) niedriger ist als der höchste vergleichbare Preis für die Ausfuhr eines ähnlichen Erzeugnisses nach einem dritten Land im normalen Handelsverkehr oder
   ii) niedriger ist als die Gestehungskosten dieses Erzeugnisses im Ursprungslande, zuzüglich eines angemessenen Aufschlags für die Kosten im Zusammenhang mit dem Verkauf und dem Gewinn.

In jedem Falle sollen die Unterschiede in den Verkaufsbedingungen, in der Besteuerung und andere Unterschiede, die die Vergleichsbarkeit der Preise beeinflussen, entsprechend berücksichtigt werden."

Indes ist nicht jede Einfuhr „unter dem normalen Wert" in vorgenanntem Sinne als Dumping anzusehen, sondern nur wenn das Dumping

„einer bei einem Vertragspartner bestehenden Produktion erheblichen Schaden verursacht oder zu verursachen droht oder wenn es die Schaffung einer inländischen Produktion empfindlich verzögert."

Die rechtliche Behandlung des Dumping in diesem Sinne ist jedoch während der Übergangszeit eine andere als für die Endzeit des EWGV.

In der Übergangszeit wird die Kommission nur auf Antrag eines Mitgliedstaates oder eines anderen Beteiligten, d. h. einer sachlich betroffenen natürlichen Person oder Gesellschaft, tätig. Die Kommission fordert sodann, stellt sie Dumping-Praktiken fest, den oder die Urheber — den Mitgliedstaat oder das Unternehmen — zur Abstellung jener Praktiken auf. Ist die Empfehlung der Kommission erfolglos geblieben, so ist eine Selbsthilfe des geschädigten Partners erst zulässig, wenn er durch die Kommission zur Ergreifung von Schutzmaßnahmen, deren Bedingungen und Einzelheiten die Kommission festlegt, ermächtigt worden ist (Art. 91 I, S. 2 EWGV).

Für die Endzeit hingegen sieht der EWGV als Abwehrmaßnahme gegen ein internes Dumping die Rückführung von Waren in das Hersteller-Partnerland vor, wo sie ohne Zölle, mengenmäßige Beschränkung oder Maßnahmen gleicher Wirkung wieder eingeführt werden können (Art. 91 II EWGV).

S. zum Dumping im Bereich des GATT und des EWGV insbesondere *Imhoff*, GATT, Kommentar, 1952, Bem. zu Art. VI; Jaenicke, Das Allgemeine Zoll- und Handelsabkommen, ArchVÖR 1958/59, S. 371 ff, insbes. S. 386; *Wohlfarth-Everling-Glaesner-Sprung*, a. a. O., Vorb. 1 und 2 vor Art. 91 und Bem. zu Art. 91; *Wockenfoth*, Antidumping-Gesetzgebung in der Europäischen Wirtschaftsgemeinschaft, BBAWiD 1959, 77 ff. Zur internationalen Diskussion um die zweifelhafte Frage, ob unter das GATT Kartelle fallen, s. *Dörinkel* bei *Müller-Henneberg-Schwartz*, a. a. O., § 12 A. 7; *Günther*, WuW 1955, S. 101 ff; vgl. auch WuW 1955, S. 188; 156, S. 530 ff.

Ferner ist in diesem Zusammenhang zu untersuchen, ob es zulässig ist, vertikale Preisbindungen durch Rückimport- und Exportverbote zu sichern. Der Produzent erlegt im ersten Fall seinen ausländischen Abnehmern das Verbot auf, die betreffenden Waren aus dem Ausland in das Ursprungsland zu niedrigeren Preisen zurückzuführen. Ein solches Rückimportverbot ist mit dem EWGV unvereinbar (LG Frankfurt/Main v. 13. 12. 1959, zitiert nach *Schwartz*, a.a.O.). Erlegt umgekehrt der Hersteller seinen inländischen Abnehmern ein Ausfuhrverbot auf, damit eine von ihm im Ausland in die Wege geleitete Preisbindung gesichert wird, so kommt die Anwendung des Art. 85 EWGV mit der Befreiungsmöglichkeit nach Abs. III in Frage.

Erteilt das Kartellamt eine Ausnahmegenehmigung nach Art. 85 III EWGV, entfällt die Anmeldung nach § 16 IV GWB, da diese Vorschrift nicht zum Zuge gelangt.

ee. Um die in einer Übergangszeit unvermeidliche Unsicherheit, ob ein bestimmter Vertrag vom Verbot des Art. 85 I EWGV berührt wird oder nicht, auszuräumen, sieht Art. 2 der 1. Durchführungsverordnung zu den Artikeln 85 und 86 des EWG-Vertrages vom 6. 2. 1962 (abgedruckt bei *Fröhler*, Europäisches Kartellrecht, 1962, S. 124 ff) ein Negativattest vor. Danach kann die Kommission auf Antrag der beteiligten Unternehmen feststellen, daß nach den ihr bekannten Tatsachen für sie kein Anlaß besteht, gegen eine Vereinbarung auf Grund von Art. 85 I oder Art. 86 EWGV einzuschreiten. Ob dieser Erklärung auch eine zivilrechtliche Wirkung zukommt, ist streitig. *Schlieder* (BB 1962, S. 305) verneint sowohl eine Bindung der Gerichte als auch der Verwaltungsbehörden, während *Gleiß-Hirsch* (Außenwirtschaftsdienst des BB 1962 S. 121) zutreffend darauf hinweisen, daß durch ein Negativattest jedenfalls die nationalen Behörden an einem Einschreiten gehindert sind.

Die 1. DVO regelt nunmehr auch die Zuständigkeit für den Vollzug der Wettbewerbsregeln. Nach Art. 9 ist die Kommission für die Feststellung auf Grund Art. 85 III EWGV ausschließlich zuständig. Auch für die Altkartelle, für die bisher nach Art. 88 EWGV die nationalen Kartellbehörden zuständig waren, ist nunmehr die Kommission zuständig.

2. Die Europäische Gemeinschaft für Kohle und Stahl (Montanunion)

aa. Sedes materiae ist Art. 65 § 1 des Vertrages über die Gründung der Europäischen Gemeinschaft für Kohle und Stahl v. 18. 4. 1951 (MUV), wonach alle Vereinbarungen zwischen Unternehmen, alle Beschlüsse von Verbänden sowie alle verabredeten Praktiken verboten sind, die „darauf abzielen würden", daß der Wettbewerb auf dem gemeinsamen Markt verhindert, eingeschränkt oder verfälscht wird. Als Beispiele hierfür sind an-

geführt: die Festsetzung oder Bestimmung von Preisen, die Einschränkung oder Kontrolle der Erzeugung, der technischen Entwicklung oder Investitionen, ferner die Aufteilung der Märkte, Erzeugnisse, Abnehmer oder Versorgungsquellen. Verträge und Beschlüsse, die gegen das Verbot des Art. 65 § 1 verstoßen, sind gemäß Art. 65 § 4 Abs. 1 nichtig. Ausschließlich zuständig für die Entscheidung über die Nichtigkeit ist die Hohe Behörde (Art. 65 § 4 Abs. 2). Diese kann bei Zuwiderhandlungen gegen das Verbot des Art. 65 § 1 Geldbußen und Zwangsgelder gegen die beteiligten Unternehmen festsetzen (Art. 65 § 5). Der Hohen Behörde ist das Recht vorbehalten, Ausnahmegenehmigungen im Einzelfall zu erteilen, sofern die Voraussetzungen des Art. 65 § 2 MUV erfüllt sind. Diese Regelung hat den kartellrechtlichen Vorschriften des EWGV zum Vorbild gedient, mögen auch im einzelnen Abweichungen bestehen.
cc) Soweit der Montanunionvertrag besondere Vorschriften enthält, findet das GWB keine Anwendung (§ 101 Ziffer 3 GWB). Hieraus folgt für die Problematik der Abgrenzung zwischen nationaler und supranationaler Zuständigkeit der allgemeine Grundsatz, daß das nationale Recht durch Art. 65 MUV nur insoweit verdrängt wird, als es den gleichen Zwecken — nämlich Beseitigungen der Wettbewerbsbeschränkungen —, die mit jener Bestimmung des MUV verfolgt werden, dient (s. *Krawielicki,* Das Monopolverbot im Schumanplan, 1952, S. 46 f). Demgemäß kann ein nach Art. 65 § 1 MUV verbotener Tatbestand nicht nach dem GWB erlaubt sein. Exportkartelle, die die Ausfuhr von Kohle- und Stahlerzeugnissen in die Länder des gemeinsamen Marktes zum Gegenstand haben, fallen unter Art. 65 MUV, können infolgedessen auf dem Wege des § 6 I oder II GWB keine Wirksamkeit erlangen. Ohne Belang bleibt hierbei, ob solche Kartelle mit Wettbewerbsbeschränkungen im Inland verbunden sind oder nicht. Die Bestimmungen des § 6 GWB scheiden insoweit aus (*Jessen,* BBAWiD 1960, S. 138; *v. Simson* bei *Müller-Henneberg-Schwartz,* a. a. O., § 101 Nr. 3 A. 44). Umgekehrt kann das GWB keinen Tatbestand verbieten, der nach dem MUV erlaubt oder genehmigungsfähig (Art. 65 § 2 MUV) ist.

Hinsichtlich der Tatbestände, die durch die Verhaltensvorschriften und die Genehmigungspflichten des MUV nicht erfaßt sind, wohingegen gewisse Bestimmungen des GWB auf sie anwendbar sein könnten, erhebt sich, sofern Unternehmen des Montanbereiches in Rede stehen, die Frage, ob das GWB zur Anwendung kommen kann. Vom exportkartellrechtlichen Standpunkt aus betrachtet ist diese Frage von Bedeutung für solche Exportkartelle, die sich auf die Wettbewerbsverhältnisse innerhalb des gemeinsamen Marktes nicht auswirken. Sie unterfallen grundsätzlich nicht dem Verbot des Art. 65 MUV (s. *v. Simson,* a.a.O., § 101 Nr. 3 A. 27; *Kleps,* Kartellpolitik und Energiewirtschaft in der Montanunion, 1961, S 41; *Isay,* WuW 1953, S. 577 ff; s. ferner Hohe Behörde, Vierter Gesamtbericht über die Tätigkeit der Gemeinschaft, Luxemburg 1956, S. 150, in Ansehung der Ruhrkohlen-Exportgesellschaft).

Bei der Beantwortung der gestellten Frage ist zu unterscheiden, ob der MUV einen solchen Tatbestand deshalb nicht regelte, weil dieser als unerheblich im Sinne der Aufgabenstellung der Gemeinschaft anzusehen ist, oder ob die Freistellung von den Bestimmungen des MUV deshalb erfolgt ist, weil sie für die Erreichung der Ziele des MUV als notwendig oder wünschenswert zu erachten ist. Im ersten Fall kommen einschlägige Bestimmungen des GWB zur Anwendung, im zweiten hingegen nicht (*v. Simson*, a.a.O., § 101 Nr. 3 A. 44; *Kleps*, a.a.O., S. 47; abweichend *Krawielicki*, a.a.O., S. 48 f, der beide Fälle in dem Sinne gleichbehandelt, daß er ein Eingreifen nationaler Regeln ablehnt, weil „auch in dem Fehlen von Bestimmungen" — des MUV — „eine materielle Regelung zum Ausdruck kommen" könne).

Exportkartelle, die sich auf die Wettbewerbsverhältnisse innerhalb des gemeinsamen Marktes nicht auswirken, sind als unerheblich im Sinne der Aufgabenstellung des gemeinsamen Marktes anzusehen mit der Folge, daß auf sie die einschlägigen Bestimmungen des GWB uneingeschränkt zur Anwendung kommen (*v. Simson*, a.a.O., § 101 Nr. 3 A. 44; *Kleps*, a.a.O., S. 47, N. 130).

Das gleiche, nämlich vorbehaltlose Anwendbarkeit des nationalen Rechts, gilt auch für Exportkartelle nach Ländern außerhalb der Montanunion. Die Auffassung, daß derartige Kartelle ausschließlich dem Recht des MUV unterliegen, die nationale Zuständigkeit auch in diesem Falle durch Art. 65 MUV ausgeschlossen werde (so *Jessen*, BBAWiD 1960, S. 139), vermag nicht zu überzeugen. Insbesondere ist nicht maßgebend, ob in sonstiger Hinsicht die Montanunion nicht nur für Erzeugung und Handel innerhalb der Vertragsstaaten, sondern auch für die wirtschaftlichen Beziehungen mit nicht zur Union gehörigen Ländern zuständig ist (Art. 3 a—f, 74, 61 I c MUV).

Von Ausfuhr kann in diesem Rahmen nur gesprochen werden, als es um den Handel innerhalb des gemeinsamen Marktes geht. Schlechthin jegliche Ausfuhr eines Mitgliedstaates in irgendein Land unter die Verbotsnorm zu stellen, erweitert den Begriff des Handels innerhalb des gemeinsamen Marktes in unzulässiger Weise.

Alle Entscheidungen der Organe der Montanunion ergehen mit unmittelbarer Wirkung gegenüber den Mitgliedstaaten *oder* den Unternehmen (vgl. *Wohlfarth-Everling-Glaesner-Sprung*, a.a.O., Einl. 2). Die Entscheidungen gründen sich auf die Prinzipien der Kartellpolitik der Montanunion, die im einzelnen nicht darzulegen sind (s. Handb. d. Montanunion, B 71 S. 37 ff). Die Hohe Behörde hat das Kartellverbot (Art. 65 MUV) zum 31. August 1953 in Kraft gesetzt. Der Gerichtshof hat indessen entschieden, daß das Kartellverbot des Art. 65 § 1 MUV erst mit dem Beginn des gemeinsamen Marktes (10. II. 1959) wirksam wurde (s. *Deringer,* Europäische Wirtschaft 1960, S. 44). Auf Anträge, die auf Genehmigung neuer Kartelle gerichtet sind, erlangt das Verbot erst dadurch Wirkung, daß eine ablehnende Entscheidung der Hohen Behörde ergeht.

Es fragt sich in diesem auf die Union bezogenen Zusammenhang, ob die Normen des EWG-Vertrages ebenfalls unmittelbar für jedes Unternehmen der Mitgliedstaaten gelten. Die andere Alternative ist, daß die Normen des Vertrages nur eine Ermächtigung an die Behörden enthalten. Ob unmittelbare Wirkung in diesem Sinne oder nur eine Ermächtigung anzunehmen ist, bleibt bis zur Klärung durch den Gerichtshof noch unsicher. Sinn und Zweck des Vertrages sprechen für Direktwirkung (so auch *Deringer,* a.a. O.). Anzumerken ist, daß die Entscheidungen der nationalen Kartellbehörde, die auf Grund der Ermächtigung in Art. 88 EWGV getroffen werden, für den ganzen Bereich des Gemeinsamen Marktes gelten (*Deringer,* a.a.O., S. 45). Allerdings legt dies eine Abstimmung mit den Behörden der betroffenen Mitgliedstaaten und der Kommission nahe. Zur Zeit können die Wettbewerbsbedingungen im gemeinsamen Markt noch nicht in allen Mitgliedstaaten durch Behörden durchgesetzt werden, weil in drei Ländern (Belgien, Italien, Luxemburg) noch keine nationalen Kartellgesetze erlassen sind.

In den genannten Staaten stößt ein Exportkartell, das sich auf das Wirtschaftsgebiet der EWG erstreckt, sicherlich nicht auf die Schranken, wie ein gleiches Kartell, das deutsche Unternehmen gründen. Wie *Nolte* (Europäische Wirtschaft 1960, S. 95) mit Recht bemerkt hat, ist diese Situation — zur Zeit noch — den beteiligten deutschen Unternehmen im Wettbewerb nachteilig.

Stand: 1961/62

Die Exportkartelle in Deutschland seit 1880

Untersuchung des Instituts für Exportforschung

Bearbeiter: Dipl.-Kfm. Dr. Hans Knoblich

Übersicht

Vorbemerkung

Im April 1959 erteilte das Bundeskartellamt, Berlin, dem Institut für Exportforschung den Auftrag zur vorliegenden Untersuchung *„Die Exportkartelle in Deutschland seit 1880 bis in die Gegenwart"*. Es soll sich hierbei um eine Zusammenstellung der bekannten deutschen Exportkartelle handeln. In einer abschließenden Zusammenfassung sollen gemeinsame Merkmale und Wirkungen der einzelnen Kartelle systematisch dargestellt werden".

Die Bearbeitung dieses Themas erforderte ein sehr umfangreiches und zeitraubendes Quellenstudium. Neben den Standardwerken der Kartell-Literatur, Sammelwerken (wie den verschiedenen Kartell-Enquêten), den vollständigen Bänden der Zeitschrift „Kartell-Rundschau" und anderen periodischen Veröffentlichungen wurde eine Reihe von Dissertationen und Monographien, die sich mit dem Kartellwesen in den einzelnen Industriezweigen beschäftigen, durchgesehen. Auch die wichtigsten Werke der absatzwirtschaftlichen Literatur fanden Berücksichtigung. (Die Literaturauswertung beschränkte sich auf deutsche Veröffentlichungen; auf einige einschlägige angelsächsische Werke wird nur am Rande hingewiesen.)

Ferner wurden sämtliche Fachverbände der Bundesrepublik schriftlich nach früher oder gegenwärtig in ihrem Geschäftsbereich bestehenden Exportkartellen befragt. In manchen Fällen konnten die Ergebnisse durch mündliche Unterredung mit den zuständigen Herren erweitert und vertieft werden. Leider ist ein nicht unerheblicher Teil der Verbände auf unsere Bitte nicht eingegangen.

Es zeigte sich, daß sowohl konkrete Hinweise auf bestehende Exportkartelle als auch eine generelle Erörterung dieser absatzwirtschaftlichen Institution in der Literatur nur sehr spärlich zu finden sind. Auch die Bereitwilligkeit, Auskünfte zu geben, ließ in vielen Fällen zu wünschen übrig.

Immerhin konnten über 150 reine Exportkartelle erfaßt und, nach Wirtschaftszweigen geordnet, tabellarisch zusammengefaßt werden. Für eine Funktionenanalyse und für den Versuch einer (vorläufigen) Typenbildung der Exportkartelle stand ausführlicheres Material von 26 Exportkartellen zur Verfügung.

Allen Stellen, die Unterlagen für den vorliegenden Bericht beigesteuert und mündliche oder schriftliche Aufschlüsse gegeben haben, sei in diesem Zusammenhang für ihr Entgegenkommen gedankt.

*I. Die Exportkartelle in der wirtschaftswissenschaftlichen Literatur**

Die Annahme, daß auch die Exportkartelle entsprechend der allgemeinen Kartellentwicklung gegen Ende des 19. Jahrhunderts eine rasche Ausbreitung gefunden haben, liegt an sich nahe. Tatsächlich scheint dies jedoch nicht der Fall gewesen zu sein. Jedenfalls finden sich in der einschlägigen Literatur Hinweise allgemeiner Art oder über einzelne Exportkartelle nur ausnahmsweise. Wir können hiernach unterstellen, daß reine Exportkartelle, wenigstens in ausgeprägteren Formen, kaum vor 1900 ins Leben gerufen wurden.

Damit soll jedoch nicht gesagt sein, daß der Export nicht auch schon in diesen frühen Jahren kartelliert war. Meistens umfaßten die älteren Kartelle sowohl Inlands- als auch Auslandsabsatz. Zahlreiche Hinweise auf die Exportpolitik der Kartelle (etwa auf die Gewährung von Ausfuhrrückvergütungen, auf verbandliche oder staatliche Exportförderungsmaßnahmen, auf die Problematik der Dumpingpreise u. a.) bestätigen das. Anzumerken ist noch, daß konkrete Angaben über *ausländische* Exportkartelle in alten Veröffentlichungen (Kartellrundschau) wesentlich häufiger anzutreffen sind.

Im Literaturverzeichnis sind sämtliche von uns durchgesehenen Schriften zusammengestellt, auch wenn sie keine Hinweise auf Exportkartelle enthielten. Ihr Vergleich mit den im Text zitierten Werken kann einen Eindruck vermitteln, wie gering die tatsächliche „Ausbeute" an Literaturangaben über Exportkartelle war.

In diesem Zusammenhang soll auch gleich erwähnt werden, daß sowohl im Handwörterbuch der Betriebswirtschaft[13] als auch im Handwörterbuch

* Im Institutsbericht werden diesen Ausführungen begriffliche Darlegungen über „Kartell" und „Exportkartell" vorausgeschickt, deren Veröffentlichung an dieser Stelle nicht erforderlich erscheint. — *Damit entfallen die Fußnoten 1—12.*

(D. Hrsg.)

[13] Vgl. Handwörterbuch der Betriebswirtschaft, hrsg. von H. Nicklisch, 2. Auflage, Stuttgart 1939, 2. Band, Sp. 529 ff. („Kartelle" von H. Nicklisch) bzw. 3. völlig neu bearbeitete Auflage, hrsg. von H. Seischab und K. Schwantag, Stuttgart 1956, 2. Band, Sp. 3022 ff. („Kartelle" von E. Grochla) und Sp. 3029 ff. („Internationale Kartelle" von G. Koberstein).

der Staatswissenschaften bzw. der Sozialwissenschaften [14] das Exportkartell im Rahmen der Aufsätze über Kartelle überhaupt nicht behandelt wird.

Ähnlich verhält es sich auch mit den verschiedenen *Kartellenquêten,* die seit der Jahrhundertwende in Deutschland durchgeführt worden sind. [15] Sie bringen zwar ein sehr ausführliches Material über das Ausmaß und die Bedeutung der Kartelle in den verschiedenen Industriezweigen und auch zahlreiche, interessante Darlegungen über die Exportpolitik einzelner Kartelle, jedoch wird von *reinen* Exportkartellen expressis verbis nur ganz selten und nebenbei gesprochen. Das gilt selbst für solche Zweige, in denen nachgewiesenermaßen Exportkartelle bestanden haben; so etwa in der eisen- und stahlerzeugenden und Metallhalbzeugindustrie.

Unser Streifzug durch die Literatur soll in zwei Teilen durchgeführt werden: zunächst soll über die allgemeine Kartell-Literatur, alsdann über die absatz- bzw. exportwirtschaftliche Literatur im Hinblick auf die Behandlung von Exportkartellen berichtet werden.

Einen frühen Hinweis auf Exportkartelle finden wir in der Systematik von *Grunzel* [16], der die Anbieterkartelle in

a) Konditionenkartelle,
b) Preiskartelle,
c) Kartelle zur Einschränkung der Produktion in den Einzelbetrieben (Reduktionskartelle),
d) Kartelle zwecks Aufteilung der Absatzgebiete (Rayonierungskartelle),
e) Kontingentierungskartelle,
f) Verkaufskartelle (Kartelle zur Zentralisierung des Gesamtverkaufs oder des Inlandverkaufs) und
g) *Ausfuhrkartelle*

unterteilt.

[14] Vgl. Handwörterbuch der Staatswissenschaften, hrsg. von L. Elster, A. Weber und F. Wieser, 4. Auflage, Jena 1923, 5. Band, S. 611 ff („Kartelle" von R. Liefmann) bzw. Handwörterbuch der Sozialwissenschaften, hrsg. von H. v. Beckerath u. a., Stuttgart-Tübingen-Göttingen 1959, 10. Band, S. 552 ff („Unternehmungszusammenschlüsse II" von Th. Wessels).

[15] a) Kartell-Enquête von 1903
b) Denkschrift über das Kartellwesen, bearbeitet vom Reichsamt des Inneren, Teil 1—4, Berlin 1906—1908
c) Kontradiktorische Verhandlungen über Deutsche Kartelle, 6 Bände, Berlin 1906
d) Enquête-Ausschuß zur Untersuchung der Erzeugungs- und Absatzbedingungen der deutschen Wirtschaft.
I. Unterausschuß, speziell 3. Arbeitsgruppe: Wandlungen in den wirtschaftlichen Organisationsformen, sowie 5. Arbeitsgruppe: Außenhandel. (Verschiedene Branchenberichte.) Berlin 1928—1930.

[16] Vgl. *Grunzel, J.:* Über Kartelle, Leipzig 1902, Seite 38 ff, speziell Seite 97 ff.

In dieser Aufstellung soll eine Entwicklung von der niedrigen Kartellform hin zu Kartellen höherer Ordnung zum Ausdruck gebracht werden.

Unter den Ausfuhrkartellen lassen sich wiederum zwei Gruppen unterscheiden:

1. Kartelle, die den Export als eigentliches Ziel ins Auge fassen und diesem eine größere Rentabilität sichern wollen. Bei ihnen ist der Export Selbstzweck.
2. Kartelle, die den Export für ihre Inlandsorganisation verwenden, indem sie den Produktionsüberschuß ins Ausland bringen und dadurch den Inlandsmarkt entlasten. Hier ist der Export Mittel der Kartellpolitik.

„Die Kartelle der ersten Gruppe repräsentieren streng genommen keine neue Kartellform, sondern entstehen durch die Anwendung der bisher behandelten Formen (s. o.) auf ein neues Objekt: das Auslandsgeschäft". Dagegen stellen die Kartelle der zweiten Gruppe eine neue Kartellform dar.

Nach *Grunzel* kommen Ausfuhrkartelle vor allem für die sogenannten „Exportindustrien" in Frage. Ein Gelingen der Kartellierung setzt jedoch wegen der ausländischen Konkurrenzindustrien ein natürliches Monopol bzw. ein internationales Kartell voraus.

Eine recht ausführliche Darstellung über die Möglichkeiten *gemeinsamer Exportorganisationen* findet sich bei *Kundt* [17]. Er geht von der Forderung aus, daß der Weltmarkt nicht nur vom Handel, sondern in zunehmendem Maße auch von der organisierten Industrie bearbeitet werden muß. In diesem Zusammenhang denkt er besonders an die Versorgung der Kolonien mit Produktionsmitteln zur Erschließung des Landes (etwa mit Eisenbahnmaterial). Zu diesem Zweck sollen *Exportgesellschaften* gegründet werden, evtl. im Rahmen schon bestehender Syndikate, und Exportmusterlager geschaffen werden. Diese Art von Exportdurchführung erscheint ihm rentabler als das sonst allgemein gängige Submissionswesen. Immerhin gesteht Kundt zu, daß „zur Durchführung dieser Form der Exportorganisation ... straff organisierte Kartelle nicht unbedingt erforderlich" sind.

In der *„Zeitschrift für das Aktienwesen"* [18] vom Januar 1923 findet sich ein (recht polemischer) Artikel „Das Exportkartell". Er befaßt sich mit dem System der deutschen Ausfuhrkontrolle, das als Hemmnis der Wirtschaft empfunden wird. Der Verfasser erhebt den Vorwurf, daß die in den Außenhandelsausschüssen dominierenden Industriegruppen danach streben, den Handel aus der Ausfuhrkontrolle auszuschalten, und fordert im Zusammenhang mit der Verbesserung der Ausfuhrkontrolle die Bildung von *Exportkartellen des Exporthandels.* Ihre Wirkung soll eine dreifache sein:

[17] Vgl. *Kundt, W.:* Die Zukunft unseres Überseehandels, Berlin 1904. Seite 58 ff, Seite 124 ff.

[18] Vgl. Zeitschrift für das Aktienwesen, 33. Jahrgang, Berlin 1923, Heft 1, Seite 214 ff.

a) Erhaltung deutscher Werte,
b) Regulierung und Sicherung des deutschen Absatzes auf dem Weltmarkt,
c) Abschwächung der industriellen Preisgebarung im Inland.

In seiner Schrift „Zur Reform der Industriekartelle“ schlägt *Tschierschky*[19] neben anderen Formen auch das *Ausfuhrkartell* als neue organisatorische Möglichkeit für den Wiederaufbau der deutschen Exportwirtschaft vor. Er bemerkt, daß spezifische Ausfuhrkartelle in der deutschen Industrie auf Grund ihrer bisherigen starken Abhängigkeit vom Exporthandel nur selten und nebenher durchgeführt worden sind, und daß eine organisierte Ausfuhr – wenn überhaupt – meist durch die Syndikate erfolgte. Er verweist auf US-Bestrebungen seit 1916, die auf eine „cooperation solely for export business“ abzielen und als deren Ergebnis die Ausnahmebestimmungen der Webb-Pomerene-Act von der strengen Antitrust-Gesetzgebung zu werten sind.

In diesem Zusammenhang werden drei Organisationsformen für eine gemeinsame Ausfuhr vorgeschlagen, die Tschierschky auch den deutschen Exportindustrien zur Überprüfung empfiehlt:

1. eine Ausfuhrgesellschaft von Fabrikanten gleicher Erzeugnisse, die kapitalmäßig aufgebaut ist (Export-AG.),
2. eine gemeinsame Ausfuhrorganisation, die sich aus den vorher gebildeten Ausfuhrsonderabteilungen der einzelnen Mitglieder zusammensetzt. Sie kann Preis-, Konditionen- und Gebietsvereinbarungen treffen, während die einzelne Firma den eigenen Verkaufsapparat beibehält. Die Kosten werden durch Gebühren oder Beiträge gedeckt. Diese Form kommt dem Exportkartell am nächsten; sie kann allerdings auch zur Exportgemeinschaft hin tendieren.
3. Eine Organisation, die lediglich die Möglichkeiten eines späteren kooperativen Ausfuhrgeschäfts sondieren soll, die sich um die Neuschaffung von Exportmöglichkeiten bemüht.

Müllensiefen[20] schildert als Kartellmaßnahme zur Verbesserung und Verbilligung der Produktion auf dem Absatzsektor das *Exportsyndikat.* Er behandelt in einem „Mustervertrag“ die Hauptvertragspunkte eines Exportsyndikats, als die er ansieht: gesamter Verkauf über die gemeinsame Verkaufsstelle, Auftragsbearbeitung, Festsetzung von Verkaufspreisen und -bedingungen, Berechnung der Lieferungen und Inkasso durch die Verkaufsstelle, ferner „Erkundigungsdienst“.

[19] Vgl. *Tschierschky, S.:* Zur Reform der Industriekartelle, Berlin 1921, Seite 83, 92 ff.
[20] Vgl. *Müllensiefen, H.:* Kartelle als Produktionsförderer unter besonderer Berücksichtigung der modernen Zusammenschlußtendenzen in der deutschen Maschinenbau-Industrie, Berlin 1926, Seite 35 ff.

Nohlen[21] sieht die Exportkartelle hauptsächlich unter dem Gesichtspunkt ihrer Nützlichkeit für Exportförderung und Exporterweiterung. Er weist darauf hin, daß die Wahrnehmung von Exportinteressen oft Zwangsbeischlüsse zu bestehenden Exportkartellen oder Gründung von Export-Zwangskartellen erforderlich macht, und bespricht verschiedene Beispiele für Zwangsbeischlüsse.

Der Hauptzweck eines Exportkartells besteht nach *Klebs*[22] darin, den Mitgliedern eine bessere Marktübersicht zu vermitteln und damit den Dumpingwettbewerb auf den Auslandsmärkten zu unterbinden. Dies kann in Form von Preisabreden und durch einen Informationsdienst geschehen, an den alle Nachrichten über Angebote auf Auslandsmärkten (Preise, Zahlungs- und Lieferungsbedingungen) zu übermitteln sind. Manche Exportkartelle bestehen nach Klebs überhaupt nur in einer sogenannten Exportmeldestelle, der alle Ausfuhrgeschäfte gemeldet werden müssen.

Todt[23] empfiehlt kartellmäßige Ausfuhrverbände (reine Exportkartelle oder Exportstellen) auf Grund ihrer besonderen Marktnähe zur Unterstützung und Ergänzung der Tätigkeit der Wirtschaftsgruppen. Gemeinsame Werbung, Interessenwahrung durch Gemeinschaftsvertreter, gemeinsame Lagerhaltung der wichtigsten Exportartikel, unmittelbare oder mittelbare Verständigung über die Ausfuhrpreise, gemeinschaftliche Herausarbeitung von Exportstandards durch Spezialisierung werden als Hauptaufgaben genannt. Die sicherste Gewähr für eine einheitliche Lenkung der Ausfuhr bietet nach *Todt* die Errichtung eines gemeinsamen Exportbüros, dessen Tätigkeit neben der Konditionenregelung die preisliche und mengenmäßige Beeinflussung der Auslandsmärkte umschließt.

In einem Aufsatz in der Zeitschrift *„Wirtschaft und Wettbewerb"*[24] wird die Ansicht vertreten, daß Exportkartelle ihr Entstehen unmittelbar staatlichen Anordnungen verdanken, daß sie letztlich Kampfmaßnahmen der staatlichen Handelspolitik zur Erhöhung des Devisenaufkommens sind.

Generelle Hinweise auf Exportkartelle sind auch in Zeitungsaufsätzen nur dünn gesät.

In einem Aufsatz „Kartellprobleme" stellt *Heichen*[25] fest, daß Ausfuhrkartelle, soweit es sich nicht um Monopolartikel oder um internationale Kartelle handelt, selten sind. Auf den Auslandsmärkten herrsche freie Konkurrenz, was zu Dumpingpreisen mit ihren schädlichen Auswirkungen führt.

[21] Vgl. *Nohlen, H.:* Kartelle als Werkzeuge staatlicher Industriepolitik, Würzburg-Aumühle 1939, Seite 95 ff.

[22] Vgl. *Klebs, F.:* Kartellform und Preisbildung, Stuttgart und Berlin 1939, Seite 39 f.

[23] Vgl. *Todt, P. W.:* Kartelle und Wirtschaftsordnung, Würzburg 1940, Seite 113.

[24] Vgl. Wirtschaft und Wettbewerb, Zeitschrift für Kartellrecht, Wettbewerbsrecht und Marktorganisation, Heft 9/10, Juli/August 1952, Seite 360.

[25] Vgl. *Heichen, A.:* Kartellprobleme, Berliner Tageblatt vom 28. 7. 1925.

In einem Artikel „Kartelle im Netz“ setzt sich *Winschuh*[26] mit der Ausfuhrförderung in Gemeinschaftsform auseinander, als deren leistungsfähigstes Organ er das *Exportkartell* bezeichnet. Er weist darauf hin, daß in Deutschland Exportkartelle schon frühzeitig ausgebildet worden sind, und betont, daß Exportkartelle die beste Gewähr für eine Preisdisziplin bieten. Die Durchführung der kollektiven Exportförderung sei innerhalb schon kartellierter Branchen besonders einfach.

In einem Artikel im *Hamburger Fremdenblatt*[27] wird die gegenteilige Meinung vertreten. Den Exportkartellen wird ein exportfördernder Einfluß in den meisten Fällen abgesprochen. Erinnert wird an die Ausschaltung der Exporteure, der Exportvertreter und Agenten in den Hansestädten durch den gemeinschaftlichen Export der Industrie. Den Exportkartellen wird insbesondere fehlende Kenntnis der ausländischen Marktverhältnisse vorgeworfen; auch die Preispolitik bei der direkten Ausfuhr durch die Kartelle wird als nicht immer glücklich bezeichnet. Offensichtlich handelt es sich hier um eine Stellungnahme aus der Sicht des Hamburger Exporthandels.

Müllensiefen[28] vertritt die Ansicht, daß eine Verhinderung von Preisschleudereien und eine Sicherung des Qualitätsniveaus der deutschen Exportwaren durch Selbsthilfemaßnahmen der Wirtschaft, zu denen er Preisprüfungsstellen und Exportkartelle zählt, erreicht werden kann. Da Prüfungsstellen allein diesen Zweck nur selten erfüllen, bilden Exportkartelle die notwendige Ergänzung hierzu. Sie sind auch als Partner für internationale Preisverständigungen Vorbedingung.

Müllensiefen geht auch auf das Verhältnis von Exportkartell und Gruppenorganisation ein. Während eine Wirtschaftsgruppe selbst nicht Trägerin marktregelnder Maßnahmen sein kann, sei eine Zusammenarbeit mit den Exportkartellen auf Basis der Personalunion möglich. Voraussetzung dafür sei eine Trennung der Aufgaben, die durch Abschluß eines besonderen Vertrages für das Exportkartell oder durch Gründung eines Vereins zu erzielen ist.

Wenn auch die vorausgegangenen Ausführungen gezeigt haben, daß die Frage der Exportkartelle in der umfangreichen Kartell-Literatur keinen allzu großen Raum einnimmt, so finden sich doch mannigfaltige Hinweise — wenn auch meist nur kurzer, aufzählender Art — auf praktisch vorkommende Exportkartelle. Fundgruben in dieser Hinsicht sind die Zeitschrift

[26] Vgl. *Winschuh, J.*: Kartelle im Netz, Deutsche Allgemeine Zeitung, Berlin, vom 24. 3. 1935.

[27] Ohne Verfasser: Gesteuerte Kartelle, Hamburger Fremdenblatt vom 16. 3. 1935.

[28] Vgl. *Müllensiefen, W.*: Zur Frage der Exportkartelle unter besonderer Berücksichtigung der Verhältnisse in der Fertigwarenindustrie, in: Die Deutsche Fertigware, Heft 9, 1935, Seite 121 ff.

„Kartell-Rundschau“ [29] und das Werk von *Wagenführ* „Kartelle in Deutschland“ [30].

Etwas ausführlicher werden die Exportkartelle in der *absatzwirtschaftlichen Literatur* im Rahmen der Darstellung gemeinsamer Exportmöglichkeiten der Industrie behandelt. Insbesondere finden sich in Abhandlungen dieser Art auch eher Hinweise auf das unterschiedliche Ausmaß der Funktionsübernahme durch die Exportkartelle.

In der ersten Auflage seines Werkes „System der Welthandelslehre“ erwähnt *Hellauer* [31] verschiedene Spielarten des gemeinsamen Betriebs des Exportgeschäfts durch mehrere Produzenten. Während eine gemeinschaftliche Exportunternehmung auf genossenschaftlicher Basis seiner Ansicht nach häufig unter Mangel an Selbständigkeit und Bewegungsfreiheit leidet, sind gemeinsame Verkaufsstellen von Kartellen ihrer kommerziellen Leitung nach eher geeignet, den Exporthandel selbst zu betreiben. Solche gemeinsame Verkaufsstellen speziell für das Exportgeschäft sind nach *Hellauer* jedoch selten und stehen meist im Zusammenhang mit internationalen Kartellen.

Eine sehr ausführliche Darstellung der „Exportgemeinschaft“ gibt *Kapferer* [32]. Wie die folgende Gliederung nach Arten der Exportgemeinschaft zeigt, faßt er diesen Begriff sehr weit auf. Er unterscheidet solche mit Konditionscharakter, die einheitliche Verkaufsbedingungen aufstellen, die sogenannten „Preiskonventionen“, die Verkaufspreise und Zahlungsbedingungen regeln, und Exportgemeinschaften mit Syndikatscharakter, die ein gemeinsames Verkaufsbüro unterhalten. Begrifflich handelt es sich zumindest bei den Formen, die gemeinsame Preisfixierung betreiben und die Syndikatscharakter haben, um Exportkartelle. Nach Kapferer kommen solche „Gemeinschaften“ vorwiegend in den Industrien der Rohstoffe und Halbfabrikate vor.

Kapferer — Schwenzner [33] erwähnen unter dem Oberbegriff Marktverständigung auf dem Exportgebiet die verschiedenen Spielarten der Kartelle und ihre Bedeutung für den Export. Zum Konditionskartell gehören hiernach u. a. Vereinbarungen der Erzeuger über Verkaufsbedingungen gegenüber den Exporthändlern; das Preiskartell regele die Verkaufspreise und gestatte nur beim Export in stark umstrittene Märkte, von diesen abzuweichen; das Quotenkartell lege die jedem Mitglied zustehende Umsatz-

[29] Kartell-Rundschau, Zeitschrift für Kartellwesen und verwandte Gebiete, Jahrgänge 1—40, 1903—1942.

[30] *Wagenführ, H.:* Kartelle in Deutschland, Nürnberg 1931.

[31] Vgl. *Hellauer, J.:* System der Welthandelslehre, Berlin 1910, Seite 115 ff.

[32] Vgl. *Kapferer, C.:* Das Exportgeschäft, 2. Auflage, Leipzig 1933, Seite 51 ff.

[33] Vgl. *Kapferer, C.* und *Schwenzner, J.:* Exportbetriebslehre, Mannheim-Berlin-Leipzig 1935, Seite 216 ff.

quote fest und verteile diese auf die verschiedenen Exportmärkte; das Gebietskartell teile die Exportmärkte unter den Mitgliedern auf, häufig im Rahmen internationaler Kartellabreden; das Syndikat nehme den gemeinsamen Vertrieb der Erzeugnisse der Mitglieder vor. Die Autoren heben die leichtere Exportfinanzierung und die besseren Möglichkeiten der Exportforschung und -werbung, ferner die Möglichkeit der Erreichung von Sonderfrachtraten als Vorteile des Syndikats hervor. Bei der Art von Marktverständigung, die *Kapferer-Schwenzner* vor Augen haben, ist nicht klar, ob es sich um reine Exportkartelle oder „gemischte" Inlands-Export-Kartelle handelt; letzteres scheint uns jedoch näherzuliegen. Anlaß zur Bildung von Exportkartellen gibt häufig die Monopolstellung eines ausländischen Abnehmers, so werden z. B. Submissionskartelle für Angebote an Behörden oder staatliche Einfuhrstellen gegründet. Erwähnt wird auch der Fall, daß Exporthändler als Mitglieder in die Kartelle aufgenommen werden, sofern sie sich auf die Einhaltung der Kartellvorschriften (speziell bei der Preisstellung) verpflichten.

Lohmann[34] bringt zentralisierte Exportorganisationen der Industriekartelle mit der Tendenz zur Ausschaltung des selbständigen Exporthandels in Zusammenhang. Als Formen der reinen Exportkartelle führt er an: Konditionskartelle, Preiskartelle und Syndikate. Er ist jedoch der Meinung, daß die Zahl dieser echten Exportkartelle nicht allzugroß ist, „da sie bei Verzicht auf eine entsprechende Kartellierung des Binnenmarktes in Schwierigkeiten bei der Umlage der Exportverluste geraten".

Ihre Hauptfunktionen sieht er in der Übernahme von Qualitätsgarantien, der Durchführung von Rationalisierungsmaßnahmen und der Bekämpfung von Preisunterbietungen. Neben den Exportkartellen weist er noch auf Ausfuhrförderungsstellen, etwa des Handwerks, hin.

In einem Aufsatz im „Weltwirtschaftlichen Archiv" beschäftigt sich *Kramer*[35] eingehend mit den Außenhandelsgesellschaften der USA nach der Webb-Pomerene Act. (Vgl. hierzu im einzelnen Seite 246.)

Auch *Bancken*[36] sieht die Exportkartelle speziell im Zusammenhang mit der privaten Exportförderung. Seiner Ansicht nach haben neben dem Preiskartell auch alle anderen Spielarten des Exportkartells (Konditionen-, Quoten- und Gebietskartelle) mittelbar preisliche Ziele. Die Aufrechterhal-

34 *Lohmann, M.:* Wandlungen in den Betriebs- und Finanzierungsformen des deutschen Außenhandels, Jena 1938, Seite 38, 45 f.

35 Vgl. *Kramer, R. L.:* Die Organisation des amerikanischen Außenhandels. Erfahrungen, Probleme und künftige Bedeutung der Außenhandelsgesellschaften nach dem Webb-Pomerene-Gesetz, in Weltwirtschaftliches Archiv, Kiel, 51. Band, März 1940, Seite 287 ff.

36 Vgl. *Bancken, A.:* Die Bedeutung der Vertriebsform für die deutsche Exportförderung. Diss. Köln, Würzburg 1941, Seite 83.

tung des Preisniveaus und die größere Stetigkeit des Absatzes durch ein Exportkartell vermindert nach Bancken für den Einzelexporteur das Risiko von Vertriebsinvestierungen. In der Form des Exportsyndikates sei den Mitgliedsfirmen ein Mittel der rationellen Vertriebsgestaltung gegeben.

Eine sehr ausführliche Darstellung der Erscheinungsformen des Exportkartells und der Exportgemeinschaft gibt *Bachmann* [37] in seiner Dissertation, ohne jedoch diese beiden Gebilde begrifflich auseinanderzuhalten.

Bei den Exportkartellen unterscheidet er verschiedene Spielarten: „Bei den reinen Preiskartellen beschränkt sich die Tätigkeit des meist in Form eines nicht rechtsfähigen Vereins errichteten Zusammenschlusses auf die Bildung, Festlegung und Kontrolle von Exportpreisen ...“. Bachmann weist darauf hin, daß innerhalb eines Exportkartells nicht immer einheitliche Preise bestehen müssen, sondern daß Preisdifferenzierungen auf Grund von Qualitätsunterschieden in den Erzeugnissen der einzelnen Mitglieder angebracht sein können.

Er betont auch die Notwendigkeit, neben der Festsetzung die Einhaltung der Kartellpreise zu sichern, was durch die Einrichtung von sogenannten Rechnungskontrollen in einer zentralen Kartellstelle geschehen kann. Die ***kombinierten Preis-Quotenkartelle*** setzen neben den Exportpreisen und -bedingungen auch den mengen- oder wertmäßigen Lieferanteil einer jeden Mitgliedsfirma fest, der nur in Ausnahmefällen (etwa unter Zahlung einer Ausgleichssumme) überschritten werden darf. Der Verfasser weist jedoch auf die Problematik einer exakten Festlegung der Quoten hin, die häufig Gegenstand von Kartellstreitigkeiten seien.

Die straffste Form des Exportkartells sei das *Syndikat,* bei dem die einzelnen Firmen völlig oder zum Teil auf den direkten Verkehr mit der ausländischen Kundschaft verzichten. „Der gesamte Geschäftsverkehr, die Abwicklung der Zahlungen usw. mit den ausländischen Kunden erfolgt durch die Geschäftsstelle des Syndikats.“ Etwas lockerer sei die Form, bei der das Syndikat lediglich die Verteilung der Aufträge nach einem bestimmten Schlüssel übernimmt. Beim Syndikat finde sich meist ein ausgeprägtes Gewinnstreben, während dies bei anderen Kartellformen stark in den Hintergrund gedrängt ist. Die Hauptaufgaben eines Exportkartells bestehen nach Bachmann darin, durch geschlossenes Auftreten auf den Auslandsmärkten die Exportpreise zu halten oder zu verbessern und bessere Verhandlungsmöglichkeiten mit ausländischen Industriellen oder Importeuren zu schaffen.

Sohrmann-Lugon [38] bespricht in seinem Werk „Vertriebsformen im

[37] Vgl. *Bachmann, K.:* Die deutsche Ausfuhrwirtschaft und die Maßnahmen zur Steigerung der Ausfuhr unter besonderer Berücksichtigung der Exporterlöse, Diss. Marburg 1943, Seite 97 ff.

[38] Vgl. *Sohrmann-Lugon, P. C.:* Vertriebsformen im Außenhandel, Diss. Basel 1947, Seite 20 f., Seite 64 f.

Außenhandel" unter anderem die Kollektivexportmethoden auf privatwirtschaftlicher Basis. Zweck eines solchen Zusammenschlusses ist die Gewinnmaximierung auf dem Wege der Rationalisierung der Vertriebsvorgänge, der Monopolisierung des Angebots und produktionstechnischer Abmachungen. Unter anderen Formen nennt er die verschiedenen Spielarten des Exportkartells und der Exportgemeinschaft, bei deren Gründung hauptsächlich Regelung und Hebung der Auslandspreise als Ziel ins Auge gefaßt werden. Seine Abgrenzung zwischen Exportkartell und -gemeinschaft ist jedoch nicht immer scharf. Die Zusammenschlüsse können auf regionaler und fachlicher Grundlage vorgenommen werden, wobei letztere besser auf die Preisgestaltung in der Ausfuhr einwirken können. Unterschiedliche Organisationsformen seien auch bedingt durch berufsständische Gegebenheiten. „Während die Zusammenarbeit größerer Exportfirmen, wie Maschinenfabriken, fast durchwegs die wirtschaftliche Form eines hochentwickelten Exportkartells annimmt, müssen wir beim Zusammenwirken von kleineren Unternehmungen oder von Handwerkern eher von einfachen Exportgruppierungen sprechen." Die Wirkung der Kartelle geht nach Meinung von *Sohrmann-Lugon* in Richtung der Ausschaltung des indirekten Exports.

In der Neubearbeitung seines Werkes (1954) schreibt *Hellauer*[39] den Ausfuhrsyndikaten unter den Exportunternehmungen mit Gemeinschaftsbetrieb eine besonders wichtige Rolle zu. Er verweist dabei auf Beispiele in Japan (Exportgilden) und USA. Als Vorteile der Ausfuhrsyndikate sieht er an: die größere Werbekraft durch Gemeinschaftswerbung, Packungs- und Frachtersparnis durch Zusammenfassung der Aufträge, die Möglichkeit leichterer Finanzierung, die Ausschaltung des Wettbewerbs im Ausland unter den Mitgliedern durch einheitliche Preisstellung.

In seiner „Betriebslehre des Außenhandels" beschäftigt sich *Behrens*[40] ausführlich mit den Erscheinungsformen des Gemeinschaftsexports, mit Exportgemeinschaften und Exportkartellen. Nach ihm sind *Exportkartelle* „*Zusammenschlüsse* von Exporteuren (Herstellern und Händlern) gleichartiger Erzeugnisse, die durch gemeinsame Maßnahmen (Quotenfestsetzung, Preisabsprache, Gebietsschutz usw.) auf einem oder mehreren Auslandsmärkten bestimmte wirtschaftliche Ziele verfolgen". Diese Begriffsbestimmung kommt der von uns gewählten Arbeitsdefinition sehr nahe. Behrens unterscheidet lose Formen des Exportkartells, die sich auf die Festlegung von Zahlungsbedingungen, Kalkulationsrichtlinien und Preisvereinbarungen beschränken, und zentral geleitete Exportsyndikate. Besonders häufig waren ihm zufolge in Deutschland vor dem zweiten Weltkrieg die loseren Formen des Kalkulations-, Konditions- und Preiskartells für den Export.

[39] Vgl. *Hellauer, J.*: Welthandelslehre, Wiesbaden 1954, Seite 151.
[40] Vgl. *Behrens, K. Chr.*: Betriebslehre des Außenhandels, Essen 1957, Seite 68 ff.

Kruse[41] beschäftigt sich mit den Möglichkeiten der Exportkartelle speziell in marktwirtschaftlich organisierten, kartellfeindlichen Volkswirtschaften, also im Sinne der in der Bundesrepublik herrschenden Kartellgesetzgebung. Unter Exportkartellen versteht er Vereinbarungen selbständiger inländischer Unternehmer zwecks Beeinflussung des Exports ihrer Güter, ohne daß diese Marktabsprache den Inlandsmarkt erfaßt. Die Vereinbarung richtet sich ausschließlich gegen das Ausland. Er weist auf den mehr defensiven als offensiven Charakter der Exportkartelle hin, die speziell als Folge restriktiver Nachfragemanipulationen ausländischer Staaten oder Unternehmer ins Leben gerufen werden. Die Behauptung, daß Exportkartelle eine monopolistische Beherrschung des Marktes zum Ziel haben könnten, weist Kruse mit dem Hinweis zurück, daß sich Exportkartelle auf den Auslandsmärkten stets der ausländischen Konkurrenz gegenübersehen. Allerdings wird die Tendenz, daß das Exportkartell auf den Auslandsmärkten höhere Preise fordert als der einzelne Exporteur, zugegeben. In der Praxis ist nach *Kruse* die Trennung von kartelliertem Angebot auf dem Auslandsmarkt und Wettbewerb auf dem Binnenmarkt bei ein und derselben Ware, die von den gleichen Unternehmern angeboten wird, kaum durchführbar. Die Exportkartelle haben deshalb nach Kruse einen labilen Charakter und tendieren dahin, sich in Inlandskartelle oder aber in internationale Kartelle zu verwandeln.

Auch in der angelsächsischen Exportliteratur wird häufig auf die verschiedenen Erscheinungsformen der „Export Trade Associations" hingewiesen. Auf Grund der Webb-Pomerene oder Export Trade Act von 1918 sind solche Exportzusammenschlüsse von der strengen Anti-Trust-Gesetzgebung der USA ausdrücklich ausgenommen.

Stellvertretend für ähnliche Darstellungen wollen wir die ausführlichen Darlegungen von *Huebner-Kramer*[42] zu diesem Thema anführen.

Im Hinblick auf die Organisationsform solcher Exportvereinigungen (die

[41] Vgl. *Kruse, A.:* Außenwirtschaft. Die internationalen Wirtschaftsbeziehungen, Berlin 1958, Seite 466 ff.

[42] Vgl. *Huebner, G. G.* und *Kramer, R. L.:* Foreign Trade Principles and Practices, New York 1942, Seite 313 ff.

Daneben: *Marshall, A.:* Industry and Trade, London 1923, Seite 613 ff.

Johnes, T.: Foreign Trade and Exchange, London 1925, Seite 132 ff.

MacDonald, P.: Practical Exporting, New York 1949, Seite 22 ff.

Schmitthoff, C. M.: The Export Trade — A Manual of Law and Practice, 2. Aufl., London 1950, Seite 118 ff.

Horn, P. V.: International Trade Principles and Practices, 3. Aufl., New York 1951, speziell Seite 528 ff.

etwa unseren Exportkartellen entsprechen [43]) unterscheiden *Huebner-Kramer* drei Typen:

1. eine Vereinigung, die als „central agent“ für die Mitglieder dient, Bestellungen entgegennimmt, Verkaufsverhandlungen führt und den Versand der Güter ins Ausland besorgt,
2. eine Vereinigung, die den Export ihrer Mitglieder lenkt, einige Funktionen des Exportabsatzes übernimmt, aber den Mitgliedern erlaubt, Bestellungen über ihre bereits im Ausland bestehenden Vertreter entgegenzunehmen,
3. die Exportgesellschaft (export company) mit dem Zweck, die Produkte ihrer Mitglieder zu kaufen und sie im Ausland zu verkaufen.

Diese Typen können sich nach *Huebner-Kramer* von einem losen Übereinkommen bis zu einer formell eingetragenen Gesellschaft erstrecken. Manchen Vereinigungen wohnt Gewinnstreben inne; die meisten arbeiten jedoch lediglich auf Basis der Kostendeckung. Die Verfasser weisen auch darauf hin, daß die Export Trade Associations sowohl auf einige bestimmte Länder als auch auf bestimmte Erzeugnisse ihrer Mitglieder beschränkt sein können. Die Lenkung der Exportpreise erfolgt im allgemeinen durch Mindestpreisvorschriften; die endgültige Höhe der Preise wird nach den Erfordernissen des einzelnen Falles festgelegt.

Als Vorteile dieser Exportvereinigungen werden angeführt:

1. Stabilisierung der Exportpreise,
2. Verminderung der Verkaufskosten, die es auch kleineren Firmen ermöglicht, am Export teilzunehmen,
3. Standardisierung der Erzeugnisse,
4. Prompte und wirksame Auftragsdurchführung,
5. Ausschaltung schädigender Geschäftspraktiken,
6. Bekämpfung von Käufervereinigungen, die einen Exporteur gegen den anderen ausspielen,
7. Lagerhaltung von Saisonerzeugnissen, die Überangebot und niedrige Preise verhindert,
8. Festlegung von Frachtraten und Charterung von Schiffen zwecks Senkung der Transportkosten,
9. Gemeinsame Werbung und Marktbearbeitung,
10. Regelung von Reklamationen,
11. Möglichkeit, Großaufträge langfristig einzuholen,
12. Auftragsausführung in vielfältigen Typen und Abmessungen durch die Mitglieder,

[43] "It may be seen, that Webb-Pomerene Associations in the United States are actually cartels, in some respects".
Vgl. *Huebner-Kramer*, a. a. O., Seite 328.

13. Aufteilung der Absatzgebiete,

14. Ausnutzung aller Möglichkeiten des direkten Exports.

Huebner-Kramer weisen auch auf die Exportzusammenschlüsse in anderen Ländern hin und nennen an erster Stelle das *Exportkartell,* wie es besonders in Deutschland ausgebildet ist. Ein Exportkartell ist nach ihrer Auffassung ein freiwilliger Zusammenschluß von unabhängigen Unternehmen primär zum Zwecke gemeinsamer Produktionskontrolle. Daneben wird es tätig im Hinblick auf die Preisfestsetzungen, die Abgrenzung von Verkaufsgebieten, die Schaffung einheitlicher Bedingungen und die zentrale Verkaufsdurchführung.

Dieser kurze Literaturquerschnitt kann keinen Anspruch auf Vollständigkeit erheben. Er sollte lediglich die Aspekte beleuchten, unter denen die Frage der Exportkartelle in der bisherigen Literatur gesehen wurde.

II.
Übersicht über die erfaßten reinen Exportkartelle

Bezeichnung des Kartells (spezieller Länderbereich auf den sich das Kartell erstreckt)	*Gründungsjahr*	*Auflösung*	*Mitgliederzahl*	*Rechtsform*	*kurze Charakterisierung des Kartellzwecks*
Zweige der Urproduktion					
1. Gaskoks-Ausfuhrgesellschaft Berlin (Österreich, Italien, Schweiz)	1917				Regelung des Exports in die genannten Länder
2. Koks- und Hausbrand-Vereinigung Italien (Italien)	1936			GmbH.	Exportdurchführung
3. Torfausfuhr-Vereinigung (Übersee)	1932		ca. 30	GmbH.	Exportdurchführung, Standardisierung der Erzeugnisse
4. Ausfuhrverband deutscher Salinen, Stade	1907		ca. 21		
5. Salzausfuhr-Gesellschaft, Berlin	1918	1923		GmbH.	Exportdurchführung
6. Deutsches Steinsalzsyndikat	1924			GmbH.	in erster Linie Ausfuhrgeschäft
7. Exportgemeinschaft norddeutscher Salinen	1949			GmbH.	
8. Hopfenausfuhr-Gesellschaft, Berlin	1918			GmbH.	Exportsyndikat. Vor allem Ausfuhr in die Ukraine
9. Hopfenexportvereinigung, Nürnberg	1947	1953	ca. 15	Ges. BGB	Ankauf und Lagerung von Hopfen. Auftragsverteilung

Bezeichnung des Kartells (spezieller Länderbereich auf den sich das Kartell erstreckt)	*Gründungsjahr*	*Auflösung*	*Mitgliederzahl*	*Rechtsform*	*kurze Charakterisierung des Kartellzwecks*
Eisen- und stahlerzeugende und Metall-Halbzeugindustrie					
10. Exportabkommen der Stabeisenkonvention	1910				Kontingentierung der Ausfuhr, Exportbonifikation
11. Auslandsverkaufs-Vereinigung für Stabeisen	1916				Exportpreisfestsetzung. Eigene Exportverkaufsstelle
12. Blankstahl-Exportgemeinschaft, Düsseldorf	1959			nicht rechtsfäh. Verein	Festlegung von Preisen und Bedingungen. Bindung der Exporthändler
13. Ausfuhrvereinigung für Walzdraht	1916				Preisfestsetzung für den Export, Quotierung
14. Deutscher Feinblech-Ausfuhrverband	1936				
15. Ausfuhrvereinigung für Grobbleche	1915				Regelung der Exportpreise. Eigene Ausfuhrstelle
16. Exportsyndikat für verzinkte Bleche	1910		ca. 5		Preisfestsetzung. Ausschaltung kleinerer Außenseiter, Exportkontor
17. Exportvereinigung für Gas- und Siederöhren	vor 1916				Auslandspreisfestsetzung
18. Auslandsverband für Gußröhren		1920			

Bezeichnung des Kartells (spezieller Länderbereich auf den sich das Kartell erstreckt)	*Gründungsjahr*	*Auflösung*	*Mitgliederzahl*	*Rechtsform*	*kurze Charakterisierung des Kartellzwecks*
19. Ausfuhrvereinigung deutscher Lackröhrenwerke, Düsseldorf (Holland und Kolonien)	1934				Exportdurchführung
20. Ausfuhrgemeinschaft für Erzeugnisse der Metallhalbzeugindustrie, Berlin	1936				Richtlinien für die Mitglieder, Förderung der Ausfuhrbelange
21. Exportverband für Aluminiumhalbfabrikate	1934			e. V.	Exportförderung, Preis- und Konditionenfestsetzung
22. Ausfuhrgemeinschaft der Zinkwalzwerke	1934				Gemeinsamer Export (zeitweise zus. mit polnischer Verkaufsgesellschaft)
23. Ausfuhrvereinigung Deutscher Verzinkereien, Köln	1910		4	GmbH.	Exportdurchführung des Verzinkereiverbandes, der nur Inlandswirkung hat
Metall-Fertigwarenindustrie					
24. Ausfuhrvereinigung deutscher Fittings- und Flanschenfabrikanten	vor 1930				
25. Schmiedestück-Vereinigung Ausland	1937				
26. Drahtseil-Ausfuhrkonvention Essen (Skandinavien und Randstaaten)	1928	1943	50		Einheitliche Festsetzung von Mindestpreisen

Bezeichnung des Kartells (spezieller Länderbereich auf den sich das Kartell erstreckt)	*Gründungsjahr*	*Auflösung*	*Mitgliederzahl*	*Rechtsform*	*kurze Charakterisierung des Kartellzwecks*
27. Exportgesellschaft deutscher Drahtseilwerke, Essen	1937		8	GmbH.	Submissionskartell Exportförderung, einheitliche Bearbeitung von Ausschreibungen
28. Ausfuhrvereinigung der deutschen Drahtseilwerke, Essen (alle Länder außer Holland und Belgien)	1934				Festsetzung von Mindestpreisen für den Export
29. Ausfuhrverband für sechseckiges Drahtgeflecht	1930	1941	10		Exportdurchführung, Quotenzuteilung. Daneben intern. Vereinbarungen
30. Exportgemeinschaft Sechseckgeflecht, Düsseldorf	1958				Festlegung der Preise und Bedingungen, Sicherung und Förderung der Ausfuhr
31. „Alcumes Export für Metallfabrikate“, Hamburg (Indien)	1922		2	GmbH.	Exportdurchführung für Aluminium-, Kupfer- und Messingfabrikate
32. Ausfuhrvereinigung Deutscher Blechwarenwerke, Köln	1927	1930			Exportdurchführung
33. Ausfuhrvereinigung für verzinkte Waren (Europa hauptsächlich Niederlande)	1927				
34. Gußemaille-Ausfuhrverband	1929	1930			
35. Ausfuhrkartell deutscher Emaillierwerke	1935				

Bezeichnung des Kartells (spezieller Länderbereich auf den sich das Kartell erstreckt)	*Gründungsjahr*	*Auflösung*	*Mitgliederzahl*	*Rechtsform*	*kurze Charakterisierung des Kartellzwecks*
36. Exportsyndikat der Industrie emaillierter Blechgeschirre in Deutschland	1894	1894			Bindung der Exporteure, Exportpreislisten
37. Ausfuhrverband für Möbelschlösser	1929	1930			
38. Exportverkaufsstelle der Möbelschloßfabriken, Velbert	vor 1930			e. V.	
39. Verband holländischer Türschloßfabrikanten, Essen (Holland)	1927		13		Preiskonvention nach Holland
40. Kartell der Hersteller französischer Chubbandtürschlösser nach Holland	ca. 1934				Preisfestsetzung für den Export nach Holland
41. Kartell der Hersteller von Einstecktürschlössern für Südamerika	ca. 1934				Preisfestsetzung für den Export nach Südamerika
42. Zentralstelle für den Verkauf von Nadeln nach China, Iserlohn	1895	1897			Exportsyndikat, Verbesserung der Preise. Übriges Ausland frei
43. „Deutsche Nadelindustrie", Iserlohn (Exportsyndikat) (haupts. China und Amerika)		1909	22	GmbH.	Gemeinsamer Exportverkauf. Auch 2 österreichische Firmen beteiligt
44. Exportkartell Luftpumpen	1937				

Bezeichnung des Kartells (spezieller Länderbereich auf den sich das Kartell erstreckt)	*Gründungsjahr*	*Auflösung*	*Mitgliederzahl*	*Rechtsform*	*kurze Charakterisierung des Kartellzwecks*
45. Exportkartell für Fahrradketten und -pedale					Festlegung von Exportpreisen und -bedingungen
46. Exportkartell für Fahrradglocken	1913	1943	5—6		Festlegung von Exportpreisen und -bedingungen
47. Exportkartelle der Kettenhebezeughersteller	1958				Festlegung von Preisen und Bedingungen für Exporthändler. Gemeinsamer Export
48. Verkaufskontor vereinigter Sturmlaternenfabriken, Hamburg	1926			GmbH.	Exportdurchführung, Preisfestsetzung, Vereinheitlichung der Produktion
49. Sensenausfuhrverband, Eisenach (Rußland)	1918				Vornehmlich Tauschgeschäfte mit der Ukraine
50. Vereinigung der Hauerfabrikanten von Gevelsberg, Milspe und Hagen	1907	1913			Regelung des Absatzes und Erzielung angemessener Preise
51. Exportgemeinschaft der Hauerwerke, Hagen/W.	1959			Ges. BGB.	Festlegung von Preisen und Konditionen für selbständige Exporteure
52. Export-Blatthackerverband, Hagen	1920		15		
53. Verkaufsstelle für Afrikaspaten	1926		13		Vorbereitung und Durchführung des Exportgeschäftes

Bezeichnung des Kartells (spezieller Länderbereich auf den sich das Kartell erstreckt)	*Gründungsjahr*	*Auflösung*	*Mitgliederzahl*	*Rechtsform*	*kurze Charakterisierung des Kartellzwecks*
Maschinen- und Fahrzeugindustrie					
54. Ausfuhrsyndikat der Maschinenindustrie	ca. 1930				geplant. Durchführbarkeit wegen Differenziertheit der Produkte fraglich
55. Ausfuhrverband für Ölgewinnungsmaschinen, Berlin	1916		5		Festsetzung von Mindestpreisen und Konditionen
56. Ausfuhrverband für Zementmaschinen	1916		10		Festsetzung von Mindestpreisen und Konditionen für den Export
57. Ausfuhrverband für Aufbereitungsmaschinen, Berlin	1920		9		Festsetzung von Mindestpreisen und Konditionen
58. Verkaufsgemeinschaft Deutscher Maschinenfabriken zur Belieferung der Zuckerindustrie der europäischen Staaten, Berlin (Osteuropa)	1926				Exportdurchführung
59. Ausfuhrgemeinschaft Armaturen und Maschinenteile	1939				Festsetzung von Mindestpreisen und Konditionen
60. Lokomotiv-Exportverband	1892	1894	11		Gemeinsame Behandlung des Auslandgeschäftes (auch österr. Firmen beteiligt)
61. Lokomotiv-Ausfuhrverband I	1903	1922	11—12		Regelung der Ausfuhr. Später Beitritt von österr. und belg. Firmen
62. Druckluft-Lokomotiv-Ausfuhrverband	1918		19		

Bezeichnung des Kartells (spezieller Länderbereich auf den sich das Kartell erstreckt)	*Gründungsjahr*	*Auflösung*	*Mitgliederzahl*	*Rechtsform*	*kurze Charakterisierung des Kartellzwecks*
63. Lokomotiv-Ausfuhrverband II	1928	1929	9		Regelung des Auslandsabsatzes
64. Lokomotiv-Exportkartell	1958		6		Sicherung und Förderung des Exports. Gemeinsames Auftreten auf d. Weltmarkt
65. Eisenbahnwagen-Ausfuhrverband	1916	1919	41		Preiskartell. Förderung der Ausfuhr
66. Exportgemeinschaft deutscher Automobilfabrikanten	1935	1939		AG.	Markterforschung, Absatzplanung, Ersatzteildienst im Export
67. Deutsche Lastanhänger-Exportgemeinschaft (Delaport), Hamburg	1934		12	Ges. BGB. später GmbH.	Durchführung des Exports. Quotierung
68. „Lasag"			2		
69. „Lasaport"	1947		10	Ges. BGB.	Gemeinsamer Export, Kundendienst
70. Aero-Motor-Exportgesellschaft, Berlin	1938	1939	2	GmbH.	Gemeinsamer Export von Flugzeugmotoren
71. Exportgemeinschaft Schiffbau	1952		10	GmbH.	Beteiligung an Submissionen
72. Fahrradkonvention Ausland	1918				Festlegung von Mindestpreisen für den Export

Bezeichnung des Kartells (spezieller Länderbereich auf den sich das Kartell erstreckt)	*Gründungsjahr*	*Auflösung*	*Mitgliederzahl*	*Rechtsform*	*kurze Charakterisierung des Kartellzwecks*
Elektroindustrie					
73. Exportkartell der Kabelindustrie	1929		10	GmbH.	Gemeinsame Interessenwahrung im Ausland
74. Exportvereinigung der Deutschen Röntgenröhrenhersteller, Berlin	1936	1945	3		Regelung der Preise und Verkaufsbedingungen
75. Exportkartell für elektr. Fahrradbeleuchtung	1935				Sicherung der Exportpreise (Zwangskartell)
76. Exportkartell für elektr. Fahrradbeleuchtung nach Holland	1935		20		Festsetzung von Mindestpreisen, Rabatten und Konditionen
77. Exportkartell für Fahrraddynamos und Scheinwerfer nach England					Festlegung von Richtpreisen
Feinmechanische und Optische Industrie					
78. Exportkartell für chirurgische Instrumente					Zwangskartell
79. Exportkonvention der Hersteller von zahnärztl. Operationsstühlen	1937		8	Vertrag	Festlegung von Mindestpreisen, Rabatten und Lieferbedingungen

Bezeichnung des Kartells (spezieller Länderbereich auf den sich das Kartell erstreckt)	*Gründungsjahr*	*Auflösung*	*Mitgliederzahl*	*Rechtsform*	*kurze Charakterisierung des Kartellzwecks*
80. Exportkonvention der Fabrikanten von Nervnadeln	1938		6	Vertrag	Festlegung von Rabatten Festlegung von Mindestpreisen
81. Exportkonvention der Fabrikanten von Hand- und Winkelstücken	1938			Vertrag	Festsetzung von Mindestpreisen und Rabatten
82. Exportkonvention Zahnbohrer	1938		11—12	Vertrag	Festsetzung von Mindestpreisen
83. Exportkonvention „Zahnärztl. Spritzen, Kanülen und Zubehör“	1938			Vertrag	Festsetzung von Mindestpreisen und Rabatten
84. Exportgemeinschaft Präzisionswerkzeuge					
85. Exportkartell für Reißzeuge	1935	1939			Festsetzung von Mindestpreisen
86. Exportkartell für Brillengläser					Zwangskartell
87. Ausfuhrkartell für Prismenfeldstecher	1915		5—6		Kontingentierung. Festlegung von Mindestpreisen
Chemische Industrie					
88. Zündstein-Exportkartell	1959			Ges. BGB.	Regelung von Provisionen und Rabatten für Exporthändler
89. Zündholz-Exportzentrale, Hamburg	vor 1927				
90. Exportkartell für Acetat	1959				Exportförderung
91. Exportsyndikat für Wasserglas	1927		10		Hebung der Ausfuhr durch gemeinsame Verkaufspolitik (auch holländ. Firmen)

Bezeichnung des Kartells (spezieller Länderbereich auf den sich das Kartell erstreckt)	*Gründungsjahr*	*Auflösung*	*Mitgliederzahl*	*Rechtsform*	*kurze Charakterisierung des Kartellzwecks*
Industrie der Steine und Erden, Glas- und Porzellanindustrie					
92. Exportzusammenschluß der Basaltindustrie nach Holland	1935				Bereinigung der Mißstände auf dem holländ. Markt
93. Verkaufsvereinigung Deutscher Flußspatgruben, Erfurt	1925		6	GmbH.	Durchführung größerer Exportaufträge
94. Ausfuhrpreisabkommen in der Zementindustrie		1914			Regelung der Preise und Absatzverhältnisse auf Exportmärkten
95. Rheinisch-Westfälischer Zementexportverband, Münster	1923	1926		GmbH.	Exportdurchführung
96. Exportgemeinschaft in der Deutschen Zementindustrie	1934				Festsetzung von Preisen und Konditionen. Exportdurchführung mit Hilfe der regionalen Verk.-Syndikate
97. Exportstelle der Deutschen Zementindustrie	nach 1933				Exportkartell der Fachgruppe Zementindustrie
98. Ziegelexport-Gesellschaft, Hamburg (Skandinavien, England)	1936			GmbH.	Exportdurchführung
99. Röhrenexportgesellschaft, Köln (Außereuropa und Rußland)	1926				Exportdurchführung
100. Tonröhren (Steinzeug-) Exportgemeinschaft des Köln-Frechener Bezirks, Frechen. (Außereuropa und Rußland)	1926				Exportdurchführung (andere Mitglieder als 99)

Bezeichnung des Kartells (spezieller Länderbereich auf den sich das Kartell erstreckt)	*Gründungsjahr*	*Auflösung*	*Mitgliederzahl*	*Rechtsform*	*kurze Charakterisierung des Kartellzwecks*
101. Exportvereinigung rheinischer Steinzeugwerke, Köln	1930		7—8	eGmbH.	Exportanbahnung
102. Exportverkaufsstelle deutscher Wandplattenwerke, Hamburg	1931		6	GmbH.	Syndikat (Exportdurchführung)
103. Fliesen-Exportkartell (Argentinien)					Lieferung von Fliesen nach Argentinien
104. Exportkartell der Feuerfesten Industrie	1959 geplant				
105. Exportvereinigung der Porzellanindustrie (Speziell USA, Kanada)	1901	1907	36		Festlegung der Auslandspreise für Stapelware
106. Deutsche Spiegelglas-Ausfuhrgesellschaft, Aachen	1921	1945	8	GmbH.	Gemeinsamer Export
107. Deutsche Fensterglas-Ausfuhrgesellschaft, Frankfurt	1935	1940	3	GmbH.	Export von Fenster- und Dickglas
108. Vereinigung der deutschen Glasinstrumentenhersteller, Ilmenau	1937		ca. 200	e. V.	Zwangskartell. Beseitigung der Preisunterbietungen auf den Exportmärkten

Bezeichnung des Kartells (spezieller Länderbereich auf den sich das Kartell erstreckt)	*Gründungsjahr*	*Auflösung*	*Mitgliederzahl*	*Rechtsform*	*kurze Charakterisierung des Kartellzwecks*
Textil- und Kunstfaserindustrie					
109. Exportvereinigung deutscher Jutespinnereien und -webereien, Magdeburg	1922			GmbH.	Kontingentierung, Verteilung von Exportaufträgen. Durchführung Mitglieder selbst. Ausschaltung von Preisdifferenzen
110. Exportvereinigung der Interessengemeinschaft deutscher Juteindustrieller, Hamburg	1930				Quotenmäßige Verteilung der Auslandsaufträge. Preisfestsetzung
111. Textilexportverband, Berlin	1924				Förderung und Durchführung des Exports der Mitglieder, ausländ. Geschäftsstellen
112. Ausfuhrkartell der Fachuntergruppe Kammgarnspinnerei (Balkan)	nach 1933				Mindestpreise und Zahlungsbedingungen für den Export (Zwangskartell)
113. Exportgemeinschaft Gladbacher Buntweber					
114. Exportkartell des Zentralvereins der Hutfabrikanten Deutschlands, Berlin				e. V.	Verkauf von Herrenhüten nach Holland
115. Exportkartell der Filztuchindustrie	vor 1939				

Bezeichnung des Kartells (spezieller Länderbereich auf den sich das Kartell erstreckt)	*Gründungsjahr*	*Auflösung*	*Mitgliederzahl*	*Rechtsform*	*kurze Charakterisierung des Kartellzwecks*
116. Verband deutscher Exportdecken-Fabrikanten, Leipzig	1918		3	e. V.	Interessenwahrung. Gemeinsamer Verkauf der Erzeugnisse
117. Nähgarn-Exportgesellschaft München	1931			GmbH.	Ankauf von Garn zu Exportzwecken
118. Exportkartell von Netzen	1953		2		Exportdurchführung, Exportförderung
119. Exportkartell der Paumelles-fabrikanten, Hagen (Orient)	1903		8	e. V.	Kontingentierung, Preisregelung. Exportdurchführung
120. Exportorganisation für deutsche Kunstspinnfaser-Erzeugnisse	1935				Exportförderung, Ausfuhrrückvergütungen
121. Zellwoll-Exportgemeinschaft, Berlin	1938		ca. 13	GmbH.	Interessenvertretung und Werbung im Ausland
122. Exportkartell von Zellwolle-Herstellern (Exportförderung für Zellwolle) Wuppertal-E.	1959			Ges. BGB.	Gemeinsame und einheitliche Exportförderung. Exportvergütungen
123. Exportkartell von Textilreyon-Herstellern (Exportförderung für Textilreyon) Wuppertal-E.	1959			Ges. BGB.	Gemeinsame und einheitliche Exportförderung. Exportvergütungen
Lederindustrie					
124. Exportvereinigung süddeutscher Lederwerke	1928		3	GmbH.	Gemeinsame Wahrnehmung der Exportinteressen
125. Exportkartell Fahrrad-Sättel und -Taschen	1937				

Bezeichnung des Kartells (spezieller Länderbereich auf den sich das Kartell erstreckt)	*Gründungsjahr*	*Auflösung*	*Mitgliederzahl*	*Rechtsform*	*kurze Charakterisierung des Kartellzwecks*
Holz- und Papierindustrie					
126. Exportvereinigung für die deutsche Holzindustrie, Hamburg	1920				Gemeinsames Vorgehen im Auslandsgeschäft
127. Ausfuhrstelle der Gruppe Möbelindustrie des Wirtschaftsverbandes der deutschen Holzindustrie, Berlin (franz. Zollgebiet)	1932				Verwaltung der Kontingentsmengen, Ausstellung der Ausfuhrerlaubnisscheine
128. Exportkontor deutscher Faßholzfabriken, Berlin	1925		3	GmbH.	Vermittlung des Exports von Buchenfaßholz
129. Exportsyndikat der Leichtfaßindustrie (Finnland, Baltikum, Holland)		1945		GmbH.	Exportdurchführung
130. Exportkartell für Weidenreifen	1936				Mindestpreisfestsetzung, Ausfuhr nur nach Prüfung von Anträgen
131. Außenhandelsverband der Papierverarbeitenden Industrie, Berlin	1899		115	e. V.	Spitzenorganisation
Nahrungs- und Genußmittelindustrie					
132. Ausfuhrvereinigung deutscher Rübenzuckerfabriken, Berlin	1925	1930	ca. 300	GmbH.	Überschußproduktion zu Verlustpreisen ausgeführt, um Inlandspreis zu halten. (Quotierungen)

Bezeichnung des Kartells (spezieller Länderbereich auf den sich das Kartell erstreckt)	*Gründungsjahr*	*Auflösung*	*Mitgliederzahl*	*Rechtsform*	*kurze Charakterisierung des Kartellzwecks*
133. Seefisch-Exportkartell (Österreich)	1959				Versorgung des österreichischen Marktes mit Frischfisch. Festpreise für Exporteure
134. Deutsche Fischkonserven-Gesellschaft, Hamburg	1952		17	GmbH.	Exportanbahnung, Exportdurchführung
135. Exportverband Berliner Fleischwarenfabriken, Berlin-Charlottenburg					
136. Exportkontor deutscher Fleischwaren-Fabriken, Hamburg	1953		39	e. V.	Beratung, Marktforschung, Werbung im Export, Qualitätssicherung
137. Fleischwaren-Export-Gesellschaft, Hamburg	1950		70	GmbH.	Marktforschung, Werbung, Absatzplanung, Qualitätssicherung im Export
138. Allgäuer Emmentaler Export-Gesellschaft, Kempten	1956		14	GmbH.	Sicherung und Förderung des Exports, einheitliche Preisstellung
139. Verband der deutschen Ausfuhrbrauereien, Berlin	1920		63	e. V.	Allgemeine Interessenvertretung, Festlegung von Ausfuhrtarifen, Preis- und Konditionenbildung
140. Ausfuhrgesellschaft der deutschen Brauwirtschaft	nach 1933			GmbH.	Einheitliche Lenkung des Exports von Bier, Hopfen und Malz
141. Verband der Ausfuhrbrauereien Nord-, West- und Südwestdeutschlands	1950			e. V.	Kollektivwerbung und Marktanalysen im Ausland
142. Verband der bayerischen Ausfuhrbrauereien, München					Kollektivwerbung und Marktanalysen im Ausland

Bezeichnung des Kartells (spezieller Länderbereich auf den sich das Kartell erstreckt)	*Gründungsjahr*	*Auflösung*	*Mitgliederzahl*	*Rechtsform*	*kurze Charakterisierung des Kartellzwecks*
Diverse Industrien					
143. Exportverband deutscher Filmindustrieller	1920				Förderung der deutschen Filminteressen auf dem Weltmarkt
144. Export-Union der deutschen Filmindustrie	1956			e. V.	Richtpreisvereinbarung für den Export von Filmen. Auslandswerbung, Exportberatung
145. Ausfuhrgemeinschaft Kriegsgerät, Berlin	ca. 1919				Beratende und koordinierende Funktion den Firmen gegenüber
Kartelle bzw. Verbände von Exporthändlern					
146. Vereinigung der Import- und Exportfirmen der Filmindustrie, Berlin	1919		25	e. V.	Förderung der Ein- und Ausfuhr. Allgemeine Interessenwahrung
147. Verband der deutschen Exporteure, Hamburg	1907				
148. Verein Berliner Exporteure, Berlin				e. V.	Feststellung der Handelsusancen, Unterrichtung der Mitglieder
149. Verband Hamburger Bierausfuhr-Firmen, Hamburg	vor 1930				
150. Verband der Exporteure von Bijouteriewaren	vor 1930				Regelung der Preise und Konditionen für den Export

Bezeichnung des Kartells (spezieller Länderbereich auf den sich das Kartell erstreckt)	*Gründungsjahr*	*Auflösung*	*Mitgliederzahl*	*Rechtsform*	*kurze Charakterisierung des Kartellzwecks*
151. Verein Hamburger Exporteure	vor 1922		mehrere Hundert	e. V.	Interessenvertretung der Mitglieder
152. Verband deutscher Eisenexporteure	vor 1922				Richtlinien für den Export. Konditionenregelung, Interessenvertretung
153. Zentralverband deutscher Exportfirmen	1920				
154. Deutsche Central-Export-Genossenschaft, Berlin (Osteuropa)	1922			eGmbH.	Exportdurchführung der angeschlossenen Industrie- und Handelsfirmen

III.
Übersicht über die erfaßten internationalen Export-Kartelle (mit deutscher Beteiligung)

Bezeichnung des Kartells	*Gründungsjahr*	*Auflösung*	*Mitgliederzahl*	*kurze Charakterisierung des Kartellzwecks*
Zweige der Urproduktion				
1. Internationales Koks-Ausfuhrkartell	1936			Festsetzung von Mindestpreisen für den Export; Hauptmärkte in Gruppen eingeteilt, die von den Kartellmitgliedern entsprechend ihrer Quote beliefert werden. Deutschlands Anteil 1937 48 %
2. Internationales Kalisyndikat	1928			
Eisen- u. stahlerzeugende, Metall-Industrie				
3. Feinblechexport-Syndikat	1927		4 Länder	Regelung der Absatzgebiete zwischen deutschen, tschechischen, österreichischen und ungarischen Firmen
4. Internationale Rohstahl-Exportgemeinschaft	1926		7 Länder	Regelung des Auslandsabsatzes auf dem Eisen- und Stahlmarkt
5. Europäisches Röhrenausfuhrkartell	1938		6 Länder	Quotenausfuhrkartell für Gas-, Öl-, Siede- und Lokomotivröhren
6. Internationales Röhrenkartell (Weltröhrenkartell)				Exportkartell für Gas- und Dampfrohre, Öl-, Lokomotiv- und Kesselrohre
7. Internationaler Drahtausfuhrverband	vor 1936			
8. Internationales Weißblech-Ausfuhrkartell	1934		6 Länder	Festsetzung von Ausfuhrquoten und -preisen durch Firmen aus Deutschland, England, Frankreich, Italien, Norwegen und USA

Bezeichnung des Kartells	*Gründungsjahr*	*Auflösung*	*Mitgliederzahl*	*kurze Charakterisierung des Kartellzwecks*
9. Internationaler Ausfuhrverband für kaltgewalztes Bandeisen	1939		4 Länder	Quoten- und Preiskartell, Beteiligung von Deutschland, Frankreich, Belgien und Luxemburg. Geschäftsführung beim internationalen Ausfuhrverband für warmgewalztes Bandeisen, Lüttich
10. Export-Zentralbüro kontinentaler Emaillierwerke	1901	1905	2 Länder	Quotierung der Ausfuhr von deutschen und österreichischen Werken
11. Internationales Exportkartell für Emaillewaren	1906	1925		Beteiligt sind maßgeblich deutsche und österreichische Hersteller, später auch Polen, CSR, Schweiz. Gemeinsames Exportbüro, Export hauptsächlich nach China, Japan, Indien
12. Verband europäischer Emaillierwerke	1935	1939	8 Länder	fast alle deutschen, österreichischen, ungarischen, tschechischen, polnischen, französischen, belgischen und jugoslawischen Werke einschließlich der Exporteure gehören ihm an. Streben nach dem höchsten erzielbaren Preis.
13. Copper Exporters Inc.	1926	1932	32 Firmen	Kupferpreismanipulierung. Einzelverträge mit den angeschlossenen ausländischen Handelsgenossen. Auch 3 deutsche Kupfererzeuger beteiligt
Maschinen- u. Fahrzeugindustrie				
14. Internationales Exportkartell für Haushaltsmaschinen, Leipzig/Den Haag	1936 neu 1947	1941	5 Länder	Beteiligt Deutschland, Schweden, Frankreich, Finnland, Italien. Regelung der Ausfuhrpreise und Verkaufsbedingungen, Interessenwahrung der Mitglieder

Bezeichnung des Kartells	*Gründungsjahr*	*Auflösung*	*Mitgliederzahl*	*kurze Charakterisierung des Kartellzwecks*
Elektroindustrie				
15. Internationales Exportkartell für schwachstromtechnische Bauelemente (Europakonvention Kondensatoren, Widerstände und sonstige Einzelteile)	1941		6 Länder	beteiligt Dänemark, Deutschland, Frankreich, Holland, Italien, Ungarn. Regelung von Exportpreisen und Bedingungen.
Industrie der Steine und Erden				
16. Internationales Zementausfuhrsyndikat	1910		3 Länder	beteiligt Deutschland, England, Belgien
17. Internationales Portlandzement-Exportkartell	1914	1914		Exportkonvention deutscher, belgischer, englischer, skandinavischer Portlandzementfabriken hauptsächlich für den Übersee-Export
18. International Cement Export Conference, Luxemburg	1937			Festlegung von Quoten und Exportpreisen für die verschiedenen Kontinente. Deutsche Quote 15—20 %.
Chemische Industrie				
19. Internationales Farbenabkommen			4 Länder	Der Verkaufspool umfaßt Deutschland, Frankreich, Schweiz, England. Gemeinsame Organgesellschaft für den Übersee-Export in Amsterdam.
20. Internationales Stickstoff-Übereinkommen	1928			Alle europäischen Erzeuger beteiligt.
Textil- u. Kunstfaser-Industrie				
21. Textile Alliance Export Association	1919			Vertrieb der Erzeugnisse der in 4 Verbänden zusammengeschlossenen Mitglieder. Eigene Verkaufsorganisation, Musterausstellungen.

IV. Einige äußere Merkmale der Exportkartelle

1. Branchenzugehörigkeit der Exportkartelle

Einen ersten Aufschluß vermittelt die *Branchenzugehörigkeit der Exportkartelle.* In der tabellarischen Zusammenstellung der in der Untersuchung erfaßten Exportkartelle wurde eine Zuordnung nach Industriegruppen vorgenommen. Um Abgrenzungsschwierigkeiten zu vermeiden, wurden die Gruppen ziemlich weit gefaßt.

Die 154 Exportkartelle verteilen sich auf

1.	Industriezweige der Urproduktion	9 Kartelle
2.	Eisen- und stahlerzeugende und Metallhalbzeugindustrie	14 Kartelle
3.	Metall-Fertigwarenindustrie	30 Kartelle
4.	Maschinen- und Fahrzeugindustrie	19 Kartelle
5.	Elektroindustrie	5 Kartelle
6.	Feinmechanische und optische Industrie	10 Kartelle
7.	Chemische Industrie	4 Kartelle
8.	Industrie der Steine und Erden, Glas- und Porzellanindustrie	17 Kartelle
9.	Textil- und Kunstfaserindustrie	15 Kartelle
10.	Lederindustrie	2 Kartelle
11.	Holz- und Papierindustrie	6 Kartelle
12.	Nahrungs- und Genußmittelindustrie	11 Kartelle
13.	Diverse Industriezweige	3 Kartelle
14.	Kartelle bzw. Verbände von Exporthändlern	9 Kartelle
	insgesamt	154 Kartelle

Hieraus ergibt sich eine eindeutige Konzentration der Exportkartelle einmal auf den Komplex der metallerzeugenden und -verarbeitenden, der Maschinen- und Fahrzeugindustrie (mit 63 Exportkartellen = 41 %), zum anderen in der Industrie der Steine und Erden, der Glas- und Porzellanindustrie mit 11 % und in der Textil- und Kunstfaserindustrie mit 10 %.

Aufschlußreich ist ein Vergleich dieser Angaben mit der Kartellstatistik aus dem Jahre 1905 [44], die 385 kartellähnliche Vereinbarungen umfaßt, und deren 15 Gruppen den unseren etwa entsprechen. Dort entfallen auf

Kohlenindustrie	19 Kartelle
Eisenindustrie	62 Kartelle
Metallindustrie (außer Eisen)	11 Kartelle
Chemische Industrie	46 Kartelle
Textilindustrie	31 Kartelle
Leder- und Kautschukwarenindustrie	6 Kartelle
Holzindustrie	5 Kartelle

[44] Vgl. Denkschrift über das Kartellwesen, bearbeitet vom Reichsamt des Inneren, I. Teil, Berlin 1906.

Papierindustrie	6 Kartelle
Glasindustrie	10 Kartelle
Ziegelindustrie	132 Kartelle
Industrie der Steine und Erden	27 Kartelle
Tonwarenindustrie	4 Kartelle
Nahrungs- und Genußmittelindustrie	17 Kartelle
Elektroindustrie	2 Kartelle
Sonstige	7 Kartelle

Auch hier liegen die Schwerpunkte der Kartellierung bei der Eisen- und Metallindustrie, der Industrie der Steine und Erden (im weiteren Sinn), der chemischen Industrie und der Textilindustrie. Die hohe Zahl von Kartellen der Ziegelindustrie dürfte sich aus dem regionalen Charakter dieser Zusammenschlüsse erklären. Wir können hieraus ersehen, daß die Kartelle allgemein und die Exportkartelle hinsichtlich ihrer Branchenzugehörigkeit in etwa einander entsprechen. Auffallend ist die geringe Zahl der ausgewiesenen Exportkartelle in der chemischen Industrie. Gerade in diesem Zweig dürfte jedoch eine große Zahl von Exportkartellen für die einzelnen Produkte bestehen, die kaum an die Öffentlichkeit dringen[45].

2. *Gründungsjahr*

Die von uns erfaßten Exportkartelle wurden unter diesem Gesichtspunkt in 6 Gruppen eingeteilt. Gegründet wurden

vor 1900		4 Exportkartelle
1901—1910		9 Exportkartelle
1911—1920		24 Exportkartelle
1921—1930		36 Exportkartelle
1931—1940		43 Exportkartelle
nach 1945		22 Exportkartelle
Gründungsjahr unbekannt bei		16 Exportkartellen
	insgesamt	154 Exportkartelle

Die Tabelle zeigt, daß vor 1900 nur wenige Exportkartelle ins Leben gerufen wurden. Auffallend ist ferner, daß die Hälfte aller Exportkartelle in den beiden Dekaden von 1921 bis Kriegsausbruch gegründet wurde. Von den Neugründungen, die uns nach 1945 bekannt geworden sind, stammen allein 11 aus den Jahren 1958 und 1959 nach dem Inkrafttreten der Kartellgesetzgebung.

[45] Darauf läßt beispielsweise die folgende Notiz schließen:
„Die deutschen Exporteure haben das Bundes-Kartellamt darauf aufmerksam gemacht, daß viele ihrer Firmen von der *chemischen Industrie* für bestimmte Chemikalien keine Angebote mehr erhalten, seit die betreffenden Firmen *Exportkartelle* angemeldet haben ... Von den beim Bundeskartellamt angemeldeten 38 Export-Kartellen gehört ein sehr großer Teil zur chemischen Industrie ..." Vgl. „Die Welt", Hamburg, vom 4. 5. 1959.

3. Zahl der Mitglieder

Von 58 Exportkartellen haben wir die Mitgliederzahlen in Erfahrung gebracht.

Exportkartelle mit	2— 5 Mitgliedern:	13
Exportkartelle mit	6—10 Mitgliedern:	18
Exportkartelle mit	11—20 Mitgliedern:	13
Exportkartelle mit	über 20 Mitgliedern:	14

Dabei ist zu bedenken, daß die Mitgliederzahl allein über die Marktstellung des Kartells nur wenig aussagt. Auch wenn das Exportkartell definitionsgemäß möglichst alle Hersteller eines Artikels zu umfassen sucht, kann die Anzahl der Mitglieder klein sein.

Spezialerzeugnisse, wie etwa Röntgenröhren, werden von nur wenigen Herstellern gefertigt. Ein Exportkartell kann daher auch schon mit wenigen Mitgliedern Bestand haben, wenn diese nur einen genügend hohen Marktanteil auf sich vereinigen. Im Gegensatz dazu sind an der Herstellung von Massengütern, wie etwa Ziegel oder Walzdraht, wesentlich mehr Betriebe beteiligt, und die Mitgliederzahl des einschlägigen Kartells muß groß sein, soll es nicht durch eine hohe Außenseiterzahl von vornherein einen labilen Charakter haben. Hinweise auf die vorhandenen Außenseiter finden sich jedoch bei den Angaben über die Mitgliederzahl nur in den seltensten Fällen (vgl. auch Seite 281).

4. Rechtsform

Die Rechtsform ist uns von 63 Exportkartellen bekannt geworden. Hierbei ergibt sich folgende Verteilung:

GmbH.	33	Exportkartelle
e. V.	15	Exportkartelle
AG.	1	Exportkartell
Genossenschaft	2	Exportkartelle
Gesellschaft nach BGB	12	Exportkartelle

Aus diesen Angaben geht hervor, daß die bevorzugte Rechtsform des Exportkartells die GmbH. ist. Sie findet vor allem bei den strafferen Formen des Exportkartells (insbesondere beim Exportsyndikat) Anwendung. Bei Zusammenschlüssen in der Rechtsform der GmbH. ist die Zahl der Mitglieder meist klein.

Die Rechtsform des eingetragenen Vereins dürfte besonders bei höheren Mitgliederzahlen (über 20) vorkommen. Bemerkenswert sind auch die Zusammenschlüsse auf Basis der Gesellschaft nach Bürgerlichem Recht. Wir gehen wohl nicht fehl in der Annahme, daß gerade die lockeren Exportzusammenschlüsse, bei denen es zu keiner Ausbildung von eigenen Organen kommt (die also keinen eigenen Geschäftsbetrieb aufweisen), unter diese Gruppe fallen.

Synoptische Zusammenstellung

	1	2	3	4	5	6	7	8	9	10	11	12	13	14	15	16	17	18	19	20	21	22	23	24	25	26
1. *Gründungsjahr*	1932	1918	1916	1958	1936	1934	1928	1934	1958	1959	1939	1909	1928	1958	1936	1935	1938	1938	1937	1913	1901	1921	1935	1938	1953	1925
2. *Mitgliederzahl*	30	.	.	.	.	.	50	.	.	9	.	18	9	7	3	20	.	6	8	8	36	8	3	11	2	300
3. *Rechtsform*	GmbH	GmbH	.	.	.	e.V.	.	GmbH	Ges. BGB	Ges. BGB	.	.	.	.	e.V.	.	Ges. BGB	Ges. BGB	Ges. BGB	GmbH	.	GmbH	GmbH	GmbH	GmbH	GmbH
4. *Art des Erzeugnisses*																										
Nahrungsmittel																										x
Rohstoffe	x	x																								
Vorerzeugnisse			x	x	x	x	x	x	x													x	x	x		
Fertigwaren (Prod.)										x	x	x	x	x	x	x	x	x	x	x					x	
Fertigwaren (Kons.)																					(x)					
5. *Kartellierte Warengruppe*																										
Einproduktbetriebe	x	x																						x		x
Mehrproduktbetriebe																										
nur eine Ware										x						x	x	x	x							
Warengruppen			x	x	x	x			x		x	x	x	x	x					x	x	x	x		x	
alle Waren							x	x																		
6. *Grad der Kartellierung des Zweiges* (Außenseiterzahl)				.	.	.			.	.	.	.	.	.		.					.		.	.	.	
keine Außenseiter	x							x									x	x	x	x[4])						x
Zahl der Außenseiter		2	2				wenige kleine								2[3])							1[5])				
7. *Länderspezialisierung*																										
ja (welche)	Übersee		neutr. Länder				[1])									Holland				[6])	[7])					
nein (alle Länder)		x		x	x	x		x[2])	x	x	x	x	x	x	x		x	x	x			x	x	x	x	x
8. *Organisationsform* (Geschäftsführung)																										
Eigenes Kartellorgan	x	x						x	x	x	x				x	x				x		x	x	x	x	x
Abteilung im Rahmen des Verbandes			x	x			x					x	x	[8])			x	x	x		x					
Federführung eines Mitglieds																										
Fremde Organe					x	x																				
9. *Art der Kostendeckung*	.		.	.			.	.	.	.	.					.	.	.	.		.	.		.		.
Feste Beiträge		x			x	x						x	x	x	x											
Zuschüsse vom Verband																										
Deckung aus Kartellerträgen																							[10])			
Gewinnerzielung und -verwendung																				x[9])					x	

	1	2	3	4	5	6	7	8	9	10	11	12	13	14	15	16	17	18	19	20	21	22	23	24	25	26
10. *Übernahme betrieblicher Teilfunktionen*																										
a) Exportvorbereitg.	x	—	—	—	—	—	—	—	—	—	—	—	—	—	—	—	—	—	—	—	—	—	—	x[11])	x	—
b) Exportanbahnung	x	—	—	—	—	—	—	—	—	—	—	—	—	—	—	—	—	—	—	x	—	—	x	—	x	—
Angebotsstellung	—	—	—	—	—	—	—	—	—	—	—	—	—	—	—	—	—	—	—	—	—	—	x	—	—	—
Preisstellung	.	x	x	x	x	x	x	x	x	x	x	x	—	—	x	x	x	x	x	x	x	x	x	x	.	—
Konditionsregelung	.	x	x	x	x	x	—	—	x	x	x	x	—	x[12])	x	x	x	x	x	—	x	x	.	—	.	—
Kontingentierung	—	x	x	—	—	x	—	—	—	—	—	—	—	—	—	—	—	—	—	—	—	x	—	—	—	x
Gebietsabgrenzung	—	(x)	—	—	—	—	—	—	—	—	—	—	—	—	—	—	—	—	—	—	—	—	—	—	—	—
Auftragsverteilung	—	x	—	—	—	—	—	—	—	—	—	x	x	x	—	—	—	—	—	—	—	—	x	—	—	—
c) Exportdurchführung	x	x	x	—	—	—	—	—	—	13)	—	—	—	—	—	—	—	—	—	x	—	x	x	x	x	—
Verkaufsabschluß	x	x	x	—	—	—	—	—	—	—	—	—	—	—	—	—	—	—	—	x	—	x	x	x	x	—
Verpackung, Versand	x	x	x	—	—	—	—	—	—	—	—	—	—	—	—	—	—	—	—	x	—	x	x	x	.	—
Finanzielle Durchführung	x	x	x	—	—	—	—	—	—	—	—	—	—	—	—	—	—	—	—	x	—	.	x	x	.	—
d) Funktionen nach Exportdurchführung	—	—	—	—	—	—	—	—	—	—	—	—	—	—	—	—	—	—	—	—	—	—	—	—	—	—
11. *Übernahme überbetrieblicher Funktionen*																										
Ausfuhrprämien	—	—	—	—	—	—	—	—	—	—	—	—	—	—	—	—	—	—	—	—	—	—	—	—	—	—
Wirtschaftspolitische Beratung	x	x	—	—	—	x	—	—	—	—	x	—	—	x	—	—	—	—	—	x	x	x	—	x	x	x
Ausfuhrmeldestelle	—	—	—	x	x	x	x	—	14)	—	—	—	x	—	—	14)	—	—	—	—	—	—	—	—	—	—
12. *Ordnung der Exportwege*																										
Vorherrschende Exportwege eines Zweiges	.	.	.	Exporteur	.	.	.	.	15)	.	.	direkt	direkt	direkt	.	16)	Exporteur	.	.	.	.	15)	.	.	.	.
Kartellbestimmungen über Exportwege	.	17)	.	.	—	—	.	.	.	18)	19)	—	—	—	x	—	20)	20)	20)	.	.	.	.	.	.	.
Festlegung von Konditionen und Preisen geg. Exportmittlern	.	.	.	x	.	.	.	.	x	x	x	—	—	—	x	x	x	x	x	.	.	.	.	.	.	.
13. *Regelung von Kartellstreitigkeiten* (Schiedsgerichtsverträge)	.	.	.	.	x	x	.	.	.	x	.	x	.	.	x	x	x	x	x	.	.	.	.	.	x	x

[1] Skandinavien und Ostseestaaten. [2] ohne Belgien und Holland. [3] später Zwangsbeischluß. [4] seit 1934. [5] ab 1940 keine Außenseiter mehr. [6] Übersee und Rußland. [7] USA und Kanada. [8] keine feste Niederlassung; Zusammentreffen von Fall zu Fall. [9] Ausfuhr jedoch meist Verlustgeschäft. [10] Fehlbeträge durch Zuschüsse gedeckt. [11] nur Werbung. [12] Regelung der Konditionen der Ausschreibung. [13] nur Überwachung. [14] Kontrolle der Ausfuhr. [15] direkter Export und über Exporteure. [16] Exportvertreter und Exporteure. [17] Quotierung der Händlerausfuhr. [18] Bindung betrifft alle Exportwege. [19] Händlerbindung. [20] Anerkennung als Exporteur bzw. Grossist durch das Kartell erforderlich.

V. Ökonomische und organisatorische Struktur der Exportkartelle

Wenn wir neben diesen allgemeinen Merkmalen Näheres über die ökonomische und organisatorische Struktur und speziell über das Ausmaß der Funktionsübernahme durch die einzelnen Exportkartelle in Erfahrung bringen wollen, so fehlen uns in den meisten Fällen detailliertere Aufschlüsse.

Wir haben deshalb in der umseitigen synoptischen Zusammenstellung 26 Exportkartelle (siehe das untenstehende Verzeichnis), über die ausführlichere Unterlagen zur Verfügung standen, nach gewissen Merkmalen gruppiert. Diese Merkmale sind:

1. Gründungsjahr
2. Mitgliederzahl
3. Rechtsform
4. Art des Erzeugnisses
5. Kartellierte Warengruppe
6. Grad der Kartellierung (Außenseiterzahl)
7. Länderspezialisierung
8. Organisationsform
9. Art der Kostendeckung
10. Übernahme betrieblicher Teilfunktionen
11. Übernahme überbetrieblicher Funktionen
12. Ordnung der Exportwege
13. Regelung von Kartellstreitigkeiten

Liste der in der synoptischen Tabelle erscheinenden Exportkartelle

1. Torfausfuhr-Vereinigung („Detorf"), Bremen
2. Salzausfuhr-GmbH., Berlin
3. Auslandsverkaufsvereinigung für Stabeisen, Düsseldorf
4. Blankstahl-Exportkartell, Düsseldorf
5. Ausfuhrgemeinschaft für Erzeugnisse der Metallhalbzeugindustrie, Berlin
6. Exportverband für Aluminiumhalbfabrikate, Berlin
7. Drahtseil-Ausfuhrkonvention, Essen
8. Drahtseil-Ausfuhrvereinigung, Essen
9. Exportkartell Sechseckgeflecht
10. Exportkartell der Hauerindustrie, Hagen
11. Ausfuhrgemeinschaft Armaturen und Maschinenteile, Berlin

12. Lokomotiv-Ausfuhrverband I, Berlin
13. Lokomotiv-Ausfuhrverband II
14. Lokomotiv-Exportkartell
15. Exportvereinigung deutscher Röntgenröhren-Hersteller, Berlin
16. Exportkartell für elektrische Fahrradbeleuchtungen nach Holland
17. Exportkonvention der Fabrikanten von Hand- und Winkelstücken, Berlin
18. Exportkonvention der Fabrikanten von Nervnadeln, Stuttgart
19. Exportkonvention der Hersteller von zahnärztlichen Operationsstühlen, Berlin
20. Exportvereinigung rheinischer Steinzeugwerke, Köln
21. Porzellan-Exportvereinigung
22. Deutsche Spiegelglas-Ausfuhrgesellschaft, Aachen
23. Deutsche Fensterglas-Ausfuhrgesellschaft, Frankfurt
24. Zellwoll-Exportgemeinschaft, Berlin
25. Exportkartell von Netzen
26. Ausfuhrvereinigung der deutschen Rübenzuckerfabriken, Berlin

1. Gründungsjahr

Von den 26 Exportkartellen wurden gegründet:

1901—1910	2 Exportkartelle
1911—1920	2 Exportkartelle
1921—1930	4 Exportkartelle
1931—1940	13 Exportkartelle
nach 1945	5 Exportkartelle

2. Mitgliederzahl

Von 17 der 26 Exportkartelle ist die Mitgliederzahl bekannt.

Exportkartelle mit	2— 5 Mitgliedern:	3
Exportkartelle mit	6—10 Mitgliedern:	7
Exportkartelle mit	11—20 Mitgliedern:	3
Exportkartelle mit	über 20 Mitgliedern:	4

3. Rechtsform

Für 16 Exportkartelle finden sich Angaben über die Rechtsform.

Die Rechtsform der Gesellschaft nach BGB haben	5 Exportkartelle
Die Rechtsform des e. V. haben	2 Exportkartelle
Die Rechtsform der GmbH haben	9 Exportkartelle

4. Art des Erzeugnisses

Eine Aufgliederung der Exportkartelle nach Branchen haben wir bereits im vorigen Kapitel vorgenommen. Eine ähnliche Unterscheidung ist die folgende im Sinne der Außenhandelsstatistik: nach Nahrungsmitteln, Rohstoffen, Halbwaren bzw. Fertigwaren-Vorerzeugnissen, Fertigwaren-Enderzeugnissen für den Produktivbedarf und den Konsumtivbedarf. Dabei ergibt sich:

1	Exportkartell im Bereich	Nahrungsmittel
2	Exportkartelle im Bereich	Rohstoffe
10	Exportkartelle im Bereich	Halbwaren bzw. Fertigwaren-Vorerzeugnisse
12	Exportkartelle im Bereich	Fertigwaren-Enderzeugnisse für Produktivbedarf
1	Exportkartell im Bereich	Fertigwaren-Enderzeugnisse für Konsumtivbedarf

Eine Häufung der Exportkartelle in den Bereichen der Vorerzeugnisse und Enderzeugnisse für Produktivbedarf ist deutlich zu erkennen. Besonders die Halbwaren und Vorerzeugnisse, wie auch manche Rohstoffe, sind hiernach für eine Kartellierung geeignet, da sie ein hohes Maß an Fungibilität besitzen. Massenprodukte, etwa des Bergbaus, der chemischen Industrie, der Metallerzeugenden und Halbzeug-Industrie, weisen keine oder nur geringe Qualitätsunterschiede auf.

Der hohe Anteil der kartellierten Fertigwaren-Enderzeugnisse entspricht der Tendenz des zunehmenden Fertigwarenexports in den Industriestaaten. Voraussetzungen für eine wirksame Kartellierung in diesem Bereich ist jedoch eine Vereinheitlichung der Erzeugnisse durch Normierung und Standardisierung. Dies gehört häufig mit zu den ersten Aufgaben, die ein Exportkartell bzw. das entsprechende Inlandskartell zu bewältigen hat [46].

5. *Kartellierte Warengruppe*

Ein Kartell stellt meistens einen Zusammenschluß von Herstellern *gleichartiger* Waren dar.

Wir haben nun die 26 Exportkartelle dahingehend untersucht, welche Teile ihres Produktionsprogramms der Kartellierung unterliegen, und sind dabei zu folgenden Ergebnissen gelangt:

Alle Erzeugnisse einer Firma sind nur in dem Ausnahmefall des „Einproduktbetriebes“ kartelliert, d. h. wenn das Fabrikationsprogramm ohnehin nur aus einem Artikel (eventuell in verschiedenen Qualitäten) besteht. Diesen Fall finden wir häufig bei Exportkartellen in Zweigen der Urproduktion; wir weisen auf die Beispiele Ausfuhrvereinigung der deutschen Rübenzuckerfabriken, Salzausfuhr-GmbH., Torfausfuhrgesellschaft hin.

Aus dem Sortiment eines Mehrproduktbetriebes sind nur selten *alle Waren* gemeinsam kartelliert; hier ist allerdings die unterschiedliche Sortimentsbreite des einzelnen Mitglieds zu berücksichtigen. Bei Fabriken mit

[46] Vgl. *Kleeberg, R.:* a.a.O., Seite 31.

engem Sortiment ist eine Kartellierung aller Waren eher denkbar als bei Betrieben mit breitem Sortiment; annähernd trifft dies etwa zu für die reinen Drahtseilwerke innerhalb der Drahtseil-Ausfuhrkonvention oder für die Stabeisen-Auslandsverkaufsvereinigung. Recht häufig ist der Fall, daß *nur eine Ware* aus dem Sortiment eines Herstellers kartelliert ist, wie wir es bei den verschiedenen Konventionen der Fabrikanten von zahnmedizinischen Geräten feststellen konnten. Hier kommt es vor, daß Hersteller mit genügend breitem Sortiment Mitglieder von mehreren Exportkartellen sind. Erstreckt sich das Kartell auf *bestimmte Warengruppen* aus dem Fertigungsprogramm der Mitglieder, so müssen die kartellierten und nichtkartellierten Erzeugnisse im Kartellvertrag zweifelsfrei abgegrenzt werden [47]. Manchmal bleiben Erzeugnisse, die sich wenig für den Export eignen oder die nur in beschränktem Umfang exportiert werden, außerhalb der Kartellierung.

6. Grad der Kartellierung (Außenseiterzahl) des Industriezweiges

Je straffer eine Branche kartelliert ist, d. h. je weniger Außenseiter für eine kartellierte Ware bzw. Warengruppe existieren, um so stabiler ist das betreffende Kartell. Es wird deshalb stets bemüht sein, einen möglichst großen Anteil der inländischen Produktion in sich zu vereinigen (vgl. auch Seite 275). In unseren Beispielen zeigt sich diese Tendenz genau. In 12 Fällen wurden Angaben über die Außenseiterzahl gemacht. Dabei stellte sich heraus, daß 6 Kartelle von vornherein sämtliche in Frage kommenden Hersteller umfaßten. Bei den übrigen waren wenige unbedeutende Außenseiter vorhanden, wobei diese in drei Fällen dem Kartell im Laufe seines Bestehens mehr oder weniger freiwillig beitraten. Der Zug, Außenseiter durch Zwangsbeischluß dem Exportkartell einzugliedern, zeigte sich besonders in der Wirtschaftspolitik des Dritten Reiches, deren Lenkungsmaßnahmen auf dem Exportgebiet u. a. darauf abzielten, unbedingte Preisdisziplin zu schaffen, um eine „Verschleuderung des Volksvermögens" ins Ausland zu unterbinden.

7. Länderspezialisierung

Einer kurzen Betrachtung wert ist die Frage, ob sich ein Exportkartell auf die ganze Welt erstreckt oder ob es nur für bestimmte Länder Gültigkeit hat. Vorherrschend ist bei weitem der erste Fall. Von unseren Beispielen weisen 19 in dieser Hinsicht keine Beschränkungen auf. Immerhin erstrecken

[47] Einige Beispiele hierfür finden sich in den Einzeldarstellungen der besprochenen Exportkartelle im Kapitel VII.

sich die übrigen 7 Exportkartelle nur auf einzelne Länder bzw. Ländergruppen [48].

Besonders häufig ist der Fall, daß nur die Ausfuhr nach Übersee kartelliert ist, während die Bearbeitung des europäischen Auslands den einzelnen Firmen vorbehalten ist. Exportabreden nach einzelnen Ländern kommen ebenfalls vor. Meistens handelt es sich hierbei darum, daß der Export in die Hauptabnehmerländer kartelliert ist (etwa Exportkartell für elektrische Fahrradbeleuchtungen nach Holland, für Porzellan nach USA und Kanada); die Ausfuhr nach allen übrigen Gebieten bleibt frei.

8. Organisationsform des Exportkartells

Im Hinblick auf die Frage nach den Trägern der Geschäftsführung eines Exportkartells lassen sich folgende Möglichkeiten unterscheiden:

a) Ausbildung eigener Kartellorgane,
b) Abteilung im Rahmen des zuständigen Fachverbandes,
c) Federführung durch eine Mitgliedsfirma,
d) Geschäftsführung durch kartellfremde Organe.

Die Ausbildung eigener organisatorischer Einrichtungen findet sich stets bei den „Exportsyndikaten", die, wie später im einzelnen nachzuweisen sein wird (vgl. Seite 290), eine besonders große Zahl absatzwirtschaftlicher Teilfunktionen von ihren Mitgliedern übernehmen. Eigene Kartellstellen bestehen jedoch durchaus auch bei solchen Formen, die lediglich der Preis- und Konditionenregelung dienen.

Von unseren 26 Beispiel-Fällen verfügen 14 über eigene Kartellorgane. Zahlreich sind auch die Fälle, bei denen die Geschäftsführung des Exportkartells im Rahmen des Fachverbandes oder des entsprechenden Inlandskartells abgewickelt wird. Diese kann räumlich getrennt in einer besonderen Abteilung vor sich gehen oder aber — speziell bei „kleineren" Exportkartellen — durch einen eigenen Sachbearbeiter erfolgen (der im engsten Fall auch noch für andere Verbandsarbeiten zuständig ist). 9 unserer Beispiele entsprechen dieser Organisationsform, darunter die Drahtseil-Ausfuhrkonvention und die Auslandsverkaufsvereinigung für Stabeisen, die in enger Anlehnung an den Drahtverband bzw. den Stahlwerksverband durchgeführt wurden.

Verschiedene Exportkartelle (hauptsächlich die lockeren Formen des Konditionen- und Preiskartells) verfügen über keine eigene Niederlassung; ihre Mitglieder treffen von Fall zu Fall an wechselnden Orten zusammen, wie etwa das neue Lokomotiv-Exportkartell. Bei diesen Typen findet sich

[48] Eine uns bekannt gewordene Länderspezialisierung ist in den Übersichtstabellen (vgl. Seite 249 ff.) hinter der Bezeichnung des Exportkartells in Klammern gesetzt.

häufig eine Geschäftsführung derart, daß ein bestimmtes Mitglied in seinem Betrieb die für das Exportkartell anfallende Arbeit miterledigt, bzw. daß diese federführende Funktion turnusmäßig von den einzelnen Mitgliedern übernommen wird. Bei den Exportkartellen ohne eigenes Organ wird die Geschäftsführung und Überwachung der Kartellbestimmungen auch oft einem kartellfremden Organ, etwa Treuhandbüros, Rechtsanwälten u. a. übertragen.

9. Art der Kostendeckung

Eine Gewinnerzielung kommt bei den meisten Exportkartellen überhaupt nicht in Betracht (auf Ausnahmen werden wir später zu sprechen kommen); sie arbeiten daher lediglich auf Basis der Kostendeckung. Aufschlußreich ist deshalb die Darstellung der verschiedenen Möglichkeiten, die hierfür in Frage kommen; nämlich
a) Kostendeckung durch Zahlung fester Beiträge
b) Kostendeckung durch Zuschüsse des Fachverbandes
c) Kostendeckung durch Kartellerträge.

Am häufigsten kommt in der Praxis die Kostendeckung durch *Zahlung fester Beiträge* vor. Die Bemessung der Beitragshöhe kann auf verschiedene Weise erfolgen: sehr oft richtet sich die Höhe des individuellen Beitrags eines jeden Mitglieds nach der ihm zugestandenen Exportquote, bzw. er wird nach der tatsächlich exportierten Menge bemessen (so etwa im Fall des Exportverbandes für Aluminiumhalbfabrikate je 100 kg Export). In einem anderen uns bekannt gewordenen Fall (Exportkartell der Röntgenröhrenhersteller) wird die Höhe des Beitrags nach Maßgabe der aufzubringenden Kosten von der Mitgliederversammlung im voraus festgesetzt. Man geht hierbei von Kostenschätzungen (eventuell auch von Erfahrungssätzen früherer Jahre) aus. Wird der Voranschlag überschritten, so haben die Mitglieder Nachzahlungen zu leisten.

Kostendeckung durch *verbandliche Zuschüsse* ist in erster Linie dann gegeben, wenn das Exportkartell in enger Verbindung zum Verband steht bzw. nur eine Abteilung des Verbandes ist. Praktische Fälle hierfür sind uns nicht bekannt geworden.

In gewissen Fällen ist auch eine Kostendeckung aus *Kartellerträgen* möglich. Zu denken ist etwa an Exportrückvergütungen, die vom Kartell einbehalten werden. Ähnliche Verhältnisse herrschen dann, wenn das Exportkartell (Syndikat) im Prinzip Gewinnstreben kennt, die Ausfuhrerträge jedoch nur die Kosten decken oder der Export gar verlustbringend ist. Entsprechendes wird beispielsweise von der Exportvereinigung Rheinischer Steinzeugwerke berichtet.

10. Übernahme betrieblicher Teilfunktionen

Das unterschiedliche Ausmaß der Funktionsübernahme durch die Exportkartelle wurde schon an verschiedenen Stellen berührt; wir wollen diesen Fragenkomplex nunmehr im einzelnen untersuchen. In der Funktionsaufgliederung für die 26 Beispielsfälle wird die Abwicklung eines Geschäfts von der Absatzvorbereitung bis hin zu den Funktionen nach Absatzdurchführung verfolgt. Wir halten uns hier im wesentlichen an die von *Schäfer*[49] vorgeschlagene Gliederung für den Absatz schlechthin, die sich mit geringfügigen Abwandlungen auch auf den Exportabsatz anwenden läßt.

a) Absatzvorbereitung

Zur Absatzvorbereitung gehören die beiden Unterfunktionen Marktforschung und Werbung. Im Gegensatz zu den Exportgemeinschaften, die auf die Durchführung dieser Teilaufgaben besonderen Wert legen, finden sie sich bei den Exportkartellen seltener expressis verbis genannt. 3 von 26 näher untersuchten Exportkartellen übernehmen von ihren Mitgliedern die Absatzvorbereitung, wobei es sich in allen Fällen um Formen des „Exportsyndikats" handelt. Wir können hieraus schließen, daß gerade von den strafferen Formen des Exportkartells diese Teilfunktion häufig mitübernommen wird. Jedoch wird auch bei den übrigen Exportkartellen wenigstens eine einfache Markterkundung (eventuell im Zusammenhang mit der Wahrnehmung überbetrieblicher Funktionen) für die Mitglieder durchgeführt.

b) Absatzanbahnung

Die Teilfunktion Absatzanbahnung stellt den zentralen Funktionsbereich eines jeden Exportkartells dar. Uns ist nur ein Fall bekannt geworden, in dem die *Angebotsstellung* durch das Exportkartell erfolgt; es liegt jedoch nahe, daß sie in all den Fällen an das Kartell delegiert ist, in denen auch die Unterfunktionen Exportabschluß und -durchführung (vgl. Seite 286) beim Kartell liegen.

Mittelpunkt jeder Exportkartellvereinbarung ist die *gemeinsame Preisfestsetzung.* Sie ist in 21 unserer 26 Beispielsfälle erfüllt und auch in den meisten anderen, nicht näher untersuchten Exportkartellen Grundlage des Zusammenschlusses. Nur im Falle des Lokomotivausfuhrverbandes wird ausdrücklich darauf hingewiesen, daß er keine direkte Preisbildungsfunktion hat, sondern sich auf Regelung des Submissionswesens beschränkt.

[49] Vgl. *Schäfer, E.:* „Absatzwirtschaft". Beitrag im Handbuch der Wirtschaftswissenschaften, Band I (Betriebswirtschaft), Köln und Opladen 1958, Seite 342.

Die Möglichkeiten der Einflußnahme auf den Preis erstrecken sich von der Vorgabe allgemeiner Richtpreise bis zur genauen Preisfixierung für jeden einzelnen kartellierten Artikel. In der Regel werden für die verschiedenen Erzeugnisse Mindestpreise festgesetzt, die einen Schleuderexport ins Ausland verhindern sollen.

Häufig werden die Exportpreise nach Abnehmerländern differenziert. Dies kann in der Weise geschehen, daß auf einen bestimmten Grundpreis Aufschläge für die verschiedenen Länder gerechnet werden. So bestand etwa bei der Exportvereinigung Deutscher Röntgenröhrenhersteller eine Faktorenliste, mit der die Grundpreisliste umgerechnet werden mußte, um den Preis für jedes einzelne Gebiet zu erhalten.

Die Basis der Preisbemessung kann verschieden sein. Aus den zur Verfügung stehenden Unterlagen gewinnt man den Eindruck, daß sie so gewählt ist, daß sie auch den schwächeren Kartellmitgliedern noch ausreichende Verdienstmöglichkeiten läßt. Trotz gemeinsamer Preisstellung muß nicht unbedingt für jedes Mitglied der gleiche Preis gelten. In manchen Verträgen findet sich eine Regelung dergestalt, daß gewissen kleineren Firmen gestattet wird, einen vorher bestimmten Prozentsatz unter dem Preis einer Großfirma anzubieten, um ihnen dadurch einen Wettbewerbsvorteil zu belassen. Dies ist der Fall etwa bei den Exportkonventionen auf dem zahnmedizinischen Sektor. (Bei der Exportkonvention der Fabrikanten von Nervnadeln werden die Konventionsmitglieder in 3 Preiskategorien eingeteilt.) Stets wird von den Exportkartellen die Notwendigkeit betont, die aufgestellte Preisliste für möglichst lange Zeit in Kraft zu lassen, um eine Stabilität auf den Exportmärkten zu gewährleisten.

Gemeinsam mit der Preisstellung wird von den Exportkartellen meistens die *Regelung der Verkaufsbedingungen* vorgenommen. Für 18 unserer Beispielsfälle trifft diese Aussage zu.

Es handelt sich dabei um die Schaffung einheitlicher Grundsätze über Zahlungsziele, Skonto- und Rabattgewährung, Rabattstaffelung nach Abnehmertypen, Gewährleistungsansprüche u. a. Auch die Konditionen sind häufig nach Abnehmerländern differenziert; so werden etwa für den Übersee-Export längere Zahlungsziele gewährt als für den Export nach Europa. In vielen Fällen erstreckt sich die Konditionsregelung auch auf die an der Exportdurchführung beteiligten Exportmittler. Durch einen sogenannten Verpflichtungsschein wird der Exporthändler auf die Einhaltung der vom Kartell festgelegten Liefer- und Zahlungsbedingungen verpflichtet (vgl. auch Punkt 12 dieses Kapitels).

Eine *Kontingentierung* des Angebots durch das Kartell erfolgt in 5 Fällen. Jedes Mitglied bekommt eine bestimmte Exportquote zugewiesen, an die es sich zu halten hat. Für die Nichtausnutzung bzw. Überschreitung der Exportquoten können vertragliche Abmachungen bestehen, die beispielsweise vorsehen, daß der Verkauf bzw. die Übertragung nicht ausgenutzter Kontingente an andere Mitglieder nach Genehmigung durch das Kartell statthaft ist (vgl. etwa die diesbezügliche Regelung beim Exportverband für Aluminiumhalbfabrikate). In manchen Fällen ist der Export in solchen Industriezweigen kontingentiert, die mit einer gewissen Überproduktion zu kämpfen haben. Um den Inlandspreis stabil zu halten, werden die Überschüsse (oft mit Verlust) im Ausland abgesetzt. Die Exportquotierung hat demnach hier den Zweck, die Verluste im Ausfuhrgeschäft möglichst gerecht zu verteilen (etwa im Fall des Rübenzucker-Exportkartells).

Eine *Auftragsverteilung* durch das Exportkartell selbst findet sich vor allem bei den Formen, die als Verkaufssyndikate in Erscheinung treten (etwa der Salzausfuhr-GmbH.), bei denen in ihrer Eigenschaft als Zentralstelle die Auslandsanfragen und -aufträge eingehen. Eine Sonderform tritt uns in den verschiedenen Exportkartellen der Lokomotivindustrie entgegen, die speziell als „Submissionskartelle"[50] gegründet wurden. Sie haben die Aufgabe, Auslandsanfragen zu sammeln, bzw. die Meldungen über solche von den Mitgliedern entgegenzunehmen. Die Kartellstelle verteilt die Aufträge nach einem gewissen Punkt-Berechtigungssystem an die Mitglieder. Das Mitglied, das einen Auftrag zugewiesen erhält, gibt dann entweder allein ein Angebot ab oder die übrigen reichen höhere Offerten ein. Hiermit soll ein Ausspielen der einzelnen Firmen von seiten des ausländischen Interessenten (der in vielen Fällen eine Monopolstellung innehat) verhindert werden.

c) Absatzdurchführung

Ehe diese Teilfunktion besprochen wird, sei die Anmerkung gestattet, daß gerade auf diesem Gebiet das einschlägige Material zu wenig fundiert und differenziert ist, um genaue Aufschlüsse über die Bedeutung der verschiedenen Unterfunktionen in den einzelnen Beispielsfällen zu erhalten. Sofern das Exportkartell auch die Durchführung des Exports übernimmt, besteht durchwegs eine höhere Kartellform. 8 unserer Beispiele üben die Teilfunktion „Absatzdurchführung" aus. Meist werden dabei sämtliche Teilaufgaben vom Verkaufsabschluß bis zur finanziellen Abwicklung zentral durchgeführt.

Beim *Verkaufsabschluß* durch das Kartell können verschiedene Modalitäten unterschieden werden:

a) im eigenen Namen auf fremde Rechnung,
b) im eigenen Namen auf eigene Rechnung.

Im ersten Fall besteht zwischen dem Exportkartell und dem einzelnen

[50] Vgl. *Klages, H.:* Submissionskartelle, Stuttgart 1932.

Mitglied eine Art Kommissionsverhältnis, im zweiten Fall handelt es sich um Eigengeschäfte des Kartells.

Im allgemeinen übernimmt das Kartell zum Verkaufsabschluß auch noch die *finanzielle Durchführung* des Exports, die Rechnungsstellung und das Inkasso und eventuell auch eine gewisse Absatzfinanzierung und Kreditgewährung. Die eigentliche Verkaufsdurchführung (Verpackung und Versand der Ware) bleibt hier noch der einzelnen Firma überlassen.

Erfolgt auch die *Verkaufsdurchführung* im Rahmen des Exportkartells, so haben wir dessen geschlossenste Form, das Syndikat, vor uns. Die Mitglieder liefern ihre Erzeugnisse an die Kartellstelle, die den gesamten Geschäftsverkehr mit den ausländischen Kunden und alle Exportformalitäten besorgt. Modifikationen können wiederum derart bestehen, daß beispielsweise das Exportkartell nur die Durchführung des Übersee-Exports zentral vornimmt, während für den Export nach Europa bzw. nach Hauptabsatzgebieten lediglich Preisvorschriften bestehen, und die Mitglieder selbst die Exportabwicklung in die Hand nehmen. Zu erwähnen ist noch, daß die Verkaufsdurchführung gerade in solchen Zweigen vom Exportkartell übernommen wird, die von der Ware her als leicht kartellierbar bezeichnet werden können (Rohstoffe, Fertigwaren-Vorerzeugnisse). Ihre Erzeugnisse sind technisch nicht sehr spezialisiert und erfordern keine große Warenkenntnis (etwa Glas und Keramik, Salz, Torf, Stabeisen u. a.).

Die Übernahme von *Funktionen nach Verkaufsdurchführung*, wie Kundendienst und Kundenpflege, ist uns bei den behandelten Beispielen nicht bekannt geworden. Sofern das Exportkartell über Niederlassungen im Ausland verfügt, dürfte es diese jedoch wahrnehmen (beispielsweise den Reparaturdienst und Ersatzteildienst bei Maschinen). Eine Beratung des Kunden über das zu exportierende Erzeugnis, eine Garantieübernahme und eine Erledigung daraus etwa entstehender Reparaturarbeiten finden sich bei Exportkartellen für technisch hochwertige, erklärungsbedürftige Waren, wie etwa elektromedizinische Geräte.

11. Übernahme überbetrieblicher Funktionen

Neben der bisher geschilderten Übernahme betrieblicher Funktionen wird das Exportkartell auch als Berater seiner Mitglieder in wirtschaftspolitischen Fragen allgemeiner Art tätig. Solche überbetrieblichen Funktionen werden in 11 von 26 Fällen vom Kartell mitübernommen; bei manchen (wie etwa der Ausfuhrvereinigung der Rübenzuckerfabriken oder der Salzausfuhr GmbH.) stehen sie sogar vor anderen Funktionen im Vordergrund. Hierbei handelt es sich hauptsächlich um die Wahrung der Interessen der Mitglieder gegenüber staatlichen Stellen sowohl im Inland als auch im Ausland. Verhandlungen über Zollfragen, über die Möglichkeiten der Exportförderung durch den Staat, über Ausfuhrvergütungen, über günstigere Frachtraten beim Export u. a. können vom Kartell auf Grund seiner stärkeren Position wesentlich nachdrücklicher geführt werden als von einem einzelnen Mitglied.

Ein wichtiges Moment in der Exportpolitik der Kartelle ist die Erzielung von *Ausfuhrprämien,* die von im Wirtschaftsablauf vorgeschalteten Industrien gewährt werden [51]. Schon sehr frühzeitig wurden Vereinbarungen dieser Art unter den Kartellen getroffen. Allerdings findet sich die Gewährung von Ausfuhrrückvergütungen weniger bei reinen Exportkartellen als vielmehr bei den gemischten Inlands-Export-Kartellen speziell auf dem Sektor der Grundstoffindustrien. Es handelt sich darum, daß ein Industriezweig (z. B. Halbzeugindustrie) von seinen Lieferanten (z. B. Walzwerksindustrie) für exportierte Erzeugnisse eine Rückvergütung auf den Einkaufspreis der bezogenen Rohstoffe erhält. Er ist dadurch in der Lage, die Waren bei gleicher Gewinnspanne billiger zu exportieren.

Häufig fungieren die Exportkartelle auch als *Ausfuhr-Meldestelle;* in unseren Beispielen übernehmen sie diese Funktionen in 7 Fällen. Eine solche Stelle soll einmal bei kontingentiertem Export eine genaue Kontrolle hinsichtlich der in Anspruch genommenen Quoten gewährleisten und erfüllt damit Kartellfunktionen (z. B. Exportverband für Aluminiumhalbfabrikate); zum anderen kann sie zum Zwecke der staatlichen Außenhandelskontrolle geschaffen sein (etwa im Rahmen der Ausfuhrlenkungsmaßnahmen des Dritten Reiches).

12. Ordnung der Exportwege

Unter dem Exportweg verstehen wir den Weg der Ware vom Hersteller bis zum ausländischen Verwender. Wir können die Exportwege einteilen in:

a) direkten Export, wenn der Hersteller direkt an einen ausländischen Abnehmer verkauft, ohne daß ein inländischer Exportmittler eingeschaltet wird, und

b) indirekten Export, wenn am Export noch inländische Exportmittler beteiligt sind.

Der zweckmäßigste Exportweg wird von objektiven Faktoren wie Eigenart der Ware, Bedarfsverhältnisse, Struktur der Anbieter und subjektiven Momenten, wie Maßnahmen der Konkurrenz, finanzielle Machtverhältnisse und staatliche Außenhandelsvorschriften, bestimmt [52].

[51] Vgl. hierzu *Dönges, R.:* Die handelspolitische Bedeutung der Ausfuhrprämien, Diss. Heidelberg, Frankfurt 1902 und *Diercks, E.:* Das System der Ausfuhrrückvergütungen in der deutschen Eisenindustrie, Diss. Köln 1933.

[52] Vgl. *Kleeberg, R.:* a.a.O., Seite 45, sowie den Beitrag von *Schäfer, E.:* S. 29 ff.

Oftmals ist festzustellen, daß für ein bestimmtes Erzeugnis *traditionelle Exportwege* bestehen, über die sich auch das Kartell nicht ohne weiteres hinwegsetzen kann.

In verschiedenen Beispielen finden sich Hinweise auf vorherrschende Exportwege. So kommt ausschließlich direkter Export bei Großobjekten, wie Lokomotiven, in Betracht, während der Absatz über den Exporthandel in den Fällen des Blankstahl-Exportkartells, der Kartelle für Fahrradzubehör oder für zahnmedizinische Erzeugnisse vorherrscht. Allerdings können hier im Lauf der Jahre (und die Beispiele stammen ja aus verschiedenen Zeiten) Veränderungen auftreten.

Die Kartellbestimmungen können entweder alle Exportwege betreffen (Exportkartell der Hauerindustrie) oder nur einzelne Exportwege binden. Häufig fällt nur der indirekte Export unter die Kartellvorschriften, während der direkte frei bleibt. In manchen Fällen erscheint die Einbeziehung des Händlers in das Kartell als vollberechtigtes Mitglied angebracht. Meistens werden von seiten des Kartells lediglich genaue Richtlinien für den Absatz über Exporteure ausgearbeitet. In einem Verpflichtungsschein müssen die Exporthändler die Erklärung abgeben, die Preise und Konditionen des Kartells einzuhalten. Die Einflußnahme auf den indirekten Export kann so weit gehen, daß das Exportkartell seinen Mitgliedern gewisse Mittlerfirmen ausdrücklich vorschreibt. So mußten bei den Dental-Exportkartellen Exporteure bzw. ausländische Grossisten durch die Konvention anerkannt sein, um beliefert zu werden. In insgesamt 9 der 26 Beispiele sind Konditionen und Preise für die Exportmittler durch das Kartell festgelegt.

13. Regelung von Kartellstreitigkeiten

Einen breiten Raum in jedem Exportkartellvertrag nehmen Bestimmungen über die Regelung von Kartellstreitigkeiten und Konventionalstrafen für kartellwidriges Verhalten der Mitglieder ein. In 11 von 26 Fällen liegen uns Schiedsgerichtsordnungen vor. Bei Streitfragen innerhalb des Kartells ist die Einsetzung eines Schiedsgerichts vorgesehen, das in der Regel aus einem Obmann und je einem Vertreter der streitenden Parteien besteht, und die Schlichtungsverhandlungen führt.

Ferner ist die Möglichkeit gegeben, zur Prüfung von Klagen einen Treuhänder einzusetzen, der das Recht hat, Einsicht in die Geschäftsbücher der Mitglieder zu nehmen. Das Register der Kartellstrafen ist sehr mannigfaltig; es erstreckt sich von Verwarnungen bei geringfügigen Übertretungen bis zu empfindlich hohen Bußgeldzahlungen. Der Hauptgrund der Streitigkeiten ist stets in der Nichteinhaltung der Kartellpreise bzw. -konditionen zu suchen. Auch die Exporthändler werden bei Mißachtung der anerkannten Bedingungen in die Regelung der Konventionalstrafen mit einbezogen.

VI. Versuch einer vorläufigen Typenbildung bei den Exportkartellen

Auf Grund unserer Funktionenanalyse im vorausgegangenen Kapitel können vorerst deutlich zwei Gruppen von Exportkartellen unterschieden werden:

1. Kartelle, die nur der *Exportanbahnung* dienen, insbesondere Preis-, Konditionen- und Auftragsverteilungskartelle,
2. die „Export*verkaufs*"-Kartelle.

1. Bei der ersten Gruppe, die etwa den herkömmlichen *„Preiskonventionen für den Export"* entspricht, ist die Bindung der Mitglieder an die vom Kartell festgesetzten Preise das bestimmende Moment. Fast sämtliche von uns eingehender dargestellten Exportkartelle erfüllen diese Voraussetzung.

Bei der Preisfestsetzung sind — wie bereits ausgeführt — verschiedene Abstufungen möglich, die von einer sehr lockeren zu einer straffen Bindung gehen, nämlich

a) lediglich Festsetzung von Richtpreisen,
b) Festsetzung von Mindestpreisen,
c) Genaue Preisfixierung für jeden Artikel (vgl. Seite 284).

Gemeinsam mit der Bestimmung der Exportpreise erfolgt im allgemeinen auch eine Regelung der *Geschäftsbedingungen.* Eine etwas stärkere Kartellbindung, die wir jedoch grundsätzlich noch zur ersten Gruppe zählen wollen, ist dann gegeben, wenn nicht nur die Kartellmitglieder (Hersteller), sondern auch die verschiedenen Exportmittler zur Einhaltung der Kartellpreise und -bedingungen verpflichtet werden. Die Exportdurchführung bleibt hier stets dem einzelnen Mitglied überlassen; allerdings findet ein Eingriff in diesen Funktionsbereich dann statt, wenn das Kartell seinen Mitgliedern bestimmte Exportmittler vorschreibt. Auch der Fall, in dem das Exportkartell die Verteilung der eingehenden Aufträge übernimmt, gehört noch zum Typ des Exportanbahnungs-Kartells. Noch einen Schritt weiter gehen die Exportkartelle, die den Export ihrer Erzeugnisse quotenmäßig auf die Mitglieder verteilen.

2. Die *Exportverkaufskartelle,* für die wir auch die geläufige Bezeichnung *Exportsyndikate* wählen können, unterscheiden sich von den Kartellen der ersten Gruppe dadurch, daß sie zusätzlich zu der Teilfunktion Exportanbahnung noch die Teilfunktionen Verkaufsabschluß und Exportdurchführung übernehmen. Auch hier können wir jedoch wieder nach dem Ausmaß der Funktionsübernahme in straffere und weniger straffe Spielarten gliedern. Schwach ausgeprägt ist das Verkaufskartell dann, wenn es lediglich den Verkaufsabschluß in eigener Regie durchführt, alle übrigen Aufgaben

jedoch den Mitgliedern überläßt. Im allgemeinen übernimmt das Kartell zum Verkaufsabschluß auch die finanzielle Durchführung des Exports. Das stärkste Ausmaß der Funktionsübernahme weisen diejenigen Exportverkaufskartelle auf, die zur Rechnungsstellung, Inkasso und Exportfinanzierung auch Verpackung und Versand der Ware selbst in die Hand nehmen. Sie gleichen einer zentralen Exportverkaufsstelle für die angeschlossenen Mitglieder.

Ein dritter Kartelltyp ließe sich unter Umständen aus der Tatsache herleiten, daß bei manchen Exportkartellen die Wahrnehmung überbetrieblicher Funktionen allgemeiner Art stark in den Vordergrund gerückt ist. Man könnte diese als „Exportförderungs"-Kartelle bezeichnen. Allerdings ist fraglich, ob sie überhaupt noch unter den Kartellbegriff fallen.

VII. Einzeldarstellungen der behandelten Exportkartelle

1. Torfausfuhr-Vereinigung, Bremen[53]

Diese Ausfuhrgemeinschaft wurde 1933 unter der Firma Deutsche Torfhandelsgesellschaft mbH „Detorf", Bremen, gegründet. Der Gemeinschaftsvertrag sollte bis 1940 laufen und sich jeweils um 3 Jahre verlängern, falls er nicht vorher gekündigt wird. Sämtliche (rund 30) am Übersee-Export interessierten Erzeuger (darunter Konzerne wie Klöckner, Haniel, AEG, Felten und Guilleaume, deren Moorbesitz meist aus zufälligen Erwerbungen der Kriegs- und Inflationszeit stammte) waren der Detorf beigetreten.

Ihr Zweck war der Absatz von Torfstreu und Torfmull nach außereuropäischen Ländern sowie nach den kanarischen Inseln. Maßgebend für die Gründung war der Wunsch, für den Export nach Übersee eine zentrale Regelung zu schaffen. Durch eine einheitliche Organisation sollte vor allem die Werbung in Übersee und die Standardisierung der deutschen Qualitätserzeugnisse gefördert werden. Schließlich war es notwendig, den Konkurrenzkampf der deutschen Produzenten in Übersee, die teilweise unter den Gestehungskosten verkauften, auszuschalten. Den Inlandsverkauf und den Export nach europäischen Ländern (mit Ausnahme der Küstenstaaten) regelte gleichfalls eine Verkaufsgesellschaft, der 70—80 % aller deutschen Torfstreu- und Mullerzeuger angehörten. Die Außenseiterwerke beunruhigten jedoch den Markt durch Preisunterbietungen, worauf es zurückzuführen war, daß sich die Inlandspreise unmittelbar an der Selbstkostengrenze bewegten.

[53] Vgl. Kartell-Rundschau 1933, Seite 64, und *Voigt, F.:* Die Wandlungen der Marktordnungsverbände vom liberalen zum autoritären Staat, Stuttgart—Berlin 1943, Seite 30.

2. *Salzausfuhr-GmbH., Berlin*[54]

Mitte 1918 wurde für den Steinsalzexport ein halbstaatliches Syndikat geschaffen, und zwar in Gestalt einer nicht auf eigenen Erwerb gerichteten GmbH. mit 801 900 Mark Stammkapital. Gegenstand dieses Unternehmens war die Regelung der gesamten deutschen Steinsalzausfuhr mit Ausnahme des Exports der königlich-württembergischen Saline Friedrichshall-Jagstfeld und des Salzwerkes Heilbronn an die bisher von ihnen belieferten holländischen und belgischen Firmen.

Das Aufgabengebiet der Salzausfuhr-GmbH. umfaßte die Festsetzung von Exportquoten für die einzelnen Salzwerke und Exporteure, die Preisgestaltung und sämtliche anderen mit dem Auslandsabsatz zusammenhängenden Angelegenheiten; ferner übernahm sie die bisher von der Zentraleinkaufsgenossenschaft ausgeübte Überwachungsfunktion. Die Gesellschaft diente der für die Erteilung von Ausfuhrbewilligungen zuständigen Reichsbehörde als beratende und ausführende Stelle. Zudem oblag ihr auch die Verteilung der Ausfuhrbewilligung und die Einziehung der Reichsausfuhrabgabe zugunsten des Reiches. Sie konnte im Interesse und für Rechnung von Gesellschaftern Lieferbürgschaften übernehmen bzw. als Treuhänder auftreten.

Die Notwendigkeit eines Zusammenschlusses ergab sich aus der Tatsache, daß in den meisten für eine Salzausfuhr in Frage kommenden Ländern die Einfuhr in den Händen weniger großer Firmen lag, die auf die kleinen deutschen Exporteure Druck auszuüben in der Lage waren. Weiterhin war die Voraussetzung für die Wettbewerbsfähigkeit auf dem Weltmarkt: die richtige Ausnutzung des Frachtenmarktes, nur durch einen solchen syndikalistischen Zusammenschluß zu erreichen.

3. *Auslands-Verkaufsvereinigung für Stabeisen, Düsseldorf*[55]

Die Gründung dieser Vereinigung, die lediglich das Auslandsgeschäft umfaßte, erfolgte im Januar 1916; die Dauer war vorläufig bis zum 30. Juni des gleichen Jahres geplant. An der Vereinigung waren 94 % der deutschen Stabeisenproduktion beteiligt; einziger Außenseiter war die Deutsch-Luxemburg-Gesellschaft mit einem Marktanteil von 5—6 %, die erhebliche Sondervorteile für sich beansprucht hatte.

Die Organisation dieses Exportkartells erfolgte in der Weise, daß beim Stahlwerksverband in Düsseldorf eine besondere Abteilung eingerichtet wurde, die den Alleinverkauf für sämtliche neutralen Länder besorgte. Auf

[54] Vgl. Kartell-Rundschau 1918, Seite 321 ff; 1921, Seiten 68, 167 ff, 384 ff.
[55] Vgl. Kartell-Rundschau 1916, Seiten 23 f, 92, 177, 253, 375.

Antrag der oberschlesischen Gruppe wurde für diese eine besondere Verkaufsstelle in Berlin geschaffen, die aber eng mit der Düsseldorfer Zentralstelle zusammenarbeiten sollte. Die Beteiligungsfrage wurde derart geregelt, daß jedes Mitglied den Versand von sechs aufeinander folgenden Monaten als Beteiligung anmelden konnte.

Zweck der Ausfuhrvereinigung war, das geplante Ausfuhrverbot für Stabeisen nach Möglichkeit zu verhindern und Vereinbarungen über die Exportpreise, die ständig im Steigen begriffen waren, zu treffen. Im April 1916 wurde der Verkauf im Ausland bis auf weiteres ganz eingestellt, da die Werke Aufträge für das neutrale Ausland in einem Umfang gebucht hatten, deren Abwicklung ohne Benachteiligung der inländischen Verbraucher kaum möglich gewesen wäre.

4. Blankstahl-Exportkartell, Düsseldorf[56]

Im Dezember 1958 erteilte das Bundeskartellamt den in der Blankstahl-Exportgemeinschaft, Düsseldorf, zusammengeschlossenen Unternehmen die Erlaubnis zu dem am 22. 4. 1958 geschlossenen Exportkartellvertrag auf die Dauer von drei Jahren. Einige Auflagen waren noch zu berücksichtigen. Der Vertrag wurde in das Kartellregister eingetragen.

Der Kartellvertrag gilt für alle blanken Massenstähle außer blankem Spezialprofil- und Kaltstauchstahl. Die Mitglieder verpflichten sich, ihre deutschen Exporthändler vertraglich zu binden, Blankstahl nur zu den Preisen und Bedingungen anzubieten und zu verkaufen, die die Gemeinschaft vorschreibt, und die dem Händler jeweils mitgeteilt werden. Der Kartellvertrag sieht ferner die Meldepflicht für sämtliche Exportgeschäfte von seiten des Händlers vor.

5. Ausfuhrgemeinschaft für Erzeugnisse der Metallhalbzeug-Industrie, Berlin[57]

Sie wurde im März 1938 mit dem Zweck gegründet, die Ausfuhrbelange der NE-Metall-Halbzeugindustrie zu fördern und geregelte und gesunde wirtschaftliche Verhältnisse im Ausfuhrgeschäft herbeizuführen. Die Mitglieder waren verpflichtet, die Erzeugnisse der Ausfuhrgemeinschaft nach dem Ausland nur zu den hierfür festgelegten Bedingungen und Preisen zu verkaufen. Die Absatzdurchführung erfolgte durch die Mitglieder selbst. Die Verbandsware umfaßte Halbzeug aus Kupfer, Kupferlegierungen, Neusilber und Zinklegierungen sowie mit diesen Metallen plattiertes Halb-

[56] Vgl. Wirtschaft und Wettbewerb, 9. Jahrgang 1959, Heft 5, Seite 342.
[57] Nach Unterlagen der Fachvereinigung Metallhalbzeug, Düsseldorf.

zeug, ausgenommen Halbzeug für Rüstungsmaterial, das in der Satzung genau umschrieben war. Bei Zweifeln über den Begriff Verbandsware entschied der Vorstand. Die Organe der Ausfuhrgemeinschaft waren der Vorsitzer, der Vorstand, die Mitgliederversammlung und die Geschäftsstelle.

Die Aufgaben des Vorstandes waren:

a) Abschluß von Verträgen mit der ausländischen Metallhalbzeug-Industrie,
b) Regelung der Ausfuhrgeschäfte durch Festsetzung von für alle Mitglieder verbindlichen Bestimmungen, Richtlinien und Preisen,
c) Stellungnahme gegenüber Behörden und nichtamtlichen Organisationen in wichtigen, die Ausfuhrbelange berührenden Angelegenheiten,
d) Bildung von Ausschüssen, insbesondere von Preiskommissionen und Länderausschüssen.

Die Mitgliederversammlung wählte den Vorsitzer und den Vorstand und beschloß über die Auflösung der Gemeinschaft und über Satzungsänderungen. Die Geschäfte und die Bürotätigkeit der Ausfuhrgemeinschaft wurden von der Geschäftsstelle des Vereins Haus der Metalle e. V. ausgeübt. Zur Deckung der Unkosten wurde ein Beitrag erhoben, dessen Höhe nach der Menge der ausgeführten Erzeugnisse abgestuft war.

6. Exportverband für Aluminiumhalbfabrikate e. V., Berlin[58]

Seine Gründung erfolgte im März 1934 mit dem Zweck, die Exportinteressen der Aluminiumwalzwerke zu fördern sowie gesündere wirtschaftliche Verhältnisse im Exportgeschäft herbeizuführen. Dies geschah durch Festsetzung von Beteiligungsziffern für die Mitglieder, von gemeinsamen Preisen und Verkaufsbedingungen. Verbandsfabrikate waren Bleche, Bänder, Ronden (ausgenommen Bänder unter 0,25 mm Stärke, Bleche und Ronden über 2000 mm Breite bzw. Durchmesser), Drähte, Stangen, Profile, Nagelleisten, Riffelbleche und Rohre.

Die Organe des Exportverbandes waren Vorstand, Mitgliederversammlung und Geschäftsführung. Der Geschäftsführer durfte weder Angestellter eines Mitglieds sein noch in einem sonstigen Abhängigkeitsverhältnis stehen. Die Bürotätigkeit des Verbandes wurde durch das Haus der Metalle e. V. ausgeübt. Zur Deckung der Unkosten wurde von je 100 kg nach dem Ausland abgelieferten Verbandsfabrikaten ein Beitrag erhoben, dessen Höhe von der Mitgliederversammlung festgesetzt wurde. Jedes Mitglied war berechtigt, seine Beteiligungsziffer bzw. einen Teil derselben gegen oder ohne Entgelt an andere Mitglieder zu übertragen. Ein solcher Vorgang mußte jedoch unverzüglich der Geschäftsstelle gemeldet werden. Die Ver-

[58] Nach Unterlagen der Fachvereinigung Metallhalbzeug, Düsseldorf.

bandsware unterlag der Melde- und Verrechnungspflicht. Überlieferung der Quote ergab „Pflicht“, Minderlieferung „Anspruch“. Der geldliche Ausgleich von Pflicht und Anspruch erfolgte über den Verband.

7. Drahtseil-Ausfuhrkonvention, Essen[59]

Die Konvention, der etwa 50 Werke angeschlossen waren, wurde im Oktober 1928 in Essen gegründet. Größere Außenseiter bestanden lediglich zwei. Geplant war die Festlegung einheitlicher Verkaufspreise nach Dänemark, Schweden, Norwegen, Finnland und den Baltischen Staaten. Nach endgültiger Konstituierung der Konvention sollten die Werke weiterhin selbständig verkaufen; sie waren lediglich hinsichtlich ihrer Forderungen an Mindestpreise gebunden und mußten alle eingehenden Bestellungen der Geschäftsleitung melden. Damit sollte eine gegenseitige Unterbietung der Werke im Export verhindert werden.

Eine große Bedeutung wurde dem Zusammenschluß nicht beigemessen, zumal mit einer nennenswerten Steigerung der Ausfuhr in die genannten Staaten nicht gerechnet werden konnte. Die Aussichten für das Zustandekommen eines festgefügten Exportsyndikats unter Erfassung sämtlicher Absatzgebiete wurden als wenig günstig bezeichnet.

8. Drahtseil-Ausfuhrvereinigung, Essen[60]

Sie wurde im Januar 1934 mit einer vorläufigen Dauer bis Ende 1934 gegründet und dann mehrmals verlängert. Ihr gehörten alle am Export interessierten Drahtseilwerke an. Die Konvention galt für das Ausland mit Ausnahme von Belgien und Holland. Die Ausfuhrvereinigung hatte für die einzelnen Ländergruppen Mindest- bzw. Richtpreise festgesetzt, und zwar waren die Preisgrenzen unter Zoll- und Frachtgesichtspunkten für die einzelnen Länder verschieden gezogen. Eine Quotierung erfolgte nicht. Die Exportdurchführung übernahmen die angeschlossenen Werke selbst. In Personalunion mit der Drahtseil-Ausfuhrvereinigung arbeitete seit 1937 eine weitere Exportorganisation unter dem Namen Exportgesellschaft Deutscher Drahtseilwerke mbH., Essen, der 8 bedeutende Drahtseilwerke angehörten, und die eine gemeinsame Förderung des Drahtseilexports zum Ziel hatte.

[59] Vgl. Kartell-Rundschau 1928, Seite 584, 695; 1929, Seite 182.
[60] Vgl. Kartell-Rundschau 1934, Seite 46, 118; 1937, Seite 187; 1938, Seite 40.

9. Exportkartell für Sechseckgeflecht [61]

Der Exportgemeinschaft Sechseckgeflecht wurde vom Bundeskartellamt Ende Oktober 1959 die Erlaubnis zu dem am 1. 6. 1958 geschlossenen Kartellvertrag in der Fassung vom 15. 7. 1959 auf die Dauer von 2 Jahren erteilt. Die Rechtsform des Kartells ist die Gesellschaft des bürgerlichen Rechts; der Vertrag ist ein Rahmenvertrag. Die Mitglieder sind zur Einhaltung der von der Exportgemeinschaft für die Exportmärkte festgelegten Preise und Bedingungen sowohl im direkten Geschäft als auch bei Lieferung über Exporteure verpflichtet. Zur Kontrolle haben die Mitglieder Durchschläge von Angeboten, Auftragsbestätigungen und Rechnungen an die Geschäftsstelle einzureichen.

Vertragserzeugnisse sind sämtliche Erzeugnisse aus Eisen- und Stahldraht, die sich auf Maschinen zur Anfertigung von sechseckigem und dreieckigem Drahtgeflecht herstellen lassen.

10. Exportkartell der Hauerindustrie, Hagen [62]

Die Exportgemeinschaft der Hauerwerke, Hagen, beantragte im Juli 1959 die Erteilung einer Erlaubnis für ein Exportkartell nach § 6 Abs. 2 GWB. Zweck desselben ist die Sicherung und Ordnung der Auslandsmärkte, ohne dabei andere Wettbewerber auf dem Markt auszuschließen. Zur Erreichung dieses Zweckes sollen die Preise für die einzelnen Typen und die verschiedenen Ausfuhrländer gemeinsam vereinbart werden. Angebote, die auf Grund der aufgestellten Preisliste erfolgen, werden von den Mitgliedern selbst bearbeitet, aber von der Gemeinschaft überwacht. Die Kartellmitglieder verpflichten sich, soweit Vertragsware an selbständige Exporteure geliefert wird, diesen den Weiterverkauf zu den vom Kartell festgesetzten Preisen und Bedingungen aufzuerlegen. Die den Exporteuren zu gewährende Vergütung wird von den Gesellschaften festgelegt. Die Rechtsform des Kartells ist eine Gesellschaft bürgerlichen Rechts.

11. Ausfuhrgemeinschaft Armaturen und Maschinenteile, Berlin [63]

Sie wurde 1940 gegründet. Alle exportbeteiligten deutschen Hersteller von preisgebundenen Erzeugnissen wurden als Mitglieder erfaßt und auf strikte Einhaltung der verbandsseitig festgelegten Verkaufspreise und Bedingungen verpflichtet.

[61] Vgl. Bundesanzeiger vom 17. 11. 1959 (Bundeskartellamt, Bekanntmachung Nr. 71/59).
[62] Vgl. Bundesanzeiger vom 21. 7. 1959 (Bundeskartellamt, Bekanntmachung Nr. 38/59).
[63] Vgl. *Krämer A.:* Europäische Marktordnung (Ausfuhrgemeinschaft Armaturen und Maschinenteile), Berlin 1940.

Auf dem Gebiet der Armaturen und Maschinenteile gab es eine große Zahl kartellfähiger Produkte, so daß seit langem schon in einer Reihe von Ländern einheitliche Verkaufsmindestpreise festgelegt werden konnten. Dies galt vor allem für folgende Erzeugungsgebiete: Stapelarmaturen, sanitäre Armaturen und Beschläge, Zentralheizungsarmaturen, Manometer und Thermometer, Indikatoren, schwere Gas- und Wasserarmaturen, Dampfarmaturen, Feuerlöscharmaturen, Hartgußwalzen, Plattenventile, Kolbenringe, Schiffspropeller und andere Maschinenteile.

Aufgabe der Gemeinschaft war es, all diese Gebiete marktregelnd zu erfassen.

Das eigentliche Verbandsleben lag bei den einzelnen Gruppen, an deren Spitze ein von der Mitgliederversammlung gewählter Obmann stand. Die Obleute wählten ihrerseits als Vertreter ihrer Gruppen den Vorsitzer der Ausfuhrgemeinschaft, der damit mehr der Charakter einer Dachorganisation zukam. Insofern wurde auch die gesamtwirtschaftliche Interessenwahrung von der Ausfuhrgemeinschaft wahrgenommen.

12. Lokomotiv-Ausfuhrverband I, Berlin[64]

Der Ausfuhrverband, dem 18 Firmen, darunter 5 österreichische, angehörten, wurde im Juni 1909 mit Sitz in Berlin gegründet. Zweck war die Wahrung gemeinsamer Interessen bei Auslandsgeschäften, insbesondere die Regelung der Preise und Bedingungen, zu denen Lieferungen nach dem Ausland übernommen werden durften. Unter Auslandsgeschäften waren Lieferungen für Bahnen außerhalb Deutschlands, seiner Kolonien und Schutzgebiete, außerhalb Luxemburgs und Österreich-Ungarns, nebst Bosniens und der Herzegowina, zu verstehen.

In den Geschäftsbereich des Verbandes fielen Dampflokomotiven, Tender, Kessel und gleichzeitig mitzuliefernde Reserveteile mit Ausnahme von Lokomotiven unter 20 000 kg Gewicht (sofern nicht mehr als 3 Stück gleichzeitig angefragt wurden), gleichviel ob die Lieferungen in öffentlicher oder beschränkter Submission oder freihändig vergeben wurden. Die Organe des Verbandes waren die Generalversammlung, der Vorsitzende, der geschäftsführende Ausschuß und der Geschäftsführer. Alle direkten schriftlichen oder mündlichen Anfragen mußten von den Firmen vor Abgabe eines Angebotes bzw. vor Annahme eines Auftrags dem Geschäftsführer innerhalb 24 Stunden gemeldet werden. Geschäftsanmeldungen konnten erledigt werden durch den Geschäftsführer, durch Konferenzen oder durch schriftliches (Interlakener) Verfahren. Jeder Auftrag war nach Erhalt des Zuschlags dem Geschäftsführer zu melden. Für alle im Auftrag enthaltenen

[64] Nach Unterlagen der Vereinigung Deutscher Lokomotivfabriken, Frankfurt.

Gegenstände mußte eine Abgabe von 3.— M/t Leergewicht entrichtet werden.

13. Lokomotiv-Ausfuhrverband II [65]

Im Juni 1928 wurde von den Firmen AEG, Borsig, Hanomag, Henschel, Hohenzollern, Krupp, Linke-Hofmann, Maffei und Schwartzkopff ein weiterer Ausfuhrverband gegründet, der sich auf alle Geschäftsfälle für Lokomotiven über 20 t Leergewicht für Bahnen außerhalb Deutschlands bezog, gleichviel ob für den öffentlichen Verkehr oder nicht.

Der Vertrag sah die Meldung sämtlicher Auslandsanfragen an den Verband vor. Für die Art der Geschäftsbehandlung bzw. Zuteilung der Erstrechte waren verschiedene Verfahren, u. a. das der Vorofferte vereinbart. Im März 1929 kündigten die Firmen Henschel, Maffei, Linke-Hofmann-Busch und Jung den Ausfuhrverband und das Meldepflichtabkommen. Dadurch wurde eine gemeinsame Behandlung von Lokomotivgeschäften hinfällig, jedoch fanden sich auch in der Folgezeit verschiedene Firmengruppen zur Behandlung einzelner Geschäftsfälle zusammen.

14. Lokomotiv-Exportkartell [66]

Im August 1958 schlossen sich die Firmen Henschel, Jung, Krauss-Maffei, Krupp, Maschinenbau Kiel, Maschinenfabrik Eßlingen und Klöckner-Humboldt-Deutz zu einem neuen Exportkartell zusammen. Das Kartell ist organisatorisch völlig vom Verband getrennt. Es hat keine feste Niederlassung; die Mitglieder treffen sich von Zeit zu Zeit an verschiedenen Orten. Der Vertrag behandelt Maßnahmen für die Sicherung und Förderung des Lokomotivenexports und bezweckt ein möglichst abgestimmtes Auftreten der Vertragsfirmen auf dem Weltmarkt. Er bezieht sich auf Lokomotiven aller Art mit einem Leergewicht von 20 t und darüber und einer Leistung von 250 PS und mehr, sowie Ersatzteile im Werte von DM 50 000.— und darüber. Im Rahmen des Kartells werden die Konditionen der Ausschreibung behandelt. Die Verteilung der Angebote erfolgt nach einem Berechtigungssystem. Beim Geschäftsabschluß und der Durchführung tritt stets nur die einzelne Firma in Erscheinung; das Kartell macht keine Eigengeschäfte.

[65] Quelle vgl. Fußnote 64.
[66] Quelle vgl. Fußnote 64.

15. Exportvereinigung deutscher Röntgen-Röhren-Hersteller, Berlin [67]

Die Vereinigung wurde im November 1936 gegründet mit dem Ziel, die gemeinsamen wirtschaftlichen Interessen der Mitglieder zu wahren und zu fördern und die Preis- und Absatzverhältnisse im Export zu regeln. Besondere Sorge galt einer gesunden Preispolitik, der Sicherstellung des Wettbewerbs und der Verhinderung eines ungerechtfertigten Preisdrucks. Der sachliche Bereich umfaßt die Ausfuhr von Röntgen- und Ventilröhren für medizinische und zahnärztliche Röntgenapparate. Mitglieder waren die Firmen Siemens-Reiniger-Werke, Erlangen, C. H. F. Müller, Hamburg, und Radiologie AG, Gera; im Lauf des Jahres 1937 wurden die bisherigen Außenseiter Kiesewetter, Rudolstadt, und Sanitas GmbH., Berlin, zwangsbeigeschlossen.

Die Mitglieder verpflichteten sich in einem Verpflichtungsschein, den Vertretern und Wiederverkäufern im Ausland die vom Kartell vorgeschriebenen Preise zu berechnen und keine Preisnachlässe auf die Listenpreise einzuräumen. Ferner verpflichteten sich die Mitglieder zur Einhaltung der für jedes Land festgesetzten Lieferungs- und Zahlungsbedingungen. Die festgelegten Grundpreise waren Preise für die letzten Abnehmer; Rabatte und Skonti richteten sich nach Fall und Land. Die Organe der Exportvereinigung waren der Obmann und die Mitgliederversammlungen, wobei dem Obmann die Eigenschaft eines gesetzlichen Vertreters der Vereinigung zukam. Ein eigener wirtschaftlicher Geschäftsbetrieb der Exportvereinigung war ausgeschlossen.

16. Exportkartell für elektrische Fahrradbeleuchtungen nach Holland [68]

Dieses Exportkartell wurde im März 1935 von 20 Firmen gegründet. Für die Ausfuhr von elektrischen Fahrradbeleuchtungen (Dynamos und Scheinwerfer) galten Mindestpreise, worauf Mengenrabatte je nach entsprechender Abnahme bis zu 5 % zulässig waren. Zur Kontrolle der Einhaltung der Preise und Bedingungen war jede Firma verpflichtet, von jeder bei Belieferung eines holländischen Abnehmers aufgestellten Rechnung eine Kopie der Geschäftsstelle des Kartells zugehen zu lassen. Inländische Käufer waren verpflichtet, die kartellierte Ware weder auf direktem noch auf indirektem Wege in Holland zum Verkauf anzubieten. Bei Lieferungen an Exporteure wurden diese durch Revers verpflichtet, die vorgeschriebenen Mindestpreise bei der Belieferung holländischer Abnehmer strikt einzuhalten. Einer Regelung unterlagen auch die Zahlungsbedingungen und die Vertreterprovisionen.

[67] Nach Unterlagen der Firma Siemens-Reiniger-Werke, Erlangen.

[68] Nach Unterlagen des früheren Geschäftsführers Dr. Timpe, Honnef.

17. Exportkonvention der Fabrikanten von Hand- und Winkelstücken, Berlin[69]

Dieses Kartell wurde von den in der Abteilung „Hand- und Winkelstücke" des Verbandes der deutschen Dental-Fabrikanten e. V. zusammengeschlossenen Firmen im Jahre 1938 gegründet mit dem Zweck, einen für die Vertragsfirmen und die deutsche Volkswirtschaft schädlichen Wettbewerb der Firmen untereinander auf den Auslandsmärkten zu vermeiden. Die Vertragsfirmen verabredeten Mindest-Nettopreise für den Export nach den einzelnen Ländern, wobei die Preisliste als wesentlicher Bestandteil des Vertrages anzusehen war. Aus sozialen Gründen wurde den kleineren Firmen gegenüber den Großen ein Preisvorsprung von 5 % gewährt. Inländischen Grossisten gegenüber gab es keine Rabattbeschränkung, sofern sie die Marktregelungsbestimmungen der Konvention anerkannten und dieser zur Kontrolle Einsicht in ihre Geschäftskorrespondenz gestatteten. Ausländische Grossisten (Firmen, die im Ausland ihren Sitz haben, auf eigene Rechnung beziehen und nicht direkt an Konsumenten verkaufen) mußten von der Konvention als Grossisten anerkannt werden. Ihnen konnte ein Rabatt bis zu 13 % eingeräumt werden. Vertreter erhielten eine Provision bis zu 10 % vom Netto-Fakturenwert. Weiterhin waren die Zahlungsziele, differenziert nach Europa und Übersee, geregelt. Die laufenden Geschäfte führte der Obmann der Abteilung. Angelegenheiten, die die Gesamtheit der Mitglieder betrafen, unterlagen der Behandlung durch die Geschäftsstelle des Verbandes der Deutschen Dental-Fabrikanten.

18. Exportkonvention der Fabrikanten von Nervnadeln, Stuttgart[70]

Die Gründung der Konvention erfolgte im Jahre 1938. Die 6 Mitgliedsfirmen verabredeten für den Export nach den einzelnen Ländern Mindestnettopreise; die Preisliste bildete einen wesentlichen Bestandteil des Vertrages. Die Konventionsmitglieder wurden in drei Preiskategorien eingeteilt. Inländische Grossisten erhielten auf die Konventionspreise 15 % Rabatt, reine Exporteure 12½ % und ausländische Grossisten bis zu 10 %. Sämtliche Exportmittler mußten von der Konvention anerkannt werden, nachdem sie sich zur Einhaltung der festgesetzten Verkaufsbedingungen verpflichtet hatten. Gleichzeitig erfolgte eine Regelung der Zahlungsfristen. Die laufenden Geschäfte führte der Obmann der zuständigen Abteilung des Verbandes. Die Vertragsfirmen verpflichteten sich, dem jeweiligen Vorstand des Verbandes der Deutschen Dental-Fabrikanten alle erforderlichen Unterlagen zur Verfügung zu stellen.

[69] Nach Unterlagen der Firma Siemens-Reiniger-Werke, Erlangen.
[70] Quelle vgl. Fußnote 69.

19. Exportkonvention der Hersteller von zahnärztlichen Operationsstühlen, Berlin[71]

Die Konvention wurde im Jahre 1938 von 8 Firmen gegründet. Ähnlich wie die beiden vorausgegangenen Zusammenschlüsse legte sie Mindestnettopreise für den Export nach den einzelnen Ländern fest. Den Vertragsfirmen blieb es jedoch unbenommen, für ihre Erzeugnisse höhere Preise als die festgelegten zu fordern und ungünstigere Lieferungs- und Zahlungsbedingungen mit den Abnehmern zu vereinbaren. Die Preisliste war wesentlicher Bestandteil des Vertrages. Inländische Grossisten und Exporteure wurden durch Revers verpflichtet, die Marktregelungsbestimmungen der Konvention einzuhalten. Ausländische Grossisten mußten von der Konvention ausdrücklich anerkannt werden. An sie konnte ein Rabatt in Höhe bis zu 15 % eingeräumt werden; ausländische Vertreter erhielten eine Provision bis zu 10 %. Die laufenden Geschäfte der Konvention führte der Obmann der Abteilung „Einrichtungen außerelektrisch“ im Verband der Deutschen Dental-Fabrikanten; für Angelegenheiten, die die Gesamtheit der Mitglieder betrafen, war auch hier der genannte Verband zuständig.

20. Exportvereinigung rheinischer Steinzeugwerke, Köln[72]

Die Exportvereinigung wurde in der Rechtsform einer GmbH. im Jahre 1930 von 8 Firmen gegründet. Sie hatte den Zweck, Exportpreise festzusetzen und den Export ihrer Mitglieder durchzuführen. Der starke Wettbewerb auf den Auslandsmärkten, besonders in Südamerika, machte den Zusammenschluß notwendig. Im Jahre 1936 erfolgte der Beitritt der bisherigen Außenseiter, wodurch das Syndikat eine merkliche Festigung erfuhr.

21. Porzellan-Exportvereinigung[73]

Die Exportvereinigung wurde im Jahre 1901 von 36 Verbandsfabriken gegründet. Sie arbeitete in engster Fühlung mit dem Hauptverband und ging 1907 völlig in diesem auf. Eine gemeinsame Verbandspreispolitik bzw. die Feststellung eines Normalpreises ist bei Porzellan sehr schwierig. Die Exportvereinigung war deshalb lediglich in der Lage, für dekorierte Stapelware (Teller, Tassen, Salatieren, Kuchenteller) Mindestpreise festzulegen,

[71] Quelle vgl. Fußnote 69.

[72] Vgl. Kartell-Rundschau 1931, Seite 299; 1934, Seite 362, 544; 1935, Seite 1042; 1936, Seite 816; 1937, Seite 188.

[73] Vgl. *Trömel, W.*: Kartell und Preisbildung in der deutschen Geschirr- und Luxusporzellanindustrie, Jena 1926. Siehe ferner *Vershofen, W.* (Hrsg.): Handbuch des Verbandes deutscher Porzellangeschirrfabriken GmbH., Berlin 1923.

und zwar nur für die Hauptexportgebiete USA und Kanada. Für die übrigen Länder sah man sich außerstande, Preisnormen zu fixieren. Man traf für sie eine Sonderregelung derart, daß die individuellen Preise, die bis Anfang 1900 in Kraft gewesen waren, als Preisuntergrenze betrachtet werden sollten. Für das gesamte Ausland erhob man einen Verbandszuschlag, genannt Exportzuschlag, in Höhe von 10 %. (Da man aber einen Rabatt von 8 % und 2 % Skonto gewährte, wurde dieser Aufschlag in der Praxis wieder aufgehoben.) Die Exportpreise lagen in diesen Jahren stets unter den inländischen, ohne daß dieser Erscheinung jedoch ein beabsichtigtes Dumping zugrunde lag.

In den Jahren nach 1907 wurde der Porzellanexport von den verschiedenen Inlandsverbänden miterfaßt. Erwähnenswert ist die Einteilung der Exportgebiete in A-, B- und C-Länder. Die USA und Kanada bildeten die A-Länder, die Staaten mit guter Valuta die B-Länder, diejenigen mit schlechter Währung die C-Länder. Für jede der drei Gruppen wurden gemeinsame Preislisten ausgearbeitet. Für den Export hatten die Verbände in ganz besonderem Maße den Charakter von Fachvereinen, die sich mit dem Studium der Marktlage befaßten und durch Verhandlungen mit Behörden usw. auf indirekte Weise die Lage der angeschlossenen Unternehmungen zu bessern suchten.

22. *Deutsche Spiegelglas-Ausfuhrgesellschaft, Aachen*[74]

Das Spiegelglas-Ausfuhrsyndikat, das 8 Mitgliedsfirmen umfaßte, wurde im Jahre 1921 gegründet. Vor diesem Zusammenschluß wurde der Auslandsabsatz durch die Einzelmitgliedschaft der verschiedenen Glashütten bei der „Convention Internationale des Glaceries“ in Brüssel geregelt. 1941 wurde eine Reorganisation der Ausfuhrgesellschaft durchgeführt, die durch die Eingliederung österreichischer und böhmischer Werke notwendig geworden war. Als Kartellware galt sämtliches geschliffenes und poliertes Spiegelglas, bearbeitet oder unbearbeitet, ferner Spiegelrohglas in allen Stärken und Drahtrohglas von 10 mm Stärke aufwärts. Ausgenommen waren Schwarzglas, Alabasterglas, farbiges Opalglas, poliertes Drahtglas und gebogenes Spiegelglas.

Aufgabe des Syndikats war der Export der Mitgliedserzeugnisse direkt und über Exporteure in sämtliche Länder (einschließlich des Generalgouvernements Polen). Zwecks Übernahme des Verkaufs der genannten Erzeugnisse der einzelnen Hütten schloß die Gesellschaft mit den Gesellschaftern einen besonderen Vertrag ab. Jedes Mitglied erhielt eine Exportquote zugewiesen. Mit Zustimmung der Gesellschafterversammlung konnte auf

[74] Vgl. Kartell-Rundschau 1940, Seite 377; 1942, Seite 92.

Antrag der herstellenden Hütte auch der Verkauf von anderen, nicht unter diesen Vertrag fallenden Erzeugnissen der Spiegelglasindustrie vom Syndikat übernommen werden. Ferner konnte die Ausfuhrgesellschaft zur Förderung des Gesellschaftszweckes Lager einrichten und sich an Gesellschaften, Verkaufsorganisationen und Handelsfirmen, die den Absatz von einschlägigen Erzeugnissen betreiben, beteiligen. Die Ausfuhrgesellschaft hatte weiterhin für die Einfuhr von Rohstoffen für den Betrieb der den Gesellschaftern gehörenden Glashütten zu sorgen.

Das Syndikat war gleichsam geschäftsführendes Organ für die einzelnen Spiegelglashütten. Das deutsche Spiegelglas-Ausfuhrsyndikat stellte eines der frühesten und geschlossensten deutschen Exportkartelle dar.

23. Deutsche Fensterglas-Ausfuhrgesellschaft, Frankfurt [75]

Die Ausfuhrgesellschaft wurde Anfang 1935 von der Deutschen Tafelglas AG., Fürth, den Vereinigten Vopeliusschen und Wentzelschen Glashütten, St. Ingbert, und der Rheinischen Ziehglas AG. zur Förderung der Fensterglasausfuhr gegründet. (Eine Neugründung dieses Exportkartells ist nach dem zweiten Weltkrieg im Jahre 1958 erfolgt.)
Gegenstand des Unternehmens war die Anbahnung, Vermittlung und der Abschluß von Verkäufen von maschinell hergestelltem Tafelglas (Fenster- und Dickglas) in allen Stärken nach dem Ausland in eigenem Namen, aber für Rechnung der Gesellschafter. Das Kartell hatte demnach die rechtliche Stellung eines Kommissionärs. Über die Art und Weise der Vermittlung und des Abschlusses der Verkäufe schloß die Gesellschaft mit den einzelnen Gesellschaftern Verträge.

Organe der Gesellschaft waren die Gesellschaftsversammlung und die Geschäftsführung. Die Gesellschaft sah keine eigene Gewinnerzielung vor; sie arbeitete nach dem Grundsatz der Kostendeckung. Alle verfügbaren Einnahmen waren den Gesellschaftern auszuzahlen, Fehlbeträge von ihnen durch Zuschüsse auszugleichen. Zur Deckung der Unkosten wurden von den Mitgliedern Kostenvorschüsse gezahlt, die am Jahresende abgerechnet wurden.

In der Satzung des neuen Exportkartells von 1958 findet sich der Passus, daß mit der Übernahme der Exportvertretung für die Gesellschafter keine Wettbewerbsbeschränkung verbunden sein soll. Vielmehr wird es jedem Mitglied freigestellt, daneben auch in eigenem Namen Exportgeschäfte zu tätigen.

[75] Vgl. Kartell-Rundschau 1935, Seite 776; 1938, Seite 42; 1939, Seite 182; sowie Unterlagen der Firma Deutsche Tafelglas AG, Fürth.

24. *Zellwoll-Exportgemeinschaft, Berlin*[76]

Die Gründung dieser Exportgemeinschaft erfolgte im Juli 1938 in der Rechtsform der GmbH. Ihr Zweck war es, die Ausfuhrinteressen der Zellwolle-Exporteure einheitlich zu vertreten, mittels gemeinsamer Werbung im Ausland zu wirken und Preisunterbietungen der deutschen Exporteure auf den fremden Märkten zu verhindern. Mitglieder dieser Exportgemeinschaft waren neben den im Zellwoll-Ring zusammengeschlossenen Firmen (Zellwollwerke Plauen, Glauchau, Kelheim, Schwarza, Lenzing, Zehlendorf und die Spinnstoff-GmbH., Schwarza) die Mitglieder der Phrix-Verkaufsgemeinschaft (Schlesische Zellwolle, Rheinische Zellwolle, Rheinische Kunstseide, Kurmärkische Zellwolle und Zellulose-AG.). Durch die organisatorische Zusammenfassung des Verkaufs wurde eine wesentliche Verbilligung erreicht, da ein eigener Verkaufsapparat besonders für die Mitglieder mit geringerer Kapazität ziemlich teuer war. Von der Exportgemeinschaft wurden beachtliche Anfangserfolge gemeldet.

25. *Exportkartell von Netzen*

Von einer Einzeldarstellung muß im vorliegenden Fall abgesehen werden.

26. *Ausfuhrvereinigung der deutschen Rübenzuckerfabriken*[77]

Die Ausfuhrvereinigung wurde im September 1925 gegründet und umfaßte alle in Frage kommenden Hersteller. Ihr Zweck war die Sicherstellung des Inlandsbedarfes an Zucker, die Regelung des Zuckerangebots auf dem Weltmarkt durch Vereinbarung mit anderen zuckererzeugenden Ländern sowie die planmäßige Verteilung der Ausfuhr auf die rübenverarbeitenden Zuckerfabriken des Deutschen Reiches.

Die Krise in der Zuckerindustrie führte zu der Überzeugung, daß die den Inlandsbedarf übersteigenden Zuckermengen zur Ausfuhr gebracht werden und alle Fabriken an der Ausfuhr gleichmäßig beteiligt sein mußten, wenn der Inlandspreis stabil gehalten werden sollte. Die Vertragsfirmen verpflichteten sich, einen vom Verwaltungsausschuß jährlich für alle Fabriken gleichmäßig festzusetzenden Anteil ihrer Erzeugung (Ausfuhrquote) jeweils bis zum 31. August eines jeden Jahres ins Ausland auszuführen, um so den Inlandsmarkt zu entlasten. Die Ausfuhrverpflichtung war an andere Vertragsfirmen übertragbar. Von der in der Satzung vorgesehenen Zwangsausfuhr mußte nur einmal, im ersten Jahr des Bestehens, Gebrauch gemacht werden.

[76] Vgl. Kartell-Rundschau 1938, Seite 512; 1939, Seite 531; 1941, Seite 232.
[77] Nach Unterlagen des Vereins der Zuckerindustrie, Berlin.

Literatur

Buchliteratur

Bachmann, F.: Organisationsbestrebungen in der deutschen Tuch- und Wollwarenindustrie, Karlsruhe 1915
Bachmann K.: Die deutsche Ausfuhrwirtschaft und die Maßnahmen zur Steigerung der Ausfuhr unter besonderer Berücksichtigung der Exporterlöse, Diss. Marburg 1943
Bancken, A.: Die Bedeutung der Vertriebsform für die deutsche Exportförderung, Diss. Köln, Würzburg 1941
Barg, B. H.: Die Explosivstoff-Industrie. Ihre wirtschaftlichen Bedingungen und ihre Entwicklung, Diss. München, Hamburg 1929
Baumeister, F.: Betriebswirtschaftliche Grundlagen und Organisationsfragen der deutschen Herd- und Ofenindustrie, Diss. Köln 1929
Baumgarten, F. und *Meszleny, A.:* Kartelle und Trusts, Berlin 1906
v. Beckerath, H.: Industrielle Kartellprobleme der Gegenwart, Berlin 1926
Behmer, C.: Die Entwicklung der deutschen Kali-Industrie unter dem Einfluß der staatlichen Regulierungsversuche, Diss. Gießen 1925
Behrens, K. Ch.: Betriebslehre des Außenhandels, Essen 1957
Blödner, P.: Preis- und Produktionsstabilisierung durch Kartelle. Untersuchung ihrer Problematik am Beispiel der deutschen Großeisenindustrie, Diss. Halle 1934
Boeddinghaus, P. H.: Die Konzentration in der Kunstseidenindustrie, Diss. Köln 1931
Boje, W.: Der internationale Eisenpakt, Diss. Berlin 1932
Bonikowsky, H.: Der Einfluß der industriellen Kartelle auf den Handel in Deutschland, Jena 1907
v. Borsig, A.: Die Kartellgeschichte der deutschen Lokomotivindustrie, Diss. München 1928
Brachwitz, A.: Die Zusammenschlüsse in der deutschen Zementindustrie seit 1914, Hamburg 1937
Calwer, R.: Kartelle und Trusts, Berlin 1906
Diercks, E.: Das System der Ausfuhr-Rückvergütungen in der deutschen Eisenindustrie, Diss. Köln 1933
Doehner, O. H.: Geschichte der Eisendrahtindustrie, Berlin 1925
Dönges, R.: Die handelspolitische Bedeutung der Ausfuhrprämien, Diss. Heidelberg, Frankfurt 1902
Dohm, A.: Das Kartell. Begriff und Erscheinungsformen, Diss. Köln, Neuß 1940
Echternkamp, F.: Marktanalytische Studien in der Metallbettenindustrie, Diss. Mannheim 1931
Edwards, C. D.: International Cartels and Private Trade Agreements, New York 1945
Ehrenberg, P.: Die Kartellbildung in der deutschen Schloßindustrie mit bes. Berücksichtigung des Velberter Industriebezirks, Diss. Freiburg 1932
Eicker, E.: Der Aufbau der deutschen Fahrradindustrie, Diss. Köln 1929
Eise, W.: Die Schmuckwarenindustrie von Pforzheim und Gablonz in ihrem wirtschaftlichen Aufbau, Diss. Heidelberg 1933
Eißfeldt, G.: Die Kartellierung der deutschen Elektroindustrie, Berlin 1928

Euling, K.: Die Kartelle im oberschlesischen Steinkohlenbergbau, Jena 1939
Euting, J.: Handel und Produktion in der Musikinstrumentenindustrie, Diss. Marburg 1931
Fricke, W.: Kollektivmonopole. Die Rolle der Kartelle in der Volkswirtschaft, Heidelberg 1956
Froben, W.: Der heutige Stand der Farben- und Lackindustrie, Diss. Würzburg, Würzburg 1931
Fuchs, E.: Die deutsche Spielwarenindustrie und ihr Kampf um Absatz auf dem Weltmarkt, Diss. Frankfurt 1933
Funcke, H.: Die deutsche optische und feinmechanische Industrie in der Nachkriegszeit, Diss. Köln 1931
Geck, W.: Bulgarien als Absatzgebiet für die deutsche Maschinenindustrie unter besonderer Berücksichtigung von Verbrennungskraftmaschinen, Diss. Köln 1925
Gerber, K.: Die Kunstseide auf dem Weltmarkt, Diss. Münster, Bünde i. W. 1931
Gesthuysen, Th.: Die sozialpolitische Bedeutung der Produktions- und Preiskartelle. Ihre Behandlung in der deutschen volkswirtschaftlichen Literatur, Diss. Köln 1938
Glardon, A.: Die deutsche Elektroindustrie und der Absatz ihrer Erzeugnisse in der Nachkriegszeit, Hamburg 1933
Glowacki, M.: Die Ausfuhrunterstützungspolitik der Kartelle, Diss. Leipzig, Posen 1909
Grochla, E.: Kartelle. Beitrag im Handwörterbuch der Betriebswirtschaft, hrsg. von H. Seischab und K. Schwantag, 2. Band, 3. Auflage, Stuttgart 1956
Grünspan, S.: Die deutsche Spielwarenindustrie unter besonderer Berücksichtigung des Exportes und der ausländischen Konkurrenz, Diss. Köln 1931
Grunzel, J.: Über Kartelle, Leipzig 1902
Haeder, H.: Die Preisbildung in der Maschinenindustrie. Kalkulationsarten, Submissionswesen, Spezialisierung und Massenfabrikation, Vertreter und Händler, Interessengemeinschaften, Preisverabredungen und über 50 Submissionsbeispiele, Wiesbaden 1912
Hansen, H.: Wettbewerbsfragen der deutschen Leder- und Schuhindustrie, Diss. Kiel 1936
Hardt, H. J.: Betrachtungen über das rheinisch-westfälische Kohlensyndikat als Absatzorgan der Ruhrzechen, Diss. Mannheim 1933
Hecker, H.: Das Schicksal der Eisenkartelle, Diss. Göttingen 1946
Hellauer, J.: System der Welthandelslehre, Berlin 1910
Hellauer, J.: Welthandelslehre, Wiesbaden 1954
Herle, J. und *Metzner, M.:* Neue Beiträge zum Kartellproblem, Berlin 1929
Heuser, W.: Die Entwicklung und Bedeutung internationaler Kartelle, Diss. Frankfurt 1929
Hexner, E.: International Cartels, London 1946
Hinrichs, H.: Die Kartellierung der deutschen Industriewirtschaft und die Methoden zu ihrer Messung, Diss. Hamburg 1938
Hintrager, E.: Vertriebsorganisation und Vertriebspolitik in der deutschen Edelmetallwarenindustrie, Diss. Frankfurt, Grünberg/Hessen 1926
Hoesch, K.: Organisation und Tätigkeit der Kartelle in der deutschen papiererzeugenden Industrie, Diss. Frankfurt 1941
Hoffmann, G.: Zusammenschlußbestrebungen in der deutschen Linoleumwirtschaft unter Berücksichtigung des Kartellgedankens, Leipzig 1929
Hofheinz, G.: Die Kartellbindung bei internationalen Kartellen, Heidelberg 1939
Horak, K.: Das Wesen der Beteiligungsziffer bei den Verkaufssyndikaten unter besonderer Berücksichtigung des Syndikatsvertrages, Diss. Göttingen 1927
Horn, P. V.: International Trade Principles and Practices, 3. Auflage, New York 1951

Huebner, G. G. und *Kramer, R. L.:* Foreign Trade Principles and Practices, New York 1942
Jacobowitz, H.: Die deutsche keramische Industrie, Wesen und Wirken ihrer Verbände, Kartelle und Konzerne, Diss. Gießen, Nürnberg 1926
Johnes, T.: Foreign Trade and Exchange, London 1925
Jülich, H.: Die deutschen Industrie-Kartelle und ihre zukünftigen Aufgaben, Berlin 1941
Kaehlig, B.: Der Zusammenschluß der deutschen Waggonindustrie. Ein Beitrag zum Recht der Unternehmenszusammenfassungen, Diss. Jena 1928
Kapferer, Ch.: Das Exportgeschäft, 2. Auflage, Leipzig 1933
Kapferer, Ch. und *Schwenzner, J.:* Exportbetriebslehre, Mannheim—Berlin—Leipzig 1935
Kartellstelle des Reichsverbandes der deutschen Industrie (Hrsg.): Produktionsförderung durch Kartelle, Schriften der Kartellstelle des RdDI, Nr. 5, Dez. 1929
Kemmler, D.: Das Problem der Kartellierung in der deutschen Industrie emaillierter Blechgeschirre, Diss. Tübingen 1955
Kemmler, H.: Struktur und Organisation der deutschen Zementindustrie, o. O. 1933
Kirchhoff, F.: Das Zusammenschlußproblem in der deutschen Nadelindustrie, Diss. München 1931
Klages, H.: Submissionskartelle. Mit einer Einführung in das Submissionswesen, Stuttgart 1932
Klebs, F.: Kartellform und Preisbindung, Diss. Berlin, Stuttgart und Berlin 1939
Kleeberg, R.: Das Exportkartell als Absatzorgan, Berichte des Instituts für Exportforschung, Nürnberg, hrsg. von E. Schäfer, Köln und Opladen 1959
Klug, O.: Das Wesen der Kartell-, Konzern- und Trustbewegung, Jena 1930
Koberstein, G.: Internationale Kartelle. Beitrag im Handwörterbuch der Betriebswirtschaft, hrsg. von H. Seischab und K. Schwantag, 2. Band, 3. Auflage, Stuttgart 1956
Krämer, A.: Europäische Marktordnung (Ausfuhrgemeinschaft Armaturen und Maschinenteile), o.O., (1940)
Kramer, R. L.: Die Organisation des amerikanischen Außenhandels. Erfahrungen, Probleme und künftige Bedeutung der Außenhandelsgesellschaften nach dem Webb-Pomerene Gesetz, in: Weltwirtschaftliches Archiv, Kiel, 51. Band, März 1940
Krause, E. O.: Wirtschaftliche Probleme einer Ausfuhrgemeinschaft der deutschen Automobilindustrie, Diss. Frankfurt, Bleicherode 1939
Kruse, A.: Außenwirtschaft. Die internationalen Wirtschaftsbeziehungen, Berlin 1958
Kuhn, W.: Die photographische Industrie Deutschlands wirtschaftswissenschaftlich gesehen in ihrer Entwicklung und ihrem Aufbau, Schweidnitz 1928
Kühn, U.: Verbände in der Baumwollindustrie, Diss. Berlin, Bottrop 1934
Kundt, W.: Die Zukunft unseres Überseehandels, Berlin 1904
Leisse: Wandlungen in der Organisation der Eisenindustrie und des Eisenhandels, Berlin 1912
Liefmann, R.: Kartelle. Beitrag im Handwörterbuch der Staatswissenschaften, hrsg. von L. Elster, A. Weber und F. Wieser, 5. Band, 4. Auflage, Jena 1923
Liefmann, R.: Kartelle, Konzerne und Trusts, 7. Auflage, Stuttgart 1927
Lingenfelser, F.: Die Kartelle und die Organisation der gewerblichen Wirtschaft, Diss. Heidelberg 1939
Lohmann, H. C.: Die Ausfuhr Solinger Stahlwaren nach Britisch-Indien, Burma und Ceylon, Diss. Köln 1934
Lohmann, M.: Wandlungen in den Betriebs- und Finanzierungsformen des deutschen Außenhandels, Jena 1938
MacDonald, P.: Practical Exporting, New York 1949
Marshall, A.: Industry and Trade, London 1923

Merten, H.: Die Perioden der Kartellforschung in Deutschland, Diss. Kiel 1933
Möller, L. W.: Die Betriebskonzentration im deutschen Steinkohlen-Bergbau, Diss. Halle 1930
Morgenroth, W.: Die Exportpolitik der Kartelle, München—Leipzig 1907
Müllensiefen, H.: Kartelle als Produktionsförderer unter besonderer Berücksichtigung der modernen Zusammenschlußtendenzen in der deutschen Maschinenbau-Industrie, Berlin 1926
Müller, P.: Der Funktionswandel der Kartelle, Diss. Frankfurt (1942)
Nachrodt, O.: Die Absatzorganisation des rheinischen Braunkohlenbergbaus, Diss. Köln 1927
Nicklisch, H.: Kartelle. Beitrag im Handwörterbuch der Betriebswirtschaft, hrsg. von H. Nicklisch, 2. Band, 2. Auflage, Stuttgart 1939
Nohlen, H.: Kartelle als Werkzeuge staatlicher Industriepolitik in Deutschland, Diss. Bonn, Würzburg 1939
Passow, R.: Kartelle, Jena 1930
Pletsch, H.: Die deutsche Nähmaschinenindustrie, Diss. München 1926
Rath, H.: Geschichtliche Entwicklung der rheinischen Bimsindustrie seit dem 1. Weltkrieg und ihre Organisation, in: Rheinische Bimsbaustoffe, o. O., o. J.
Reichert, J. W.: Nationale und internationale Kartelle, Berlin 1936
Reichsamt des Inneren (Hrsg.): Denkschrift über das Kartellwesen, Teil 1—4, Berlin 1906—1908
Schäfer, E.: Absatzwirtschaft. Beitrag im Handbuch der Wirtschaftswissenschaften, hrsg. von K. Hax und Th. Wessels, Band 1, Köln und Opladen 1958
Schäfer, E. (Hrsg.): Exportgemeinschaften. Berichte des Instituts für Exportforschung Nürnberg, Köln und Opladen 1960.
Schäfer, E.: Wandlungen in der absatzwirtschaftlichen Organisation des Fertigwarenexports, in: Deutschland und die Weltwirtschaft, Schriften des Vereins für Sozialpolitik, N. F. Band 10, Berlin 1954
Schanz, M.: Zielpunkte der Exportpraxis, Berlin 1908
Scherpf, P.: Die Kartelle der Bauwirtschaft, Diss. München 1934
Schmitthoff, C. M.: The Export Trade — A Manual of Law and Practice, 2. Auflage, London 1950
Schütze, W.: Zur Zusammenschlußbewegung in der deutschen Textilindustrie, Diss. Frankfurt 1927
Schuhmacher, K.: Die deutsche Waggonbau-Industrie und ihre Organisation, Diss. Halle 1930
Silbermann, W.: Chemie-Industrie und Außenhandel, Diss. Hamburg 1938
Soeding, E.: Formen der betriebswirtschaftlichen Gemeinschaftsarbeit auf dem Gebiet der industriellen Marktordnung, Diss. Köln 1941
Sohrmann-Lugon, P. G.: Vertriebsformen im Außenhandel, Diss. Basel, Basel 1947
Stark, H.: Die Theorie der Kartelle, Berlin 1930
Stockings, G. W. & Watkins, M. W.: Cartels in Action, New York 1946
Todt, P. W.: Kartelle und Wirtschaftsordnung, Diss. Heidelberg, Würzburg 1940
Trömel, W.: Kartell- und Preisbildung in der deutschen Geschirr- und Luxusporzellanindustrie, Jena 1926
Tschierschky, S.: Zur Reform der Industriekartelle, Berlin 1921
Tschierschky, S.: Kartell und Trust, 2. Auflage, Berlin—Leipzig 1932
Verein der deutschen Zuckerindustrie (Hrsg.): Hundert Jahre der Deutschen Zuckerindustrie 1850—1950, Berlin 1950
Vereinigung Deutscher Lokomotiv-Fabriken (Hrsg.): Die Deutsche Lokomotiv-Industrie und ihr Verbandswesen in den Jahren 1877—1958, Frankfurt 1958

Vershofen, W. (Hrsg.): Handbuch des Verbandes Deutscher Porzellangeschirrfabriken GmbH., Berlin 1923
Vershofen, W.: Die Marktverbände, 1. Teil, Nürnberg 1928
Voigt, F.: Die Wandlungen der Marktordnungsverbände vom liberalen zum autoritären Staat, Stuttgart—Berlin 1943
Wagenführ, H.: Kartelle in Deutschland, Nürnberg 1931
Werr, F.: Internationale Wirtschaftszusammenschlüsse (Kartell und Konzern) und Vertragspartner, Diss. Köln 1936
Wessels, Th.: Unternehmungszusammenschlüsse II. Beitrag im Handwörterbuch der Sozialwissenschaften, hrsg. von H. v. Beckerath u. a., 10. Band, Stuttgart—Tübingen—Göttingen 1959
Wiedenfeld, K.: Gewerbepolitik, Berlin 1927
Wiel, P.: Die Schloßindustrie der Welt und ihr Absatz, Diss. Köln, Krefeld 1930
Wulff, C. G.: Internationale Stahlröhrenkartelle als Ausfuhrförderer?, Diss. Hamburg 1936

Ausschuß zur Untersuchung der Erzeugungs- und Absatzbedingungen der deutschen Wirtschaft.
I. Unterausschuß, speziell 3. Arbeitsgruppe: Wandlungen in den wirtschaftlichen Organisationsformen, sowie 5. Arbeitsgruppe: Außenhandel. (Verschiedene Branchenberichte.) Berlin 1928—1930
Kontradiktorische Verhandlungen über Deutsche Kartelle, 6 Bände, Berlin 1906

Zeitungs- und Zeitschriftenliteratur

Bundesanzeiger (hrsg. vom Bundesminister der Justiz), verschiedene Jahrgänge
Kartell-Rundschau, Zeitschrift für Kartellwesen und verwandte Gebiete, Jahrgänge 1—40, Berlin 1903—1942
Wirtschaft und Wettbewerb, Zeitschrift für Kartellrecht, Wettbewerbsrecht und Marktorganisation, verschiedene Jahrgänge
Heichen, A.: Kartellprobleme. In: Berliner Tageblatt vom 28. 7. 1925
Müllensiefen, H.: Zur Frage der Exportkartelle unter besonderer Berücksichtigung der Verhältnisse in der Fertigwarenindustrie. In: Die Deutsche Fertigware, Heft 9/1935
Winschuh, J.: Kartelle im Netz. In: Deutsche Allgemeine Zeitung Berlin vom 24. 3. 1935
Würdinger, H.: Exportkartell und EWG. In: Wirtschaft und Wettbewerb, Heft 5, 1960
o. V.: Gesteuerte Kartelle. In: Hamburger Fremdenblatt vom 16. 3. 1935
o. V.: Das Exportkartell. In: Zeitschrift für das Aktienwesen, 33. Jahrgang, Berlin 1923, Heft 6

GPSR Compliance

The European Union's (EU) General Product Safety Regulation (GPSR) is a set of rules that requires consumer products to be safe and our obligations to ensure this.

If you have any concerns about our products, you can contact us on ProductSafety@springernature.com

In case Publisher is established outside the EU, the EU authorized representative is:

Springer Nature Customer Service Center GmbH
Europaplatz 3
69115 Heidelberg, Germany

Batch number: 10809636

Printed by Printforce, the Netherlands